Z 560

Expose n° 70 Vitrine VIII

I0642504

Hain 5162

Res Z 1984

Marci Tulli ... epistolarum familiarium
liber primus incipit ... inproemio ...
...

EGo omni officio ac potius pietate
erga te ceteris satisfatio omnibus:
mihi ipse nunquam satisfatio. Tanta ei
magnitudo e tuorum erga me me/
ritorum: ut cum tu nisi perfecta re de
me non conquiesti: ego quia non
idem in causa tua efficio: uitam mihi esse acerbam putem.
In causa haec sunt. Hamonius Regis Legatus aperte
pecunia nos oppugnat. Res agit per eosdem credi/
tores p quos cum tu aderas agebat. Regis causa si
qui sunt qui uelit qui pauci sunt omnes rem ad Po/
peum deferri uolunt. Senatus religionis calumniam
non religione sed maliuolentia et illius regiae lar/
gitionis inuidia comprobat. Pompeium & hortari
& orare & iam liberius accusare et monere ut mag/
nam infamiam fugiat non desistimus. Sed plane
nec precibus nostris nec admonitibus nostris reliquit locum.
Nam cum in sermone cottidiano tum in senatu palam
sic egit causam tuam: ut neque eloquentia maiore quisq
neque grauitate neque studio nec contentione agere
potuerit. Cum summa testificatione tuorum in se
officiorum & amoris erga te sui: Marcellinum tibi esse
iratum scis. Is hac regia causa excepta caeteris i re/
bus se acerrimum tui defensorem fore ostendit. Quod
dat accepimus. Quod instituit referre de religione:
& saepe iam retulit ab eo deduci non potest. Res ante
idus acta sic est. Nam haec idibus mane scripsi. Hor/
tensii & mea ex luculi sententia cedit religioni de

excercitu. Teneri res aliter nó potest. Sed ex illo
senatus cónsulto qui te referente factum est:tibi
decernit:ut Regé deducas. Quod cómode facere
possis ut excercitú religio tollat:te auctoré sena/
tus retineat. Crassus trís Legatos decernit: Nec
excludit Pompeium. Censet enim iam ex his qui
cú imperio sint. Bibulus trís Legatos ex his qui
priuati sunt. Huic assentiuntur reliqui cósulares
pter seruiliú qui omnino reduci negat oportere:&
Volcaciú qui Lupo referente Pompeio decernit.
Et affraniú qui assétit Volcacio. Que res auget
suspicionem Pompei uoluntatis. Nã aduertebát
Pompei familiares assétire Volcacio. Laboratur
uehementer. Inclinata res est. Libonis & Hispei
nó obscura cócurlatio & cóntentio ó ímq; pompei
familiarium studiú in eã opinioné ré ut pópeius
adduxerút cupere uideat. Cui qui nolunt idé tibi
quod eú ornasti nó sút amici. Nosí causa aucto/
ritaté eo minorem habemus:quod tibi debemus
Grám auté nostram exstinguit ho ím suspitio:q̃
Pompeio se gratificari putant:Vt i rebus multo
antequá profectus es:ab ipso Rege et ab ítimis
ãc doésticis Pópei clam exulceratis. Deinde palã
a cósularibus exagitatis & in summã inuidiã ad/
ductis ita uersamur. Nostram fidé omnes amoré
tui absentis psentísq; tui cógnoscent. Si esset i his
fides i quibus súma esse debebat nó laboraremus.

M. T. C. S. D. senatue [proconsul]

Dibus Ianuarius in senatu nihil é confectum:
propterea q̃ dies magna exparte cósumptus é

uiderem sic & meis temporibus scimus & nó nullis
aliis accepisse:non mó premiis quae apud me mi/
nime ualēt:sed ne periculis quidē cópulsus ullis
quibus moueret eciā fortissimi uiri:ad eoᵰ cám
me adiúgerem. Ne si summa quidem eorū in me
merita có starēt:cū aút í re publica Gn. Pópeius
p̄nceps esset uiris qui hác potēciā & gloriā maxís
in rē publicam meritis p̄stātissimisꝗ rebus gestis
esset cósecutus:cuiusꝗ ego dignitatis ab adolef/
cēcia fautor:in p̄tura autē & in cósolatu adiutor
eciā extitisſē. Cūꝗ idem autoritate & sentencia p
se cósilus & studiis tecum me adiuuissēt:meumꝗ
inimicum unum in ciuitate haberet inimicū:non
putaui famam incóstāciae mihi p̄timescendam:si
quibusdam in sentencus paulum me inmutassem
meamꝗ uolūtatē ad summi uiri de meꝗ optime
meriti dignitatem aggregassem. In hac sentēcia
cóplectēdus mihi eratCæsar ut uides ícóiū cta
& cá & digítate. Hic multū ualuit uetus amici/
cia:quam tu nó igó ras mihi & Q. fratre cū Cæ/
sare fuisse. Tā humaítas eius & liberalitas breui
tempore & íris & officiis p̄specta nobis & cogíta.
Vehemēter eciā res ipsa pu.me mouit quæ mihi
uidebatur cótēcióe p̄serti maxís rebus a Cæsare
gestis cū illis uiris nolle fieri. Et ne fieret uehe/
mēter recusare. Grauissime autē me in hác mētē
ípulit & Pópei fides quā de me Cæsari dederat:
& íris mei quā Pópeio. Erát preterea hec aíad/
uertēda in Ciuitate quae sūt apud platonē nostᵰ
scripta diuinitus. Qualis in re publica principes
eēnt tales reliquos solere eē ciues. Tenebá meó/

ria nobif cófulibuf ea fundamenta iacta cum ex
kaléd̄ Iánuariif cófirmádi Senatuf ut neminē
mirari oporteret nonif decēbribuf :tátú uel aní
fuiffe in illo ordine uel auctoritate. Idemq; me/
mineram nobif priuáf ufq; ad Cæfarē & Bibulú
Cófulef cú fentencie noftræ magnum in fenatu
ponduf haberent. Vnú fere fenfum fuiffet bórú
omniú. Poftea cum tu hifpaniam citeriorem cum
Imperio obtieref :neq; ref publica Cófulef hrēt:
fed mercatoref ,puinciarú & fedicionú feruof ac
míftrof :iecit quidã cafuf caput meú q̃fi certamíf
caufa in mediam contencionem difcencionemq;
ciuilem. Quo indifcrimíe cum mirifica Senatuf
incredibilif ytalie & totiuf & figuiif oním bórú
confenfeo. In me tuendo extitiffet nó dicã quid
acciderit:multo̧f ē eni & uaria culpa tamē dicã
breui non mihi excercitum fed ducef defuiffe. In
quo utiam fit in hiif culpa qui me nó defēderút:
fed minor eft in hif qui reliquerút. Et fi accufádi
funt qui pertimuerút: magif etiam reprehēdēdi
fút qui fe timere fimulauerút. Illud quidē certe
noftrum cófilium iure laudádum fuit qui meof
ciuef & a me cóferuatof & me cóferuare cupiētef
fpoliatof ducibuf feruif armatif obici noluerim.
Declarariq; malueri q̃ta uif effe potuiffet ih có/
féfu bono̧f. Si hi per me ftáte pugna reliquiffēt:
cum afflictum excitare potuiffēt:quo̧f quidem
animú tu nó perfpexifti folum cú de me ageref :
fed etiá cófirmafti atq; tenuifti qua in caufa non
modo non negabo:fed etiam femper & memiēro
& p̃dicabo libēter. Vfuf ef quibufdá nobiliffimif

boibuſ forcioribuſ in me reſtituendo q̃ fuerant
iidem in tenedo. Quã ſe̅tecia ſi co̅ſtare uoluiſſet
ſuam auctoritate̅ ſimul cu̅ ſalute mea recupaſſet.
Recreati N. boni uiri co̅ſolatu tuo & co̅ſtatiſſiſ
atq; optiſ accioibuſ tuiſ excercitatiſ Gn. Po̅peio
preſertim ad cauſã adiũcto:cũ ecia Cæſar rebuſ
maximiſ geſtiſ ſigularibuſ oratiſ & nouiſ ho̅ri/
buſ ac iudiciiſ Seatuſ ad auctoritate̅eiuſ ordiniſ
adiungeretur: nulli improbo ciui locuſ ad rem
publicã uiolãdã ee potuiſſet. Sed attende quæſo
quæ ſint co̅ſecuta.Primũ illa furta muliebrium
religionum:qui no̅ plurimiſ fecerat bonã deã q̃
triſ ſororeſ:in punitate̅ ſceleru̅ ſe̅teciiſ aſſecutuſ.
Qui cum tyrannuſ P. Lentulo pænaſ aſedicioſo
ciue per bonoſ uiroſ iudicio p̃ſequi uellet:exe̅/
plum p̃clariſſimu̅ in poſteru̅ uendicãde ſedicioiſ
de re publica ſuſtuleru̅t. Idemq; poſtea non meũ
monume̅tũ no̅ eni ille manubiæ meæ ſed operiſ
locacio mea fuerat. Monume̅tum uero Senatuſ
hoſtili nomine & tenentiſ inuſtum Iriſ eſſe paſſi
ſũt qui me home̅ſ q̃ ſaluũ eſſe uolueru̅t eſt mihi
gratiſſimum. Sed uellem non ſolum ſaluuſ meæ
quẽadmodũ medici. Sed ut alipte ecia̅ uirium &
coloriſ racionem habere uoluiſſent. Nunc ut ap/
pelleſ ueneriſ caput & ſũma pectoriſ polliaſſia
arte perfecit:reliquam partem corporiſ incohatã
reliquit:ſic quidam homineſ i capite meo ſolum
elaboraru̅t:reliquũ corpuſ inperfectum ac rude
reliquerunt. In quo ego ſpem fefelli non modo
inuidioru̅ ſed ecia̅ inimicoꝗ meorum:qui de uno
acerrimo & fortiſſimo uiro meoq; iudicio omíum

magnitudine animi & cóstácia prestátissimo Q.
metello Lucii filio quó dã falsã opió né accepút.
Qué post redditú dictitát fracto aío & demisso
fuisse. Est uero pbádum qui & summa uolútate
cesserit: & egregia animi cú alacritate abfuerit.
Neq; sane redire curareteú: ob id ipsum fractum
fuisset. In quo ení omnes homines tum M. illum
scaurum sigularem uirum constácia & grauitate
superasset. Sed qđ de illo acceperant aut eciam
suspicabáť de me idem cogitabát abiectiore aío
me facturú. Cum res publica maiorem eciã mihi
animum ɋ unɋ habuisse daret. Quæ declarasset
sese iam non potuisse me uno ciue carere. Cumq;
metellum unius tribuni plebis rogacio me uni/
uersa res publica duce senatu comitante ytalia
promulgátibus omnibus referéte Cósule comiciis
céturiatis cúctis ordinibus hoibus incóbentibus
onibus deniq; suis iuribus recuperauisset. Neq;
ego uero mihi postea quitɋ assúpsi. Neq; hodie
assumo quod queɋ maliuolétissimum iure possit
offendere. Tátum enitor ut neq; amicis neq; eciã
aleuioribus opera consilio laboribus desim. Hic
meæ uitæ cursus offédit eos fortasse qui splédo/
rem & spém huius uitæ intuené. Solicitudinem
autem & laborem pspicere nó possút. Illud uero
non obscure queruntur in meis sentéciis quibus
ornem Cæsarem quasi desisterem pristina causa.
Ego auté cú illa sequor quæ paulo ante ppposui:
tum hoc in postremis de quo inceperá exponere
non offendes eum bonorum sensum lentule qué
reliquisti: qui cófirmatus cósulatu nostro nunɋ

fterruptuſ & afflictuſ ante te cõſulem recreatuſ
abſte totuſ eſt. Nũc ab huſ quibuſ tuenduſ fu/
erat derelictuſ. Idꝗ non ſolum fronte atꝗ uultu
quibuſ ſi multo facilime ſuſtinet:declarãt ii qui
tum illo noſtro ſtatu optimateſ nomiabãt. Sed
eciã ſenſu ſæpe iã tabellaꝗ docuerũt. Itaꝗ tota
iam ſapienciũ ciuium qualẽ me & eẽ & numerari
uolo & ſentencia & uoluntaſ mutata eſſe debet.
Id enĩ iubet idem ille plato quẽ ego uehementer
auctorem ſequor. Tãtum cõtendere in re publica
ꝗtũ ꝓbare tuiſ ciuibuſ poſſiſ. Vim neꝗ parenti
neꝗ patriæ afferre oportere. Atꝗ hanc quidẽ ille
cauſam ſibi ait non attigẽdæ rei publice fuiſſe ꝗ
cum offendiſſet populum athenienſem prope iam
deſipientem ſenectute:cumꝗ eum nec pſuadẽdo
nec cogẽdo regi poſſe uidiſſet:cũ pſuaderi poſſe
diffideret:cogi faſ eſſe nõ arbitraret. Mea racio
fuit alia:ꝗ neꝗ deſipiente populo nec integra re
mihi ad cõſulendum capeſſerem. Ne rem publicã
implicatuſ tenerẽ. Sed letatuſ tamẽ ſum ꝗ mihi
liceret i eadem cauſa & mihi utilia & curiuſ bono
recta defendere. Huc acceſſit cõmeõrãda quedã
& diuina Cæſariſ in me fratrẽꝗ meũ liberalitaſ:
qui mihi quaſcũꝗ reſ gerẽt tuendaſ eſſet. Nũc
in tanta felicitate tãtiſꝗ uictoriiſ eciã ſi in noſ
iſ non eſſet qui eſt:tamen meõrãduſ uideretur.
Sic enim te exiſtimare ueli cũ ea a nobiſ meæ
ſalutiſ auctoribuſ diſceſſerim:neminẽ eſſe cuiuſ
officiiſ me tam eſſe deuictum non ſolũ cõfitear:
ſed eciam gaudeam. Quod quoiam tibi expoſui
facilia ſunt ea quæ a me de uatinio & Craſſo re/

quinis. Nã deAppio quæ scribis sicut de Cæsare
te non reprebendere:gaudeo tibi cõsiliũ probare
meũ. De uatinio aũt:primũ redditus ítercesserat
in graciam per Pompeium:statim ut ille ē pretor
factus:cũ quidem ego eius peticioēm grauissi/
mis in senatu sentenciis oppugnassem:neq; tam
illius ledēdi cã q̃ defēdēdi atq; ornãdi Cathonis.
Post aũt Cæsaris ut illũ defēderē mira cõtēcio
ē cõsecuta. Cur aũt laudari:peto a te ut id a me:
ne ue í hoc reo:ne ue í aliis requiras ne tibi ego
idē reponã cũ ueneris:tã & si possũ uel absenti.
Recordare ení quibus laudacionē ex ultis terris
miseris:nec hoc pertimueris:nã a me ipso laudãē
& laudabũtur idem. Sed tamē defēdendi uatinii
fuit eciam ille stimulus:de quo in iudicio cũ illũ
defenderem dixi me facere quiddã:q̃ in eunuco
pasitus suadet militi. Vbi nominabit phedriam:
tu pãphilã conanuo:si quando illa dicet phedriã
intromittamus cõmēsatum:tu cãtatum pãphilã
prouocemus. Si laudabit hæc illius formam:tu
buius contra:deniq; par pari referto:quod eam
mordeat. Sic petiui a iudicibus:ut quoniã quidē
nobiles hoies & de me optíe meriti nimis amarēt
inimicũ meũ:meq; inspectante sæpe cũ in senatu
mõ seuere seducerēt:modo familiariter:atq; ilare
ãplexarēt:quoíã quē illi haberēt suũ publiũ da/
rēt mihi ipsũ alium publium: í quo possem illorũ
animos mediocriter lacescitus leuiter repungere.
Neq; solũ dixi:sed eciã sæpe facio diis hoibusq;
approbãtibus. Habes de uatío:cogõsce deCrasso.
Ego tum mihi cum illo magna iam gracia esset:

quod eiuſ omneſ grauiſſimaſ iniuriaſ conmuniſ
concordiæ cauſa uoluntaria quadam obliuione
cõtriuerã:repentinã eiuſ defẽſionem Gabini quẽ
proximiſ ſuperioribuſ diebuſ acerrime oppug/
naſſet:tã & ſi ſine ulla mea contumelia ſuſcepiſſet:
tuliſſẽ. Sed cũ me diſputãtẽ non laceſcẽtẽ laceſciſ/
ſet:exarſi non ſolũ pſenti ut credo iracõdia:nã ea
tam uehemenſ fortaſſe nõ fuiſſet:ſed cũ incluſũ
illud odium multarum eiuſ in me iniuriarum: ꝗ
ego offendiſſe me omne arbitrabar:reſiduũ tamẽ
iſciẽtẽ me fugiſſet:omne repẽte apparuit.Quo
quidem tempore ipſo quidã boieſ & idẽ illi quoſ
ſepe nutu ſigĩficacõeꝗ appello:cũ ſe maxim fruc/
tũ cepiſſe dicerẽt ex libertate mea:meꝗ tũ deniꝗ
ſibi eſſe uiſum rei publice qualiſ fuiſſẽ reſtitutum.
Cúꝗ ea cõtencio mihi magnum eciã foriſ fructũ
tuliſſet:gaudere ſe dicebant:mihi & illũ inimicũ
& eoſ qui í eadẽ cauſa eẽnt:nũ ꝗ amicoſ futuroſ:
quoꝝ íiqui ſermoẽſ cũ ad me p boieſ bõ ẽſtiſſioſ
perferẽt:cũꝗ Põpeiuſ ita contendiſſet:ut nihil
unꝗ magiſ:ut cũ Craſſo redirem in grãm:Cæſar ꝗ
p lrãſ maxia ſe moleſtia ex illa cõtẽcõe affectũ
oſtẽderet.Habui non teporũ ſolũ racionem eoꝝ:
ſed eciã naturæ:Craſſuſꝗ ut ꝗſi teſtata populo
Ro.eẽr noſtra gracia:pene a meiſ laribuſ in p/
uinciã ẽpfectuſ Nam cũ mihi cõdixiſſet:ceauit
apud me í mei generiſ Craſſipediſ ortiſ. Quãobrẽ
eiuſ cauſam ꝗ te ſcribiſ audiſſe:magna illiuſ cõ/
mendacione ſuſceptã defendi in ſenatu ſicut mea
fideſ poſtulabat.Accepiſti quibuſ rebuſ adduc/
tuſ:ꝗꝗ rem cauſamꝗ defenderem:quiꝗ meuſ in

republica ſit pro mea parte capeſcenda ſtatuſ :de
quo ſic ueli ſtatuaſ :me hæc eadem ſeſurú fuiſſe:
ſi mihi integra omnia ac libera fuiſſēt. Ná neq;
pugnandum arbitrarer contra tantaſ opeſ :neq;
delēdum etiam ſi id fieri poſſet ſúmorum ciuium
principatum :neq; permanendum in una ſētētia:
cóuerſiſ rebuſ ac bonoſ uoluntatibuſ ímutatiſ:
ſed temporibuſ aſſēciendú. Núq̃ eni p̃ſtantibuſ
in republica gubernanda iuriſ laudanda eſt una
ſentētia perpetua permanſio: ſed ut in nauigādo
obſequi tēpeſtati. Artiſ eſt: etiā ſi portú tenere
nó queaſ. Cú uero id poſſiſ mutata uelificatióe
aſſequi: ſtultú eſt eú tenere cú piculo curſú:quē
ceperiſ :pociuſ q̃ eo cómutato quo ueliſ tamen
puenire. Sic cum omnibuſ nobiſ in admiſtrāda
re publica ppoſitú eſſe debeat id q̃ a me ſæpiſſie
dictum eſt cum dignitate ocium :nó idem ſēper
dicere :ſed idē ſēp ſpectare debemuſ. Quāobrē ut
paulo ante poſui :ſi eēnt mihi oía ſolutiſſia :tamē
in republica non aliuſ eſſem :atq; núc ſum. Cum
uero in hunc ſenſum & allicier beneficiuſ homi/
nú :& cópeller iniuriuſ :facile pacier ea me de re
publica ſentire ac dicere :quæ maxime cum mihi
multú etiā reipublice ratioíbuſ putē cócludere.
Aperciuſ aút hæc ago ac ſæpiuſ: q̃ & Q. Frater
meuſ Legatuſ eſt Cæſariſ :& nullú meú mímú
dictum nó modo factum pro Cæſare interceſſit:
q̃ ille nó ita illuſtri gracia exceperit :ut ego eú
mihi deiúctum putarē. Itaq; eiuſ omí & gracia
quæ ſúma eſt :& opibuſ quaſ ítellgiſ eē maxiaſ
ſic fauor ut meiſ :nec mihi aliter potuiſſe uideor

hominū perditoꝝ de me cōſilia frāgere:niſi cum preſidiıſ hıſ quæ ſeper habuı. Nūc eciā potēciū beniuolenciā cōıūxiſſem. Hıſ ego conſilııſ ſi te preſentem habuıſſē:ut opinıo mea fert eēm uſuſ eıſdē. Noui eı tēporāciā & moderacionē nature tue:noui anımū cum mıhi amıcıſſimū: tum nulla ſter ceteroſ maliuolēciaſuffuſū:cōtraqȝ cū magnū & excelſum:tum eciā apertum & ſimplicem. Vidı ego quoſdam inte taleſ qualeſ tu eoſdem in me uidere potuıſti:quæ me mouerūt:mouıſſēt eadē te profecto. Sed quocūqȝ tēpore mıhi ptaſ pſētıſ tuı fuerit:tu erıſ oım moderator cōſilıoꝝ meorū. Tıbı erıt eıdem cuı ſaluſ mea fuıt eciam dıgıtaſ curæ. Me quidem certe tuarum accıonū ſnıārum uoluntatum rerū denıqȝ omnıum ſocıū comıtēqȝ habebıſ. Neqȝ mıhi in omnı uıta reſ tā erıt ulla ‚ppoſıta:quam ut cotıdıe uehemencıuſ te de me optıme merıtum eſſe letere. Vale.

Vod rogaſ ut tıbı mea ſcrıpta mıttam:que poſt diſceſſū tuū ſcrıpſerı:ſūt oracōeſ quædā: quaſ menocrıto dabo:neqȝ ıta multe ut ptīſcaſ. Scrıpſi eciā carmina quedam:nam ab oracıoıbuſ diſıūgo me:referoqȝ ad māſuecioreſ muſaſ:quæ me maxıme ſicut ıā a pma adoleſcēcıa delecta‚ runt. Scrıpſi eciā arıſtotelıco more quēadmodū quidē uoluı treſ lıbroſ in diſputacıōe ac dıalogo de oratore:quoſ arbıtror Lentulo tuo fore non inutıleſ. Abhorrent enı a cōmunıbuſ preceptıſ: & omnem antıquoꝝ & arıſtotelıcā & ſocratıcam

racione oratoriã cõplectũe. Scripfi eciã uerfibuf
tref librof de tẽporibuf meif :quof iam pridẽ ad
te mififfem:fi effe ædendof putaffem. Sunt enim
teftef & erũt fẽpiterni merito ꝗ erga me tuorum:
meæꝗ pietatif. Sed quia uerebar nó eof qui fe
lefof arbitrarẽtur:& eni id feci parce & molliter:
fed eof quof erat ifitũ :bene de me meritof omẽf
no minare:quof tamẽ ipfof librof fi quẽ cui recte
cõmittã inuenero:curabo ad te perferendof :atꝗ
iftam quidem partem uite cõfuetudinif ꝗ noftre
totã ab te defero. Quantum Irif quãtum ftudif
uetribuf nrif delectacioibuf cõfequi poterimuf:
id omne arbitrium tuum qui hæc femper amafti
libẽtiffime cõferemuf. Quæ ad me de tuif rebuf
domefticif fcribif:queꝗ mihi cõmẽdaf :ea ut ante
mihi cure fint:ut me nolim admoneri :& rogari
uero fine magno dolore uix poffũ. Quod de Q .
frif negocio fcribif :& priore eftate ꝗ morbo im/
pedituf :inCiciliam non tranfieuf :cõficere non
potuiffe:nunc aũt oia facturũ ut cõficiaf id fcito
eẽ eiufmoi:ut frater meuf uere exiftiet adiũcto
ifto fundo patrimoniũ fore fuũ per te cõftitutũ.
Tu me de tuif rebuf omnibuf & de Lentuli tui
noftriꝗ ftudif & exercitacionibuf uelim ꝗ fa/
miliariffime certiorem & quam fæpiffime faciaf :
exiftimefꝗ neminem cuiquam neꝗ cariorẽ:neꝗ
iocõdiorẽ unꝗ fuiffe ꝗ te mihi:idꝗ me nó modo
ut tu fenciaf :feb ut oẽf gẽtef eciã ut pofteritaf
onif intelligat effe facturũ.Appiuf in fermoibuf
antea dictitabat:poftea dixit eciã in feãtu palã
fefe fi licitum effet legem curiatã ferre:fortiturũ

eē cū collega puíciā ſi curiata lex nó eēt:ſepatu/
rum cum collega terq; ſucceſſurú:legēq; curiatā
cóſuli ferre opuſ eſſe:neceſſe nó eē ſe:quoniā ex
ſenatuſ cóſulto puinciam haberet:lege cornelia
imperium habiturum:q̷ in urbem ítroiſſet.Ego
quid ad te tuorú quiſq; neceſſarioꝗ ſcribat neſcio:
uariaſ eſſe opinióeſ intelligo:ſunt qui putant te
poſſe non decedere q̷ ſine lege curiata tibi ſucce/
dāt. Sút eciā qui ſi decedaſ:a te reliquú poſſe qui
puície preſit:mihi non tam de iure certú ē quāꝗ
ne id quidē ualde dubiú eſt:ꝗ illud ad tuā ſúmā
āplitudinē:libertatē:digitatē:ꝗ te ſcio libētiſſiē
frui ſolere:p tiente ſie ulla mora puíciā ſucceſſori
cócedere:ꝑſerti tú ſine ſuſpicióe tuæ cupiditatiſ
nó poſſiſ illiuſ cupiditatē refutare.Ego utrumq;
meú puto eſſe:& quid ſēciā oſtendere:& q̷ feceriſ
defendere. Scripta iam Epiſtola ſuperiore accepi
tuaſ litteraſ de publicaniſ:quibuſ equitatē tuā
non potui nó ꝓbare:facilitate autem quid uellē
cóſequi potuiſſeſ:ne eiuſ ordíſ quem ſēp ornaſti
rem aut uolútatē offendereſ.Equidē nó deſinā
tua decreta defendere. Sed noſti conſuetudinem
hoím. Sciſ ꝗ grauiter muniti illi ipſi Q. ſeuole
fuerint:tibi tamē ſum auctor:ut ſi quibuſ rebuſ
poſſiſ eú tibi ordinem aut recóſilieſ:ut mitigeſ.
Id & ſi difficele ē:tamē mihi uideč eſſe prudēcie
tue.Vale.

Vr ení tibi hoc nó gratificer neſcio:ꝑſerti
cum hriſ temporibuſ audacia pro ſapiencia
liceat uti.Lētulo noſtro egi per lrāſ tuo nomíe

graciaſ diligēter. Sed tu uelim definaſ iam nriſ
Iriſ uti:& noſ aliꝗdo reuiſeſ:& ibi maliſ eſſe ubi
aliquo numero ſiſ:quã iſtic ubi ſoluſ ſapere ui/
deare. Quãꝗ qui iſtic núc ueniút:parti te ſupbú
ēe dicút: ꝙ nihil reſpódeaſ. Parti contumelioſú
ꝙ male reſpódeaſ. Sed iã cupio tecú corã iocari.
Quare fac ut ꝗ primú uenıaſ:neꝗ in Apuliã tuã
accedaſ:ut poſſimuſ ſaluum te ueniſſe gaudere.
Nam illo ſi ueneriſ:tãꝗ ulixeſ cognoſceſ tuorú
neminem. Vale.

Vãꝗ me nomine negligēciæ ſuſ/
pectú tibi eſſe doleo:tamen non
tam mihi moleſtum fuit accuſari
abſte officium meú: ꝗ iocódum
requiri:preſertim quod i quo ac/
cuſabar:culpa uacarē. In quo aút
te deſiderare ſignificabaſ meaſ litteraſ: ꝑce ferſ
perſpectum mihi quidem:ſed tamen dulcem et
optatú amorem tuú. Equidem neminē ꝑtermiſi
quē quidē ad te peruenturú putarem:cui litteraſ
non dederim. Etenim quiſ eſt tam in ſcribendo
impiger ꝗ ego:a te uero biſ ter ue ad ſúmú:& eaſ
per breueſ accepi. Quare ſi iniquuſ eſ in me iu/
dex:códempnabo eodem ego te crimie. Si me id
facere noleſ:te mihi equú prebere debebiſ. Sed
de Iriſ hattenuſ. Non ení uereor ne nó ſcrībēdo
te expleam:ꝑſertim ſi in eo genere ſtudiú meum
non aſpnaberiſ. Ego abfuiſſe te tam diu a nobiſ
& doleo: ꝙ carui fructu iocódiſſi e cóſuetudiniſ:

& lætor q̓ abſenſ omnia cum maxima dignitate
eſ aſſecutuſ. Quodq; in omnibuſ tuiſ rebuſ meiſ
optatiſ fortuna reſpódit:breue eſt quod me tibi
p̓cipere meuſ in te incredibiliſ amor cogit. Táta
eſt exſpectacio uel animi uel ingenii tui:ut ego
te obſecrare obteſtariq; non dubitem:ſic ad noſ
cófirmatuſ reuertar:ut quam exſpectacioné tui
cócitaſti:hanc ſuſtinere ac tueri poſſiſ. Et quoíã
meam tuoꝗ erga me meritoꝗ meória nulla unꝗ
delebit obliuio. Te rogo ut memineriſ q̃ tecumq;
tibi acceſſioneſ fient & fortunæ & dignitatiſ:eaſ
te nó potuiſſe cóſequi:niſi meiſ puer olim fide/
liſſimiſ atq; amátiſſimiſ cóſiliſ paruiſſeſ. Quare
boc animo in noſ eſſe debebiſ:ut ætaſ noſtra iã
ingraueſcenſ in amore atq; in adoleſcencia con /
quieſcat tua. Vale.

Raui teſte priuatuſ ſum amoriſ ſũmi erga
te mei patre tuo clariſſimo uiro:qui cú ſuiſ
laudibuſ:tum uero te filio ſupaſſet oím fortuná:
ſi ei cótigiſſet:ut te áte uideret q̃ a uita diſcede/
ret. Sed ſpero noſtrá amiciciá nó egere teſtibuſ:
tibi pátrimonium dii fortunent. Me certe habebiſ:
cui caruſ æq; ſiſ:& p̓ocóduſ ac fuiſti patri. Vale.

Empe ſtudiú nó defuit declarãdoꝗ muẽrú
tuo nomine:ſed nec placuit mibi:nec cuiꝗ
tuoꝗ quidꝗ te abſente fieri:q̓ tibi quomó ueíſſeſ
non eſſet integrum. Meam quidem ſentenciam
aut ſcribam ad te poſtea pluribuſ:aut ne ad eam
meditere impatum te offendam:coramq; contra

i ſtam racioné meã dicam:ut aut te in meã ſétéciã
adducam:aut certe teſtatum apud animum tuum
relinquã quidnã ſenſerim . Vt ſi quãdo ꝗ nolim
diſplicere tibi tuũ cóſilium ceperit:poſſiſ meum
recordari.Breui tamen ſic habeto in eum ſtatum
téporum tuum reditum ícidere:ut huiſ boiſ quæ
tibi natura ſtudio fortuna data ſũt:faciliuſ oía
quæ ſũt in republica ampliſſima cóſequi poſſiſ:
ꝗ muneribuſ: quorum neꝗ facultatem quiſquã
admiratur:eſt enim copiarum non uirtutiſ:neꝗ
quiſꝗ eſt qui n. ſacietate iam defeſſuſ ſit. Sed
aliter atꝗ oſtéderã facio:quoniam ingredior ad
explicãdã racionem ſentenciæ meæ.Quare oém
hanc diſputacioné in aduétũ tuũ differo. Sũma
ſcito í exſpectacióe eé:eaꝗ a te exſpectari quæ
a ſũma uirtute ſũmoꝗ ingenio exſpectãda ſunt:
ad quæ ſi eſ ut debeſ paratuſ:ꝗ ita eé confido:
plurimiſ maximiſꝗ muneribuſ & noſ amicoſ &
ciuiſ tuoſ uniuerſoſ & ré publicã afficieſ. Illud
profecto cognoſceſ mihi te neꝗ cariorem neque
iocondiorem eſſe quemꝗ. Vale.

Piſtolarum genera multa eſſe nó ignoraſ:
ſed unũ illud certiſſimũ cuiuſ cauſa reſ ipa
iuéta eſt:ut cercioreſ faceremuſ abſenteſ ſi quid
eét:quod eoſ ſcire aut noſtra aut ipſoꝛ ítereſſet.
In huiuſ generiſ ſentencia litteraſ a me ꝓfecto
non exſpectaſ.Tuarum enim rerũ domeſticarũ
habeſ & ſcriptoreſ & nuncioſ:in meiſ aũt rebuſ
nihil eſt ſane noui.Reliqua ſũt Eplãrũ genera
duo:quæ me magnopere delectant:unũ faíliare

& iocofum: altrū feuerū & graue· Vtro me minuf
deceat uti nō intelligo. Iocer ne tecū p lrāf? ciuē
me hercle non puto effe qui tēporibuf buif ridere
poffit: an grauiuf aliquid fcribā? quid ē ꝗ poffit
grauiter a cicerone fcribi ad curionem: nifi de re/
publica. Atꝗ in boc genere bæc mea caufa eft: ut
neꝗ ea quæ nō fencio uelim fcribere. Quāobrem
quoniā mibi nullum fcribendi argumētū relictū
ē: utar ea claufula qua foleo: teꝗ ad ftudiū fū me
laudifcobortabor. Eft eni tibi grauif aduerfaria
cōftituta & parata ícredibilif quedā exfpectacio:
ꝗ tu una re facilíe uícef: fi boc ftatueris: ꝗ ꝛ laudū
glā m adamaríf: quibuf artibuf bee laudef cōpāē:
in buf effe laborandū. In bāc fentēciā fcriberem
plura: nifi te tua fpóte fatif ícitatū eē cōfiderem.
Et boc quidquid attegi: non feci inflāmandi tui
caufa: fed teftificandi amorif mei. Vale.

Ec negocia quomó fe babeant ne Epiftola
quidem narrare audeo tibi: Et fi ubicumꝗ
ef ut fcripfi ad te antea in eadem ef naui: tamē ꝗ
abef gratulor: uel quia nō uidef ea quæ nof: uel
ꝗ excelfo & illuftri loco fita fit lauf tua í pluri/
moꝛ & focioꝛ & ciuiū cōfpectu: quæ ad nof nec
obfcuro nec uario fermone: fed et clariffía & una
omniū uoce pfertur. Vnū illud nefcio gratuler
ne tibi an tíeā: ꝗ mirabilif ē exfpectacio redituf
tui: non quod uerear ne tua uirtuf opíoni boím
non refpō deat: fed me hercle ne cum uenerif non
babeaf iam ꝗ curef: ita funt omnia debilitata iā
ꝓpe & extincta. Sed bæc ipfa nefcio recte ne fit

litteríf cómiſſa. Quare cetera cognoſceſ ex aliíſ:
Tu tamen ſiue babeſ aliq̃ ſpē de re publica:ſiue
deſperaſ:ea para:meditare:cogita:quæ eē in eo
ciue ac uiro debent:qui ſit rem publicam afflictā
& oppſſã miſeríſ temporibuſ:ac perditíſ moribuſ
in ueterē libertatē ac dignitatem uendicaturuſ.
Vale.

Vndum erat auditū ad italiā te aduentare:
cum ſextū iulium miloníſ mei familiarē cū
biíſ ad te litteríſ miſi. Sed tum cū appropíquare
tuuſ aduentuſ putaret:& te iam ex aſia Romā
uerſuſ ͺpfectū eē cóſtaret magnitudo rei fecit ut
nó uerremur:ne nimíſ cito mitteremuſ:cum baſ
ad te q̃ primū lráſ perferri magópere uellemuſ.
Ego ſi mea inte eſſent officia ſolum curio tanta
q̃ta magíſ a te ipſo ͺpdicari q̃ a me póderari ſolēt.
Verecundiuſ a te ſi qua magna reſ mibi petenda
eēt cótenderem. Graue eſt ení bomini prudenti
petere aliqd̃ magnū ab eo:de quo ſe benemeritū
putet:ne id q͛ petat:exigere magíſ q̃ rogare:& í
mercedíſ pociuſ q̃ beneficii loco nuērare uideat.
Sed qa tua í me uel nota oíbuſ:uel ípa nouitate
meoꝝ tēpoꝝclariſſía & maxía bēficia extiterūt:
eſtq; aími ígenii cui multū debeaſ eidē plurimū
uelle debere:nó dubitaui id a te p litteraſ petere:
q͛ mibi oním eē maximū maximeq; neceſſariū.
Neq; ení ſum uerituſ:ne ſuſtinere tua in me uel
in numerabilia beneficia non poſſem:cū preſerti
cófiderem nullam eſſe gratiā quam uel non cape
aíumuſ meuſ in accipiēdo uel remunerando cu/

mūāōq; iuluſtrare poſſet. Ego oīa mea ſtudia:
omnemq; operam:curā:induſtriā:cogitacioēm:
mentem deniq;omnem in milonis cōſolatu fixi
& locaui:ſtatuiq;in eo me nō officii ſolū fructū
ſed eciam pietatiſ laudem debere querere:neq;
uero cuiq̃ ſaluté ac fortuāſ ſuaſ tātæ curæ fuiſſe
nūq̃ puto:quā te mihi ſit bonoſ eiuſ:in quo oīa
mea poſita eē decreui.Huic te unum tāto adiu/
mento eſſe ſi uolueriſ poſſe intelligo:ut nihil ſit
preterea nobiſ requirēdum.Habemuſ hæc omīa
bonoꝝ ſtudium cōſiliatum extribunatu:propter
noſtrā ut ſpero te ítelligere cauſā uulgi ac mul/
titudíſ:propter magnificēciā muērū:libertatēq;
nature iuuētutiſ & grōſoꝝ: ſuffragiiſ ſtudioꝝ:
propter ipíuſ excellentem in eo genere uel grām
uel diligēciam:noſtram ſuffragacionem ſi minuſ
potētem ac probatam tamen:& iuſtam & debitā:
& propterea fortaſſe eciā gracioſā:dux nobiſ &
auctor opuſ eſt:& eorū uentoꝝ quoſ propoſui
moderator quidā & quaſi gubernator:qui ſi ex
omnibuſ unuſ exoptāduſ eſſet:quē tecū cōferre
poſſemuſ nō haberemuſ.Quāobrē ſi me meōrem:
ſi gratum:ſi bonum uirum:uel ex hoc ipo qđ tā
uehementer de milone laborem exiſtimare poteſ:
ſi dignum deniq; tuiſ beneficiiſ iudicaſ:hoc a te
peto:ut ſubueiaſ huic meæ ſolicitudini:ut huic
meæ laudi uel ut ueriuſ dicam ꝓprie ſaluti tuū
ſtudium diceſ.De ipſo Tito ānio tātū tibi polli/
ceor te maioriſ amí:grauitatiſ:cōſtācie:beíuo/
lenciæq; erga te: ſi cōplecti hominem uolueriſ:
habiturū eſſe neminem.Mihi uero tantū decoriſ:

tātum dignitatif adiúxerif:ut eundem te facile
agnofcam fuiffe in laude mea:qui fuerif in falu/
te.Ego in te uidere fcirē cum ad te hoc fcriberem:
q̃tum officium fuftinerem:quāto opere mihi effet
in hac petitióe milonif omni nó modo cótéctió e:
fed eciā dimicacione elaborandú. Plura fcriberē.
Nunc tibi oēm rē atq; caufā meq; totú cómēdo:
atq; trado.Vnú hoc fic habeto:q̃ fi a te hāc rem
impetrauero:me pene pluf tibi q̃ ipi miloni de/
debiturum.Non ení mihi tā mea faluf fuit cara:
in qua precipue fum ab illo adiutuf:quam pietaf
erit in referēda gracia iocóda.Eā aút uniuf tui
ftudio me affequi poffe cófido.Vale.

Era gratulacio reprehendi nó folet:p̄fertí fi
    nulla negligēcia pretermiffa eft:longe ení
abfú:audio fero:fed tibi & gratulor:& ut fempi/
terne laudi tibi fit ifte tribunatuf exopto.Teq;
hortor ut omnia gubernef:& moderere prudēcia
tua:ne te auferant aliorum confilia:nemo eft qui
tibi fapienciuf fuadere poffit teipfo:nú q̃ labere:
fi te audief.Nó fcribo hoc temere.Cui fcribā ui/
deo.Noui animú:noui cófilium tuú:nó uereor
nequid timide:nequid ftulte faciaf:fi ea defēdef:
quæ ipfe recta eē fencief.Quod in id rei publice
tempuf non inciderif:fed uenerif.Iudicio ení tuo
non cafu in ipm difcrimē rerú cótulifti tribuātú
tuú.Profecto uidef q̃ta uif in re publica tēporú
fit:q̃ta uarietaf rerum:q̃ incerti exituf:q̃ flexi/
bilef hominum uolútatef:quid infidiarum:quid

uarietatiſ in uita ſit:nó dubito quí cogiteſ. Sed
amabo te cura:& cogita nibil noui:ſed idem il/
lud quod ſicio ſcripſi:tecum loquere:& te adbibe
in cóſiliú:te audi:tibi obtépora. Alter qui meliuſ
clare cóſiliú poſſit:q̃ tu:nó facile íueniri poteſt.
Tibi uero iṕi certe néo meliuſ dabit. Dii ímor/
taleſ cur ego non adſum:uel ſpectator laudum
tuarú:uel particepſ uel ſociuſ:uel miſter conſi/
liorum:iam & ſi boc minime tibi deeſt:ſed tamé
efficeret magitudo & uiſ amoriſ mei:conſilio te
ut poſſé iuuare. Scribã ad te plura aliaſ. Pauciſ
ení diebuſ erã miſſuruſ domeſticoſ tabellarioſ:
ut quoniã ſane feliciter & ex mea ſentécia R. P.
geſſimuſ:uniuſ litteriſ tociuſ eſtatiſ reſ geſtaſ
ad ſenatum pſcriberé. De ſacerdocio tuo quãtam
curã adbibuerí:q̃q; difficili in re atq; cã cogóſceſ
ex buiſ litteriſ q̃ſ taraſoni liberto tuo dedi. Te
mi curio pro tua in me incredibili beniuolencia:
meaq; ité íte ſingulari rogo atq; oro:ne paciare
mibi quidã ad bãc prouicialem moleſtiã téporiſ
prorogari. Preſenſ tecú egi cú te
iſto áno fore non putaré. Itaq; petiui ſepiuſ per
litteraſ:ſed tamen quaſi a ſenatore nobiliſſío cú
adoleſcente & gracioſiſſimo núc a tiranno P. L.
& curione tribuno:nó ut decernaẽ aliquid noui:
q̃ ſolet eẽ difficiliuſ:ſed ut nequid noui decerã/
tur:& ut ſenatuſ conſultú & legeſ defendaſ:eaq;
mibi códicio maneat qua profectuſ ſum. Hoc te
uebementer eciam ac eciam rogo. Vale.

Vid tu me hoc tibi mādaſſe exiſtiaſ:ut mihi
gladiatorum conpoſicioneſ:ut uadimonia
dilata:& creſti conpilacionem mitteref?&ea que
nobif cum Rome ſumuſ narrare nemo audeat?
uide q̃tū tibi meo iudicio tribuam:nec me hercle
iniuria?exclamare. Senem ſapienciorē te adhuc
neminem cogóui:ne illa quidē curo mihi ſcribaf:
quæ maxif in rebuſ reipublice geruntur cotidie:
nihil ad meipſum pertinebunt:ſcribent alii:multi
nūciabunt:ꝓferet multa eciā ipſe rumor. Quare
ego nec ꝓterita nec ꝑfēcia abſte:ſed ut ab homíe
longe in poſterum ꝑfpiciente futura exſpecto:
ut ex tuif litterif:cum formā reipublice uiderim:
quale edificiū futurū ſit ſcire poſſum.Neq; tamē
adhuc habeo quod te accuſem:neq; enim fuit:q̃
tu pluf prouidere poſſeſ:q̃ quiuiſ noſtrū.In pri/
mifq; ego qui cum pópeio q̃ pluref dief nullif í
aliif niſi de republica ſermonibuf uerſatuf ſum.
Quæ nec poſſūt ſcribi nec ſcribenda funt.Tātū
habero ciuem egregiū eſſe Pópeium:& ad omía
quæ puidenda ſūt í republica & aīmo & cófilio
paratū:quare date hoíni:cóplectē mihi crede.
Iam idem illi & boní & mali ciuef uidēt qui nobif
uideri folēt.Ego cū auienif decē ipof dief fuiſſē:
multūq; mecū galluf noſter caniniuf:ꝑficifcebar
inde pridie nonaf quitilef:cum hoc ad te lrārum
dedi:tibi cum onía mea cómēdatiſſima eē cupio:
tamen nihil magif q̃ ne tempuf nobif prouincie
ꝓgetur.In eo mihi funt omnia q̃ quādo quó
& p quof agendū fit tu optime cóftituef.Vale.

altricatióe Lētuli Consulis :& Canini tiranni. P.
Lentulo eo die nos quoqʒ multa uerba fecimus.
Maxsimeqʒ uisi sumus senatum cómemoratione
tuæ uoluntatis erga illū ordinem cómouere. Ita
qđ postridie placuit ut breuiter sñias diceremus.
Videbať eis recósiliata nobis uolútas esse seátus:
quod tū dicendis tū singulis appellādis rogādisqʒ
ꝑspexerā. Itaqʒ cū sentencia prima Bibuli ut tres
Legati Regem ducerent:secúda Hortensii ut tu
sine excercitu reduceres :tercia Volcacii ut pom/
peius reduceret. Postulatū est ut Bibuli sentencia
diuidereť :quatenus de religione dicebat. Cuiqʒ rei
clam obsisti nó poterat. Bibulo assésū ē de tribus
Legatis. frequentes ierunt in alia omnia. ꝓxime
erat Hortēsii sentēcia:cū Lupus tiránus publio
Lentulo quod ipse de Pópeio retulisset intédere
cepit. áte se oportere dissessioné facere:q̃ Cósules
eius oracioni uebementer ab oíbus reclamatū est.
Erat enim iiqua & noua. Cósules neqʒ cócedebāt.
ne qʒ ualde repúgnabāt. Diem consumi uolebant.
Id ē quod factū. Respiciebant enim in bortensii
sentēciā multis partibus plures ituros :quáq̃ ap te
Volcacio assentirent. Multi rogabāť :atqʒ idi ṗm
Consulibus iuius. nam Ii Bibuli sentēciam ualere
cupierunt. Hac cótrouersia usqʒ ad nocté ducta.
Senatus dimissus. Et ego ea die casu aput pópeū
cenaui. nactusqʒ tempus magis boc idoneū q̃ unq̃
antea. Quod post tuū decessum is dies bonestissi/
mus nobis fuerat in Senatu. Ita sū cū illo locutus
ut mibi uiderer animū hominis ab omni alia co/
gitacioé ad tuā tuédā dignitaté traducere. Quē

ego ipſũ cũ audio:prorſuſ cũ libero omni ſuſpicõẽ
cupiditatiſ.Cũ autẽ eiuſ familiareſ oĩm ordinũ
uideo:pſpicio:id quod iam omnibuſ ẽ apertum.
Totam rem iſtam iam pridẽ a ceteriſ hominibuſ
nõ iuito Rege ipo cõſiliariiſq; eiuſ eſſe corruptã.
Hæc ſcripſi ad.xxi.kalenđ.februarii ãte lucẽ.Eo
die ſenatuſ erat futuruſ. Noſ inſenatu quemad/
modũ ſpero dignitatem noſtram ut poteſt í tanta
hominũ perfidia & iniquitate retinebimuſ.Quod
ad popularẽ ratóem attiẽt:hoc uidemui eẽ cõſe/
cuti:ut nequit agi cũ populo:aut ſaluiſ auſpiciiſ:
aut ſaluiſ legibuſ aut denique ſine ui poſſet.de hiſ
rebuſ pridie quã hæc ſcripſi Senatuſ auctoritaſ
grauiſſim í terceſſerit.Cui cũ Cato & Caninuſ in
terceſſiſſent:tamẽ eſt pſcripta.eã ad te miſſã eſſe
arbitror.De ceteriſ rebuſ quidqđ erit actũ ſcribã
ad te.& ut q̃ rectiſſime agant omnia mea cũ cura
opera diligencia gratia prouidebo.

Vlo Trebonio qui in tua prouincia magna
negocia expedita & ãpla habet:multoſ an/
noſ utor ualde familiariter. Iſ tũ ãtea ſẽp & ſuo
ſplẽdore & noſtra cæterorúq; amicorum cõmen/
dacione gratiſſimuſ in prouíc:a fuit.Tũ hoc tp̃e
propter tuũ í me amorem noſtráq; neceſſitudinẽ
uehementer cõfidit hiſ noſtriſ litteriſ ſe aput te
gracioſum fore.Quod ne ſpeſ eũ fallat:uehemẽ/
ter rogo te.Cõmendoq; tibi omnia eiuſ negocia:
liberoſ:procuratoreſ:familiam.In p̃miſ ut que
Appiuſ de eiuſ re decreuerit ea cõ p̃beſ.Oĩbuſq;

rebuſ eũ ita tracteſ:ut ítelligat nrãm cõmenda/
cionem non uulgarem fuiſſe. Vale.

D xu. kalẽđ februarii. Cum ín Senatu pul/
cerrime ſtaremuſ: ꝗ iã illã ſentenciã Bibuli
de tribuſ Legatiſ ꝓdie eiuſ diei fregeramuſ:u/
numꝗ certamen eſſet relictum ſẽtẽcia Volcacii:
reſ ab aduerſariſ noſtriſ extracta eſt uariiſ ca/
lũpniuſ. Cauſam enim frequẽti ſenatu nó magna
uarietate magãꝗ íuidia eo꜄ qui a te cauſã regiã
alio tranſferebant:obtinebamuſ. Eo die acerbũ
babuimuſ curione. Bibulũ multo iuſtiorem pene
etiam amicũ. Caniniuſ et Cato negarũt ſe legem
ullam ante comicia eſſe laturoſ. Senatuſ baberi
ãte kalẽđ februarii p legẽ pupiã id quod ſciſ nó
poteſt. Neꝗ Mẽſe februario toto niſi perfectiſ
aut reiectiſ rogacioſbuſ:nec tũ ẽ opinio Populi
Romani a tuiſ íuidiſ atꝗ obtrectãtibuſ nomen
inductum fede religioſ:non tã ut te impedirẽt:
ꝗ ut ne quiſ ꝓpter excercituſ cupiditatẽ Allex/
andriã uellet ire. Dignitatiſ aũt tue nemo ẽ qui
exiſtimet babitã eſſe racione ab Senatu. Nemo
enim eſt qui neſtiat cominuſ diſcenſio fieret per
aduerſarioſ tuoſ eſſe factũ:quem populi nomíe
re aut uera ſceleratiſſimo latrocinio ſi qua cona/
buntur agere ſatiſ prouiſum eſt:ut nequid ſaluiſ
auſpiciuſ aut legibuſ:aut iam ſine ui agere poſ/
ſent. Ego neꝗ de meo ſtudio neꝗ de nó nullo꜄
iiuria mibi ſcribendum eſſe arbitror. Quid enim
aut me oſtentem qui ſi uitam tua pro dignitate

pfūdā nullā parte uidear meritoᵽ tuoᵽ affecu/
tuſ :aut de aliorum iniuriſ querar? ᵹ fine fūmo
dolore facere non poffum. Ego tibi i hac preferti
ibecillitate mgrātuum preftare nihil poffum: ut
excepta ui poffū cōfirmare: te & Senatuſ & Po/
puli Romāi fummo ftudio āplitudiēm tuā rete/
turum. Vale.

Am & fi michi nihil fuit optaciuſ ᵹ̄ ut p̄mū
abſ te ipo dein a ceteriſ oibuſ quā gratiffi/
muſ effem erga te cogófceꝛem: tum afficior fūmo
dolore eiufmodi tēpora poft tuā pfectionem cō/
fecuta effe: ut & meam & ceteroᵽ erga te fidem &
beniuolenciā abfēſ experirer. Te uidere & fētire
eandē fidē effe hominū in tua dignitate: quā ege
in meā falutē expertuſ fum: ex tuiſ litteriſ intel/
lexi. Noſ cū maxie confilio ftudio labore gracia
de caufa Regia niteremur: fubito exorta eft ne/
pharia Catoniſ ꝑmulgacio que noftra ftudia i/
pediret. Et aimoſ a minore cura ad fūmū timore
traduceret. Sed tamē in eiufmodi pturbacōe rerū
quāᵹ̄ omnia funt metuenda nihil magiſ ᵹ̄ pfidiā
timemuſ. Et Catoni quoquomodo fefe reſ habet
profecto refiftimuſ. De Allexandrina re caufaᵹ;
rægia tantū habeo polliceri: me tibi abfenti tuifᵹ;
p̄fentibuſ cumulate fatiffactū. Sed uereor ne aut
arripiat cā regia a nobiſ. Aut deferatur: quorum
utrumᵹ; minuſ ueli non facile poffū exiftimare.
Sed fi reſ coget: ē quiddā terciū quod neᵹ; filicio
neᵹ; mihi difplicebit. Vt neᵹ; iacere Regē pate/
remur: nec nobiſ repugnantibuſ ad eum deferri

ad quē prope iã delatū exiſtimat̃.A nobiſ agent̃
oĩa diligēter.ut neq; ſi quid obtineri potuerit nõ
contēdamuſ:nec ſiquid non obtinuerimuſ repulſi
eſſe uideamur.tuæ ſapiēciæ magitudiniſq; animi
eſt omnē āplitudinē & digitatē tuã ĩ uirtute atq;
ĩ rebuſ geſtiſ tuiſ atq; ĩ tua grauitate poſitã ex/
iſtiãre. Si quidē ex hiſ rebuſ quaſ tibi fortuã lar
gita ẽ:nõ nulloɽ hoĩm pfidia detraxerit. Id maio
ri illiſ fraudi. Quam tibi futurū. a me nullū tem/
puſ ꝓtermittit̃ de tuiſ rebuſ & agendi & cogitãdi.
Vtorq; ad oĩa ſelicio. neq; enĩ prudenciorē quēᵭ
ex tuiſ: neq; fide maiorē eſſe iudico:neq; amãti/
orē tui. Hic quæ agãtur quæq; acta ſint ex lriſ
multorū ea te & nūciuſ cogóſcere arbitror . Quæ
autē poſita ſūt ĩcóiectura quæq; mihi uidẽt̃ fo/
re:ea puto a me tibi ſcribi oportere .

Oſtea ᵭ Pópeiuſ & apud populum ad Viii.
Iduſ Februarii cū ꝓ milone diceret:clauicē
cóuicioq; iactatuſ ẽ:in Senatuq; a Catone aſpere
& acerbe eſt accuſatuſ :uiſuſ ẽſt mihi uehemēter
pturbatuſ. Ita ᵭ Allexandrina cauſa quæ nobiſ
adhuc ĩtegra eſt:nihil enĩ tibi detraxit Senatuſ
niſi id quod pro eadem religione dari alteri non
pót:uidet̃ ab illo plãe eſſe depoſito. nūc idſpera/
muſ idq; molimur:ut cum Rex intelligat ſeſe id
quod cogitabat ut a Pópeio reducat̃ aſſequi non
poſſe.& niſi ꝓ te ſit reſtitutuſ deſertū ſe atq; ab/
iectum fore:proficiſcatur ad te. Qui ſine ulla du/
bitacione ſi Pompeiuſ paulomodo oſtēderit ſibi

placere faciet. Sed nosti hominis tarditate & ta/
citurnitate. Nos tame nihil qd ad eam re ptinet
ptermittimus. Cæteris siuris quæ ppolite sunt a
Catone facile ut spero resistemus. Amicu ex con/
sularibus nemine tibi esse uideo pter Hortensiu
& Luculu. Ceteri sut parti obscurius iniqui: parti
no dissimulat irati. Tu fac animo forti magnoq;
scis. Speres qp fore ut fracto ipetu leuissimi bo is
tua pristinam dignitate & gloriam consequare.

Væ gerátur accipies ex pollione qui oibus
negociis non iterfuit solu sed prefuit. Me in
summo dolore que in tuis rebus capio maxime sci/
licet consolat spes qd ego ualde suspicor fore: ut
sfrigat boim i pbitas: & consilis tuoq amicoq: &
ipsa die qua debilitat cogitationes: & inimicoru
& pditoq. Facile secudo loco me cosolat recor/
datio meoq tpóru: quoq Imagine uideo in tuis
rebus. Nam & si minore in re uiolat tua dignitas
qua mea afflicta sit. Mihi est tanta similitudo: ut
sperem te mihi ignoscere: si ea no timueri quæ ne
tu quide uq timeda duxisti. Sed p sta te eum qui
mihi a teneris ut græci dicut unguiculis es cogni/
tus. Illustrabit mihi crede tua áplitudinem boim
iniuria. A me omnia summa in te studia officiaq;
exspecta. Non fallam opinionem tuam. Vale.

Egi tuas litteras quibus ad me scribis gratu
tibi ee qd crebro certior per me fias de oibus

rebuſ :& meã erga te beniuolenciã facile ꝑſpiciaſ.
Quorum alterum mihi ut te plurimum diligam
facere neceſſe ē:ſi uolo iſ eē quem tu me eſſe uo/
luiſti. Alterũ facio libēter. Vt quoniã interuallo
locoꝝ & tēpoꝝ diſiũcti ſumuſ :per litteraſ tecuʒ
q̃ ſepiſſime colloquar. Quod ſi rariuſ fiet quã tu
exſpectabiſ :id erit cauſe:quod non eiuſ graciaſ
mee litteræ ſunt:ut eaſ audeã temere cõmittere.
Quocieſ mihi certorũ hominũ põtaſ erit quibuſ
recte dem non pretermittam. Quod ſcire uiſ qua
quiſꝗ in te fide ſit & uolũtate difficile dictu ē de
ſinguliſ. Vnũ iſtud audeo:quod antea tibi ſæpꝫ
ſigificaui:nũc quoꝗ re ꝑſpecta & cogita ſcribere
Vehemēter quoſdã homineſ & eoſ maxime qui
& te amare maxime debuerũt & plurimũ iuuare
potuerũt inuidiſſe dignitati tuæ ſimilimamꝗ in
re diſſimili tui temporiſ nunc & noſtri quondam
fuiſſe racionē:ut quoſ tu rei publicæ cauſa læſe/
raſ :palam te oppugnarent. Quoꝝ auctoritatem
digitatē uolũtatēꝗ defenderaſ non tã memoreſ
eſſe uirtutiſ tue:quam laudiſ inimici. Quo quid
tēpore ut ꝑſcripſi ad te antea cogõui Hortēſiũ ꝑ
cupidũ tui:ſtudioſum Luculũ ex magiſtratibuſ
autē L.racilium & fide & animo ſingulari. Nam
noſtra ꝓpugãcio ac defēſio digitatiſ tuæ ꝓpter
magitudinē beneficii tui fortaſſe pleriſꝗ officii
maiorē auctoritatē habere uideat quã ſētenciæ.
Preterea quidē de cõſularibuſ nemini poſſũ aut
ſtudii erga te aut officii aut amici animi eſſe teſ/
tiſ. Eteni Põpeiũ qui mecum ſæpiſſime nõ ſolũ
a me ꝓuocatuſ ſed eciam ſua ſponte de te cõizare

folet. Scıſ téporıbuſ ıllıſ nó ſæpe fuıſſe í Seátu.
Cuı quıdé lıtteræ tuæ quaſ ꝓxıme mıſeraſ quã
facıle ıntellexerım perıocõdæ fuerũt:mıhı quıdé
humanıtaſ tuæ uel ſumma pocıuſ ſapıencıa non
ıocõda ſolum:ſed ecıã admırabılıſ uıſa eſt:uırũ
ení excellenté & tıbı tua ꝑſtãtı ın eũ lıberalıtate
deuıctum nó nıhıl ſuſpıcãtem ꝓpter alıquorum
opınıonem ſuæ cupıdıtatıſ abſ te alıenatum ılla
Epıſtola retınuıſtı. Quı mıhı cum ſemper fauere
tuæ laudı uıſuſ ẽ:ecıã ıꝓo ſuſpıcıoſıſſımo ſuo tꝑe
Canınıano. Tú uero lectıſ tuıſ lıtterıſ ꝑſpectuſ
ẽ a me toto áımo de te ac de tuıſ ornamentıſ co/
gıtare & cómodıſ. Quare ea quæſcrıbã ſıc habeto
me cum ıllo re ſepe cóıcata de ıllıuſ ad te ſétencıa
atꝗ auctorıtate ſcrıbere. Quonıam Senatuſ có/
ſultũ nullũ extat quo reductıo Regıſ Allexan/
drını tıbı adempta ſıt. Ea quæ de ea re ſcrıpta eſt
auctorıtaſ cuı ſcıſ ınterceſſũ eſſe:ut ne quıſ oíno
Regé reduceret. Tantã uí habet ut magıſ ırato ꝗ
homınũ ſtudıũ quam conſtantıſ Senatuſ cóſılıũ
eẽ uıdeaẽ:te poſſe ꝓſpıcere quı Cıcılıã Cıprumꝗ
teneaſ:quıd efficere quıd cóſequı poſſeſ :& ſı fa/
cultaté reſ habere uıdeatur ut Allexãdrıam atꝗ
Egıptũ tenere poſſıſ: eẽ & tuæ & noſtrı Imperıı
dıgnıtatıſ: Ptolomaıde aut alıquo ꝓpíquo loco
Rege collocato te cũ Claſſe atꝗ excercıtu ꝓfıcıſcı
Allexandrıam:ut eam cum pace ꝓſıdııſꝗ fırmanſ
Ptolomeuſ redeat ın regnum. Ita fore ut per te
reſtıtuaẽ:quemadmodum Senatuſ ınıcıo cenſuıt.
Et ſıne multıtudıe reducatur quẽadmodũ hoıẽſ
relıgıoſı Sıbılle placere dıxerũt. Sed hæc ſétécıa

fic & illif & nobif ꝓbabaͭ uͭ ex euentu hominif
de tuo confilio extiaturof uideremuf :fi cecidiffeͭ
ut uolumuf & optamuf onéf te fapiéter & forti/
ter. Si aliquid effet offéfu :eofdem illof & cupide
& temere feciffe dicturof. Quare quid affequi pof
fef nó tamen facile eft nobif quam tibi cuiꝓpe in
cófpectu Egiptuf é. Id quidé. Nof hoc fétimuf :
fi exploratú tibi fit poffe te illiuf regni potirinó
effe cótádum. Si dubium fit non effe conandum.
illud tibi affirmo. Si rem iftá ex fentécia gefferif :
fore ut abfenf a multif cum redierif ab omnibuf
collaudere. Offéfionem effe periculofam propter
interpofitam auctoritatem religionemq; uideo .
Sed ego te ut adcertú laudé adhortor :fic a dimi/
catione deterreo .Redeoq; adillud quod inicio
fcripfi. Totiuf facti tui iudiciú nó tam ex cófilio
tuo quam ex euétu hominif effe facturof. Quid
fi hæc tua rató rei gerédæ piculofa eé tibi uidebi/
tur :placebat illud ut fi Rex amicif tuif qui ꝓ ꝓ/
uinciam atq; Imperu tui ꝓnúciaf ei credidiffent:
et fidem fuá preftitiffent:& auxiliif eum tuif &
copuf adiuuaref :eam eé & Regioné Prouinciæ
tuæ ut illiuf reditum uel adiuuádo confirmaref :
uel negligédo impediref .In hac ratóe quid ref :
quid caufa quid tépuf ferat tu faciliffime optié/
q; ꝓfpicief. Quod nobif placuiffet ex me putaui
potiffimum te fcire oportere:quod mihi de noftro
ftatu:de Milonif familiaritate:de leuitate & in/
becillitate Clodii gratularif :minime miramur:
te tuif ut egregium artificem preclarif operibuf
letari. Quáꝗ eft incredibilif hominum puerfitaf

grauiori eñi uerbo uti nó libet. Qui quos fauē/
do in cómuni causa retinere potuerút: inuidendo
abaliēauerút. Quoꝝ maliuolētiſſimis obtrecta/
cionibus noſ ſcito de uetere illa noſtra diuēnaq;
ſentencia ꝓpe iam eſſe depulſoſ. Non noſ qui ut
noſtre dignitatiſ ſimuſ obliti: ſed ut habemuſ ra/
cionē aliquando & ſalutiſ. Poterat utrúq; ꝓſtari
ſi eſſet fideſ: ſi grauitaſ í hominibuſ cóſularibuſ.
Sed tanta eſt in pleriſq; leuitaſ: ut eoſ non tam
cóſtancia in re publica noſtra delectet q̃ ſplēdor
offēdit. Quod eo liberiuſ ad te ſcribo qui nó ſolú
tēporibuſ Iiſ que ꝑte ſum adeptuſ: ſed eciã olim
naſcēti ꝓpe noſtre laudi dignitatiq; uirtutiq; fa/
uiſti. Simul q̃ uideo nó ut áte hac putabã noui/
tati eſſe in uiſú mee. In te enim homine omnium
nobiliſſimo ſimilia íuidioꝝ uicia ꝓſpexi. Quem
tamē illi eē in principibuſ facile ſút paſſi: euolare
alciuſ certe noluerút. Gaudeo tuam diſſimilem
fuiſſe fortunam. Multum enim intereſt utrú lauſ
minuatur: an ſaluſ deſeratur. Me meæ tamen ne
nimiſ peniteat tua uirtute perfectú eſt. Curaſti
enim ut pluſ additú ad memoriam noíſ noſtri q̃
demptum de fortuna uideret. Te uero admoneo
tum beneficiuſ tuiſ: tum amore icitatuſ meo. Vt
omnē gloriam ad q̃ a puericia inflámatuſ fuiſti:
oní cura atq; iduſtria cóſequare. Magitudiēmq;
animi tui q̃ ego ſemper ſum admiratuſ: ſemperq;
amaui: ne unq̃ inflectaſ cuiuſq̃ iniuria. Magna
eſt hominum opinio de te. Magna commēdacio
liberalitatiſ. Magna meória cóſulatuſ tui. Hæc
perfecto uideſ q̃to expreſſiora q̃toq; illuſtriora

futura fint:cum aliquantulum ex puicia atq; ex
Imperio laudif accefferit. Quáquá te ita gerere
uolo quæper excercitum atq; Imperiú gerenda
funt:ut bæc multo ante meditere.Huc te paref.
Hæc tu cogitef:ad bæc te excerceaf. Sēciafq; id
quod femper fperafti. Non dubito quin adeptuf
intelligaf te facilime poffe optinere fúmum atq;
altiffimum gradum ciuitatif.Que quidem mea
cohortacióe ne tibi ianif aut fine cá fufcepta ui/
deretur:illa me racio mouet:ut te ex nrif euētif
cómunibuf ad mouēdú putarem. Vt cófideraref
f omni re tuá uitá quibuf crederef:quof caueref.
Quod fcribif te uelle fcire qui fit rei publice fta/
tuf. Súma difcēfio eft. Sed cótēcio difpar.Nam
qui pluf operibuf armif potēcia ualent:perfeciffe
tamen mibi uident ftulticia & incóftácia aduer/
farioff ut eciá auctoritate iá pluf ualerent. Itaq;
p paucif aduerfitatibuf onia quæ ne p populú
quidem fine fedicione fe affequi arbitrantur per
Senatum cófecuti fút. Nam et ftipendiú Cæfari
decretú eft & decemLegati. Et ne lege fépronia
fuccederet facile perfectum eft.Quod ego ad te
breuiuf fcribo quia me ftatuf hic rei publice non
delectat. Scribo tamen ut te admoneá quod ipfe
litterif omnibuf a puericia dedituf experiēdo ta/
mē magif ã difcēdo cogóuifti:tu tuif rebuf inte/
grif difcaf. Neq; faluti noftræ racionē habēdam
nobif eē fine dignitate:neq; dignitatif fine falute.
Quid mibi de filia & de Crafipi de gratularif ag/
nofco bumaítatem tuam. Speroq; & opto nobif
hanc coniunctionem uoluptati fore. Lentulum

noſtrum eximia ſpe ſũma uirtute adoleſcẽtẽ cũ
cæteriſ artibuſ quibuſ ſtuduiſti ſemper ipſe tũ
in primiſ imitatione tui fac erudeaſ. Nulla ení
erit hac preſtátior diſciplina. Quem noſ & quia
tuuſ & quia te dignuſ ẽ filiuſ & quia noſ diligit
ſemperq; dilexit i p̃miſ amamuſ carũq; habemuſ
Vale.

E omnibuſ rebuſ quæ ad te pertinent quid
actum: quid cõſtitutum ſit: quid Pompeiuſ
ſuſcepit: optime ex exemplatorio cognoſceſ: qui
non ſolum interfuit hiſ rebuſ: ſed etiam prefuit.
Neq; ullum officiũ erga te homineſ amantiſſimi
prudentiſſimi diligentiſſimi ptermiſit. Ex eo de
toto ſtatu rerũ omniũ cognoſceſ. Quæ qualeſ ſit
non facile ẽ ſcribere. Sũt quidẽ certe in amicoꝝ
noſtroꝝ poteſtate: atq; ita ut nullã mutacionem
unq̃ ac omniũ ætate habitura reſ eſſe uideatur.
Ego quidem ut debeo & ut tu te mihi precepiſti
& ut me commoditaſ utilitaſq; cogit me ad eiuſ
racioneſ adiungo: quem tu in meiſ racoibuſ tibi
eſſe adiungendum putaſti. Sed te non preterit q̃
ſit difficile ſenſum in re publica præſertim rectũ
& cõfirátũ depoẽre. Verũtamẽ me ipſe cõfirmo
ad eiuſ uoluntatem quo hoẽſtiuſ diſſentire non
poſſũ. Neq; id facio ut forſitan quibuſdã uidetur
ſimulacione. Tantum ení animi inductio & me
hercle amor erga Pompeium apud me ualet: ut
que illi utilia ſunt & quæ ille uult ea mihi omia
iã & recta & uera uideãt. Neq; ut ego arbitror
errarẽt ne aduerſarii quid eiuſ tum pareſ eſſe nó

poſſent pugnare deſiſterent. Me quidem etiã illa
reſ cõſolat qđ ego ipm cui uel maxime cõcedãt
omneſ ut uel ea defendam quæ Pompeiuſ uelit:
uel taceam:uel etiã id quod mihi maxime libet
ad noſtra ſtudia referam Irãrú. Quod profecto
faciã ſi mihi per eiuſdem amiciciam licebit. Quæ
enim ppoſita fuerat nobiſ cũ & honoribuſ am/
pliſſimiſ & laboribuſ maximiſ perfúcti eſſemuſ
dignitaſ in ſẽtẽcuſ dicẽdiſ:libertaſ in re publica
capeſcenda:ea ſublata tota:ſed ne mihi magiſ q̃
omnibuſ. Nam aut aſſenciendũ eſt biſ nulla cũ
grauitate paucuſ aut fruſta diſſẽciendum. Hæc
ego ad te ob eam cauſam maxime ſcribo:ut iã de
tua quoqʒ racione meditere. Cõmutata eſt tota
racio Senatuſ iudicioru̅ rei tociuſ publice:ocium
nobiſ exoptandum eſt ꝗ hi qui pociunt rerum
pſtaturi pacienciam uidentur:ſi quidẽ hominueſ
pacienciuſ eoꝛ potenciam ferre potuerút. Digní/
tatemqʒ illã cõſularẽ fortiſ & cõſtãtiſ Seãtoriſ
nihil eſt ꝗ cogitemuſ. Amiſſa culpa ẽ eorú quia
ſenatu & ordinẽ cõiú ctiſſimú & boẽm clariſſimú
abalienarẽt. Sed ut ad ea quæ coniú ctiora rebuſ
tuiſ ſunt reuertar:Pópeiú tibi ualde eſſe amicú
cogóui. Vt eo cõſule quãtum ego pſpicio omía
quæ uoleſ tu obtineuſ. Quibuſ in rebuſ me ſibi
ille affixú habebat. Neqʒ a me nulla reſ quæ ad
te pertineat negliget. Neqʒ ení uerebor ne ſim
ei moleſtuſ:cui iocúdú erit:& iam ppter id ipm
qđ me eſſe gratum uidebit. Tu uelim ita tibi p/
ſuadeaſ nullã rem eſſe mímã quæ ad te pertiẽat
quæ mihi carior ſit quã meæ reſ omẽſ. Quæcúqʒ

ſēciā ſecū dū utilitatem mihi me ipm ſatiſſacere
nō poſſū. Re quidē ipſa ideo mihi non ſatiſſacio
ꝙ nullā partem tuoꝛ meritoꝛ non mō referēdā:
ſed nec cogitādā quidē i gracia cōſequi poſſum
rem te ualde bene geſſiſſe rumor erat. Expecta/
bāt litteræ tuæ de quibuſ eramuſ iā cū Pōpeio
locuti: que ſi erunt allate noſtrum ſtudiū extabit
incōueiēdiſ migrātibuſ & Seātoribuſ. Cæteraꝗ
quæ ad te pertinebūt quom & pluſ cōtēderimuſ
ꝗ poſſimuſ: minuſ tamen faciemuſ ꝗ debemuſ

Eriocūde mihi fuerūt litteræ tuæ: quibuſ
intellexi te perſpicere meam in te pietatem.
Quid enī dicam beniuolenciam: qum illud ipm
grauiſſimum & ſanctiſſimū nomē pietatiſ leuiuſ
mihi meritiſ erga me tuiſ eſſe iudicae. Quod aūt
tibi grata mea erga te ſtudia opera ſcribiſ eē: fa/
ciſ tu quidē abundancia quadam amoriſ: ut eciā
grata ſint ea quæ ꝑtermitti ſine nephario ſcelere
nō poſſūt. Tibi autē multo nocior atꝗ illuſtri/
or meuſ in te animuſ eſſet: ſi hoc tempore omni
quo ſeiuncti fuimuſ: & una & Rome fuiſſemuſ.
Nam in eo ipſo quod te oſtendiſ eſſe facturum:
quodꝗ & in primiſ poteſ: & ego a te uehementer
expecto: in ſētēciſ Senatoriſ & in oni actione
atꝗ adminiſtracioē rei publicæ floruiſſemuſ. de
qua oſtendam equidem paulo poſt qui ſit meuſ
ſēſuſ & ſtatuſ. Et reſcribā tibi ad ea quæ quæriſ.
Sed certe & ego te auctore amiciſſimo ac ſapien/
tiſſimo & tu me cōſiliario fortaſſe nō inperitiſſio

fideli quidem & beniuolo certe usus esses . Quáq̃
tua quidem causa te esse Imperatorem puiciáq;
bene gestis rebus qum excercitu uictore obtie/
re ut debeo letor. Sed certe qui tibi ex me fruct/
tus debentur eos uberiores & prestáciores p̃sens
capere potuisses. In eis uero ulcisséd̃is quos tibi
partí simicos eē ítelligis ppter tuā ppugácionē
salutis meæ:partí inuidere ppter illius actionis
áplitudinē & gloriam:mirificum me tibi comité
pbuissem. Quáq̃ ille perennis inimicus amicoꝝ
suorum qui tuis maximis beneficiis ornatus in te
potissimū fractā illam & debilitatam uim suam
cótulit. Nostram uicē ultus ē ipse sese. Est ení
ea conatusquibus patefactis nullam sibi í postꝝ
nó modo dignitatis:sed ne libertatis quidē ptē
reliquit. Te aút & si mallē in meis rebus exptū
q̃ ectá in tuis:tamē inmolestia gaudeo eā fidem
cognóscere hominū non ita magna mercede q̃ ego
maximo dolore cognoram.De qua racione tota
iam uidetur mihi exponenda tēpus dari:ut tibi
rescribam ad ea quæ quæris. Vale.

Erciorem te per litteras scribis esse factum
me qum Cæsare & qum Appio esse in grám·
Teq; id non reprebendere scribis. Vatinium aút
scire te uelle ostendit quibus rebus adductus de/
féderim & laudari. Quod tibi ut planius exponá
alcius paulo racioēm cósilioꝝ meorum repetam
necesse est.Ego me hercule Lentule inicio reꝝ
atq; accionū tuarū nó solū meis sed ectá rei pub/

lice reſtitutū putabā. Et quonıā tıbı incredibilē
quēdam amorem & omnıa in te ıpſum ſumma ac
ſıgularıa ſtudıa deberē reı publıce quæ te ın me
reſtıtuēdo multū adıuuıſſet: eū certe me anımum
merıto ıpſıuſ debere arbıtrabar: quē antea tātū/
modo cōmunı officio cıuıum nō alıquo erga me
ſıguları beneficıo debıtū pſtıtıſſē. Hac me mēte
fuıſſe: & ſenatuſ ex me te cōſule audıuıt: & tu ın
noſtrıſ ſermoıbuſ collocucıonıbuſq; ıpſe uıdıſtı.
Et ſı ıā pmıſ temporıbuſ ıllıſ multıſ rebuſ meuſ
offendebatur anımuſ: quo m te agente de relıqua
noſtra dıgítate aut occulta nō nulloʒ odıa aut
obſcura ın me ſtudıa cernebā. Nā neq; demonu/
mentıſ meıſ ab bııſ adıutuſ eſ a quıbuſ debuıſtı:
neq; de uı nefarıa qua cū fratre erā domo expul/
ſuſ: neq; bercule ın bııſ ıpſıſ rebuſ quæ q̃q̃ erant
mıbı prope reı famılıarıſ naufragıa neceſſarıe:
tamen a me mınımı putabātur: ın meıſ damnıſ &
auctorıtate Senatuſ ſarcıendıſ: eam uolū tatem
quam expectarē preſtıterūt. Quæ cum uıderem
neq; erant obſcura non tamen tam acerba mıbı.
bæc accıdebant: q̃ erant ılla grata quæ fecerāt.
Itaq; q̃q̃ & Pōpeıo plurımū te quıdem ıpſo pdı/
catore ac teſte debebam non ſolum beneficıo ſed
amore ecıā & ppetuo quodā ıudıcıo meo dılıge/
bam: tamē non reputanſ quıd ılle uellet ın oıbuſ
meıſ ſentencııſ de re publıca pſtınıſ pmanebam.
Ego ſedente gaudeo Pompeıo: cum ut Iaudaret
Pompeıum ſextum ſtroıſſet ın urbem: dıxıſſetq;
teſtıſ uatınıuſ me fortuna & felıcıtate Gne Cæ/
ſarıſ cōmotū: ıllı amıcū eſſe cepıſſe: dıxı me eam

Bibuli fortunam quam ille afflictã putaret oím
triũphif uictoriſq; anteferre. Dixiq; eodẽ teſte
alio loco eofdẽ eſſe qui Bibulũ exire domo phi/
buiſſet:& qui me coegiſſet. Tota uero interro/
gacio mea nihil habuit niſi reprehẽſionem illiuſ
tribuatuſ in quo omía dicta ſũt libertate aíoq;
maximo de ui de auſpiciíſ de donacione regnoꝛ.
Neq; uero hac in cauſa modo:ſed cõſtãter ſæpe
in Senatu. Cum eciã Marcellino & philippo cõ/
ſulibuſ noniſ Aprilibuſ mihi ẽ Senatuſ aſſẽſuſ:
ut de agro cãpano frequenti ſenatu idibuſ maiíſ
referẽtur. Nõ potui magiſ in arcem illiuſ cauſæ
inuadere:aut magiſ obliuiſti temporum meoꝛ:&
memiſſe actionũ. Hac a me ſentẽcia dicta mag/
nuſ animoꝛ motuſ eſt factuſ:tum eoꝛ quorum
oportuit:tum illoꝛeciam quoꝛ unꝗ putarẽ. Nã
hoc Senatuſ cõſulto in meam ſentenciam facto
Pompeiuſ cũ mihi nihil oſtendiſſet ſe eẽ offẽſũ:
in ſardiniã & in affricã profectuſ eſt. Eoq; itiẽre
Luca ad Cæſarem uenit. Ibi multa de mea ſnía
queſtuſ eſt Cæſar. Quippe qui eciam Rauennæ
Craſſum ante uidiſſet:ab eoq; in me eſſet incẽſuſ.
Sane moleſte Põpeiũ id ferre conſtabat. Quod
ego cũ audiſſem ex aliíſ maxime ex meo fratre
cogóui. Quem cũ in Sardinia Pompeiuſ pauciſ
poſt diebuſ ꝗLuca diſceſſerat cõueniſſet:te in/
quit ipſũ cupio. Nihil oportuiuſ potuit accide/
re niſi cũ Marco fratre Ciceroíſ diligẽter egeriſ.
Depẽdẽdũ tibi ẽ quod mihi pro illo ſpoſpõdiſti.
Quid multa?queſtuſ ẽ grauiter. Sua merita cõ/
meórauit. Quid egiſſet ſæpiſſime de actíſ Ceſa/

rıſ cum ıpſo meo fratre quıdq; ſibı ıd ıſ de me re/
cepıſſet ı meórıã redegıt. Seq; q̄ue de mea ſalute
egıſſet:uolũtate Cæſarıſ egıſſet:ıpſũ meũ frēm
teſtatuſ eſt. Cuıuſ cauſam dıgnıtatemq; mıhı ut
frater cõmendaret rogauıt:ut eã non oppugãrē
ſi nollem:aut non poſſem tuerı. Hæc cum ad me
frater pertulıſſet:cum tamen Pópeıuſ ad me cũ
mandatıſ Rubulıum mıſiſſet:ut ıtegrũ mıhı de
campana cauſa ad ſuũ reddıtũ reſeruarē. Collegı
ıpe me:& cũ ıpa quaſi republıca collocutuſ ſũ ut
mıhı tã multa ‿p ſe ppeſſo atq; pfũcto cõcederet.
Vt offıcıũ meũ meórēq; ı benemerıtoſ anımũ q;
fıdē fratrıſ meı preſtarē:eũq; quē bonũ cıuē ſēp
habuıſſem bonum uırũ eſſe pateret. In ıllıſ autē
meıſ actıonıbuſ ſentēcıſq; onıbuſ quæ Pópeıũ
uıdebãt offēdere:certoꝛ homınum quoſ ıã debeſ
ſuſpıcarı ſermoneſ referebãt ad me:quı cum ılla
ſentırent ıꝝ re publıca quæ ego agebam: ſēperq;
ſēſiſſēt:me tamē nó ſatıſfacere Pópeıo Cæſarēq;
ıımıcıſſımũ mıhı futurũ gaudere ſe aıebãt. Erat
hoc mıhı dolendũ: Sed multo ıllud magıſ q̇ ını/
mıcum meumClodıum meũ aũt? ímo uero legũ:
ıudıcıoꝛ:ocıı:patrıæ:bonoꝛ oím ſic ãplexabãt:
ſic ın manıbuſ habebãt:ſic fauebãt:ſic me pſēte
oſculabãt:nó ‿lı quıdē ut mıhı ſtomacũ facerēt:
quem ego fundıtuſ perdıdı:ſed certe ut facere ſe
arbıtrarēt. Hıc ego q̇ tũ humano cõſilıo effıcere
potuı cırcũſpectıſ rebuſ meıſ oíbuſ racıoíbuſq;
ſubductıſ ſũmam fecı cogıtacıonum mearũ oím:
quam tıbı ſi potero breuıter exponam. Ego ſi ab
ımprobıſ & perdıtıſ cıuıbuſ rem publıcam tenerı

Rimum tibi ut debeo gratulor:lætorq; cū
presenti tū eciā sperata tua dignitate:seruis
nō negligencia mea sed igōrācia rerum omnium.
In buis enī sum locis quo & ppter longinquitatē
& ppter latrocinia tardissime omnia perferūtur.
Et cū gratulor.Cū uero quibus uerbis tibi grās
agā nō reperio:qp ita factus sis ut dederis nobis
quēadmodū scripseras ad me:quē semper ridere
possētis.Itaq; cū pmū audiui:ego ille ipse factus
sum.Scīs quē dico.Egiq; omēs illos adolescētes
quos ille iactitat.Difficile est loqui.Te autem
cōtēplans absentē & quasi tecū coram loquerer:
nūc nō edepol q̃tā egeris rem:neq; q̃tū facimus
feceris:quod quia pter opinionē mibi acciderat:
referebā me ad illud incredibile boc factū obicē.
Repente uero incessi omnibus leticiis:in quo cū
obiurgarer:qp nimiō gaudio pene deciperem:ita
me defendebam.Ego uoluptatem bomini nimiā.
Quid queris? dum illum rideo:pene sum factus
ille.Sed bec pluribus.Multaq; alia & de te et ad
te q̃ pmū ero aliqd nactus ocii.Te uero diligo
mirifice:quam mibi fortuā dedit amplificatorem
dignitatis meæ:ultorēm non modo ímicorum:
sed eciā inuidorum meorum:ut eos partí scelerū
suorum:partim eciam ineptiarū peniteret.Vale

Vuide q̃ cide q̃ ad me litteræ non pferāt:
non enī adduci possū:ut abste postq edilis
factus es:nullas pute datas.Preserti cum essent
tāte res:tāte gratulacōes de te:quia quid sperabā

de nihilo. Balbuſ ení ſum: q̃ non putará: atq; ſic habeto nullam me epiſtolá accepiſſe tuam: poſt comicia iſta preclara: quæ me læticia extulerút. Ex quo uereor ne ıdem euenıat í meaſ lıtteraſ. Equıdẽ nú q̃ domú mıſi uná eplám: quin eẽt ad te altera: nec mıhı eſt te ıocódıuſ quıcquá. Nec carıuſ. Sed balbı nó ſumuſ. Ad rem redeamuſ ut optaſtı ıta eſt. Velleſ enı aıſ tátúmó ut haberẽ negocıı: q̃ eſſet ad laurıolá ſatıſ. Parthoſ tımeſ: quı dıffıdıſ copııſ noſtrıſ. Ergo ıta accıdıt: nam pthıco bello núcıato: locorú quıbuſdá anguſtııſ: & natura moncıum fretuſ: ad amanú excercıtum adduxı ſatıſ probe ornatum auxılııſ: & quadam auctorıtate apud omneſ quı me non norát noıſ noſtrı. Multú eſt enı ın hııſ locıſ. Hıccıne ẽ ılle quı urbem quem ſenatuſ noſtı cætera cú ueıſſem ad amanum: quı monſ mıhı cum bıbulo cómunıſ eſt dıuıſuſ aquarum dıuorcııſ: Caſſıuſ noſter q̃ mıhı magne uoluptatı fuıt: felıcıter ab anthıocea hoſtem reıecerat. Bıbuluſ prouıncıam acceperat. Interea cum meıſ copııſ omnıbuſ uexauı hoſteſ antamenſeſ ſépıternoſ: multı occıſı: captı: relıquı dıſſıpatı: caſtella muıta ıpuıſo aduẽtu & capta: & ıncenſa: ıta uıctorıa ıuſta Impator appellatuſ apud ıpm quo í loco ſepe ut ex te audıuı clıtar/chuſ tıbı narrauıt darıú ab allexádro eẽ ſupatú. adduxı excercıtum ad ınfeſtıſſımá cılıcıe partem. Ibıq̃ tum uıgeſımá dıẽ aggerıbuſ uıneıſ turrıbuſ oppugnabá opıdum munıtıſſımum pındenıſum tátıſ opıbuſ: táto negocıo: ut mıhı ad ſummam glorıam nıhıl deſıt: nıſı nomen opıdı. Quod ſi ut

spero cepero: tum uero litteraſ publice mittam.
Hæc ad te in preſenti ſcripſi: ut ſpereſ te aſſequi
id ꝙ optaſſeſ. Sed ut redeã ad parthoſ. Hec eſtaſ
babuit bunc exitum ſatiſ felicē. Ea quæ ſequit
magno eſt in timore. Quare mi rufe uigila. Pri/
mū ut mibi ſuccedae: ſin illud erit ut ſcribiſ: & ut
ego arbitror: ſpiſſiuſ illud ꝙ facile ē nequid mibi
tēporiſ prorogetur. De republica ex tuiſ litteriſ
ut antea tibi ſcripſi cum p̄fēcta tum etiam futura
magiſ exſpecto. Quare ut ad me oĩa ꝙ diligētiſ/
ſime p̄ſcribaſ te uebementer rogo. Vale.

Vtareſ ne unꝗ accidere poſſe ut mibi uerba
deeſſēt: neꝗ ſolū iſta urā oratoria: ſed bæc
etiam leuia noſtracia? Deſūt aūt ꝓpter bãc cãm:
ꝗ mirifice ſū ſolicituſ ꝗdnã de puĩciiſ decernae:
me mirū deſiderĩū tenet urbiſ: ĩcredibile meoꝗ:
atꝗ in primiſ ſacietaſ autem prouĩciæ. Vel quia
uidemur eam famam cõſecuti: ut nõ tam acceſſio
quærenda: ꝗ fortuna metuēda ſit: uel quia totū
negocium nõ eſt dignū uiribuſ nriſ: qui maiora
onera in republica ſuſtinere & poſſim et ſoleam.
uel quia belli magiſ timor impendet ꝙ uidemur
effugère: ſi ad cõſtituta diē decedimuſ. De pan/
theriſ per eoſ qui uenari ſolent agitur mandato
meo diligēter: ſed mira paucitaſ ē: & eaſ quæ ſūt
ualde aĩūt queri: ꝙ nibil cuiꝗ ĩſidiarū ĩ ea puĩcia
niſi ſibi fiat. Itaꝗ cõſtituiſſe dicunt in cariam ex
noſtra puĩcia decedere. Sed tamē ſedulo fit ut in
p̄miſ apatiſco quidquid erit tibi erit. Sed quideēt

plaē nesciebamuſ. Mihi me hercle magne curæ
ē ædilitaſ tua:ipſa reſ me admouebit. Scripſi eni
hæc ipſiſ megalenſibuſ. Tu uelim ad me de omī
R. P. ſtatu q̄ diligentiſſie pſcribaſ. Ea enī certiſ/
ſima putabo quæ ex te cognouero. Vale.

Olicituſ quidem eram de rebuſ urbaniſ:ita
ut tumultuoſe contioneſ:ita moleſte quin
q̄triſ afferebāt: na certiora nondū audiebamuſ:
ſed tamen nihil me magiſ ſolicitabat quā in huſ
moleſtiſ:non me:ſi qua ridēda eſſēt ridere tecū.
Sunt enim multa:ſed ea nó audeo ſcribere:illud
moleſte fero nihil me ad huc huſ de rebuſ habere
Irārum tuarum. Quare & ſi cum tu hæc legeſ ego
ıā animū munuſ cófecero:tamē obuie mihi ueli
ſit litteræ tuæ quæ mæ erudiāt de omni R. P:
ne hoſpeſ plane ueniam:hoc meliuſ facere quam
tu nemo poteſt. Diogeneſ tuuſ homo modeſtuſ
a me cum philóe peſſimó te diſceſſit:iter habebāt
ad yacum Regem:quāq̄ omnia nec benigna nec
copioſa cognorant. Vrbem mi rufe cole:& in iſta
luce uiue:oiſ peregriácio φ ego ab addoleſcēcıa
iudicaui obſcura & ſordida ē huſ quoɼ induſtria
Rome poteſt eſſe illuſtriſ. Quod cum ꝓbe ſcirē:
utinā in ſentēcia pmanſiſſem:cū una me hercule
ambulanciúcula atꝗ uno ſermone noſtro omniſ
fructuſ ꝓuinciæ nó cófero:ſpero me integritatiſ
laudem cóſecutum. Non erat minor ex cótinēda
q̄ ex cóſeruata ꝓuincia ſpeſ triúphi. In qua ſatiſ
glorioſe triúpharem:non eſſem tam diu quidem

literaſ maximū apud te ponduſ habituraſ. Id eū
ne fallat te etiam atq; etiam rogo. Vale.

Vm & contra uoluntatem meam & præter
opinioēm accidiſſet:ut mihi cum imperio in
prouintiam ptiſci neceſſe eſt:in multiſ& uariiſ
moleſtiiſcogitatioíbuſq; meiſ hæc una cõſolatio
occurrebat:qd̄ neq; tibi amicitior q̃ ego ſum qſq̃
poſſet ſuccedere:neq; ego ab ullo puintiã accipe
poſſem:qui mallet eam mihi q̃ maxime apertam
explicatam´q; tradere. Quod ſi tu quoq; eandem
de mea uolūtate erga te ſpē habeſ:ea te pfecto
nunq̃ fallet. A te maximo opere pro noſtra ſūma
cõiūctióe tuaq; ſingulari humanitate etiam atq;
etiam queſo & peto:ut quibuſcunq; rebuſ poteriſ
poteſ autē plurimiſ:pſpiciaſ & cõſuleſ ratioíbuſ
meiſ. Videſ ex ſeātuſcõſulto ,puitiã eſſe habēdã:
ſi eã qd̄quidē facere potueriſ:quã expeditiſſiam
mihi tradideriſ facilior erit mihi q̃ſi decurſuſ mei
tēporiſ. Quid in eo genere efficere poſſiſ tui cõ/
ſilii ē.Ego te qd̄ tibi ueniet í mentē mea ítereſſe
ualde rogo. Pluribuſ uerbiſ ad te ſcriberem ſi aut
tua humanitaſ longiorem oratiōē exſpectaret:
aut id fieri noſtra amicitia pateret̄:aut reſ uerba
deſideraret:ac non p ſeipſa loqueret̄.Hoc uelim
tibi perſuadeaſ :ſi ratioíbuſ meiſ a te puiſum eē
inttellexero:magnam te ex eo & ppetuã uolun/
tatem eſſe capturum. Vale.

D.xi.kalēd̄ iuniaſ Brunduſiū cum ueiſſem.
Q. Fabianuſ legatuſ tuuſ mihi pſto fuit:

eaq; me ex tuif mandatif monuit:quæ non mibi
ad quem pertinebāt:fed uniuerfo feātui uenerāt
in mēte:& pfidio firmiori opuf eē ad iftā puitiā.
Cenfebāt ení omnef fere:ut in italia fupplemētū
meif & in Bibuli legionibuf fcriberet. Id cū Sul/
pitiuf cōful paffurū fe negaret:multa nof quidē
quefti fumuf. Sed tantuf confenfuf fenatuf fuit:
ut mature proficifceremur parendum ut fuerit:
itaq; fecimuf nunc:qđ a te petii literif bif. Quaf
rome tabellionariif tuif dedi uelim tibi curæ fit
ut quæ fucceffori cōiunctiffimo & amiciffimo cō/
modare poteft bif qui prouítiā tradit:ut ea pro
noftra conftantiffima uoluntate erga te cura ac
diligentia tua complectare:ut omnef intelligāt
nec me beniuolentiori cuiǧ fuccedere nec te ami/
ciori potuiffe prouintiam tradere. Ex bif literif
quarum ad me exemplum mififti:quaf in fenatu
recitare uoluifti:fic intellexeram permultof a te
militefeffe dimiffof:fed mibi Fabiuf idē demō/
ftrauit id te cogitaffe facere. Sed cū ipfe a te dif/
cederet itegrū militum numeȝ fuiffe. Id fi ita eft
pergratū mibi fecerif:fi iftaf exiguaf copiaf quaf
babuifti ǧ míme imminuerif :qua de re fenatuf/
confulto quæ facta funt ad te miffa effe arbitror.
Equidem pro eo quanti te fatio quidquid fecerif
approbabo. Sed te quoq; cōfido ea eē facturum:
quæ mibi intelligef maxie eē accómodata. Ego
cōful Pomitiū legatū meū brúdufii exfpectabā:
eūq; ante kalēđ in brúdufiū uenturum arbitror.
Qui cū uenerit ǧprimū nauigādi nobif facultaf
data erit ita utemur. Vale.

Ridie nonaſ iuniaſ cū eſſem brunduſii lrāſ
tuaſ accepi:quibuſ erat ſcriptū te Lentulo
& Clodio mādaſſe quæ illoſ mecum loqui uelleſ:
eoſ ſane exſpectabam ut ea quæ a te afferrent q̃
primū cognoſcerem:meū ſtudiū erga te & offitiū:
tam & ſi multiſ iam rebuſ ſpero tibi eē cognitū:
tamē in buſ maxime declarabo:quibuſ plurimū
ſignificare potero tuam mihi eſtimationē & dig/
nitatem cariſſimā eſſe. Quod Fabiuſ uirgilianuſ
& Conſul Flaccuſ lucii filiuſ & diligentiſſime M.
octauiuſ Gneuſ foelix demō ſtrauit me a te po/
pulū fieri. Quod egomet multiſ iam argumētiſ
ātea iudicarā maxieq̃ illo libro augurali:quē ad
me amantiſſime ſcriptum ſuauiſſime miſiſti:mea
in te omīa ſumma neceſſitudiniſ pericula offitia
conſtabunt. Nam cum teipſe ex quo tempore tu
me diligere cepiſti:quotidie pluriſſeci cum acceſ/
ſerunt etiam coniūctioneſ neceſſariorum tuorū.
Duoſ enī duārū ætatū plurimiſ fatio Gn. Pópeiū
filiæ tuæ ſocerū:& M. Brutū generū tuū. Colle/
giiq̃ coniunctio pſertī tā bórifice a te approbata
non mediocre uinculo mihi qdē actuliſſe uideāt
ad uolūtateſ noſtraſ copulādaſ. Sed & ſi Clodiū
conuenero ex illiuſ ſermone ad te ſcribā plura:&
ipe operā dabo te ut q̃primū uideā. Quod ſcribiſ
tibi manendi cauſam eam fuiſſe ut me cōuenireſ:
id mihi ne mentiar gratum eſt. Vale.

.D T . . D lrro tui pnpi
Ralliſ ueni ad xui. kalēd ſextiliſ:ibi mihi
pſto fuit Lutiliuſ cū literiſ mandatiſq̃ tuiſ:

quo quidem homine neminem potuifti nec mihi
amitiorē nec ut arbitror ad ea cognofcenda quæ
fcire uolebaf apertiorē prudētiorem ue mictere.
Ego autem & tuaf literaf legi libenter & audiui
Lucilium diligenter. Nūc quoniā & tu ita fentif
fcribif eni quæ de noftrif offitiif ego ad te fcrip/
feram:& fi tibi ioconda fuerint:tamen quoniam
ex alto repetita funt nó neceffaria te putaffe: &
reuera cófirmata amicitia & pfpectafide cómeo/
ratio offitiorū fupuacua eft. Eam parte oratioif
ptermitta:tibi tamē aga ut debeo graf.Animad/
uerti enim & didici ex tuif literif te omnibuf in
rebuf habuiffe ratioēm:ut mihi confuleref:refti/
tueref:& prepararef quodāmó onia cū mea ratio
facilior & folutior eē poffet:hoc tuū offitiū cum
mihi gratiffimū effe dicam. Sequitur illud ut te
exiftimare uelim mihi magnæ curæfore atq; effe
iam pmū:ut ipfē tu tuiq; omnef:deinde ut etiam
reliqui fcire poffit me tibi effe amiciffimū. Quod
quibuf adhuc non fatif ē pfcriptū. Hi mihi nolle
magif hoc aio nof eē q̃ non intelligere uidentur.
Sed pfecto intelligent neq; enim obfcurif pfonif
nec paruif in caufif ref ageē. Sed hoc fieri meliuf
q̃ dici aut fcribi uolo. Quod itierum meox ratio
te nó in nullam dubitationem uidetur adducere:
uifuruf ne me fif in prouitia. Ea ref fic fe habet:
brundufii cum loquerer cū Phania Liberto tuo:
ueni in eum fermonem ut dicerem libenter me ad
eā parte puitiæ pmū effe ueturū:quo te maxie
uelle arbitrarer. Tunc mihi ille dixit:ꝙ claffe tu
uellef decedere:& perfore accómodatū tibi fi ad

in deſiderio rerum mihi cariſſimarū. Sed ut ſpero
prope diem te uidebo . Tu michi obuiam mitte
epiſtolaſ te dignaſ.

CAraſ tuaſ quidem fortaſſe eni nó pferunt:
ſed ſuaueſ accipio litteraſ:uel quaſ ꝓxime
acceperam prudentiſ q̃ multi & officii & conſilii:
& ſi oía ſic cóſtituerā mihi agēda ut tu admoē/
baſ:tamē cófirmātur noſtra cóſilia:cū ſentimuſ
prudentibuſ fideliterꝗ ſuadētibuſ idem uideri.
Ego Appium ut ſæpe tecum ſum locutuſ ualde
diligo.Meꝗ ab eo diligi ſtatim ceptum eſſe:ut
ſimultatē depoſuimuſ ſenſi.Nã & bóhficuſ cóſul
in me fuit:& ſuauiſ amicuſ:& ſtudioſuſ ſtudiorū
etiã meoꝗ:mea uero officia ei nó defuiſſe tu ſciſ:
tu eſ teſtiſ:qui   ut opinor accidit
phantia:& me hercule etiam pluriſ eum feci ꝗ te
amari ab eo ſenſi:iam meum Pópeium totum eē
ſciſ:Brutū a me amari intelligiſ.Quid eſt cauſæ
cur mihi nó inoptatiſ ſit:cóplecti boēm florētem
ætate opibuſ:bóribuſ:ingenio:liberiſ ꝓpinquiſ
affinibuſ amiciſ colligā meum pſertim:& in ipſa
collegii laude & ſciēcia ſtudioſū mei:hæc eo plu/
ribuſ ſcripſi ꝗ mihi ſigificabāt littere tuæ ſubdu/
bitare:qua eſſem erga illum uoluntate.Credo te
audiſſe aliquid falſū.Eſt mihi crede ſi qd audiſti
genuſ iſtitutoꝗ & racionū mearū diſſimilitudi/
nem nó nullam habet cum illiuſ admiſtracione
ꝓuinciæ:Ex eo quidã ſuſpicati ſunt fortaſſe ſub
animorum cótencione:nó opinionū diſcenſionū
me ab eo diſcrepare.Nihil autē feci ūquam neꝗ

dixi quod cótra illiuſ extimatioém eſſe uellem.
Poſt hoc negotium autem & temeritatem noſtri
Dolobellæ deprecatorem me pro illiuſ & piculo
prebeo erat in eadé epiſtola ueteranuſ ciuitatiſ
gaudebā ſane. Et cógelaſſe nrúm amicú: lætabor
otio. Extrema pagella pupugit me tuo cirogra/
pho quid aiſ? Cæſaré nó defendit Curio: qui hoc
putaret præter me: ná ita una putaui. Dū ímor/
taleſ q̃ ego riſum noſtrum deſiderio mihi erat in
animo. Quoniá iuriſdictionem conferá: ciuitateſ
locupletare: i publicaiſ etiá ſuperioribuſ luſtriſ:
reliqua ſine ſotiorum ulla querela cóſeruata ſút:
in priuatiſ ſúmiſ ſétécuſ infimiſ fuerá iocó duſ:
pficiſti in ſilitiam noniſ maiſ: & cú p̄ma æſtiua
attigiſſent: militaréq; rem collocaſſé decedere ex
ſenatuſ conſulto: cupio te ædilem uidere miroq;
deſiderio & me urbiſ afficit & omneſ mei tuq; in
primiſ. Vale.

F Abiouiro optio & hoie doctiſſio failiariſſie
utor: mirificeq; eum diligo: cú ppter ſúmú
ingeniú eiuſq; ſúmá doctriná: tú ppter ſingularé
modeſtiá: eiuſ negotium ſic uelim ſuſcipiaſ ut ſi
eſſet reſ mea. Noui ego uoſ magnoſ patronoſ:
hoém occidat oportet qui ueſtra opera uti uelit.
Sed in hoc homine nullam excipio excuſacioné:
oía reliqueſ ſi me amabiſ: cum tua opera Fabiuſ
uti uolet. Ego reſ roánaſ ueheméter exſpecto
& deſidero: in primiſq; quid agaſ ſcire cupio. Nam
iam diu propter hiemiſ magnitudiné nihil noui
ad noſ afferebatur. Vale.

NOn potuit accuratius agi nec prudentius q̃
actum est a te cū Curione de supplicatione.
Et me hercle cōfecta res ex mea est sentētia cū
celeritate. Tum ⁊ bis qui erat iratus conpetitor
tuus & idem meus: assensus est ei: qui ornauit res
nostras diuinis laudibus. Quare scito me sperare
ea quæ sequunt̃: ad quæ tu te para. Dolobellam
a te gaudeo p̃mum laudari: deinde & amari. Nã
ea quæ speras tullie mee tēperari prudētia posse
scio: cui epistole tuæ respōdeāt. Quid meã legas
q̃ ego cū ex tuis lris misi ad Appiū: sed qd agas.
Sic uiuit̃. Quod actū ē dii ĩmortales approbēt.
Spero fore iocundū generū nobis: multumq; in
eo nos tua humanitas adiuuabit. R. P. me ualde
solicitat: faueo Curioni: Cæsarem honestissime
cupio: p̃ Pōpeio emori possū. Sed tamen ipsa res/
publica nihil mihi est carius: in qua tu nō ualde
te iactas. Districtus eni mihi uideris: ⁊ & bonus
ciuis & bonus amicus es. Ego de p̃uitia decedēs
quæstorem celiū p̃posui p̃uitiæ: puerum inquies
quæstorē? ac nobilem adolescentem ac oēm fere
siue exēptū: neq; erat superiore hōre usus quem
p̃ficerem. Pompeius multo ante discesserat a Q.
fratre imparari nō poterat: quē tamē si reliquis/
sem: dicerēt iiqui nō me plane post ãnū ut se ātus
uoluisset ex p̃uitia decessisse: quoniã alterū me
reliquissem: fortasse etiam illud adderēt: senatū
eos uoluisse p̃uitus p̃esse: qui ante nō p̃fuissēt:
fratrem meum triēnium asie p̃fuisse: deniq; nunc
solicitus non sum. Si fratrem reliquissem omnia

tı mere. Poſtreo nó tam mea ſpó te q̃ potentıſſıoꝛ
duoꝛ exẽplo quı oeſ caſſıoſ antonıoſꝗ cóplexı
ſunt:boẽm adoleſcentem non tam allıcere uoluı:
q̃ alıenare noluı.Hoc tũ meum cóſılıum laudeſ
neceſſe eſt:mutarı enı non poteſt.De Dolobella
plane ad me parum ſcrıpſeraſ :& ın actıſ nó erat.
Tuæ reſ geſtæ ıta notæ ſút:ut tu tranſ mótem
taurũ etıã de matrıónıo ſıt audıtũ.Ego nıſı quıd
me etheſıæ morabútur celerıter ut ſpero uoſ uı/
debo.Vale.

ɑ· T· C· Jm Ɔ· ꝑ· ıᴠ ꝟe· ꜿ· ᴀᴠ

MAgno dolore me affecıſſent tuæ lıtteræ:nıſı
ıam & ratıo ıpſa depulıſſet oeſ moleſtıaſ :&
dıuturna deſperatıone rerũ obduruıſſet anımuſ
ad dolorem nouũ. Sed tamen quare accıderat ut
ex meıſ ſuperıorıbuſ lrıſ ıd ſuſpıcarerıſ :ꝗ ſcrıbıſ
neſcıo quıd enım fuıt ın ıllıſ ꝓter querelã tẽpoꝛ:
quæ non meum anımũ magıſ ſolıcıtum haberẽt
q̃ tuũ. Nam nó eam cognouı acıem ıngenıı tuı:ꝗ
ıpſe uıdeam te:ıd ut nó pucẽ uıdere. Illud mıror
adducı:potuıſſe te quı me penıtuſ noſce debereſ :
ut exıſtãreſ aut me tã ıprouıdũ quı ab excıtata
fortuã ad ıclıatã reıſſã & ꝓpe ıacẽtẽ deſıſterẽ:aut
tam ícó ſtãtem:ut collectam gracıam florẽtıſſımı
homınıſ effunderem:a me quı ıpſe defıcerem :&
ꝗ ſıcıo ſemperꝗ fugı cıuılı bello ıntereſſẽ. Quod
eſt ıgıẽ meum trıſte cóſılıú? ut dıſcederẽ fortaſſe
ın alıquaſ ſolıcıtudıneſ. Noſtı enım non modo
ſtomacı meı cuıuſ tu ſımılẽ quódã habebaſ: ſed
etıã oculoꝛ ın homınũ ınſolẽcıú ın dıgnıtate faſ/
tıdıum.Accedıt etıã moleſte hæc pópa lıctorum

meorū:nomenq; imperii quo appellor:si eo hóre
carerē:q̃uis paruis ytaliæ latebris cótentus eēm.
Sed icurrit hæc nostra laurus nó solū in oculos:
sed iam & in uoculas maliuoꝝ: cp cum ita esset nil
tamē unq̃ de ꝑfectione nisi nobis approbātibus
cogitaui :sed mea prediola tibi nota sunt:in huis
mihi necesse ē esse:ne amicis molestus sim. Quod
autē in maritimis sum:facillime mouet nónullos
suspicatióe.uellē me enauigare: cp tamē fortasse
non uellem si possem ad ociū. Nā ad bellū quidē
q cóuenit? ꝑsertim cótra eū cui spero me satisfe/
cisse ab eo cui tamē satisfieri nullo modo potest:
deinde sententiam meā tu facillime respicere po/
tui sti iam ab illo tempore:cum in cumanum mihi
obuiam uenisti. Non enim te celaui:sed ꝓdidisti
nomen tuū. Quā abborrerē ab urbe relinquēda.
Cum audissem:nonne tibi affirmaui quid uis me
potius perpessurū? q̃ ex italia me ad bellū ciuile
exiturū? quid ergo accidit? cur consiliū mutarē?
nó ne omnia potius ut in sententia permanerem:
credas hoc mihi uelim: cp puto te existimare ex
huis miserius nihil aliud quærere:nisi ut homines
aliquādo intelligāt me nihil maluisse q̃ pacē. Ea
desperata nihil tā fugisse q̃ arma ciuilia. Huius
me cóstantiæ puto fore ut me nū q̃ peniteat. Et
nisi memini in hoc genere gloriari solitū esse fa/
miliarem nostrum hortēsium: cp nū q̃ bello ciuili
iterfuisset. Hæc nostra laus erit illustrior:q̃ illi
tribuebaꞇ ignauiæ: de nobis id existimari posse
non arbitror:nec me ita terrent:quæ mihi a te ad
timorem fidissime atq; amātissime proponūtur.

nulla ē enim acerbitaſ quæ nō omnibuſ ac orbiſ
terrarū perturbatione impendere uideaꞇ. Quam
quidē ego a republica meiſ p̄uatiſ & domeſticiſ
incommodiſ libētiſſime uel iſtiſ ipſiſ quæ tu me
moueſ ut caueam:redemiſſem filio meo:quē tibi
carū eſſe gaudeo. Si erit ulla reſpub.ſatiſ āplum
patrimonium relinq̄:in memoriam nominiſ mei.
Sinautem nulla erit:nihil accidet ei ſeperatim a
reliquiſ ciuibuſ. Nā ꝙ rogaſ:ut reſpiciā generū
meum adoleſcentem optimū mihiꝗ cariſſimū:an
dubitaſ qui ſciaſ quāti cum illū tum uero Tulliā
meā faciā?qui ea me cura uehemētiſſie ſolicitet:
& eo magiſ ꝙ in cōmunibuſ miſeriiſ:hac tantum
oblectabar ſpecula?ꝙ Dolobellā meū uel potiuſ
noſtrum fore ab hiſ moleſtiiſ quaſ libertate ſua
cōtraxerat liberum uelim:queraſ:quoſ ille dieſ
ſuſtiú erit i urbe dū fuit:ꝗ̃ acerboſ ſibi ꝗ̃ mihiipſi
ſocero nō honeſtoſ.Itaꝗ neꝗ ego nūc hiſpanēſē
cauſam exſpecto de quo mihi exploratum ē ita
eſſe ut tu ſcribiſ:nec quicꝗ̃ aſtuteꝯcogito:ſed ꝗ̃do
erit ciuitaſ erit ꝓfecto nobiſ locuſ. Sinautē non
erit:i eaſdē ſolicitudiēſ tu ipſe ut arbitror ueieſ:
in quibuſ noſ concediſſe audieſ:ſed ego fortaſſe
uaticinor:ut hæc omía melioriſ habebūt exituſ.
Recordor ení deſperationeſ eoꝗ qui ſeneſ erant
adoleſcentē me eoſ ego fortaſſe nūc imitor.Et
utor ætatiſ uicio uelim ita ſint. Sed tātū togam
p̄textā dedi Appio puto te audiſſe. Nā Curatiuſ
noſter dibaffum cogitat ſed eum infector & mo/
raꞇ.Hæc aſperſi ut ſcireſ me tamē in ſtomacho
ſolere ridere.De Dolabella quod ſcripſi ſuadeo

uideaſ tāǭ ſi reſ tua agaɾ. Extremum illud erit
noſ nibil turbulenter nibil temere faciemuſ. Te
tamē oramuſ quibuſcūǫ erimuſ in terriſ: ut noſ
liberoſǫ noſtroſ ita tueare ut amicitia noſtra &
tua fideſ poſtulabit. Vale.

Ʀāſ a te mibi ſtrator tuuſ reddidit tharſi ad
ſextūdecimū kalēɗ ſextiliſ. Hiſ ego ordíe
ut uideriſ uelle reſpondebo. De ſucceſſore meo
nibil audiui ne quicǭ fore arbitror: quin ad diem
decedā. Nulla cauſa eſt. Preſertim ſublato metu
partico commoraturum me nuſǭ ſane arbitror &
rbodum ciceronū cauſa pueronū acceſſunū puto .
Neǫ id tamē certū: ad urbē uolo ǭ ꝑmū uenire.
Sed tamen iter meū reipublice & rerum urbanarū
ratio gubernabit. Succeſſor tuuſ non poteſt ita
maturare ullo mó ut tu me in aſia poſſiſ cóueíre.
De rationibuſ cóferēdiſ non erat incómodū te
ullā referre quā tibi ſcribiſ a Bibulo fieri potātem.
Sed id mibi uix uideríſ per legem iuliam facere
poſſe: quā Bibuluſ certa quadam róne nó ſeruat.
Tibi magnopere ſeruādam cenſeo. Quod ſcribiſ
apamea preſidiū nó deduci oportuiſſe uidebam:
idem cæteroſ exiſtimare: moleſteǫ referebam: de
ea re minuſ cómodoſ ſermoneſ maliuoloꝫ fuiſſe.
Parthi tranſiuerít nec ne ꝑter te uideo dubitare
neminem. Itaǫ oía ꝑſidia quæ magna & firma
paueram: cómotuſ boím nó dubio ſermóe dimi/
ſi. Ratioēſ mei queſtoríſ nec uerum fuit me tibi
micἐere: nec tamē erant cófecte: eaſ noſ apameæ
deponere cogitabamuſ. De præda mea præter

queſtoreſ urbanoſ id eſt populú roánú: trienriú
nec adtigit:nec tractaturuſ é qſq̃:laudiceæ me
predaſ accepturum arbitror:omíſ pecuniæ meæ
reipub. ut mihi & populo cautú ſit ſine uecturæ
piculo. Quod ſcribiſ ad me de drachiniſ:nihil eſt
qd̃ in iſto genere cuiq̃ poſſim cúmodare. Oíſ ení
pecunia ita tractaé:ut p̃da a p̃fectiſ.Quæ auté
mihi a queſtore é tributa curet́.Quod queriſ qd
exiſtimé de legioíbuſ quæ decretæ ſunt in ſiriã:
antea dubitabã uecturæ ne eſſét:núc mihi nó eſt
dubium:quin ſi átea auditú erit otíú eſſe in ſiria
uecturæ non ſint.Marium quidé ſucceſſoré tarde
uideo eſſe uecturú:ppterea φ ſeátuſ ita decreuit:
ut cú legioíbuſ iret. Vni epiſtole reſpódi :uenio
ad alterã. Petiſ a me ut Bibulo te q̃ diligétiſſime
cómédé :in quo mihi uolútaſ nó deeſt:ſed locuſ
uidetur eſſe tecum expoſtulandi. Soluſ enim tu
ex oíbuſ qui cú Bibulo ſút cerdoré me ú q̃ feciſti:
q̃ ualde Bibuli uoluntaſ ad me ſine cã abhorret:
pmulti ení ad me detulerút q̃ magnuſ áthiochiæ
metuſ eét:& magna ſpeſ in me atq; in excercitu
meo ſolitum dicere a quibuſuiſ ſe perpeti malle:
q̃ uideri eguiſſe auxilio meo . Quod ego offitio
queſtorio te adductum reticere de pretore tuo
non moleſte ferebam:q̃q̃ quéadmodum tractare
audiebã. Ille autem cum ad termium de parthico
bello ſcriberet:ad me litteraſ nunq̃ miſit:ad qué
intelligebat huiuſ belli piculú ptiere:tantum de
auguratu filii ſui ſcripſit ad me:i quo ego miſeri/
cordia cómotuſ :& φ ſép amiciſſimuſ Bibulo fui:
dedi operam ut ei q̃ humaniſſime ſcriberé. Ille ſic

omibus eft maliuoluf: qd̄ nūq̄ exiftimaui: minuf
offendor in me. Sin autē a me eft alientor: nihil
tibi meæ litteræ ꝓderunt. Nam ad fenatū quaf
Bibuluf litteraf mifit: in hif quæ mihi cum illo
erant communia: fibi foli actribuit: fe ait curaffe
ut cum quæftu populi pecunia ꝑmutaret̄. Quod
autē meum erat propriū ut allariif tranfpadaniſ
uti negarem. Id etiam populo fe remififfe fcribit.
Quod uero illiuf erat foliuf id mecū cōmuicat.
Equitibuf auxiliariif inqt̄ enī cū ãpliuf frumēti
poftularemuf: illud uero pufilli aími & ipfa ma/
liuolentia ieiunii atq̄ inaniſ: ꝗ ariobarfanē quia
fenatuf ꝑ me regē appellauit: mihiq̄ cōmēdauit:
ifte in litteriſ non regem: fed regiſ ariobarfaniſ
filium appellat. Hoc animo qui funt deterioreſ
fiút rogati. Sed tibi morem geffi: litteraſ ad eum
fcripfi: quaf cum acceperiſ faciaſ qd̄ uolef. Vale.

M. T. C. Im̄ S. P. Q. Tergu propretoi

Offitiú meum erga Rodoém: cæteraq̄ mea
ftudia: quæ tibi actiuf preftiti: tibi homini
gratiffimo grata effe uehemēter gaudeo: mihiq̄
fato in dief maiori curæ eē dignitatem tuã. Quæ
quidē a teipfo integritate & clemētia tua fic am/
plificata ē: ut nihil addi poffe uideat̄. Sed mihi
magif magifq̄ quotidie de ratioíbuſ tuiſ cogitãti
placet illud meū cōfiliú: quod íitio Ariftoni nr̄o
ut ad me uenit oftēdi: graueſ te fufcepturú íimi/
citiaſ fi adolefcenf potenſ & nobiliſ a te ignomía
affectuf effet & hercle fine dubio erit igōmina.
Habeſ enim neminem honoriſ gradu fuperiorē.

Ille autem ut omictā nobilitatem:boc ipo uincit
uiros optimos bomiēsq; innocentissimos legatos
tuos:quod & questor est & questor tuus:nocere
tibi neminem iratum posse perspitio. Sed tamen
tres fratres sūmo loco natos promptos nō inde/
sertos ite nolo babere iratos presertim iure:quos
uideo deinceps tribunos plebis per triēniū fore.
Tempora autē reipub. ǫlia futura sint quis scit?
mibi quidem turbulenta uidentur fore.Cur ego
uelim te incidere interrores tribunitios presertim
cum sine cuiusǫ reprebensione questoris legatos
questorē possis auferre:qui se dignū maioribus
suis se pbuerit ut spero & opto:tua laus ex aliǫ
parte fuerit. Sin quem offenderit sibi totū nibil
tibi offenderit:quæ mibi ueniebant in mentem
quæq; ad te ptinere arbitrabar:ǫ in ciliciā pfi/
ciscebar existiāui me ad te oportere scribere.Tu
qđ egeris tu uelí diu approbēt:si me audies uita/
bis iimicitias & posteritatis otio cōsules.Vale.

.D.T... im.... ....

Cvm optatissimū nuntiū accepissem te mibi
questorem obtigisse:eo iocōdiorem mibi eā
sortem sperabā fore:ǫ diutius mecum in puincia
fuisses.Magis ení uidebat iteresse ad eā necessi/
tudinem quā nobis sors tribuisset:consuetudiēm
quoq; accedere. Postea ǫ nibil mibi neq; a teipso
neq; ab ullo alio de aduētu tuo scriberet:uerebar
ne ita caderet qđ etiā nūc uereor:ne anteǫ tu in
prouītiāueniffes ego de puitia decederē.Accepi
autem a te missas literas in cilitiam:cum essem in

caſtriſ ad duodecimam kalend̃ quintileſ ſcriptaſ
humaniſſime: quibuſ facile et offitiú et ingeniú
tuú perſpici poſſet: ſed neq; unde neq; quo in die
datæ eſſẽt aut quo tẽpore te exſpectarẽ ſignifi/
cabant: nec iſ qui actulerat a te acceperat: ut ex
eo ſcirẽ quo ex loco atq; tẽpore eſſẽt datæ. Quæ
cum eſſent incerta exiſtimauĩ tamen fatiendum
eẽ: ut ad te ſtatoreſ meoſ & lictoreſ cú meiſ Iriſ
micterem: q̃ſ ſi ſatiſ oportuno tempore accepiſti:
gratiſſimú mihi feceriſ ſi ad me in ciliciá q̃ p̄mú
ueneriſ. Nam q̃ ad me Curiuſ conſobrinuſ tuuſ
ut ſciſ: mihi maxime neceſſariuſ : q̃ item conſul
Virgiliuſ ppinquuſ tuuſ familiariſ noſter de te
accuratiſſĩe ſcripſit: ualet id quidẽ apud me mul/
tum: ſicut debet hominú amiciſſimorum diligenſ
commendatio. Sed tuæ literæ de tua preſertim
dignitate & de noſtra coniúctione maximi ſunt
apud me p̄deriſ. Mihi quæſtor optatio obtin/
gere nemo potuit. Quamobrem quæcumq; a me
ornamenta ad te pficiſcent̃ elaborabo: ut omneſ
intelligãt a me habitã eſſe rationẽ tuæ maioꝝq;
dignitatiſ. Sed id iam faciliuſ conſequar ſi ad me
in ciliciam ueneriſ: qd̃ ego & mea & reipublicæ &
maxime tua intereſſe arbitror. Vale. ɔ̃. T. c. e
pꝛtolaꝛ fa. li. ij. expli. incipit. iij. ad ap. clau
ꝺ. T. c. olim ꝺꝛat. Appio pul. ſm.

I ipſa reſpub. tibi narrare poſſet
quomó ſeſe haberet: non faciliuſ
ex ea cogóſcere poſſeſ q̃ ex liber/
to tuo Phania: ita eſt hó non mó
prudẽſ: uerum etiam uir æquuſ:

& q̃ uidi curiofiuf . Quapropter ille tibi omnia
explanabit. Id ení mihi & ad breuitatē ē aptiuf:
& ad reliquaf ref puidētiuf. De beniuolētia aūt
mea erga te fi & potef ex eodē Phaia cognofcere:
tamen uident etiam aliquæ meæ partef. Sic ení
tibi pfuade cariffimum te mihi effe:tum propter
multaf fuauitatef ingenii offitii humaítatif tuæ:
tum q̃ ex literif tuif & ex multorū fermonibuf
intelligo omnia quæ a me profecta funt in te tibi
accidiffe gratiffima:q̃ cū ita fit perfitiā pfecto:
ut longi temporif ufurā qua caruimuf intermiffa
noftra cōfuetudíe & grā & celebritate & magin/
tudine meoꝝ offitiorū fartiam:idqʒ me quoniam
tu ita uif puto non inuita Minerua effe facturū.
Quā quidem ego fi forte de tuif fūpfero:nō folū
pallada fed etiā apiada nominabo. Cilix libertuf
tuuf ātea mihi minuf notuf fuit:fed ut mihi red/
didit Iráf a te plenaf & amorif & offitii :mirifice
ipfe fuo fermóe fubfecutuf eft humaítatem tuaꝝ
literarū :iocōda mihi eiuf oratio fuit:cū de anío
tuo de fermonibuf quof de me haberef quotidie
mihi narraret:quid quærif ? biduo factuf ē mihi
familiarif :ita tamē ut Phania ualde fi defidera/
turuf:quē cū romā remicteref :q̃ ut putabamuf
celeriter erif facturuf:oibuf eidē rebuf quaf agi
q̃f curari a me uolef mandata def uelim. Lētulū
ualerium iurifcōfultum ualde tibi commēdo. Sed
etiam ita fi non eft iurifconfultuf.Meliuf enim ei
cauere uolo q̃ ipfe aliuf folèt. Valde hoiēm dili/
go ē ex meif domefticif atqʒ intimif faíliaribuf:
epiftola hæc tibi agit gráf. Sed idē fcribit meaf

illam maritimã partẽ puitiæ nauibuſ acceſciſſẽ:
dixi me eẽ facturũ itaq; feciſſẽ: niſi mihi Luciliuſ
Clodiuſ noſter Corcire dixiſſet mime id eẽ fatiẽ/
dum: te laudiceæ fore ad meum aduẽtum: erat id
mihi multo breuiuſ multoq; cõmodiuſ: cũ pſertí
te ita malle arbitrarer: tua ratio ẽ poſtea cõmu/
tata: nũc qd fieri poſſit tu facilime ſtatueſ. Ego
tibi meum cõſiliũ exponã. Prope kalẽd ſextileſ
puto me laudiceæ fore per paucoſ dieſ:& tibi dũ
pecunia accipiẽ quæ mihi ex publica pmutatió e
debeẽ cõmorabor. Deíde iter fatiã ad excercitũ:
ut circiter yduſ ſextiliſ putem me ad yconiũ fore.
Sed ſi quid me nõ fallit in ſcribendo procul enim
abſum ab re ipſa & locuſ ſimul ac progredi cepero
ꝗ celeriuſ potero & ꝗ creberrimiſ literiſ fatiã: ut
tibi nota ſit omniſ ratio dierũ atq; itinerũ meoꝗ.
Oneriſ tibi íponere nec audeo quicꝗ nec debeo:
Sed qd cũ cõmodo tuo fieri poſſit: utriuſq; noſ/
trũ magni intereſt: ut te uideã ãteꝗ decedaſ. Quã
facultatẽ ſi quiſ caſuſ eripuerit: mea tamen in te
omnia offitia cõſtabũt: nõ ſecuſ ac ſi te uidiſſem
Tibi de noſtriſ rebuſ nihil ſum ante mãdatuſ per
lraſ ꝗ deſperaro corã me tecum agere poſſe. Quod
te a Sceuola petiſſe diciſ: ut dum tu abeſſeſ ante
aduentum meum ꝓuitiæ preeſſet: cũ ego epheſi
uidi fuitq; mecũ failiariter triduũ illud: qd ego
epheſi commoratuſ ſum: nec ex eo quicꝗ audiui:
quod ſibi a te mandatũ diceret. Sane autem uellẽ
potuiſſe obſequi uolũtati tuæ nõ enim arbitror
noluiſſe. Vale.

R. T. C. S. D. Appio pat. Impe.

mandatu

CVm meum factum cum tuo cõparo :& ſi nõ
magiſ mihi faueo in noſtra amicitia tuenda
q̃ tibi:tamen multo magiſ meo facto delector q̃
tuo.Ego enim brúduſii queſiui ex phania cuiuſ
mihi uidebar & fidelitatem erga te perſpexiſſe :
& noſce locú quẽ apud te iſ teneret:quã in partẽ
puitiæ maxime putaret te uelle ut in ſuccedẽdo
primú uẽtrem:tum ille mihi reſpõdiſſet nihil me
tibi gratiuſ facere poſſe: q̃ ſi ad ſiclã nauigaſſem:
& ſi minuſ dignitatiſ habebat ille aduentuſ & ad
multaſ reſ mihi minime erat aptuſ:tamẽ ita me
dixi eſſe facturum. Idẽ ego cú Lentulú Clodiú
Corcire conueniſſem hominẽ ita tibi coniũctum:
ut mihi cú illo cú loquerer tecú loq uiderer.Dixi
me ei ita facturú eſſe ut in eã partẽ quã Phania
rogaſſet primú uenirem. Tunc ille mihi cú grãſ
egiſſet magnopere a me petiuit ut lauditiã pti/
nuſ irẽ:te in prima prouitia uelle eſſe:ut q̃pmú
decedereſ. Niſi quin ego ſucceſſor eſſem quem tu
cupereſ uidere:te ãtea q̃ tibi ſucceſſú eſſet deceſ/
ſurú fuiſſe.Quod quidem erat cõſentaneú:cú hiſ
literiſ quaſ ego Rome acceperã.Ex quibuſ per/
ſpexiſſe mihi uidebar q̃ feſtinareſ decedere. Reſ/
põdi Clodio eſſe me ita facturú:ac multo quidẽ
libentiuſ q̃ ſi illud fauẽdum eſſet qd pmiſeram
Phaniæ.Itaq; & conſiliú mutaui:& ad te ſtatim
manu mea ſcriptaſ literaſ miſi :q̃ſ quidẽ ex tuiſ
intellexi ſatiſ mature ad te eſſe plataſ.Hoc ego
meo facto ualde delector.Nihil ení potuit fieri
amãtiuſ.Conſidera nunc uiciſſim tuú non modo
ibi nõ fuiſti ubi me q̃pmum uidere poſſeſ:ſed eo

discessisti quo ego te ne psequi quidē posse tri/
gíta diebus:qui tibi ad succededū lege ut opinor
cornelia cōstituti essent:ut tuū factum qui quo
animo inter nos simus ignorent alieni homines:
ut leuissime dicam & fugientis:cōgressum meum
uero cōiūctissimi & amicissimi esse uidebat. Hac
mihi tamē āteq̄ in prouītiam uenirē reddite sūt
a te literæ:quibus & si te tharsum pficisci demó/
strabas:tamen mihi nó dubiā spē mei cōuei endi
afferebas:cū interea credo equidē maliuoli hoēs:
late ení patet hoc uitiū & ē in multis. Sed tamē
probabilem materiā nacti sermonis ignari meæ
cōstātiæ conabātur alienare a te uolūtatē meā:
qui te foꝝ tharsi agere statuere:multa decernere:
& iudicare dicerent:cum posses iam suspicari tibi
eē successū:quæ mime ab his quidē fieri solerēt:
qui breui tempore sibi succedere putarēt.Horum
ení sermone non mouebar. Quoniā etiam credas
mihi uelim:si quid tu ageres leuari me putabam
molestia:& ex annua prouincia quæ mihi longa
uidetur prope iam undecim mensium puinciam
esse factum gaudebā·si absenti mihi uniusf mēsis
labor detractus eēt.Illud uere dicā me mouet in
tanta militū paucitate abesse tris cohortes:quæ
sint plenissime:nec me scire ubi sit. Molestissime
autē fero q̄d te ubi uisuruf sim nescio:eoq̄ ad te
tardius scripsi q̄d quotidie teipsum exspectabā:
cū interea ne literas quidem ullas accepi quæ me
docerēt quid ageres:aut ubi te uisuruf essē. Itaq̄
uirū fortem mihiq̄ in primis pbatū Anthonium
prefatum euocatorū misi ad te:cui si tibi uideret

cohortes traderes: ut dú tempus anni eet idoniú
aliquid negotii gerere possem: i quo tuo consilio
ut me sperarem esse uisurum: & amicitia nostra &
litere nostre fecerant. Quod ne ego quidem núc
despero. Sed plane quádo: aut ubi te uisuruf sim
nisi ad me scripseris: ne suspicari quidem possum.
Ego ut me quidé tibi amicissimú esse & æqui et
iniqui intelligát: curabo de tuo in me aímo iiquis
secus existimádi uideris non nibil loci dedisse: id
si correxeris mibi ualde gratú erit. Et ut babere
rationem possis: quo loco me salua lege cornelia
conueniaf: ego in prouintiam ueni pridie kaléd
sextilis. Iter in ciliciam facio per capo dotiá: cas/
tra moui ab yconio pridie kaléd septébris. Núc
tu & ex diebus & ex rome itieribus si putabis me
esse cóueniédú: cóstituef quo loco id cómodissie
fieri possit & quo die. Vale.
              .AD· T· C· S· D· Ippie· pal· im·
P Luribus uerbis ad te scribá cú plus otii nac/
    tus ero: boc scripsi subito: cú Bruti pueri me
laudiceæ cóuenissét: & se romá pperare dixissét.
Itaq; nullas bis pterq ad te & ad Brutú dedi lrás.
Legati Apiani mibi uolumen a te plenú querele
iniquissime reddiderút. Quod edificationé eorú
literis meis impedisse: eadé auté epistola petebas:
ut eos qpmú ne in byemé inciderét ad facultaté
edificádi liberaré: & simul paccurate querebaris
qʒ eos tributa exigere uetaré priusq ego re cog/
nita pmisissem: géus eni quoddá fuisse ípediédi:
cú ego cognoscerem non nisi quo adbyemem me
ex alia recepisse ad oia. Accipe & cognosce equi/

tatem expoſtulatiõiſ tue. Primũ cũ ad me aditũ
eẽt ab hiſ qui dicerẽt ítollerabilia tributa exigi.
Quid babuit íiqtatiſ me ſcribere ne facerẽt ãteq̃
ego rem cauſãq; cognoſcerem : non poteram credo
autẽ byemem. Sic enim ſcribiſ quaſi uero ego ad
cognoſcẽdũ ad illoſ nõ illi ad me uẽire debuerũt.
Tã longe iniquiſ ? quid cum dabaſ hiſ literaſ per
quaſ mecũ agebaſ : ne eoſ impedirem : quominuſ
ante byemẽ edificarent : non eoſ ad me uenturoſ
arbitrabare ? tam & ſi id quidem fecerũt ridicule.
Quaſ ení literaſ afferebant ut opuſ eſtate facere
poſſẽt : eaſ mihi poſt brumã reddiderũt. Sed ſcito
& multopluriſ eẽ qui de tributiſ recuſẽt : q̃ q̃ ex/
igi uelint : & me tamen q̃ te uelle exiſtimem eſſe
facturũ. De Appianiſ hactenuſ a Pauſania Lẽ/
tuli Liberto & a Ceſonio audiui : cũ dicerẽt ſecum
te eſſe queſtum : q̃ tibi obuiã non prodidiſſem : ſ.
contempſi te : nec põt fieri a me quicq̃ ſuperbiuſ:
cũ puer tuuſ ad me ſecunda fere uigilia ueniſſet :
iſq; te ante lucem yconiũ mihi uẽturũ nunciaſſet :
incertũq; uenireſ utra uia quó eſſent duæ : àltera
Varronem tuũ familiariſſimũ : alteraq; Leptam
pfectum Fabiũ meũ tibi obuiam miſi : mandaui
uterq; eoɩ ut ante ad me excurrerent ut tibi ob/
uiã prodire poſſem. Currenſ Lepta uenit : mihiq;
nũtiauit teq; caſtra iam pretergreſſũ eẽ. Côfeſti
yconiũ ueni cetera iam tibi nota ſũt. An ego tibi
obuiã non prodirẽ ? þmũ Appio Clodio ? deinde
Imperatori deíde more maiorũ ? deinde q̃ capud
eſt amico in iſto genere multo etiã ambitioſiuſ
facere ſoleam q̃ honor meuſ & dignitaſ poſtulat?

sed hec hactenuſ. Illud idem Pauſania dicebat te
dixiſſe. Quod ni Appiuſ Letulo Letuluſ Appio
proceſſit obuia Cicero Appio noluit? queſo eti/
am ne tu haſ ineptiaſ homo meaſ ſentiaſ ſumma
prudentia multa etiam doctrina plurimo rerum
uſu addo humanitatem quæ eſt uirtuſ ut ſtoici
rectiſſime putãt: nullã appietatẽ aut lentulitatẽ
ualere apud me pluſ q̃ ornamẽta uirtutiſ exiſti/
maſ: cum ea conſecutuſ nondum eram: quæ ſunt
hominũ opionibuſ ãpliſſima. Tamen iſta ueſtra
noia nũ q̃ ſum admiratuſ. Viroſ eoſ qui ea uobiſ
reliquiſſẽt magnoſ arbitrabar. Poſtea uero q̃ ita
cepi & greſſi maxima iperia ut mihi nihil ad ho/
norem nec ad gloriam acquirendã deeſſe putarẽ.
Superiorẽ quidẽ nũ q̃ ſed parẽ me uobiſ ſperaui
eſſe factum: nec me hercule alter uidi exiſtimare
uel Gneũ Pópeiũ quẽ omnibuſ qui nũ q̃ fuerũt
uel P. Letulũ quẽ mihi ipſi antepono: tu ſi aliter
exiſtiaſ: nihil errabiſ ſi paulo diligẽtiuſ ut quid
ſit excellẽtia quid nobilitaſ intelligaſ. Et ſi An/
thenodoruſ Sandoniſ filiuſ qd de hiſ rebuſ dicat
actenderiſ. Sed ut ad rẽ redeã me tibi non amicũ
modo uerum etiam amiciſſimũ exiſtimeſ uelim.
Profecto omibuſ meiſ offitiiſ effitiã ut ita eſſe
uere poſſiſ iudicare. Tu autem ſi id agiſ ut nimiſ
mea cauſa dum ego abſim debere uideriſ: q̃ ego
tua laborari. libero te iſta cura. Adſunt eni mihi
& alii qui & me hórabunt maxime ante conſilio
plenuſ Iupiter. Si aũt natura ẽ litigioſuſ: illud
non pfitieſ ꝙ minuſ tua cauſa ueli: hoc aſſequere
ut q̃ in partem accipieſ minuſ laborem hec ad te

scripſi liberiuſ fretuſ conſcientia offitii mei beni/
uolentieq: quam a me certo iuditio ſuſceptã: q̃tũ
tu uoleſ cõſeruabo. Vale.

ET ſi q̃tũ ex tuiſ literiſ ĩtelligere potui uide/
bam te hanc epiſtolã cũ ad urbem eſſeſ eſſe
lecturũ refrigerato iam leuiſſimo ſermone boĩm
prouintialium. Tamẽ cum tu tam multiſ uerbiſ
ad me de improborũ ratione ſcripſiſſeſ:faciendũ
mihi putaui:ut tuiſ literiſ breui reſpõderem. Sed
p̃ma duo capita epiſtole tuæ tacita mihi quodã
modo relinquenda ſunt:nihil enim habent quod
diffinitũ ſit aut certũ:niſi me uultu taciturnita/
tiſ ſignificaſſe tibi nõ eſſe amicũ:idq: p tribunali
cũ aliquid ageret:& nõ nulliſ in cõuiuiiſ ĩtelligi
potuiſſe:hoc totum nihil eſſe poſſum intelligere:
ſed cum ſit nihil ne quid dicatur quidẽ intelligo.
Illud quod ſcio meoſ multoſ et illuſtreſ ex ſu/
periore & ex æquo loco ſermoneſ habitoſ. Cum
tua ſũma laude & cum magna ſolicitudíe ſignifi/
catione noſtra familiaritatiſ ad te uere potuiſſe
deferri. Nam quod ad legatoſ actinet:quidem a
me fieri potuit aut elegantiuſ:aut iuſtiuſ:q̃ ut
ſumptuſ egentiſſimarum ciuitatum minuere ſine
ulla ĩmunitione dignitatiſ tuæ:p̃ſertĩ ipſiſ ciui/
tatibuſ poſtulãtibuſ. Nã mihi totũ genuſ lega/
tionũ tuo nomine p̃ficiſcẽtium notum nõ erat.
Apameæ cum eſſem multarum ciuitatũ princepſ:
ad me detulerunt ſumptuſ decerni legatiſ nimiſ
magnoſ:cum ſoluẽdo ciuitateſ nõ eſſẽt. Hic ſimul
multa ego cogitaui:primum te boẽm non ſolum

sapiētem uerum etiam ut nūc loquimur urbanū:
non arbitrabar isto genere legationū delectari.
Idq; me arbitror synadis ꝑ tribunali multis uer/
bis disputauisse. Primum apud Clodium senatui
populoq; romano nó midesium testimonio in ea
enim ciuitate mentio facta est:sed sua sponte esse
laudatum.Deíde me uidisse ista accidere multis:
ut eorum causa legationes romā uenirēt:sed his
legationibus non meminisse ullū tēpus laudādi
aut locū dari:studia mibi eorum placere:qd̄ in te
benemerito grati essent cōsiliū tuū uideri míme
necessariū. Si aūt uellent declarare in eo offitiū
suum laudaturum me:si quis suo sumptu fūctus
esset offitio concessurū si legitimo:non ꝑmissuꝫ
si infinito. Quid ení reprebendi potest:nisi ꝙ ad/
disuisum esse quibusdam edictū meū q̄si cōsulto
ad istas legatió es impediēdas esse accōmodatū?
Iā uero tātū mibi uident íiuriā facere bi qui bæc
disputant:q̄ si cuius aures ad hanc disputationē
patēt. Rome cōposui edictum nihil addidi nisi ꝙ
publicani me rogarunt cum samū ad me ueissēt:
ut de tuo edicto totidē uerbis trāsferrē in meum
diligentissime scriptum capud ē qd̄ ꝑtinet ad mi/
nuēdos sūptus ciuitatū quo in capite sūt quedā
noua salutaria ciuitatibus:quibus ego magnope
delector.Hoc uero ex quo suspitio nata est:me
exquisiuisse aliquid í quo te offēderē trāslatitiū
est. Neq; enim erā tam decipiens. Vt priuate rei
causa legari putarē. Qui & tibi & ꝑ re þuata sua
sed publica non þuato sed in publico orbis terre
cōsilio idest in sēatu ut gratias agerēt mictebāt.

Neqꝫ cū enī edixi ne quif ī iuſſu meo ꝓficiſcereꞇ
excluſi eoſ qui me ī caſtra & qui tranſtaurū pſeꝙ
non poſſent. Nam id eſt maxime ın tuiſ literıſ
ırrıdēdum. Quid enī erat quod me ꝓſequerēꞇur
ın caſtra taurum ne tranſirent cum ego laudıceæ
hac uſꝙ ad yconıū ıter ıta fecerī: ut me omnıum
ıllarum dıoceſum quæ cıſ taurum ſunt omnıúꝙ
earum cıuıtatū magı ſtratuſ legatıoneſꝗ cōue/
nırēꞇ. Nıſi forte cepūꞇ poſtea legare ꝗ ego tauꝝ
trāhgreſſuſ ſū: qᵭ certe nó ē ıta cū enī laudıceæ
cum apameæ cum ſınadıſ cū phılomelı cū yconıı
eſſem. Quıbuſ ın opıdıſ omnıbuſ cōmoratuſ ſum.
Oēſ ıā ıſtıuſ generıſ legatıóeſ erant cō ſtıtutæ:
atqꝫ hoc tamē te ſcıre uolo me de ıſto ſūptu lega/
tıo nū aut mınuēdo aut reıctēdo decreuıſſe nıhıl:
nıſi ꝗ prıncıpeſ cıuıtatum mane po ſtulaſſent: ne
ın uendıtıonem trıbutorū & ıllam acerbıſſimam
exactıonē: ꝗ tu nó ıgnoraſ capıtū atqꝫ hoſtıarū
ınducerentur ſūptuſ mınıme neceſſarıı. Ego aūt
cum hoc ſuſcepıſſem: nó ſolum ıuſtıtıa ſed etıam
mıſerıcordıa adductuſ ut leuarem mıſerıſ ꝑdıtaſ
cıuıtateſ & perdıtaſ maxıe per magı ſtratuſ ſuoſ:
non potuı ın ıllo ſumptu nó ńeceſſarıo neglıgēſ
eſſe. Tu cum ıſtıuſmodı ſermo neſ ad te delatı de
me ſunt: non debuıſtı credere. Sı autē ī eo genere
delectarıſ ut quæ tıbı ī mētē uēıāt: alıuſ trıbuaſ:
genuſ ſermóıſ ıducıſ ın amıcıtıā mīme lıberale.
Ego ſı ın prouıntıa detrahere de tua fama unꝗ
cogıtaſſem: nó ad generum tuum Lentulū: neqꝫ
ad Lıbertum brunduſıı neqꝫ ad profectū Fabıū
corcıre quē ın locum me uenıre uelleſ retulıſſem.

Quare potes doctissimis hoibus auctoribus quoҗ
sunt de amicitia gerēda preclarissimi scripti libri:
genus hoc totū orationis tollere. Disputabant &
ego cōtra differebā dicebāt ego negabā. An mihi
de te nihil eē dictū unꝗ putas ne hoc quidē quo
cum laudiceam uenire me uoluisses taurum ipse
transisti. Quod hisdē diebus meus cōuetus erat
Apamea sinade philameli tuus tharsi non dicam
plura ne in quo te obiurgē id ipsū uidear imitari.
Illud dicā ut sentio si ista quæ alios loqui dicis
ipse sentis tua sūma culpa est. Si autē alii tecum
hec loquunt: tua tamen qđ audis culpa nō nulla
est. Mea ratio in tota amicitia nostra cōstans &
grauis repertet. Quod si qui me astutiorē figūt:
quid potest esse callidius ꝗ cum te absentem sepe
defenderim: cum pfertim mihi usum uenturū nō
arbitrarer ut ego quoꝗ a te absēs defēdēdus esse:
nunc cōmicterem ut tu iure optimo me absentem
deferere posses. Vnū genus excipio sermonis in
quo persepe aliquid dicit qđ te putē nolle dici si
aut legatorum tuorum quippiam: aut pfectoꝗ:
aut tribūorū militū maledicit. Quod tamē mihi
non me hercule adhuc accidit me audiēte ut aut
grauius diceret: aut spurius ꝗ mecū corcire Clo/
dius est locutus cūi eo genere maxime querereť
te aliorum improbitate minus felicem fuisse. Hos
ego sermōes qđ & multi sūt & tuā existíatioēm
ut sētio nō offēdūt nō lacessim unꝗ sed nō ualde
represssi:si quis est qui neminē bona fide in grām
putet redire posse:non nostrā is pfidiā coarguit:
sed iudicat suā simulꝗ non de me is peius ꝗ de te

exiſtimat. Sinaũt quẽ mea inſtituta in prouĩtia
nõ delectant: et quadam diſſimilitudine iſtitu/
torum meorum actuorũ ledi ſe putant: cũ uterq;
noſtrum recte fecerit ſed nõ idem uterq; ſecutuſ
ſit hũc ego habere amicũ non curo. Liberalitaſ
in prouĩtia ut hominiſ nobiliſſimi latiuſ patuit
noſtra ſi auguſtior & ſi de tua ꝓlixa bẽfitiaq; na/
tura limitabit aliquid poſterior annuſ ꝓpter q̃dã
triſtitiã temporum non deberent mirari homiẽſ
cũ & natura ſemper ad largiẽdũ ex alieno fueri
reſtrictior & tẽporibuſ quibuſ alii mouent̃ hiſdẽ
ego mouear me eſſe acerbũ ſibi ut ſi dulciſ mihi.
De rebuſ urbaniſ: q̃ me certiorem feciſti cum per
ſe mihi gratum fuit cum quod ſignificaſti omnia
mea mandata tibi curæ fore: in quibuſ unũ illud
te ꝑcipue rogo: ut cureſ ne q̃d mihi ad hoc nego/
tii aut oneriſ accedat aut temporiſ hortenſiumq;
noſtrum collegam & familiarem rogeſ: ut ſi unq̃
mea cauſa quicq̃ aut ſẽtit aut fecit: de hac quoq;
ſententia bina recedat qua mihi nihil poteſt eſſe
iimiciticuſ. De noſtriſ rebuſ q̃ ſcire uiſ tharſo no/
niſ octobriſ amanum uerſuſ ꝓfecti ſumuſ hæc
ſcripſi poſtridie eiuſ diei cum caſtra haberem in
agro moſchetie. Siquidem egero ſcribã ad te neq;
domũ unq̃ ad meaſ literaſ mictam quin adiũgam
eaſ quaſ tibi reddi ueli de parthiſ q̃d queriſ fuiſſe
nulloſ puto. Arabeſ quæ fuerũt admixto pthico
ornatu dicuntur omneſ reuertaſſe. Hoſtem eſſe in
ſyria negant ullum. Tu uelim ad me ſepiſſime &
de tuiſ rebuſ ſcribaſ & de meiſ: & de omni reipub.
ſtatu de quo ſũ ſolicituſ eo magiſ quo ex tuiſ lriſ

cognoui Pópeiú noftrú in hifpaniá iturú. Vale.

Vix tandé legi literaf dignaf Appio Clodio
pléaf húanitatif:offitii:diligétie:afpectuf
uidelicet. Vrbf tiá ubi p ftiná urbáitacem reddi/
dit:ná quaf ex itinere áteq̃ ex afia egreffuf ef ad
me literaf mififti: unaf de legatif a me p̃hibitif
p̃ficifci:alteraf de apameorú edificatióe ípedita
legi perinuituf:ita confciétia mea cóftantif erga
te uolútatif refcripfi tibi fubiactuf. Hif uero lrif
lectif q̃f Philotinio liberto meo dedifti:cogno/
ui intellexi in ,puintia multof fuiffe qui nof quo
animo inter nof fimuf effe uolent. Ad urbé uero
ut accefferif uel potiuf ut q̃primum tuof uiderif
cognofcere:te ex hif qua in te abfente fide qua í
oíbuf offitiif tuédif erga te obferuátia & cóftá/
tia fuiffem:itaq; quanti illud me exíftiare putaf
qd̃ eft in tuaf literaf fcriptum:et fiquid inciderit
qd̃ ad meam dignitatem pertineat:& fi uix fieri
poffit:tamé te parem mihi gratiá relaturum. Tu
uero facile facief. Nihil é ení quod ftudio & be/
niuolétia uel amore potiuf effici nó poffit. Ego
& fi ipfe ita uidebá & fiebá crebro amef per lráf
certior tamé. Maximá letitiá cepi ex tuif lrif de
fpe minime dubia & plene explorata tui triúphi:
neq; uero ob eam caufam quo ipfe faciliuf con/
fequerer. Ná id quidé epicuriú é fed me hercle qd̃
tua dignitaf atq; áplitudo mihi é ipfa cara per fe.
Núc quare quoniá patent pluref tu habef q̃ ceteri
quof fciaf ut in hanc ,puitiá pficifci:q̃ te adeunt
fere omnef fiquidé uelif gratiffimú mihi fecerif:

si ad me simul post̄q̄ adeptus eris q̄d̄ & tu cōfidis &
ego opto:literas miseris Lōgii subselii:ut noster
Pompeius appellat iudicatio & mora:si tibi item
unū alterum ue diem abstulerit. Quid eni potest
amplius? tua tamen dignitas suū locum obtiebit.
Sed si me diligis:& si a me diligi uis:ad me lite/
ras ut q̄primū lætitia afficiar mictito. Etiā uelī
reliquū q̄d̄ & pmisi ac muneris tui mihi psoluas:
cum ipsa cognitiōnē uiris augurii cōsequi cupio:
tum me hercle tuis incredibilibus studiis erga me
mūeribusq; dele c̄tor. Quod aūt a me tale quidē
desideras:sane mihi cōsiderandum est. quoniam
te potissimū remunerem genere. Nam profecto
non est meum qui in scribendo ut soles admirari
tātum industria ponam commicttere:ut scribēdo
negligens fuisse uidear:presertim cū id nō modo
negligētis:sed etiā ingrati animi crimen futurū
sit. Verū hoc uidebimus. Illud q̄d̄ pollicens uelī
pro tua fide diligētiaq; & p nostra non īstituta:
sed iā iueterata amicitia cures enitere:ut suppli/
catiōibus q̄ honorificētissime q̄ primū decernat̄:
omnino serius misi literas q̄ uellem. In quo cum
nauigādi difficultas fuerit ociosa:tum in ipsum
discessum senatus incidisse credo meas literas:sed
id feci adductus auctoritate & consilio tuo. Idq;
a me recte factū puto:quod nō stati ut appella/
tus Imperator si:sed aliis rebus additis æstiuisq;
cōfectis literis miserim. Hæc igit̄ tibi erūt curæ
queadmodum ostēdis:meq; totum etiam mea &
meos commendatos habebis. Vale.
M·T·C·S·D·Appio pul· im

CVm est nobis allatú de temeritate eorú qui
tibi negotiú facesserent: & si grauiter ṕmo
núcio cómotussú: quod nil tam præter opinioné
meam accidere potuit: tamé ut me collegi cæte/
ra mihi facillima uidebant: qđ & in teipsú maxi/
má spem & in tuis magná habebam: multaq; mihi
ueniebát in menté. Quáobré istum laboré meú
tibi etiam bóri putabá fore. Illud plane moleste
tuli: qđ certissimú & iustissimum triúphum hoc
inuidorum cósilio tibi esse ereptú uidebá. Quod
si tu tanti facies q̃i ego semper iudicaui faciédú
esse: facies sapienter: & ages uictor ex inimicoᵬ
dolore triúphú iustissimú. Ego uideo pláe fore
ueriuf opibus sapiétia tua ueheméter ut inimi/
cos tuos pæniteat itemperantiæ suæ. De me tibi
sic cóteftans omnes deos promicto atq; cófirmo
me pro tua dignitate malo enim dicere q̃ pro tua
salute in hac ṗuitia cui tu ṗfuisti rogádo depre/
cationis laborádo ṗpiqui auctoritate cari hoís
ut spero apud ciuitates grauitate iperatoris suf/
cepturum offitia atq; partes. Omía uolo a me et
postules etiam exspectes. Vincam meis offitiis
cogitationes tuas. Q. seruilius perbreues mihi
a te literas reddidit: quæ mihi tamé nimis longe
uifæ funt. Iniuriá enim mihi fieri putabam cum
rogabar. Vellem accidisset tépus in quo ṗspicere
posses: quáti te: quáti Pópeiú: qué unú ex oíbus
facio & debeo plurimú: quáti Brutú facere q̃q̃ in
cósuetudíe quotidiana ṗspexisses sicuti ṗspicies.
Sed quoniam accidit si qđ a me pretermissú erit
cómissum facinus: & admissú dedecus cófitebor.

Promittimuſ qui a te tractatuſ eſt preſtanti ac
ſingulari fide cuiuſ tui beneficii ſum ego teſtiſ:
preſtat tibi memoriā beniuolentiáq; quā debet.
Qui cū maximiſ rebuſ coactiſ ſuiſ a me iuitiſſi/
mo deceſciſſet:tamē ut uidit intereē tua cōſcēdēſ
iam nauem epheſo lauditiā reuertit:talia te cum
uideam ſtudia habiturū eſſe innumerabilia ple/
ne dubitare non poſſum:quin tibi iſta amplitudo
ſolicitudo futura ſit. Si uero efficiſ ut cenſoreſ
creentur:& ſi ita geſſetiſ cēſurā ut debeſ & poteſ
nó tibi ſolū ſed tuiſ omibuſ uideo in perpetuum
ſūmo te preſidio futurum. Illud pugna & enitere
ne quid nobiſ temporiſ progetur:ut cum tibi hic
ſatiſfecerimuſ iſtic quoq; noſtrā in te beniuolē/
tiā nouare poſſimuſ. Quæ de boim atq; ordinum
omniū erga te ſtudiſ ſcribiſ ad me:minime mihi
mirāda & maxime iocū da acciderunt:eadēq; ad
me preſcripta ſūt a familiaribuſ meiſ. Itaq; capio
magnam uoluptatem cū tibi cuiuſ mihi amicitia
nó ſolum āpla:ſed etiā iocūda eſt ea tribui quæ
debeātur.Cū uero etiā remanere nūc in ciuitate
noſtra ſtudia prope omniū conſenſu:erga forteſ
& induſtrioſ uiroſ quæ mihiipſi una merceſ ſēp
tributa eſt laborum & uigiliarū mearum. Illud
uero mihi permirum accidit tantam temeritatem
fuiſſe in eo adoleſcēte:cuiuſ ego ſalutem duobuſ
capitiſ iuditiuſ ſūma contētione defendi:ut tuiſ
inimicitiiſ ſuſcipiendiſ obliuiſcereē patroni oſum
fortunarum ac rationū ſuarum:preſertim cum tu
omnibuſ uel ornamētiſ uel preſidiiſ redundareſ
illi:ut leuiſſime dicā multa deeſſent. Cuiuſ ſermo

stultuſ & pueriliſ erat iã antea ad me a. M. celio
familiari noſtro preſcriptuſ. De quo etiã ſermõe
multa ſcripta ſunt abſ te. Ego autem citiuſ cum
eo qui tuaſ íimicitiaſ ſuſcepiſſet:ueterẽ coniúc/
tionem diremiſſem q̃ nouã cõſiliaſſem. Neq; eni
de meo erga te ſtudio dubitare debeſ:neq; enim
id eſt obſcurum cuiq; in prouítia nec rome fuit.
Sed tãtũ ſignificaẽ in tuiſ literiſ ſuſpitio quedã
& dubitatio tua:de qua alienum tempuſ eſt mihi
tecum expoſtulãdi:purgãdi aũt mei neceſſariú.
Vbi erim ego cuiq̃ legationi fui impedimento:
quo minuſ romã ad laudẽ tuã micteretur? Aut í
quo potui ſi te palã odiſſẽ minuſ q̃d tibi obeſſet
facere:ſic iã magiſ aperte inimicuſ eſſem? Quod
ſi eſſẽ ex perfidia qua ſunt hi qui in noſ hoc cõ/
ferũt:tamen ea ſtultitia certe non fuiſſẽ. Aut ut
obſcuro odio aptaſ íimicitiaſ:aut í quo tibi nihil
nocerem:ſũmã oſtenderem uoluntatem nocendi.
Ad me adiri quoſdam memini qui dicerent nimiſ
magnoſ ſũptuſ legatiſ decerni:qbuſ ego nõ tam
impaui q̃ ſẽſui ſũptuſ legatiſ q̃ maxime ad legẽ
corneliã decernẽdoſ:atq; in eo ipſo me nõ pſeue/
raſſe. Teſteſ ſũt rationeſ ciuitatũ. in quibuſ q̃tũ
quæq; uoluit:legatiſ tuiſ datũ induxit. Te autẽ
quibuſ mendatiſ homineſ leuiſſimi onerarũt:nõ
modo ſublatoſ ſũptuſ:ſed etiã a procuratoribuſ
eorum qui iã profecti eſſẽt repetitoſ & ablatoſ:
eamq; cauſã multiſ oíno nõ eundi fuiſſe quererer
tecum atq; expoſtularẽ:niſi ut ſupra ſcirpſi pur/
gare me tibi hoc tuo tempore q̃ accuſare te mallẽ.
Idq; putarẽ eſſe rectiuſ. Itaq; nihil de te q̃ quid

credideris de me quāobrem nō debueris credere.
Pauca dicam. Nā si me uirum bonū: si dignū his
studiis eaq; doctrina cui me a pueritia dedi: si satis
magni animi nō mimi consilii in maximis rebus
perspectum habes: nihil in me nō modo pfidiosū
& insidiosum & fallax in amicitia: sed ne humilē
quidem atq; ieiunū debes agnoscere. Sinaut me
astutum & occultum libet fingere: quid est quod
munus cadere in eiusmodi naturam possit: q̄ flo/
rentissimi hominis aspernari beniuolentiam: aut
eius extimatione oppugnare in prouintia: cuius
laudē domi defenderis? Aut in ea re animū oste/
dere inimicum: in qua nihil obsis? Aut eligere ad
perfidiā qd̄ adiudicandū odiū apertissimū sit: ad
nocendū leuissimū? Quid erat autē cur ego in te
tam placabilis essem: cū te ex fratre meo ne qdē
cum tibi prope necesse esset: eas agere partes in/
imicū mihi cognouisse? Cum uero reditū nostrū
i gratiam uterq; expetisset: quod in cōsolatu tuo
frustra mecum egisti: qd̄ me aut facere aut sētire
uoluisses. Quid mihi mandasti cū te prosequeret
puteolis: i quo nō exspectatione tuam diligētia
mea uicerim? Quod si id ē maxime astuti omnia
ad suam utilitatem referre. Quid mihi tādē erat
utilius? Quid cōmodis meis aptius q̄ hois nobi/
lissimi atq; honoratissimi coniūctio? Cuius opes:
ingeniū: liberi: affines: propiqui: mihi magno uel
ornamento uel presidio esse possent. Que cū ego
omnia i expetenda amicitia tua nō astutia q̄dā:
sed aliqua potius sapientia secutus sum. Quid illa
uincula quibus quidem libētissime astringor. q̄ta

fit ſtudiorum ſimilitudo: ſuauitaſ cóſuetudiniſ:
delectatio uite atqʒ uictuſ: ſermoniſ ſocietaſ: li/
teræ iterioreſ atqʒ hæc domeſtica? Quid ille tádē
popularia redituſ illuſtriſ in gratiam: i quo ne p
imprudētiā quidē errari poteſt ſine ſuſpectione
pfidie ampliſſimi ſacerdotii collegium. in quo nó
mó amicitia uiolari apud maioreſ noſtroſ faſ nó
erat: ſed nec optari quidē ſacerdotem licebat: qui
cuiqʒ ex collegio eſſet iimicuſ? Que ut omictā tá
multa atqʒ tanta quiſ unqʒ tanti fecit quenqʒ: aut
facere potuit aut debuit: ꝗti ego Gneū Pópeiū
ſocerū tuæ filiæ? Eteni ſi merita ualēt: patriam:
liberoſ: ſalutem: dignitatē: memetipſū mihi per
illum reſtitutum puto ſi cóſuetudiniſ iocūditaſ?
Quæ fuit ūqʒ amicitia conſulariū in noſtra ciui/
tate coniunctior: ſi ille amoriſ atqʒ offitii ſigna
quidem mihi ille nó cómiſit? Quid nó mecum nó
cómunicauit? Quid de ſe i ſenatu cū ipſe abeſſet
per quēqʒ agi malluit? Quibuſ ille me rebuſ nó
ornatiſſimū uoluit ampliſſime? Qua denıqʒ ille
facilitate: qua humanitate tulit cótētionem meā
pro Millone aduerſantem iterdū actoribuſ ſuiſ?
Quo ſtudio puidit ne quā me illiuſ tēporiſ iui/
dia actingeret: cum me cóſilio: cum auctoritate:
cū armiſ dēiqʒ ſuiſ texit? Quibuſ quidē tēpori/
buſ hæc in eo grauitaſ: hæc animi altitudo fuit:
nó modo ut frigio alicui aut licaoni qd̄ tu in le/
gatiſ feciſti: ſed ne ſūmorū quidē hoim maliuoliſ
de me ſermóibuſ crederet? Huiuſ igit̄ filiuſ cum
ſit gener tuuſ cū præter hác cóiūctionē affitatiſ
ꝗ ſiſ Gn. Pópeio caruſ ꝗqʒ iocūduſ ſi itelligebam

quo tãdem animo in te esse debeo. Cũ presertim
eas ad me bas literas miserit: quibus etiam si tibi
cui sum amicissimus bostis essẽ:placere tamẽ to/
tũq; me ad eius uiri ita de me meriti uolũtatem
nutũq; cõuerterem. Sed bæc bactenus pluribus
etiã ens fortasse uerbis:q̃ necesse fuit scripta sũt.
Nũc ea quæ a me perfecta:quæq; a me istituta
sũt cognosce. Atq; bæc agimus & agemus magis
pro dignitate:q̃ pro periculo tuo. Te ení ut spe/
ro prope diem censorem audiemus:cuius mgrátus
officia:quæ sũt maximi animi sũmiq; cõsilii tibi
diligentius ac accuratius:q̃ bæc quæ nos de te a/
gimus cogitanda esse censeo. Vale.

M. T. C. S. D. Appio pal. ut spero censori

C Vm essẽ in castris ad fluuiũ piramũ:reddi/
te mibi sunt uno tẽpore epistolæ a te duæ:
quas ad me. Q. seruilius tharso miserat. Earum í
altera di es erat ascripta nonarum aprilium. In
altera quæ mibi recentior uidebatur: dies non
erat. Respondebo igitur superiori prius.in qua
scribis ad me de absolutione magestatis. De qua
& si per multum áte certior factus eram literis:
nũcius:fama deniq; ipsa. Nibil enim fuit clarius
nó quo quis q̃ aliter putasset. Sed nibil de insig/
nibus ad laudẽ uiris obscure nũciare solet:tamẽ
eadem illa letiora fecerũt mibi tuæ leteræ:non
solũ quia planius loquebamur & uberius q̃ uulgi
sermo:sed etiã quia magis uidebar tibi gratulari:
cum de te ex teipso audiebam. Complexus igié
sũ cogitatiõe te absẽtẽ:epistolã uero osculatus:
etiã ipse mibi gratulatus sum. Que enim a cũcto

populo: a senatu: a iudicibus: ingenio: industriæ:
uirtuti tribuútur: quia mihiipsi affétior fortasse:
cú ea esse í me fingo: mibi quoq; ipsi tribui puto.
Nec tam gloriosum exitum tui iudicii extitisse:
sed tam prauá inimicorum tuorum mentě fuisse
mirabať. De ambitu uero quid íteresť inquief ac
de maiestate: ad rem nihil. Alterum enim non ac/
tigisti alterum auxisti. Verútamě esť maiestatif
& si ulla uoluit: ne in quě uif impune declamari
liceret. Ambituf uero ita apertam uim habet: ut
aut accusetur improbe aut defendatur. Que ení
facta & non facta largitio ignorari póť? Tuorú
aúť bonorum cursuf cui suspectuf unǧ fuit? Me
miserum qui nó affuerim. Quof ego risuf exci/
tassem? Sed de maiestatif iuditio duo mibi illa
ex tuif literif iocúdissima fuerúť. Vnú qď te ab
ipsa repub. defésum scribif: quæ quidem etiam in
súma bonorum & fortium ciuiú copia tueri talef
uirof deberet. Nunc uero eo magif qď táta pe/
nuria esť in omni uel bonorif uel ætatif gradu:
ut tam orba ciuitaf talif tutoref cópleǎti debeat.
Alterum ǫ Pópei & Bruti fidem: beniuolētiáǫ
mirifice laudaf letor uirtute & offitio. Tú tuorú
necessariorum meorum amicissimorum. Tú alte/
riuf omniú seculorum & gětiú principif: alteriuf
iam pridem iuuětutif celeriter ut spero ciuitatif.
De mercěnarif testibuf a suif ciuitatibuf notá/
dif: nisi iá factú aliquid esť p Flaccum: fiet a me
cum per asiam decedam. Núc ad alterá epistolá
uenio. qď ad me quasi formá cómuniú těporum:
& totiuf reipublicæ misisti expressam prudentia

literarū tuarū ualde mihi eſt grata. Video enim
et pericula leuiora q̃ timebam et maiora p̃ſidia.
Si quidem ut ſcribiſ omneſ uireſ ciuitatiſ ſe ad
Pōpei ductū applicauerunt: tuūq; ſimul prūptū
animū & alacrē proſpexi ad defendendā rēpub:
mirificāq; cepi uoluptatem ex hac tua diligētia:
q̃ i ſūmiſ tuiſ occupatiōibuſ: mihi tamē reipub.
ſtatum perite notū eſſe uoluiſti. Nā auguraleſ
libroſ ad cōmune utriuſq; noſtrum otium ſerua.
Ego enim a te cum tua promiſſa per literaſ fla/
gitabā:ad urbem te otioſiſſimum eē arbitrabar.
Nūc mihi ut ipſe polliceriſ: p auguralibuſ libriſ
oratiōeſ tuaſ cōfectaſ oēſ exſpectabo. Tulliuſ
cuiuſ mādata ad me dederaſ:nō cōuenerat me.
Nec erat iam quiſq̃ mecum tuorū:præter omēſ
meoſ qui ſūt oēſ tui. Stomacotioreſ meaſ literaſ
quaſ dicaſ eſſe non intelligo. Biſ ad te ſcripſi me
purganſ diligēter:te leuiter accuſanſ in eo quod
de me cito credidiſſeſ. Quod genuſ querelæ mihi
quidem uidebatur eſſe amici.ſin tibi diſplicet:nō
uter eo poſt hac. Sed ſi ut ſcribiſ hæ literæ non
fuerūt diſerte ſcito meaſ nō fuiſſe. Vt eni Ariſ/
tarchuſ Homeri uerſū negat quem nō probat:
ſic tu. Libet eni mihi iocari q̃ diſertum non erit
ne putariſ meū. Vale.& in cēſura:& ſi iā eſ cēſor
ut ſpero de proauo multū cogitato tuo Lentulo
Appio cæco.

.D. T. C. S. D. Appio pulcro:

G Ratulor tibi priuſ ita eni rerū ordo poſtu/
lat. Deīde ad me cōuertar. Ego uehemēter
gratulor de iudicio ābituſ: neq; id q̃d nemini du/

bium fuerit abfolutū effe te: fed illud quo melior
ciuis: quo uir induftrior: quo fortior amicuf ef:
quo quidem plura uirtutif induftriæ ornaměta
in te funt: eo mirādū eft magif. Nullā in Tabelle
quidem latebra fuiffe abfcōditam maliuolentiam
quæ te impugnare auderet: nō horū tēporum: nō
horum hominū atq; morū negotiū fuit: nihil iā
fum pridem admiratuf magif. De me aūt fufcipe
paulifper meaf ptif: & eū te effe finge qui fū ego.
Si facile iueneris quid dicaf? Noli ignofcere he/
fitatiōi meæ. Ego uero ueli mihi Tulliæq; meæ
ficut tu amiciffime & fuauiffie optaf ‚pfpere eue/
nire: eaq; me ifciēte facta fūt a meif: & ita cecidif/
fe ut agerentur eo tēpore fpero omīno cū aliqua
felicitate & opto. Verūtamen pluf me in hac fpe
tua fapiētia & humanitaf cōfolat: q̄ oportunitaf
tēporif. Itaq; quemadmodū expediā exitū huiuf
inftitutæ orationif nō reperio. Neq; ení triftiuf
dicere quicq̄ debeo ea de re: quā tu ipe cū ōnibuf
optimif ‚pfequerif. Neq; non me tamen mordet
aliqđ: í quo unū nō uereor ne tu parum pfpiciaf
ea quæ gefta funt ab illif effe gefta: quibuf ego
ita mandarā: ut cū tam longe affuturuf effem ad
me ne referrent: agerent qđ ‚pbaffent. In hoc aūt
illud occurrit qd tu igiē fi affuiffef rē ‚pbaffem?
De tēpore nihil te iuito: nihil fine confilio egiffe
tuo. Videf fuadere me iā dudū laborantē quó ea
tuear quæ mihi tuēda fūt: & te nō offēdā. Leua
me igiē hoc onere. Nūq̄ ení mihi uideor tractaf/
fe rem difficiliorem: fic habeto tamē iam tunc oīa
negotia cum fumma tua dignitate diligētiffime

cófeciſſem:tam & ſi nibil uidebatur ad meũ erga
te pſtinũ ſtudiũ addi poſſe:tamen bac mibi affi/
nitate nunciata non maiore equidem ſtudio:ſed
acriuſ apertiuſ ſignificãtiuſ dignitatẽ tuã defẽ/
diſſem:decedenti mibi iam Imperio anno termi/
nato ante diu nonaſ ſextiliſ:cum ad ſiclam naui
accederem:& mecũ. Q. ſeruiliuſ eẽt:litere a meiſ
ſũt reddite. dixi ſtatim Seruilio etenim uidebaẽ
eẽ cómotuſ:ut omnia ã me maiora exſpectaret.
Quid multa?Beniuolentior tibi q̃ fueri nibilo ſũ
factuſ:diligentior ad declarãdam beniuolẽtiam
multo. nã ut uetuſ noſtra ſimultaſ antea ſtimu/
labat me ut cauerẽ:ne cui ſuſpitioẽm ficte & re/
cóſiliatæ gratiæ darẽ:ſic affitaſ nouã curã mibi
affert cauendam:ne quid de ſummo meo erga te
amore detractum eſſe uideatur. Vale.

Q Vaſi diuinarẽ talem i offitio fore mibi ali/
quãdo expetendũ ſtudiũ tuũ:ſic cũ de tuiſ
rebuſ geſtiſ agebaẽ iſeruiebam bóri tuo.Dicam
tamẽ uere pluſ q̃ acceperaſ reddidiſti.Quiſ enim
ad me non perſcripſit te non ſolum auctoritate
orationiſ ſententia tua:qbuſ ego a tali uiro có/
tentuſ erã:ſed etiã opera conſilio domũ ueniẽdo
cóueniendiſ meiſ nullũ onuſ offitii cuiq̃ reliquũ
feciſſe.Hæc mibi ãpliora multa ſunt:q̃ illa ipſa
ppinque bæc laborãẽ.Inſignia ei uirtutiſ multi
etiam ſine uirtute aſſecuti ſunt.taliũ uiroᵶ tãta
ſtudia aſſequi ſola uirtuſ póẽ. Itaq; mibi ppono
fructũ amicitiæ noſtræ ipſam amicitiã q̃ nibil ẽ
uberiuſ:pſertí i biſ ſtudiiſ quibuſ uterq; noſtrũ

dedituſ eſt. Nã tibi me ꝓfiteor & in repub. ſociũ
de qua idẽ ſẽtimuſ:& i quotidiana uita cõiũctũ:
cum biſ artibuſ ſtudiiſq; quæ colimuſ. Velim ita
fortuna tuliſſet:ut quanti ego te oíſ tuoſ fatio:
tãti tu meoſ facere poſſeſ. qđ tamẽ ipſum neſtio
qua ꝓmotuſ animi diuinatione nõ deſpero. Sed
boc ad te nibil noſtrum eſt onuſ. Illud uelim ſic
babeaſ qđ ítelligeſ:bac renouata additũ potiuſ
aliquid ad meũ erga te ſtudiũ cui nibil uideatur
addi poſſe:q̃ quicq̃ eſſe detractũ. Cum bæc ſcri/
bebam cenſorem te iam eſſe ſperabam:eo breuior
eſt bæc epiſtola:& aduerſuſ magiſtrum morum
modeſtior. Vale. ꟾꝝ · T · C · eplãꝝ fa·li· m·e·x
plitat Jnapit· mꞇ· ad ſeruium· ſulpitium
ꟾꝝ · T · C · S · D · ſeruio ſulpino ·

Rebatiuſ familiariſ meuſ ad me
ſcripſit te exquiſiſſe quibuſ í lo/
ciſ eſſẽ:moleſteq; ferre ꝗ me ꝓp/
ter ualitudinem tuã cũ ad urbem
acceſciſſẽ non uidiſſeſ:et boc tẽ/
pore uelle te mecũ ſi ꝓpiuſ acceſ/
ſiſſem: de offitio utriuſq; noſtrum cõmũicare ut
ſerui ſaluiſ rebuſ. Sic enim eſt dicẽdum colloqui
potuiſſemuſ íternoſco íter noſ profecto aliquid
operiſ occidẽti reipub. tuliſſemuſ. Cognoram ení
iam abſenſ te bæc mala multo ante ꝑuidentem
defenſorẽ paciſ:& í cõſolatu tuo & poſt cõſulatũ
fuiſſe. Ego autem cum conſiliũ tuũ probarem &
ipſe idẽ ſẽtirẽ:nibil profitiebã. Sero ení uenerã.
ſoluſ eram. rudiſ & ſi uidebar in cauſa: incideram
in bominũ pugnãdi cupidorum inſaniaſ. Nunc

quoniam nihil iã uidebimur opitulari poſſe reipu:
ſi quid ẽ in quo nobiſmetipſiſ conſulere poſſimuſ.
nõ ut aliqd ex p̃ſtino ſtatu noſtro retineamuſ:
ſed ut q̃ honeſtiſſime lugeamuſ: nemo eſt õniũ
qui cum potiuſ mihi q̃ tecum cõmunicandũ pute.
Nec enim clariſſimorũ uiroꝗ quorũ ſimileſ eſſe
debemuſ exempla: neq̃ doctiſſimorũ quoſ ſemp
coluiſti: p̃cepta fugiũt atq̃ ipſe ãtea ad te ſcrip/
ſiſſem te fruſtra í ſenatum: ſiue potiuſ in cõuẽtũ
ſenatorum eſſe uenturũ: ni uerituſ eſſem: ne eiuſ
animũ offenderem: quia me ut te imitarer pete/
bat. Cui quidem ego me cũ rogaret: ut adeſſem í
ſenatu eadem oĩa quæ a te de pace & de hiſpaniſ
dicta ſũt: oſtẽdi me eſſe dicturũ. Reſ uideſ quõ
ſe habeat: orbẽ terrarũ íperiuſ diſtributiſ ardere
bello: urbẽ ſine legibuſ: ſine iudicuſ: ſine iure: ſine
fide relictã direptioni & incẽduſ. Itaq̃ mihi ue/
nire in mentẽ nihil poteſt: nõ modo quidẽ ſperẽ:
ſed uix iam quid audeã optare. Sin autẽ tibi hõc
prudentiſſimo uideſ utile eſſe noſ colloqui q̃quã
longiuſ: etiã cogitabã ab urbe diſcedere cuiuſ iã
etiã nomen inuituſ audio: tamẽ ꝑpiuſ accedam.
Trebatioq̃ mandaui ut ſi quid tu cum uelleſ ad
me mictere ne recuſaret: idq̃ ut faciaſ uelim. Aut
ſi quem tuorũ fideliũ uoleſ ad me mictaſ: ne aut
tibi exire ex urbe neceſſe ſit: aut mihi accedere.
Ego tantũ tibi tribuo: q̃tũ mihi fortaſſe arrogo
ut exploratum habeam quidquid noſ communi
ſententia ſtatuerimuſ: id omneſ hoĩeſ ꝓbaturoſ

M · T · C · S · D · ſeruio ſuлpicio

AD.iii.kalēd maiaſ cū eſſē in cumano accepi tuaſ literaſ:quibuſ lectiſ cognoui nó satiſ prudenter feciſſe Philotiniú: qui cum abſ te mã/ datum haberet ut ſcribiſ de omibuſ rebuſ ipe ad me non ueniſſet literaſ tuaſ miſiſſet:quaſ intel/ lexi breuioreſ fuiſſe φ cum platurú putareſ. Sed tamen poſtq̃ tuaſ literaſ legi Poſtumia tua me cóuenit:& ſeruiuſ noſter biſ placuit ut tu in cu/ manú uēireſ :quod etiã mecum ut ad te ſcriberē egerunt: φ meú cóſilium exquiriſ id eſt tale ut capere faciliuſ ipſe poſſim q̃ dare alteri. Quid eni eſt q̃d audeã ſuadere tibi hói ſúma auctoritate ſúmaq; prudētia? Si qd rectiſſimú ſit querimuſ: pſpicuú eſt. ſi quid maxime expediat obſcurú. ſin bi ſumuſ qui profecto eſſe debemuſ:ut nibil arbitremur expedire:niſi qd rectum boneſtúq; ſit. Nó poteſt eſſe dubium quid fatiendú nobiſ ſit:φ exiſtimaſ meam cauſam coniúctam eſſe cú tua ſimiliſ in utroq; noſtrú cú optime ſentiremuſ error fuit. Nã omia utriuſq; cóſilia ad concordiã ſpectauerunt: q̃ q̃ ipſi Cæſari nibil eſſet utiliuſ. Grãm quoq; noſ inire ab eo defēdēda pace arbi/ trabamur. q̃tú noſ fefellerit:ut quē in locum reſ deducta ſit uideſ:neq; ſolum eaſ pſpiciſ quæ ge/ rútur:queq; iam geſta ſút:ſed etiã qui curſuſ reg̃: qui exituſ futuruſ ſit. Ergo aut probare oportet ea quæ fiút:aut intereſſe etiã ſi nó probeſ:quag̃ altera mibi turpiſ :altera etiam periculoſa ratio uidetur. Reſtat ut defēdēdú putē:i quo reliqua uidetur eſſe deliberatio. Quod cóſiliú in diſceſſu quæ loca ſequamur omnino: cú miſerior reſ nú q̃

accidit:cū ne deliberatio quidē difficilior. Nihil
enim cōstitui potest. qđ nó incurrat in magnam
aliq̃ difficultatē tu ſi uidebitur ita cēſeo fatiaſ:
ut ſi habeſ iam ſtatutū quid tibi agēdum puteſ:
in quo non ſit coniunctum conſilium tuum cum
meo: ſuperſedeaſ hoc labore itineriſ. Sinautem
ē qđ mecū cómū̃icare uelíſ: ego te exſpectabo.
Tu qđ cū cómó tuo fiat: q̃pmū uelí ueniaſ ſicut
intellexi.& ſeruio & Poſtumie plaðere. Vale.

M. T. C. S. D. ſeruio ſulpitio
VEhementer te eſſe ſolicitū:& in cómunibuſ
    miſeriiſ p̃cipuo quodã dolore angi multi ad
noſ quotidie deferūt. Quod q̃q̃ minimé miror:&
meū quodãmodo agnoſco:doleo tamen te ſapiē/
tia p̃ditum prope ſingulari:non tuiſ boniſ delec/
tari:potiuſ q̃ alieniſ maliſ laborare. Equidē & ſi
nemini cócedo:qui maiorem expernitiæ & peſte
reipub. moleſtiã traxerit:tamē multa iã cóſoláē:
maximeq; cóſcientia iã conſiliorū meorū:multo
ení ante tãq̃ ex aliqua ſpecula p̃ſpexi tēpeſtatē
futurã:neq; id ſolum mea ſpó te:ſed multo etiam
magiſ monente & denunciante te. Et ſi ení affui
magnã partē conſulatuſ tui:támen & abſēſ cog/
noſcebã:quæ eēt tua in hoc peſtifero bello cauē/
do & p̃dicēdo ſētētia.& ipſe affui p̃miſ tēporibuſ
tui cóſulatuſ:cū accuratiſſie monuiſti ſēatū col/
lectiſ omnibuſ belliſ ciuilibuſ ut & illa timerēt:
quæ meminiſſent & ſcirent:cum ſuperioreſ nulli
tali exemplo antea in republica cognito tã cru/
deleſ fuiſſent:quicūq; poſtea rēpub. oppreſſiſſent
armiſ: multo itolerabiliorem futurum. Nam qđ

exemplo fit.id etiã iure fieri putant. Sed aliqd
atq; adeo multa addunt & auferũt de suo. Quare
meminisse debes eos:qui auctoritatẽ & cõsilium
tuũ non sint secuti sua stultitia õccidisse:cum tua
prudentia salui ẽẽ potuisset.Dices quid me ista
res cõsolatur in tãtis tenebris:& quasi perditiuis
reipublicæ? Est oĩno uix cõsolabilis dolor.tãta
est omniũ reꝛ amissiõ & desperatio recuperandi.
Sed tamẽ & Cæsar ipse ita de te iudicat:& omẽs
ciues sic existimãt quasi lumẽ aliquod extinctis
cæteris elucere sanctitatẽ:prudẽtiã:& dignitatẽ
tuam. Hæc tibi ad leuãdas molestias magna esse
debent. Quod autẽ a tuis abes:ideo leuius ferẽ/
dũ ẽ:ꝙ eodẽ tẽpore a multis & magnis molestiis
abes:quas ad te omnes perscriberẽ:nisi uererer ne
ea cognosceres absens: quæ quia non uides: mihi
uideris meliore ẽẽ cõditione ꝙ nos qui uidemus.
Hactenus existimo nostram cõsolatioẽm recte
. adhibitã esse:quoad certior ab homine amicissio
fieres.de his rebus quibus leuari posset molestiæ
tuæ. Reliqua sunt in teipso neq; mihi ignota nec
nimia solatia.& ut eqdẽ sẽtio multo maxia.quæ
egoipse experiens quotidie sic probo:ut ea mihi
salutem afferre uideãtur. Te aũt ab initio ætatis
memoria teneo sũme oĩm doctrinarũ studiosum
fuisse.oĩaq; quæ a sapientissimis ad bene uiuẽdũ
tradita essent:summo studio curaq; didicisse. quæ
quidem uel optimis rebus & usui:& delectationi
esse posset.His uero temporibus habemus aliud
nihil:in quo acquiescamus:nihil fatiã insolenter.
neq; te tali uel sciẽtia:uel natura p̃ditũ hortabor:

ut ad eaſ te referaſ arteſ: qbuſ a p̃miſ t̃poribuſ
ætatiſ ſtudiũ tuũ dediſti. Tãtũ dicã. φ te ſpero
approbaturũ: me poſtea q̃ illi arti tui ſtuduerã:
nibil eſſe loci: neq; in curia: neq; in foro uiderem.
omnem meam curã atq; operam ad pbiloſopbiã
cõtuliſſe: tuæ ſcientiæ excellenti ac ſingulari nõ
multũ pluſ q̃ noſtræ reliĉtũ eſt loci. Quare non
equidem t̃ moneo: ſed mibi ita pſuaſi: te quoq; i
biſd̃ uerſari rebuſ: quæ etiã ſi minuſ prodeſſ̃t:
animũ tam̃ a ſolicitudine obducerent. Seruiliuſ
quid̃ tuuſ in oĩbuſ ingenuiſ artibuſ: in p̃miſq; bac
in qua me ego ſcripſi acquieſcere ita uerſatur: ut
excellat. a me uero ita diligitur: ut tibi uni con/
cedã. Preterea nemini mibiq; ab eo gratia refer̃.
i quo ille exiſtiat: φ facile appariat: φ me colet:
& obſeruet: tibi quoq; i eo ſe facere gratiſſimum.
Vale. .D. T. C. S. D. Seruio ſulpitio .

Ccipio excuſatioñ tuã qua uſuſ eſ: cur ſe/
piuſ ad me literaſ uno exẽplo dediſſeſ. Sed
accipio ex ea parte: quatenuſ aut neglig̃tia: aut
iprobitate eoꝗ: qui epiſtolaſ accipiãt: fieri ſcri/
biſ: ne ad noſ pferãtur. illã partem excuſationiſ
qua te ſcribiſ orationiſ paupertate ſic ẽni appel/
laſ: biſdem uerbiſ eplãſ ſepiuſ miĉtere nec noſco
nec ꝓbo. Et egoiſpe qũ tu p iocũ: ſic ei accipio.
diuitiaſ orationiſ me babere diciſ. me nõ ẽẽ uer/
borum admodũ inopem agnoſco   enim
nõ neceſſe ẽ: ſed tamen idem nec boc
facile credo tuoꝗ ſcriptoꝗ ſubtilitati & eligãtiæ.
Cõſiliũ tuũ quo te uſũ ſcribiſ boc acbaicũ nego/
tiũ nõ recuſauiſſe: cũ ſ̃per probauiſſ̃: cũ multo

magıſ probauı lectıſ tuıſ pxımıſ lıterıſ. Oeſ enı
cauſæ quaſ commemoraſ ıuſtıſſıme ſunt:tuaq; &
auctorıtate & prudentıa dıgnıſſıme. Quod alıter
cecıdıſſe rē exıſtıaſ:atq; opınatuſ ſıſ:ıd tıbı nul/
lo modo aſſentıor. Sed quıa tanta perturbatıo &
confuſıo eſt rerū:ıta pcluſa & proſtrata fædıſſıo
bello ıacent omıa:ut ıſ cuıq; locuſ ubı ıpſe ſıt:ut
ſıbı quıſq; mıſerrımuſ eſſe uıdeatur. Propterea &
tuı cōſılıı pænıtet te:& noſ quı domı ſumuſ:tıbı
beatı uıdemur. At cōtra nobıſ nō tu quıdē uacuıſ
moleſtıuſ:ſed pre nobıſ beatuſ:atq; hoc ıpſo me/
lıor ē tua q̃ noſtra cōdıtıo. qd tu quıd doleaſ ſcrı/
bere audeſ. noſ ne ıd quıdem tute poſſumuſ:nec
ıd uıctorıſ uıtı o:quo nıhıl moderatıuſ:ſed ıpıuſ
uıctorıæ:quæ cıuılıbuſ bellıſ ſemper ē ınſolenſ.
uno te uıcımuſ q̃ te Marcellı collıge tuı ſalute
pauloante q̃ tu cognouımuſ.etıam hercle quod
quēadmodū ea reſ ageretur uıdımuſ. Nam ſıc fac
exıſtıeſ poſt haſ mıſerıaſ ıd eſt poſt q̃ armıſ dıſ/
ceptarı ceptū ſıt:de ıure pub. nıhıl eſſe actū alıud
cū dıgıtate. Nā & ıpſe Cæſar accuſata acerbıtate
Marcellı:ſıc enı appellabat. laudataq; hōrıfıcē/
tıſſıme & æquıtate tua & prudentıa repente pter
ſpē dıxıt:ſe ſenatuı rogantı de Marcello ne hoıſ
quıdem cauſa negaturū:fecerat aūt hoc ſenatuſ:
ut cū.A. L. pıſone mētıo eſſet facta de Marcello:
& cum Marcelluſ ſe ad pedeſ Cæſarıſ abıecıſſet:
tūctuſ cōſurgeret ſenatuſ:& ad Cæſarē ſupplex
accederet:nolı querere. Ita mıhı pulcer hıc dıeſ
uıſuſ eſt:ut ſpetıem alıquā uıderer uıdere quaſı
remınıſcentıſ reıpublıcæ. Itaq; cum omneſ ante

me rogati gratiaſ Cæſari egiſſet pter Volcatiú.
iſ ení ſi eo loco eſſet negauit ſe facturum fuiſſe:
ego rogatuſ mutaui meum cóſiliú. Ná ſtatuerá
non me hercle inertia:ſed deſiderio p ſtine digni/
tatiſ in perpetuú tacere. Fregit hoc meú cóſiliú
& Cæſariſ magnitudo animi & ſenatuſ offitium.
Itaq; pluribuſ uerbiſ egi Cæſari gráſ:meq; me/
tuo ne etiá í cæteriſ rebuſ honeſto otio puarim.
qd erat unú ſolatiú in maliſ.ſed tamen quoniam
effugi eiuſ offenſionem: qui fortaſſe arbitraret
me hác rempublicá nó putare ſi perpetuo tacerê:
modice hoc fatiá:aut etiá infra modú ut & illiuſ
uolútati & meiſ ſtudiiſ ſeruiá.Nam & ſi a prima
ætate me oiſ arſ& doctrina liberaliſ& maxime
philoſophia delectauit:tamê hoc ſtudiú quoti/
die ígraueſcit:credo & ætatiſ maturitate ad pru/
dentiá.& hiſ têpoʒ uirtuſ:ut nulla reſ alia leuare
animum moleſtiiſ póſſet.a quo ſtudio te abduci
negotiiſ ítelligo ex tuiſ literiſ. Sed tamen aliqd
iá nocteſ te adiuuabút.Seruiuſ tuuſ uel potiuſ
noſter ſúma me obſeruátia colit.cuiuſ ego tú oi
probitate ſúmaq; uirtute:tum ſtudiiſ doctrinaq;
delector.Iſ mecú ſæpe de tua máſióe aut diſceſ/
ſione cómunicat.Adhuc in hac ſum ſêtêtia: nihil
ut fatiamuſ niſi qd maxime Cæſar uelle uideat.
reſ ſút eiuſmodi:ut ſi rome ſiſ:te nihil pter tuoſ
delectare poſſit.de reliquiſ nihil meliuſ ipſo eſt.
Cæteri & cætera eiuſmodi & ut ſi alterutrum ne/
ceſſe ſit audire:ea maliſ q̃ uidere.hoc noſtrú có/
ſiliú nobiſ míme iocúdú ê:qui te uidere cupimuſ
ſed conſulimuſ tibi. Vale.

Postea q̃ mihi renũtiatũ e de obitu Tulliæ
filie tue: sane q̃ p eo ac debui: grauiter mo/
le steq; tuli: cõmunẽq; eam calamitatẽ existiaui.
Qui si istic affuissem: neq; tibi defuissem: corãq;
meũ dolorẽ tibi declarasse. Et si genus hoc cõso/
lationis minimum atq; acerbũ est: ppterea quia
per quos ea fieri debent ppinquos ac familiares
ipsi pari molestia affitiũt. nec sine lacrimis mul/
tis id conari queunt: ut magis ipsi uideant alioꝝ
cõsolatione indigere: q̃ aliis posse suum offitium
prestare. tamẽ quæ in presentia mihi in mẽtẽ ue/
nerũt: decreui breui ad te perscribere: nõ q ea te
fugere existimem: sed forsan q dolore impeditus
minus ea perspitias. Quid est qd̃ tãtopere te cõ/
moueat tuus dolor ĩtestĩus? Cogita quẽadmodũ
adhuc fortuna nobiscũ egerit ea nobis erepta eẽ:
quæ hominibus nõ minus q̃ liberi cara eẽ debẽt:
patriã: honestatẽ: dignitatẽ: honores omnis. hoc
uno incommodo addito: quid ad dolorem adiũgi
potuit: aut qui nõ in illis rebus exercitatus ani/
mus calere iã debet: atq; omia minoris existiare.
an illius uicẽ credo doles. quotiens in eã cõgita/
tionẽ necesse e ut tu ueneris: & nos sæpe ĩcidimus
hisce tẽporibus non pessime cũ his eẽ actũ: qbus
sine dolore licitũ e mortẽ cũ uita cõmũicare. Quid
autem fuit qd̃ illam hoc tẽpore ad uiuẽdũ mag/
nopere inuitare posset? Que res? Que spes? Quod
animi solatiũ: ut cum aliquo adolescente p mario
cõiũcta ætatẽ gereret. licitũ est tibi credo p tua
dignitate ex hac iuuẽtute generũ deligere: cuius

fidei liberoſ tuoſ te tuto commictere putareſ.An
ut ea liberoſ ex ſeſe pareret:quoſ cum florentiſ
ætatiſ uideret lætaretur.qui rē a parente traditā
per ſe tenere poſſent.honoreſ ordinati in repub.
petituri eſſent:in amicorū negotiſ libertate ſua
uti?Quid borū fuit qđ non priuſ̃ datū ē adēptū
ſit?At uero malum eſt liberoſ amictere:niſi boc
peiuſ ſit bæc ſufferre & perpeti.quæ reſ mibi non
mediocrem cōſolationē actulit:uolo tibi cōme/
morare:ſi forte eadē reſ tibi dolorē minuere poſ/
ſit.Ex aſia redienſ cū ab egina megaram uerſuſ
nauigarē:cepi regioneſ circūcirca ꝑſpicere. Poſt
me erat egina āte megara:dextera pireuſ:ſiniſ/
tra cborituſ:quæ opida quōdā tēpore florētiſſia
fuere:nūc ꝓſtrata & derupta ante oculoſ iacent.
Cepi egomet mecū ſic cogitare.En noſ bomūcu/
li ĩdignamur:ſiqſ noſtꝝ ĩterierit aut occiſuſ eſt:
quoꝝ uita breuior eē debet:cū uno loco tot opi/
doꝝ cadauera proiecta iacent.Viſ ne tute Serui
cobibere & memiſſe boēm te eē natū.Crede mibi
cogitatioe ea nō mediocriter ſū cōfirmatuſ.Hoc
idē ſi tibi uidet:fac āte oculoſ tibi ꝓponaſ.modo
uno tēpore tot uiri clariſſi interierūt. De iꝑio
preterea tanta diminutio facta eſt. omēſ ꝑutiæ
conquaſſatæ ſunt.in uniuſ mulierculæ animula
ſi iactura facta ſit:tātopere commoueriſ?Que ſi
boc tempore nō ſuū diē obuiſſet:pauciſ poſt anniſ
tamē ei moriēdū fuit.quo nĩa bomo nata fuerat.
Etiā tu ab biſce rebuſ aĩm ad cogitationē tuā ad/
uoca.atꝗ ea potiuſ reminiſcere:quæ digna ꝑſōa
tua ſunt:illā q̃diu opuſ ei fuerit uixiſſe unacum

republica fuiſſe te patrem ſuũ:pretorem:conſulē:
augurem uidiſſe.adoleſcētibuſ primariſ nuptam
fuiſſe:omnibuſ boniſ ſuiſ prope perfunctã eē.cũ
reſpublica occideret uita exceſſiſſe? Quid ē quod
tu aut illa cũ fortuna hoc nomine queri poſſiſ?
Deniq; noli te obliuiſci Ciceronē eſſe & eum qui
aliiſ cõſueueriſ precipere & dare conſilium. neq;
imitari maloſ medicoſ:qui in alieniſ morbiſ ꝓ/
fitētur tenere ſe medicine ſcientiam:ipſi ſe curare
nõ poſſũt:ſed potiuſ quæ aliiſ tu te ꝓcipere ſoleſ:
ea tu te tibi ſubice:atq; apud aím ꝓpone. Nulluſ
dolor eſt:quē non lõginquitaſ temporiſ minuat
atq; molliat.hoc te exſpectare tempuſ tibi turpe
eſt:ac nõ ei rei ſapientia tua te occurrere. Quod
ſi quiſ etiã inferiſ ſenſuſ eſt:qui illiuſ in te amor
fuit pietaſq; in omniſ ſuoſ.hoc certe illa te facere
nõ uult.Da hoc illi mortue. da cæteriſ amiciſ ac
familiaribuſ :qui tuo dolore merēt.Da patrie ut
ſi qua in re opuſ ſit opera:& cõſilio tuo uti poſſit.
Deniq; quoniã í eã fortunã deuenimuſ :ut etiam
huic rei nobiſ ſeruiendum ſit. Noli commictere:
ut quiſq̃ te putet nõ tam filiam q̃ reipub. tēpora
& aliorum uictoriã lugere. Plura me ad te de hac
re ſcribere pudet:ne uidear prudētie tue diffide/
re. Quare ſi hoc unũ ꝓpoſuero:finē faciã ſcribē/
di. Vidimuſ aliquotienſ ſecundam pulcerrime te
ferre fortunã magnãq; ex ea re laudē te adipiſci.
Fac aliq̃do intelligamuſ aduerſã quoq; te æque
ferre poſſe:neq; id maiuſ q̃ eſſe debeat tibi onuſ
uideri:ut ex oíbuſ uirtutibuſ hæc una tibi uide/
at deeſſe. Quod ad me actinet:cũ te trãquilliorē

aĩmo eē cognouero. De hiſ rebuſ quæ hic gerūt
quēadmodū queq; prouĩcia ſe habeat te certiorē
faciam. Vale. .ıJ. T. c. S. D. Ser. ſulpitio

EGo uero Serui uellē: ut ſcribiſ in meo gra/
uiſſimo caſu affuiſſeſ: quantum enī preſenſ
me adiuuare potueriſ & conſolãdo: & ppe æque
dolēdo: facile ex eo ĩtelligo: q̄ literiſ tuiſ lectiſ
aliq̄tulū acqeui. Nam & ea ſcripſiſti: que leuare
luctum poſſent: & in me cōſolãdo nõ mediocrem
ipſe animi dolorē adhibuiſti. Seruiuſ tamē tuuſ
omĩbuſ offitiiſ: quæ illi tēpori tribui potuerūt:
declarauit & quanti ipſe me faceret: & quē ſuum
talem ergo me animū tibi gratum putarem fore:
cuiuſ offitia iocūdiora ſcilicet ſæpe mihi fuerūt.
nūq̄ tamē gratiora. Me aūt nõ oratio tua ſolū:
& ſocietaſ pene egritudiniſ: ſed etiam auctoritaſ
conſolatur. Turpe enim eſſe exiſtimo nõ me ita
ferre caſū meum: ut tu tali ſapiētia p̄dituſ ferēdū
putaſ: ſed opprimor interdū: & uix reſiſto dolo/
ri: q̄ ea me ſolatia deficiūt: quæ cæteriſ quorū
mihi exēpla ppono ſimili in fortuna nõ defuere.
Nam & Quintuſ maximuſ qui filium conſularē
clarum uirum & magniſ rebuſ geſtiſ amiſit. & . L.
Pauluſ qui duoſ ſeptem diebuſ: & noſter Galluſ
& . M. Cato qui ſūmo ĩgenio: ſūma uirtute filium
perdidit. hiſ temporibuſ fuerunt: ut eorum tum
ipſorū dignitaſ cōſolaretur ea: quã ex republica
cōſequebantur. Mihi autem amiſſiſ ornamentiſ
hiſ: quæ ipſe commemoraſ: queq; eram maximiſ
laboribuſ adeptuſ: unū manebat illud ſolatium:
q̄ ereptum eſt: non amicoꝗ negotiiſ: nõ reipub.

procuratione impediebantur cogitationes mee.
nihil i foro agere libebat:aspicere curiã nõ pote/
ram. existimabã id qd̄ erat omis me & industriæ
mee fructus:& fortune p̄didisse. Sed cũ cogitarē
hæc mihi tecum:& cum quibusdã esse commũia.
& cum frangerem iam ipse me:cogerēq̃ illa ferre
tolerãter. habebã quo confugerem. ubi cõquies/
cerem. cuius in sermone:& suauitate omnes curas:
doloresq̃ deponerē. Nunc autem hoc tam graui
uulnere:etiã illa quæcõsenuisse uidebant̄ recru/
descũt. Nõ enim ut cum me a republica mestum
domus excipiebat:que leuaret.sic nũc domo me/
rens ad rēpublicam confugere possum:ut in eius
bonis acquiescam. Itaq̃ & domo absum:& foro:
ꝙ nec eũ dolorē:quē a republica capio domus iã
cõsolari põt. nec domesticũ respublica quo magis
te exspecto:teq̃ uidere quãprimum cupio. maior
mihi ratio fore nulla potest:q̃ cõiũctio cõsuetu/
dinis :sermonũq̃ nostrorum. quãꝙ sperabã tuum
aduētum.sic enim audiebam appropĩquare. Ego
autem cum multis de causis te exspecto q̃primum
uidere: tum etiã ut antea cõmentemur inter nos
qua ratione nobis traducēdũ sit hoc tēpus:quod
est totum ad unius uolũtatem accũmodatum &
prudentis:& liberalis:& ut p̃spexisse uideor:nec
a me alieni:& tibi amicissimi. Quod cum ita sit:
magnæ tamen est deliberationis: quæ ratio sit
ineũda nobis nõ agendi aliquid:sed illius cõsēsu:
& benefitio quiescendi. Vale.

E T si eo adhuc te consilio usum intelligo: ut

id reprehendere non audeam: non qui ab eo ipse
discessia: sed q̃ ea te sapientia esse iudicem: ut meũ
consilium non anteponam tuo: tamẽ & amiciuæ
nostræ uetustas: & tua sũma erga me bẽiuolẽtia:
quæ mihi iã a pueritia tua cognita ẽ: me hortata
est ut ea scriberẽ ad te: quæ & saluti tuæ cõducere
arbitrarer: & non aliena eẽ ducerem a dignitate.
Ego eũ esse te: qui horũ malorũ iitia multo ante
uideris: cõsolatũ optime manificentissimeq̃ ges/
seris: p̃clare memini. Sed idẽ etiam illa uidi: neq̃
te cõsiliũ ciuilis belli ita gerẽdi: nec copias Gnei
Põpei: nec genus excercitus p̃bare: semp sũ meq̃
diffidere. Qua in sẽtẽtia me quoq̃ fuisse mẽoria
tenere te arbitror. Itaq̃ neq̃ tu multũ interfuisti
rebus gerẽdis. & ego id sẽp egi: ne ĩteressẽ. Nõ eni
his rebus pugnabamus: quibus ualere poteramus
cõsilio: auctoritate: causa: quæ erãt nobis supe/
riora: sed lacertis: & uiribus: quibus pares nõ era/
mus. Victi sumus igitur: aut si uinci dignitas nõ
potest fracti certe: & abiecti. In quo tuũ consili/
um nemo potest nõ maxime laudare: qđ cum spe
uincẽdi simul abiecisti certãdi etiam cupiditatẽ.
ostendistiq̃ & sapiẽtem & bonũ ciuem initia belli
ciuilis iuitũ suscipere: extrema non libẽter p̃seq.
Qui non idem cõsiliũ: qđ tu secuti sũt: eos uideo
in duo genera esse distractos. aut enim renouare
bellum conati sũt. hiq̃ se in africam contulerũt.
aut quẽadmodum nos se uictos esse crediderunt.
Mediũ quoddã tuũ cõsiliũ fuit: qui hoc fortasse
humilis aĩmi duceres: illud ptinacis: fateor a ple/
risq̃: uel dicam ab omnibus sapiens tuũ consilium

a multis etiã magni: ac fortissimi animi iudicatũ. Sed habet ista ratio ut mihi quidẽ uidet: quẽdã modũ: presertim cũ nihil deesse arbitror ad tuas fortunas omnis obtinendas preter uolũtatẽ. Sic enim intellexi nihil aliud esse: qd̃ dubitationem afferret ei: penes quẽ est potestas: nisi qd̃ uereret. ne tu illud benefitiũ omĩno non putares: de quo quid sentiã: nil actinet dicere: cum appareat: ipse quid fecerim. Sed tamen si iam ita cõstituisses: ut abesse perpetuo malles q̃ ea quæ nolles uidere: tamen id cogitare deberes: ubicũq; esses: te fore in eius ipsius quẽ fugeres potestate. Qui si facile passurus esset te carentem patria: & fortunis tuis: quiete & libere uiuere: cogitãdũ tibi tamen esset rome: ne & domi tuæ cuiusmodi res esset: an mi/ thilenis aut rhodi malles uiuere. sed cum ita late pateat eius potestas: quẽ ueremur: ut terrarꝛ or/ bem cõplexa sit: nonne maius sine periculo domi tuæ esse: q̃ cum periculo aliene? Equidem etiam si oppetẽda mors esset: domi atq; in patria mallẽ q̃ i extremis: atq; in alienis locis. hoc idem omẽs: qui te sẽtiunt: diligunt: quorũ est magna p tuis maximis: clarissimisq; uirtutibus multitudo: ha/ bemus etiã rationẽ rei familiaris tuæ: quã disci/ pari nolumus. Nam & si nullam potest accipere iniuriam: que futura perpetua sit. ppterea ꝙ neq; is qui tenet rempublicam paciet. neq; ipa respub. tamẽ impetũ p donũ in tuas fortunas fieri nolo. hi autem qui essent: auderem scribere: nisi te in/ telligere confiderem. Hoc te unius solicitudines: unius etiã multæ & assiduæ lacrimæ. C. Marcelli

fratrıſ optımı deprecantur . Noſ cura & dolore
ꝓxımı ſumuſ:ꝑcıbuſ tardıoreſ:ꝙ tuſ adeuˉ dı cuˉ ıꝑı
depˊcatıone eguerımuſ noˉ habemuſ .gratıa taˉtuˉ
poſſumuſ ꝗˉtum uıctı. ſed tamen conſılıo: ſtudıo
Marcello noˉ deſumuſ:a tuıſ relıquıſ non adbı/
bemur.ad omnıa paratı ſumuſ. Vale.
ꜩ· T· C· Ꙩ· Ɒ· marco marcello·

NEꝗ monere te audeo preſtantı prudentıa
uıruˉ:nec coˉfırmare maxıˉ aˉımı boeˉm uıruˉꝗ;
fortıſſımum:coˉſoları uero nullo modo. Naˉ ſı ea
quæ accıderuˉt:ıta ferſ:ut audıo:gratuları magıſ
uırtutı debeo:ꝗ coˉſoları doloreˉ tuuˉ. Sın te tanta
mala reıpublıcæ franguˉt:noˉ ıta abundo ıˉgenıo:
ut te conſoler:cum ıpſe me noˉ poſſum. Relıquuˉ
eſt ıgıtur:ut tıbı me ın omnı re eum ꝓbeaˉ:ꝓſtˉeꝗ;:
ut ad omnıa quæ tuı uelınt:ıta adſım preſto: ut
me noˉ ſoluˉ omnıa debere tua cauſa: ſed ea quoꝗ;
etıaˉ quæ noˉ poſſım putent. Illud tamen multum
me monuıſſe:uel ceˉſuıſſe puta:uel propter benı/
uolentıam tacere noˉ potuıſſe: ut quæ ego fatıo:
tu quoꝗ; aˉımuˉ ınducaſ:ſı ſıt alıqua reſpublıca ın
ea te eeˉ oportere ıudıtıo boıˉm:teꝗ; ꝓncıpeˉ neceſ/
ſıtate cedenteˉ teˉporı.ſı nauteˉ nulla ſıt:bunc tameˉ
aptıſſımuˉ eſſe etıam ad exulanduˉ locum. Sı enı
lıbertateˉ ſeqmur:q locuſ boc domınatu uacat?
Sın qualecuˉꝗ; locuˉ:quı eˉ domeſtıca ſede ıocuˉdı/
or.ſed mıbı crede etıam ıſ:quı omnıa tenet:fauet
ıngenııſ. Nobılıtatem uero :& dıgnıtatem boıˉm
ꝗˉtum eı reſ :& ıpſıuſ cauſa coˉcedıt: ampleċtı tur.
Sed plura ꝗ ſtatueraˉ. Redeo ergo ad unuˉ ıllud
me tuum fore cum tuıſ:ſı modo erunt tuı. ſı mınuſ

me certe in oíbuſ rebuſ ſatiſ noſtræ coniúctioni
amoriq; facturum. Vale.

ET ſi perpauciſ diebuſ dederā nuntio literaſ
ad te pluribuſ uerbiſ ſcriptaſ quibuſ decla/
raueram: quo te animo cenſerem eſſe oportere. &
quid tibi faciendum arbitrarer. Tamē cū Theo/
philuſ libertuſ tuuſ pficiſceretur: cuiuſ ego fidem
erga te beniuolentiāq; pſpexeram: ſine meiſ lriſ
eum ad te uenire nolui. hiſdem igię de rebuſ etiā
atq; etiā hortor: quibuſ ſupioribuſ literiſ horta/
tuſ ſum: ut in ea republica quecūq; eſt: q̃ primum
ueliſ eſſe. Multa uidebiſ fortaſſe: quæ noliſ nó
plura tamē q̃ audiſ quotidie. Nó eſt porro tuū
uno ſenſu ſolum oculorú moueri: cum idem illud
auribuſ pcipiaſ: qđ etiā maiuſ uideri ſolet: minuſ
laborare. At tibi ipſi dicēdum erit aliquid: qđ nó
ſentiaſ: aut faciendum qđ non pbeſ? primū tem/
pori cedere id eſt neceſſitati parere ſēper ſapiētiſ
eſt habitum. Deinde nó habet: ut núc quidem ē:
id uicii reſ: dicere fortaſſe quæ ſentiaſ non licet:
tacere plane licet. omnia eím delata ad unú ſút.
Iſ utitur cóſilio ne ſuorum quidē: ſed ſuo. Quod
nó multo ſecuſ fieret: ſi iſ rempublicā teneret de
Pópeio dicit quē ſecuti ſumuſ. An qui in bello cú
oím noſtrú coniúctú eſſet periculú ſuo cerneret.
& certoꝗ hominú míme prudētiú cóſilio utereĉ.
eum magiſ cómunē cenſemuſ in uictoria futurú
fuiſſe: q̃ in cæteriſ in rebuſ fuiſſet. Et qui nec te
conſulere tuum ſapientiſſimum cóſilium ſecutuſ
eſſet. nec fratre tuo cóſulatú ex auctoritate tua

enim facimuſ cuiqʒ prudentiſſimo maxime ꝑba/
ta eſſe uoluimuſ. Te cupio uidere q̃primũ. Vale.
G Ratulor tibi mi Balbe:uereqʒ gratulor:nec
ſum tam ſtultuſ:ut te uſura falſi gaudii frui ueli:
deinde frangi repēte atqʒ ita cadere: ut nulla reſ
poſtea ad æquitatem te animi extollere poſſit.
Egi cauſam tuã apertiuſ q̃ tēpora mea ferebant.
Vincebatur enim fortuna ipſa debilitate gratiæ
noſtræ :tui caritate.& meo ꝑpetuo erga te amore
culto a te diligentiſſime. Omnia promiſſa cõfir/
mata certa & rata ſũt:quæ ad reditũ & ad ſalutē
tuã pertinent:uidi :cognoui :iterfui :etenĩ omneſ
Cæſariſ familiareſ :ſatiſ oportunæ habeo iplici/
toſ conſuetudine & beniuolentia:ſic cũ ut ab illo
diſceſſerint me proximum habeant. Hoc Panſa
Hirtiuſ:Balbuſ:Oppiuſ Mariuſ:Poſtũiuſ plane
ita faciunt.ut me unicum diligant. Quod ſi mihi
per me efficiendum fuiſſet:non me peniteret pro
ratione temporũ ita eſſe molitum:ſed nihil eſt a
me inſeruitum temporiſ cauſa. Vetereſ mihi ne/
ceſſitudineſ cum hiſ omnibuſ itercedunt. Quibuſ
cum ego agere de te non deſtiti:principem tamē
habuimuſ Panſam tui ſtudioſiſſimũ :mei cupidũ
qui ualet apud illũ nõ minuſ auctoritate q̃ gra/
tia.Cymber autem Tulliuſ mihi plane ſatiſfecit.
Valent tamen apud Cæſarem non tam ãbitioſe
rogatióeſ q̃ neceſſarie :quã qa Cymber habebat
pluſ ualuit q̃ pro ullo alio ualere potuiſſet. Di/
ploma ſtatim nõ eſt datũ ꝗ mirifica ē iprobitaſ
in quibuſdam: qui tuliſſent acerbiuſ ueniam tibi

dari:& quã illi appellant tubã belli ciuilis. Mul/
taq; ita dicũt: quasi nõ gaudeãt id bellũ icidisse.
Quare uisũ est occultius agẽdũ: neq; ullo modo
diuulgãdum de te iam esse perfectũ. Sed id erit
perbreui. Nec dubito quin legẽte te has literas:
cõfecta iã res futura sit. Pansa mihi gratus quidẽ
homo & certus: non solum confirmauit: ueɋ etiã
recepit: perceleriter se ablaturum diploma. Mihi
tamen placuit hæc ad te perscribi. Minus enim te
firmum sermo Apuliæ tuæ lacrimeq; Ampiæ de/
clarabãt ɋ significabãt tuæ literæ. Atq; ille arbi/
trabant tum a te abessent ipse multo in grauiore
cura te futuɋ. Quare magnopere putaui angoris
& doloris tui causa leuãdi: pro certis ad te ea quæ
essẽt certa perscribi. Scis me antea sic solitum esse
scribere ad te magis: ut consolarer forte & sapiẽte
uirum: ɋ ut explorare spem salutis ostẽderẽ: nisi
quam ab ipsa republica cum hic ardor restinctus
esset sperari oportere censerẽ. Recordare tuas li/
teras quibus & magnũ aimũ mihi semp ostẽdisti:
& ad omnes casus ferendos constantem ac paratũ.
Quod ego nõ mirabar tũ recordarer te & a primis
temporibus ætatis in repub. eẽ uersatum: & tuos
magistratus i ipsa discrimina icidisse: salutis for/
tunarũq; cõmuniũ & in hoc ipsum bellũ icidisse:
non solũ uti uictor beatus: sed etiã ut si ita acci/
disset uictus & sapiens esses. Deinde cum studium
tuum consumes: in uirorum fortiũ factis mẽorie
prodendis cõsiderare debes: nihil tibi esse cõmit/
tẽdũ. Quãobrẽ eoɋ quos laudas: te nõ simillimũ
prebeas. Sed hæc oratio magis esset apta ad illa

tempora quæ iam effugifti. Nunc uero te tantũ
para ad bæc nobifcũ ferenda: qbuf ego fi quã me/
dicinam inuenirem: tibi quoqȝ eandem traderem.
Sed eft unũ perfugiũ doctrina & litera: quibuf
femper ufi fumuf. Que fecundif rebuf delectati/
onem modo babere uidebátur: nunc uero etiam
falutem. Sed ut ad iitium reuertar:caue: dubitef:
quin omnia de falute ac reditu tuo pfecta fint.

E .b· T· c· S· D· Q· ligario·
T fi tali tuo tempore me aut cõfolandi: aut
iuuãdi tui caufa fcribere aliqd ad te pro amicitia
noftra oportebat: tamẽ adbuc id nõ feceri: quia
neqȝ lenire uidebar oratione : neqȝ leuare poffe
dolorem tuũ. Poftea uero q̃magnam fpẽ babere
cepi:fore ut te breui tẽpore incolumẽ baberemuf.
facere nõ potui quin tibi & fententiã & uolũtatẽ
declararem meam. Primum igitur fcribam:quod
itelligo & perfpitio nõ fore in te cæfarẽ duriorẽ.
Nam & ref eum quotidie & dief & opinio boinũ:
& ut mibi uideℓ & fua natura mitiorẽ facit. Idqȝ
tũ a reliquif fẽtio:tum de te etiã audio:ex fami/
liariffimif eiuf qbuf ego ex eo tẽpore:quo p̃mũ
ex africa nũtiuf uenit fupplicare una cũ fratri/
buf tuif nõ deftiti. Quorum quidem & uirtute &
pietate & amor i te fingularif & affidua & ppetua
cura falutif tantum proficit:ut nibil fit quod nõ
ipfum cæfarem tributurum exiftimẽ:& fi tardiuf
fit q̃ uolumuf:magnif occupationibuf eiuf a quo
omnia petũℓ: adituf ad eum difficilioref fuerũt:|
& fimul africæ caufæ irator diutiuf uelle uideℓ
eof babere folicitof: a quibuf fe putat diuturnio/

ribuſ eſſe moleſtiuſ cōflictatum. Sed boc ipſum
intelligimuſ eum quotidie remiſſiuſ & placatiuſ
ferre. Quare mibi crede & mēoriæ manda:me tibi
id affirmaſſe te i iſtiſ moleſtiuſ diutiuſ non futu/
rum:quādo quid ſentirē:expoſui:qñid uellē tua
cauſa re potiuſ declarabo q̃ oratione:& ſi tantum
poſſem quātum i ea repub. de qua ita merituſ ſū:
ut tu exiſtimaſ poſſe debebam:ne tu quidem in
iſtiſ incōmodiſ eſſeſ. Eadē enī cauſa opeſ fregit
meaſ:quæ tuam ſalutē idiſcrimine adduxit. Sed
tamen quidquid ymago ueteriſ meæ dignitatiſ:
q̃dquid reliquiæ gratiæ ualebūt ſtudiú:cōſiliú:
opera:gratia:fideſ mea nullo loco deerit tuiſ op/
timiſ fratribuſ. Tu fac:babeaſ forte animú que
ſemper babuiſti. Primú ob eaſ cauſaſ quaſ ſcripſi:
deinde q̃ de ea repub. ſemper uoluiſti atq; ſēſiſti:
ut non modo cū ſecunda ſperare debeaſ:ſed etiā
ſi omnia aduerſa eſſēt:tamē & cōſcientia factoɽ
& cōſilioɽ tuorú quecúq; acciderent:fortiſſimo &
maximo animo ferre debereſ. Vale.

T͟ n·T·C·S·D·Q·fratno·
E ſcito omnem meú laborem:omnē operā:
ſtudium:curā i tua ſalute cōſumere. Nam tum te
ſemper maxime dilexi:tum fratrum tuorú quoſ
æque atq; te ſūma beniuolētia ſum complexuſ:
ſingulariſ pietaſ amorq; fraternuſ nullú me patié
offitii erga te:ſtudiiq; munuſ aut tempuſ p̄ter/
mictere. Sed quæ fatiā fecerimq; pro te ex illoɽ
te literiſ q̃ ex meiſ malo cognoſcere. Quid autem
ſperem aut cōfidā & exploratú babeam de ſalute
tua:id tibi a me declarari uolo. Nam ſi quiſq̃ eſt

timiduſ ſ magniſ piculoſiſq; rebuſ·ſeperq; magiſ
aduerſoſ rerum exituſ metuēſ· q̃ ſperanſ ſecūdoſ
iſ ego ſum : & ſi hoc uicium eſt eo me non carere
confiteor. Ego idem tamē cum ad.ii.kalend in/
tercalareſ prioreſ·rogatu fratrum tuorū ueniſſē
mane ad Ceſarem·atq; omnē adeundi & cōuēiēdi
illiuſ ſdignitatem & moleſtiam pertuliſſem· cum
fratreſ & propinqui tui iacerent ad pedeſ·& ego
eſſem locutuſ quæ cauſa quæ tempuſ tuū poſtu/
labat· non ſolū ex oratione Cæſariſ quæ molliſ
& liberaliſfuit · ſed etiam ex oculiſ & uultu · ex
multiſ preterea ſigniſ·quæfaciliuſ potui pſpicere
q̃ ſcribere. hanc in opinionem diſceſſi· ut mihi tua
ſaluſ dubia nó eſſet. Quāobrē fac animo magno
fortiq; ſiſ·& ſi turbidiſſima ſapienter ferebaſ·trā/
quilliora lete feraſ. Ego tamē tuiſ rebuſ ſic adero
ut difficillimiſ neq; Cæſari ſolum·ſed etiā amiciſ
eiuſ omnibuſ quoſ mihi amiciſſimoſ eē cognoui·
p te ſicut adhuc feci libētiſſíe ſupplicabo. Vale.

T·ɪɪ·T·C·ꙮ·D·b.iſilio

Ibi gratulor. mihi gaudeo·te amo. tua tue/
or·a te amari·& quid agaſ·quidquid agaē certior
fieri uolo. Biibiiiiiaſ·ꙮ·p·Cicerem

SI mihi tecū nó & multe & iuſtæ cauſæ ami/
citiæ priuati eſſēt· repetere initia amicitiæ
ex parentibuſ noſtriſ·qd̃ faciendū biſ exiſtimo·
q paternā amicitiā nulliſ ipſiſ offitiiſ pſecuti ſūt.
Itaq; contentuſ ero noſtra in ipſorum amicitia.
Cuiuſ fiducia peto a te·ut abſentem me qbuſcūq;
in rebuſ opuſfuerit tueare·ſi nullū offitium tuū
apud me intermoriturum exiſtimaſ.Vale.

CVm ceterarū regꝫ cauſa cupio eſſe aliquādo rempublicam cōſtitutam:tum uelim mihi credaſ accedere id etiā quo magiſ expetā ꝑmiſſū tuum: quo in literiſ tuiſ uteriſ. Scribiſ enim ſi ita ſit te mecum eſſe uictuꝝ. Gratiſſima mihi tua uolūtaſ eſt.Faciſꝗ̇ nihil alienū neceſſitudine noſtra:iu/ ditiiſꝗ̇ patriſ tui de me ſummi uiri. Nā ſic habeto benefitioꝝ magnitudine eoſ qui temporibuſ ua/ luerunt aut ualeant:coniunctioreſ eſſe tecum ꝗ̃ me neceſſitudinem neminem. Quamobrem grata mihi eſt & memoria tua noſtræ cōiunctioniſ:& eiuſ etiam augenda uoluntaſ. Vale.

SImul accepi a Seleuco tuo Iraſ:ſtatim que/ ſiui e Balbo ꝑ codicilloſ qd eēt i lege. Reſcripſit eoſ qui facerēt ꝓconiū uetari: eē i decurionibuſ: qui feciſſent nō uetari. Quare bono animo ſint: & tui & mei familiareſ. Neꝗ̇ enim erat ferendū: cum qui hodie aruſpicinā facerent in ſenatu rome legerentur: eoſ qui aliquādo preconium feciſſet in municipiiſ decurioneſ eſſe non licere. De hiſ/ paniſ noui nihil. Magnū tamē exercitū Pōpeiū habere cōſtat. Nam Cæſar ipſe ad noſ miſit ex/ emplū Patiatu literaꝝ:in quo erat illaſ undecim eē legioneſ. Scripſerat enī Meſſala. Q. Sallaſſo P.Curtium fratrē eiuſ iuſſu Pompei inſpectāte exercitu iterfectum: qd cōſenſiſſet cum hiſpaniſ quibuſdam ſi in opidum neſcio qd Pompeiuſ rei frumentarie cauſa ueniſſet eum cōprehendere:ad Cæſarē ꝗ̇ deducere. De negotio tuo ꝗ ſponſor eſ

pro Pompeio:ſi Galba conſponſor tuuſ redierit
homo in re familiari nó parú diligenſ:nó deſiná
cum illo cómúicare ſi quid expediri poſſit:quod
uidebatur ille cófidere. Oratorem meú tátopere
a te probari uehementer gaudeo.Mihi quidé ſic
perſuadeo: me qdquid habueri iudicii deducédo
in illum librum contuliſſe. Qui ſi eſt taliſqualem
tibi uideri ſcribiſ:ego quoq; aliquid ſum. Sinaút
aliud non reculo qui quantum de illo libro: tá/
túdé de mei iudicii fama detrahatur.Leptá noſ/
tic cupio delectari iam talibuſ ſcriptiſ:& ſi abeſt
maturitaſ ætatiſ:iam enim perſonare aureſeiuſ
huiuſmodi uocibuſ nó é inutile. Me rome tenuit
omnino Tulliæ partuſ. Sed cum ea quéadmodú
ſpero ſatiſ firma ſit:tenear tamé dú a Dolobellæ
procuratoribuſ exigam primam péſioné. Et me
hercule non tam ſum peregrinator iam q̃ ſolebá.
Edificia mea me delectát:& otiú domuſ eſt:que
nulli uillarú mearụ cedat:otiú omni deſertiſſima
regione maiuſ. Itaq; ne litere qdé mee ipediúé:
in quibuſſine ulla interpellatione uerſor.Quare
ut arbitror priuſ hic te noſ:q̃ iſtic tu noſ uidebiſ.
Lepta ſuauiſſimuſ ediſcat eſio dú & habeat iore.

C .ID. T C. ꝗ D. lepte
Atulam officio functum eſſe gaudeo. Eiuſ
phalernú mihi ſéper idoneú uiſú eſt diuerſorio:
ſi modo tecti ſatiſ eſt ad comitatú noſtụ recipi/
endum.Ceterum qui mihi locuſ nó diſplicet:nec
ea re petrinú tuú deſerá. Nam & uilla & améitaſ
illa cómorationiſ non eſt diuerſorii.De curatióe
aliqua munerum regiorú cum Oppio locutuſ ſú.

Nam Balbum poſtea ꝗ̃ tu eſ profectuſ non uidi:
tantiſ pedū doloribuſ afficie͞: ut ſe cōueniri nolit.
Oíno de tota re ut mihi uidet̃ ſapientiuſ facereſ:
ſi nó curareſ. Quid ei eo labore aſſequi uiſ: nullo
modo aſſequere. tanta ē eñ multitudo ítimorū:
ꝗ ex hiſ potiuſ aliquid effluat ꝗ̃ nouo ſit adituſ:
preſertim qui nihil afferat preter operā í qua ille
ſe beneficium dediſſe putabit: ſi modo ipſum ſcit
nó accepiſſe. Sed tamē aliquid uidebimuſ in quo
ſit ſpeſ. aliter quidem nó modo nó appetendum:
ſed etiam fugiendū puto. Ego me aſtute diutiuſ
arbitror cómoraturum: quoad ille quādoꝗ uēiat.
Vale. ꜩ· T· C· S· D· Corinto ·

SE deram triduo āte pueriſ Gnei Plātii lr̃aſ
ad te. Eo nunc ero breuior: teꝗ ut ātea có/
ſolabar hoc tempore monebo. Nihil puto tibi eē
utiliuſ ꝗ̃ ibidem operari: quoad ſcire poſſiſ quid
tibi agendum ſit. Nam preter nauigatióíſ longe
& hiemaliſ & míme portuoſe piculū qd̃ uitaueriſ:
ne illud quidē non quamuiſ ſubito eum certi ali/
quid audieriſ: te iſtinc poſſe proficiſci. Nihil eſt
p̃terea cur adueniētibuſ te offerre geſtiaſ. Multa
preterea metuo quæꝗ cum Milone noſtro com/
municaui. Quid multa? Loco oportuniore in hiſ
maliſ nullo eſſe potuiſti: ex quo te quocū́ꝗ opuſ
erit facillime & expeditiſſime cóferaſ. Quo ſi re/
cipiet ille ſe ad tempuſ aderiſ. ſin quoniam multa
accidere poſſūt: aliqua reſ uel eum impediet uel
morabitur. Tu ibi eriſ ubi omnia ſcire poſſiſ: hoc
mihi p̃rſuſ ualde placet. De reliquo ut te ſepe per
literaſ hortatuſ ſum: ita uelim tibi perſuadeaſ: te

in hac caufa nihil habere quod tibi timẽdum fit:
preter cõmúem cafum ciuitatif. Qui et fi eft gra/
uiffimuf: tamẽ ita uiximuf: & id ætatif iã fumuf:
ut omnia quæ non noftra culpa nobif accidant:
fortiter ferre debeamuf. Hic tui omnef ualent:
fúmaq; pietate te defiderant & colunt & diligũt.
Tu & cura ut ualeaf: & te iftinc ne temere cõmo/
ueaf. ·M· T· C· S· D· Coruuo ·⁖·

ET fi cũ hæc ad te fcribebã: aut appropiqua/
exituf huiuf calamitofiffimi belli : aut iam
aliquid actũ & confectũ uidebať: tamẽ quotidie
commemorabam te unum i tanto exercitu mihi
fuiffe affenforẽ: & me tibi: folofq; nof uidiffe q̃n/
tũ mali effet i eo bello: in quo fpe paucif exclufa:
ipfa uictoria effet acerbiffima. quæ aut interitũ
allatura eẽt: fi uictuf eẽt: aut fi uiciffef feruitutẽ.
Itaq; ego quẽ tũ fortef illi uiri & fapientef Do/
mitii & Lentuli: timidũ effe dicebãt: erã plane.
timebam enim ne euenirẽt ea quæ acciderũt: idẽ
nũc nihil timeo: & ad omnem euentũ paratuffũ.
Cũ aliquid uidebatur caueri poffe: tũ id negligi
dolebam. Nunc uero euerfif omnibuf rebuf: cum
cõfilio pfici nihil poffit. Vna ratio uideť qdquid
euenerit ferre moderate. prefertim cum omnium
rerũ morf fit extremũ: & mihi fi cõftiuf me quoad
licuerit: dignitati reipub. cõfuluiffe: & hac miffa
falutẽ retinere uoluiffe. Hæc fcripfi nõ ut de me
ipfe dicerem: fed ut tu coniunctiffima fuifti mecũ
& fententia & uoluntate: eadẽ cogitaref. Magna
enim confolatio eft: cum recordare etiam fi fecuf
acciderit: te tamen recte uereq; fẽfiffe. Atq; utinã

liceat aliquãdo aliquo reipublicæ ſtatu noſ frui.
interq; noſ cõferre ſolicitudineſ noſtraſ quaſ per/
tulimuſ:tũ cũ timidi putabamur:quia dicebamuſ
ea futura quæ facta ſunt. De tuiſ rebuſ nihil eê
quod timeaſ preter uniuerſe reipub.interitũ. Tibi
confirmo.De me autem ſic uelim iudiceſ:quãtum
ego poſſim me tibi ſaluti tue liberiſq; tuiſ ſummo
cum ſtudio preſto ſemper futurum. Vale.

AD. T. C. S. D. Domitio

NOn ea me reſ deterruit quo minuſ poſtea q̃ i
italiã uêiſti literaſ ad te micterê: q̃ tu nullaſ ad
me miſeriſ:ſed qa nec qd tibi pollicerer ipſe egêſ
rebuſ omnibuſ:nec quid ſuaderê:tũ mihi metipſi
cõſilium deeſſet:ne quid cõſolationiſ afferrem in
tantiſ maliſ reperiebã.Hæc quãq̃ nihilo meliora
ſunt:nunc etiam atq; etiam multo deſperatiora
tamê ianeſ meaſ eſſe literaſ:q̃ nullaſ malui.Ego
ſi te intelligerê pluſ conatũ eſſe ſuſcipere reipub.
cauſa muneriſ:q̃ q̃tum preſtare potuiſſeſ:tamen
quibuſcũq; rebuſ poſſem:ad eam conditionem te
uiuêdi quæ daretur:quæq; eſſet hortarer. Sed tũ
conſilii tui bene fortiterq; ſuſcepti eum tibi finem
ſtatueriſ:quem ipſa fortuna terminũ noſtrarum
contentionum eſſe uoluiſſet:oro obteſtorq; te p
uetere noſtra cõiuctione ac neceſſitudine:proq;
ſũma mea in te beniuolentia:& tua in me pariter:
te ut nobiſ parenti:coniugi:tuiſq; omnibuſ:qbuſ
eſ fuiſtiq; ſemper cariſſimuſ:ſaluum conſerueſ:i/
columitati tuæ tuorumq; quæ pendent conſulaſ:
Que didiciſti quæq; ab adoleſcentia pulcerrime a
ſapiêtiſſiſ uiriſ tradita mêoria & ſciêtia cõprehê/

diſti.hiſ hoc tēpore utare. Quoſ cōiunctoſ ſūma
beniuolētia: plurimiſq; offitiiſ amiſiſti: eo ꝗ deſi/
deriũ ſi nó æquo animo ac forti feraſ. Ego ꝗd
poſſim neſcio: uel potiuſ me parum poſſe ſentio.
Illud tamē tibi polliceor: me quæcūq; ſaluti dig/
nitatiq; tuæ conducere arbitrabor: tanto ſtudio
eſſe facturũ: quātũ ſemper tu & ſtudio & offitio
in meiſ rebuſ fuiſti. Hanc meam uoluntatem ad
matrem tuam optimam feminã tuiq; amātiſſimã
detuli. Si ꝗd ad me ſcripſeriſ: ita fatiã ut te uelle
intellexero. Sin autem tu minime ſcripſeriſ: ego
tamē omnia que tibi eſſe utilia arbitrabor: ſūmo
ſtudio diligenterq; curabo. Vale.

I te dolor aliꝗſ corporiſ: aut iſir/
mitaſ ualitudiſ tue tenuuit: quo
minuſ ad ludoſ uenireſ: fortunæ
magiſ tribuo : ꝗ ſapiētie tue. Sin
hec que cæteri mirãt cótemnēda
eſſe duxiſti: & cũ per ualitudinē
poſſeſ uenire: tamē noluiſti: utrũq; lætor: & ſine
dolore corporiſ te fuiſſe ac animo ualuiſſe. Cum
ea quæ ſine cauſa mirãtur alii neglexeriſ: modo
ut tibi cóſtiterit fructuſ otii tui: quo quidem tibi
perfrui mirifice licuit: cum eſſeſ in iſta amēitate
pene ſoluſ relictuſ. Neq; tamē dubito: quí tu ex
illo cubiculo tuo ex quo tibi Stabianũ ꝑforaſti:
& patefeciſti ſenium: per eoſ dieſ matutina tem/
pora lectiunculiſ cóſumpſeriſ: cũ illi interea qui
te iſtic reliquerũt ſpectarent communeſ mimoſ

femiſomni. Reliquaſ uero parteſ diei tu conſue/
baſ hiſ delectationibuſ: quaſ tibi ipſe ad arbitriū
cōparararaſ. Nobiſ autem erant ea ppetiēda quæ
ſcilicet. P. Metiuſ probauiſſet. Omnino ſi queriſ
ludi apparatiſſimi: ſed nō tui ſtomachi: cōiectu/
ram enim facio de meo. Nā primū honoriſ cauſa
in ſcenam redierant. hi quoſ ego honoriſ cauſa de
ſcena deceſſiſſe arbitrabar. Deliciæ uero tuæ noſ/
ter Exopuſ eiuſmodi fuit: ut ei deſinere per ōneſ
hoíeſ liceret. Iſ iurare cū cepiſſet uox eū defecit:
í loco illo ſi ſcíeſ fallo. Quid tibi ego alia nerrē?
Noſti ení reliquoſ ludoſ. Quid ne id qdē leporiſ
habuerunt qd ſolent mediocreſ ludi. Apparatuſ
enim ſpectatio tollebat omnem hilaritatē. Quo
quidem apparatu non dubito: qui aímo eqſſimo
carueriſ. Quid enim delectationiſ habēt ſexcēti
muli í clitemeſtra: aut in æquo troiano craterarꝝ
tria milia: aut armatura uaria peditatuſ & eqta/
tuſ í aliqua pugna? Que popularē admiratiōnē
habuerunt: delectationem tibi nullā actuliſſēt.
Quod ſi tu per eoſ dieſ operam dediſti: ꝓ tgeni
tuo: dummodo iſ tibi quid uiſ potiuſ q̄ orationeſ
meaſ legerit: ne tu haut pauloxpluſ q̄ quiſq̄ noſtrꝝ
delectationiſ habuiſti. Non ení te puto græcoſ
aut oſeoſ ludoſ deſideraſſe: preſertim cum oſeoſ
ludoſ uel in ſenatu noſtro ſpectare poſſiſ: grecoſ
uero ita non ameſ ut ne ad uillam quidem tuam
uia græca ire ſoleaſ. Nā qd ego te athletaſ putē
deſiderare: qui gladiatoreſ cōtēpſeriſ. In quibuſ
ipſe Pompeiuſ pfitet̄ ſe & operā & oleū pdidiſſe.
Reliquæ ſunt uenationeſ bine per dieſ quíque

magnifice nemo negat. Sed quæ poteſt eē homí
politico delectatio:cum aut homo imbecilluſ a
ualentiſſima beſtia laniatur:aut preclara beſtia
uenabulo tranſuerberatur. Que tamen ſi uidēda
ſint:neq; noſ q̃ hæc ſpectamuſ ſæpe uidiſti:q̃dq̃
noui uidimuſ. Elephātorum extremuſ dieſfuit:
in quo admiratio magna uulgi atq; turbe:delec/
tatio nulla extitit::quí etiā miſericordia quedā
conſecuta eſt:atq; opinio eiuſmodi eſſe quādam
illi beluæ cum genere humano ſocietatem. Hiſ
ego tamen diebuſ:ludiſ ſceniciſ:ne forte uidear
tibi nó modo beatuſ:ſed liber omnino fuiſſe:di/
rupi me pene í iuditio Galli Cānii familiariſ tui.
Quod ſi tam facilem populū haberē q̃ Exopuſ
habuit:libēter me hercule artem deſinerē:tecūq;
& cum ſimilibuſ noſtri uiuerem. Nam me cū ātea
tedebat:cum & ætaſ & ambitio me hortabantur:
& licebat deniq; quem nolebam:non defendere:
tum uero hoc tempore uita nulla eſt. Neq; enim
fructum ullum laboriſ ex hiſ peto:& cogor nó/
nūq̃ homineſ non optimē de me meritoſ rogatu
eorum qui benemeriti ſūt defēdere. Itaq; quero
cauſaſ omneſ aliq̃do uiuēdi arbitratu meo. Teq;
& iſtam rationem otii tui:& laudo uehemēter &
pbo:q̃q; noſ minuſ íteruiſiſ:hoc fero aímo equi/
ore. Quod ſi rome eēſ:tamē neq; noſ lepore tuo.
neq; te ſi quiſ eſt in me meo frui liceret.propter
moleſtiſſimaſ occupatióeſ meaſ:quibuſ ſi me re/
laxaro:nam & plane exoluā nó poſtulo:& ipm
quod multoſ ānoſ nihil aliud cōmētareſ:docebo
profecto qd ſit humāiter uiuere. Tu modo iſtā

imbecillitatem ualitudinis tuæ suſtenta & tuere:
ut facis:ut noſtras uillas obire & mecū ſimul lec/
ticula cōcurſare poſſis. Hæc ad te ſcripſi pluribus
uerbis q̃ ſoleo.nó otii abūdātia:ſed amoris erga
te:quo me quadā epiſtola ſubinuitaras:ſi mēoria
tenes:ut ad te aliqd ſcriberē eiuſmodi. quo minuſ
te p̃termiſiſſe ludos peniteret. Quod ſi aſſecutuſ
ſum gaudeo. Sin minuſ:hoc me tamē cōſolabor:
q̃ poſt hac ad ludos uenies noſq; uiſes:neq; i epiſ/
toliſrelinques meis ſpē aliquā delectatióis tuæ.

.ɔ. T. C. ɔ. D. marco mario :

Andatum tuum curabo diligēter:ſed homo
acutuſ mandaſti ei potiſſimū cui expediret illud
uēire q̃plurimo. Sed uidiſti eo multū q̃ p̃fuiſti:
quo ne pluriſ emerem. Quod ſi mihi promiſiſſes
qui meuſ amor in te eſt cōfeciſſem:cū heredibuſ.
Nunc quoniam tuum pretiū noui·in licitationē
potiuſponam:q̃ illud minoriſ ueneat:ſed de ioco
ſatiſ eſt:tuū negotiū agā ſicuti debeo diligēter.
De burſa te gaudere certe ſcio :ſed nimiſ uerecūde
mihi gratulariſ. Putaſ enī ut ſcribaſ p̃pter hoiſ
ſordeſ:minuſ me magnam illam lætitiam putare.
Credaſ mihi uelim: magiſ me iuditio hoc:q̃ morte
inimici lætatum . Primum enim iuditio malo q̃
gladio:deinde gloria potiuſ amici: q̃ calamitate.
Inprimiſq; me delectauit tantum ſtudiū bonorū
in me extitiſſe : contra incredibilē contentionem
clariſſimi ac potentiſſimi uiri . Poſtremo q̃ uix
ueriſimile uidet̃ fortaſſe:oderā multo peiuſ hūc
q̃ illum ipſum Clodium. Illum enim oppugnarā·
hunc defenderam.Et ille cum omniſ reſpublica

in meo capite diſcrimẽ eẽt habitura:magnú qdẽ
ſpectauit. nec ſua ſponte:ſed eorum auxilio qui
me ſtante ſtare nó poterãt. Hic Simioluſ cauſa
mei:í quem inueheretur delegerat:perſuaſeratq́;
nonnulliſ inuidiſ meiſſe in me emiſſariú ſemper
fore. Quãobrem ualde iubeo gaudere te. Magna
reſ geſta eſt. Nũq̃ ulli fortioreſ ciueſ fuerunt q̃
qui auſi ſunt:eum contra tantaſ opeſ eiuſ a quo
ipſi lecti iudiceſ erant códẽnare. Quod feciſſent
nunq̃:niſi biſ dolori meuſ fuiſſet dolor. Noſ hic
multitudíe & celebritate iudítioꝛ & nouiſ legi/
buſ:ita detinemur:ut quotidie uota faciamuſ:ne
intercaletur ut q̃primum te uidere poſſimuſ.
P.T.C.S. D. marco mario
Erſæpe mihi cogitanti de cómunibuſ mi/
ſeriſ í q́buſ tot ánoſ uerſamur:& ut uideo uer/
ſabimur. ſolet in mentem uenire illiuſ temporiſ
quo proxime fuimuſ una:quin etiam ipſum diem
memoria teneo. Nam ad.iii.iduſ maii Lẽtulo &
Marcello conſulibuſ cú in Pompeianum ueſperi
ueniſſem:tu mihi ſolicito aímo fuiſti p̃ſto. Soli/
citum autem te habebat cogitatio:tum officii:tú
etiam periculi mei. Si manerem í italia uerebare
ne offitio deeſſem.ſi p̃ficiſcerer ad bellú periculú
te meú cómouebat. Quo tempore uidiſti p̃fecto
ita me quoq́; perturbatum:ut nó explicarẽ quid
eſſet optimú factu. Pudori tamen malui fameq́;
cedere q̃ ſalutiſ mee rationẽ ducere. Cuiuſ me mei
facti penituit:nó tam propter periculum meum:
q̃ ꝓpter uicia multa quæ ibi offẽdi quo uenerã.
Primú neq́; magnaſ copiaſ neq́; bellicoſaſ:deíde

extra ducē paucofq; ꝑterea de ꝑncipibuſ loquor:
reliqui primū in ipſo bello rapaceſ:deinde i ora/
tione ita crudeleſ:ut ipſam uictoriam horrerem.
Maximum autem eſ alienū ampliſſimoꝗ uiroꝗ.
Quid queriſ. nihil boni preter cauſam? Que cum
uidiſſem:deſperanſ uictoriam:ꝑmū cepi ſuadere
pacem:cuiuſ fueram ſemper auctor:deinde cum
ab ea ſētētia Pōpeiuſ ualde abhorreret:ſuadere
iſtitui ut bellum duceret: hoc interdum ꝓbabat:
& in ea ſententia uidebat̄ fore & fuiſſet fortaſſe:
niſi q̃dā expugna cepiſſet ſuiſ militibuſ cōfidere.
Ex eo tempore uir ille ſummuſ:nulluſ Impator
fuit. Signa tirōe & collectitio exercitu cum le/
giōibuſ robuſtiſſimiſ cōtulit. Victuſ turpiſſime:
amiſſiſ etiam caſtriſ:ſoluſ fugit. Hunc ego mihi
finem belli feci:nec putaui cum integri pareſ nō
fuiſſemuſ:fractoſ ſuperioreſ fore.Diſceſſi ab eo
bello in quo aut i acie cadēdū fuit:aut in aliquaſ
inſidiaſ incidendum:aut deueniendū in uictoriſ
manuſ:aut ad Iubam cōfugiendum:aut capiēduſ
tanquam exilio locuſ:aut cōſciſcēda morſ uolū/
taria. Certe nihil fuit preterea ſi te uictori nolleſ:
aut nō audereſ commictere.Ex omnibuſ autem
hiſ que dixi icōmodiſ:nihil tolerabiliuſ:exilio:
preſertī inocentī:ubi nulla ē adiūcta turpitudo:
addo etiam cum ea urbe careaſ:i qua nihil ſit qd̄
uidere poſſiſ ſine dolore. Ego cum meiſ ſi quicq̃
nūc cuiuſq̃ ē:etiāi meiſ eē malui.Que acciderūt
omnia dixi futura. Veni domum:non ꝗ optima
uiuendi cōditio eēt:ſed tamē ſi eēt aliqua forma
reipublicæ tanꝗ in patria ut eſſem:ſi nulla tanꝗ

in exilio. Mortem mihi cur cōscifcerem caufa nó
uifa eft:cur optarem multe caufe. Vetuf eft ení
ubi non fcíf quí fuerif:non effe cur uelíf uiuere.
Sed tamē uacare culpa magnú ē folatíú. Preferti
cum habeam duaf ref quibuf me fuftētē:optimaꝝ
artium fcientiam & maximaꝝ reꝝ gloriā. Quaꝝ
altera mihi uiuo nunꝗ eripieē. altera ne mortuo
quidē. Hæc ad te fcripfi uerbofiuf:& tibi molef/
tuffui: ꝗ te tū meí:tū reipub.cognoui amantiffi/
mum. Notum tibi óne confilium meú effe uolui
ut primum fcíref me nú ꝗ uoluiffe:pluf:quenquā
poffe ꝗ uniuerfā rempub. Poftea aút ꝗ alicuiuf
culpa tantum ualeret unuf:ut obfifti nó poffet:
me uoluiffe pacem amiffo exercitu:& eo duce in
quo fpeffuerat uno:me uoluiffe etiā reliꝗf oíbuf
poft ꝗ non potuerim mihi ipfe feciffe finem belli.
Núc autem fi hæc ciuitaf eft:ciuem me eē:fi nó:
exulem effe:non incómodiore loco ꝗ fi rhodum
aut mithilenaf cótuliffē:hec tecū corā maluerā:
fed quia longiuf fiebat:uolui per literaf cadere:
ut haberef quid diceref:fi quādo in uituperatoref
meofinci diffef. Sunt enim qui cum meuf íterituf
nihil fuerit reipub. ꝓfuturuf:criminif loco putāt
effe ꝗ uiuam. Quibuf ego certe fciam non uideri
fatif multofperiffe:qui fi me audiffent:quamuif
iniqua pace honefte tamē uiuerent.Armíf enim
miferioref non caufa fuiffent. Habef epiftolam
uerbofiorē fortaffe ꝗ uellef:quod tibi ita uideri
putabo:nifi mihi lógiorem remiferif.Ego fi quæ
uolo expediero:breui tēpore te ut fpero uidebo.
꒐· T· C· S· D· marco mario ꞉-

AD.ix.kalendł in cumanum ueni cű Libone
tuo uel noſtro potiuſ. In Pőpeianű ſtatim
cogito:ſed fatiam āte te certiorem. Te cű ſemper
ualere cupio:tum certe dum bic ſumuſ. Videſ ení
quáto poſt una futuri ſumuſ:quare ſi quid con/
ſtitutum cum podagra babeſ:fac ut in aliű diem
differaſ.Cura igił ut ualeaſ:& me boc biduo aut
triduo expecta. ͳ· T· C· Ꙩ· D· Cᴇſ́ᴀʀɪ ʃᴍɪᴘᴇ

Ide q̃ mibi perſuaſerim:te me eſſe alterum:
non modo in biſ rebuſque ad meipſum:ſed
in biſ quæ ad meoſ ptinēt.C.Trebatiű cogitará:
quocunꝗ exirē mecű ducere:ut eű meiſ cőmuni/
buſ ſtudiiſ benefitiiſ q̃ ornatiſſimű domű reduce/
rē. Sed poſteaꝗ & Pőpei cőmoratio diuturnior
erat q̃ putaram:& mea quedam tibi non ignota
dubitatio:aut ipedire pfectionē meā uidebatur:
aut certe tardare:uide quid mibi ſűpſerim. Cepi
uelle ea Trebatiű expectare a te:que expectaſ/
ſet a me.Neꝗ me bercule minuſ plixe ei pmiſi
de tůa uolűtate:q̃ erā ſollicituſ de mea polliceri.
Caſuſ uero mirificuſ quidam íteruenit:quaſi uel
teſtiſ opinioniſ mee uel ſponſor bumanitatiſ tue.
Nam cum de boc ipſo Trebatio cű Balbo noſtro
loquerer accuratiuſ:domi mee literae dātur mibi
a te:quibuſ in extremiſ ſcriptum erat.M.Rufű
quem mibi cőmendaſ uel Regem gallie fatiā uel
bunc Lepte delegam. Si uiſ tu:ad me aliű micte
quē ornē. Suſtulimuſ manuſ & ego & Balbuſ:tā/
ta fuit oportűitaſ:ut illud neſcio qđ nő fortuitű
ſed diuinű uidereł.Micto igił ad te Trebatium:
atꝗ ita micto:ut initio mea ſponte:poſt autem

inuitatu tuo mictendũ duxerim. Hũc mi Cæſar
ſic uelim omni tua comitate cõplectere:ut õnia
que per me poſſiſ adduci:ut in meoſ cõferre ueliſ:
in hunc unum conferaſ. De quo tibi homine hæc
ſpondeo:non illo uetere uerbo meo:qđ cũ ad te
de Milone ſcripſiſſem iure luſiſti:ſed more roma/
no:quomodo hoĩneſ nõn inepti loquũt: pbiorẽ
hominem: meliorẽ uirũ:prudẽtiorẽ eſſe neminẽ.
Accedit etiam quod familia inducit in iure ciuili
ſingulariſ memoria:ſũma ſcientia: huic ego neq;
tribunatum neq; prefecturam: neq; ulliuſ offitii
certũ nomen peto: beniuolẽtiã tuã & liberalitatẽ
peto. Neq; impedio quo minuſ:ſi tibi ita placu/
erit: etiã hiſce eum orneſ gloriæ inſignibuſ: totũ
deniq; hominem tibi ita trado de manũ ut aiunt
in manũ tuam iſtam & uictoria & fide preſtãtẽ.
Sumuſ enim putidiuſculi q̃ p te uix licet:ueɻ ut
uideo licebit. Cura ut ualeaſ & me ut amaſ ama.
Vale. ᴀ · Ṭ · Ç · S · Ḍ · Ṭṛẹḅạṭịọ ·

IN omnibuſ meiſ epiſtoliſ quaſ ad Ceſarẽ·
aut ad Balbum micto: legi ctima quædam ẽ
acceſſio cõmendationiſ tuæ: nec ea uulgariſ: ſed
tũ aliquo inſigni iuditio meæ erga te beniuolẽ/
tiæ. Tu modo ineptiaſ iſtaſ: & deſideria urbiſ &
urbanitatiſ depone: & quo conſilio ᵽfectuſ eſ:id
aſſiduitate conſequere & uirtute. Hoc tibi tã ig/
noſcemuſ noſ amici: q̃ ignouerunt Medee quæ
corinthũ arcem altam habebãt matrone opulẽte
oportunitatiſ optimateſ. Quibuſ illa manibuſ
gipſatiſſimiſ perſuaſit ne ſibi uicio ille uerterent
quod abeſſet a patria. Nam multi ſuã rem bene

gefferút & publicã patriã procul. multi qui domi
ætatem agerent propterea funt improbati. Quo
í numero tu certe fuiffef nifi te extrufiffemuf :fed
plura fcribemuf aliaf. Tu qui ceterif cauere didi/
cifti in britania ne ab efedarií decipiarif caueto:
& quãdo cepi agere Medeã illud féper meméto.
Qui ipfe fibi fapiéf prodeffe neqt:ne qcq̃ fapit.
Cura ut ualef. ·ḥ· T· C· S· D· Trebatio ·

E Go te cõmendare non defifto :fed qd pfitiã
    ex te fcire cupio. Spem maximam habeo in
Balbo: ad quẽ de te fcripfi diligentiffimeq; fcribo.
Illud foleo mirari non me totienf accipere tuaf
literaf:quotienf a Quinto mihi fratere afferunt.
in britania nihil eẽ audio :neq; auri: neq; argéti.
Id fi ita eft: efedum aliquod rapiaf fuadeo: & ad
nof q̃pmú recurraf. Sinautem fine britania tamẽ
affequi qd uolumuf poffumuf. Perfice ut fcif in
familiaribuf Cæfarif.Multú enim te in eo frater
adiuuabit meuf: multum Balbuf. fed mihi crede
tuuf pudor & labor plurimú íperatorẽ liberalif/
fimum :ætatem oportuniffimã commẽdationem
certe fingularem : ut tibi unum timendum fit: ne
ipfe tibi defuiffe uideare. Vale.

S ·ḥ· T· C· S· D· Trebatio
  Cripfit ad me Cæfar perhumaniter nondum
fe tibi fatif effe familiarem:propter occupatióef
fuaf: fed certe fore. Cui quidẽ ego refcripfi q̃ mihi
gratum ▬▬▬ futurum:fi q̃plurimum in te ftudii
offitii liberalitatif fuæ cõtuliffet. Sed ex tuif li/
terif cognoui preproperam quandam feftinatio/
nem tuã. Et fimul fum admiratuf:cur tribunatuf

commoda dempto preſertim labore militiæ con/
tempſeriſ. Querar cum Vacerra & Manilio: nam
Cornelio nihil audio dicere: cuiuſ tu piculo ſtul/
tuſ eſ: quando te ab eo ſapere didicuſſe profiteriſ:
quin tu urgeſ iſtam occaſionem & facultatē qua
melior nū q̃ repertet̄. Quod ſcribiſ de illo Pretia/
no iure cōſulto: ego te ei non deſino commēdare.
Scribit enī ipſe mihi: te ſibi gratiaſ agere debere.
De eo quid ſit cura ut ſciam. Ego ueſtraſ literaſ
expecto britanicaſ. Vale.

I Am diu ignoro quid agaſ: nihil enim ſcribiſ:
neq̃ ego ad te hiſ duobuſ menſibuſ ſcripſeram: q̃
cum. Q. fratre meo nō eraſ Quo micterē aut cui
darē neſciebā. Cupio ſcire quid agaſ & ubi ſiſ hie/
maturuſ. Eq̃dē ueli cū Cæſare: ſed ad eū ppter
eiuſ occupatióeſ nihil ſū auſuſ ſcribere. ad Balbū
tamen ſcripſi: deeſſe noli: ſeruiſ potiuſ ad noſ dū
plenior. Quid adhuc propereſ nihil eſt preſertim
Bactera mortuo: ſed tibi conſiliū nō deeſt? Quid
cōſtitueriſ cupio ſcire? Gne. Octauiuſ: an. Gne.
Corneliuſ. quidem tuuſ familiariſ: ſūmo genere
natuſ Zere filiuſ: iſ me quia ſcit tuum familiarē
eē crebro ad cenā inuitat. adhuc nō potuit pdu/
cere: ſed mihi tamen gratum eſt.

L Egi tuaſ literaſ ex qbuſ intellexi te Ceſari
noſtro ualde iure cōſultū uideri. Eſt qd̄ gaude/
aſ te i iſta loca ueniſſe: ubi aliqd ſapere uideat̄.
Quod ſi i britaniā quoq̃ profectuſ eſſeſ: pfecto
nemo i illa tanta iſula peritior te fuiſſet. Verū/

tamē rideamuſ licet:ſū.n.a te íuitatuſ:ſubíuideo
tibi: ultro etiam accerſitū ab eo ad quē ceteri:nó
ꝓpter eiuſ ſupbiam:ſed ꝓpter occupationem aſ/
pirare nó poſſút:ſed tu í iſta epiſtola mihi nihil
ſcripſiſti de tuiſ rebuſ:que me hercule mihi non
minori ſút curæ q̄ meæ. Valde metuo ne frigeaſ
in biberniſ:q̄obrem Camino Luculéto utendum
cenſeo. Idē & Mutio & Manilio placebat:ꝑſerti
qui fagiſ non abúdareſ:quāq̄ uoſ nunc iſtic ſatiſ
calere audio. Quo quidē nútio ualde me hercule
de te timuerā. Sed tu í re mihitari multo eſ cau/
tior:q̄ in aduocationibuſ:q neꝗ í oceano natare
uolueriſ ſtudioſiſſimuſ homo natandi:neꝗ ex/
pectare eſedarioſ:quē antea me Andabatam de/
fraudare poteramuſ. Sed iam ſatiſ iocati ſumuſ.
Ego de te ad Cæſarem q̄diligenter ſcripſerim tu
te ſciſ q̄ſepe ego:ſed me hercule iam intermiſerā:
ne uiderer liberaliſſimi hominiſ meiꝗ amātiſſimi
uoluntati erga me diffidere. Sed tamē hiſ literiſ
quaſ ꝓxime dedi:putaui hominē eē cómouēdū.
Id feci:quid profecerim faciaſ me uelim certiorē:
& ſimul de toto ſtatu conſiliıſꝗ omnibuſ. Scire
enim cupio quid agaſ:quid expecteſ q̄longum
iſtum tuum diſceſſum:a nobiſ futurū puteſ. Sic
enim tibi perſuadeaſ uelim:unum mihi ſolatium
eſſe:quare faciliuſ poſſem pati te eſſe ſine nobiſ:
ſi tibi eſſe id emolumento ſciam. Sinautē id non
eſt:nihil duobuſ nobiſ eſt ſtultiuſ:me qui te non
romā trahā:te qui nó huc aduoleſ. Vna me her/
cule noſtra uel ſeuera uel iocoſa congreſſio pluſ
erit:q̄ non modo hoſteſ:ſed etiam fratreſ noſtri

bedui. Quare omnibuſ de rebuſ fac: ut q̃ primum
ſciam aut conſolando aut cõſilio: aut re iuuero.

Iſi ante Romam profectuſ eſſeſ: nunc iam
certe relinquereſ. Quiſ enim tot inter regniſ iure
cõſultum deſiderat? Ego omnibuſ úde petitur
hoc cõſilii dederi. ut a ſinguliſ iter regibuſ binaſ
aduocatióeſ poſtulent. Satiſ ne tibi uideor abſ
te iuſciuile didiciſſe. ſed heuſ tu qd agiſ hem qd
ſit? Video. n. te iocari p literaſ: hæc ſigna melio/
ra ſút q̃ i meo tuſculano: ſed quid ſit ſcire cupio?
Cõſuli quidem te a Cæſare ſcribiſ: ſed ego tibi ab
illo conſuli mallem. Quid ſit: aut fit: aut futurú
putaſ: pfer iſtã militiam & permane? Ego enim
deſiderium tui ſpe tuorú cõmodorú conſolabor.
Sinautem iſta ſunt iãiora recipe te ad noſ. Nã
aut erit hic aliquid aliq̃do: aut ſi minuſ una me
hercule collocutio noſtra pluriſ erit q̃ omneſ ſa/
marobrine. Déiq̃ ſi cito te retuleriſ ſermo nulluſ
erit: ſi fruſtra diutiuſ affueriſ: nõ modo Labertú
ſed etiam ſodalẽ noſtrum Valerium pertimeſco.
Mira ení pſona: iduci poteſt britanici iure cõſul/
ti. hæc ego non rideo quáuiſ tu rideaſ. Sed de re
ſeueriſſima: tecum ut ſoleo iocor. Remoto ioco
tibi hæc amiciſſimo aímo precipio: ut ſi iſtic mea
commẽdatione: tuam dignitatem optinebiſ pre/
feraſ noſtri deſiderium: honeſtatem & facultateſ
tuaſ augeaſ. Sinautem iſta frigebunt: recipiaſ te
ad noſ. Omnia tamen quæ uiſ etiam tua uirtute
pfecto: & noſtro ſúmo erga te ſtudio cõſequere.

MIrabar quid eêt q̃ tu mihi mictere literaſ in/
termiſiſſeſ. Indicauit mihi Pãſa meuſ epicu/
reũ te eſſe factũ· o caſtra p̃clara. Quid tu feciſſeſ
ſi te tarentum & non ſamarobrinam miſiſſem.iam
tum mihi non placebaſ:tum iddem intuebare qd
Etitiuſ familiariſ meuſ. Sed quo nam modo iuſ
ciuile defendeſ:cum omnia tua cauſa fatiaſ.Vbi
porro erit illa formula fidutie:ut iter bonoſbe/
ne agier oportet. Quiſ enim eſt qui facit nihil niſi
ſua cauſa? Quid iuſ ſtatueſ cõmuni diuidundo:
cũ cõmune nihil poſſit eſſe apud eoſ qui omnia
ſua uoluptate metiũt. Quomõ autẽ tibi placebit
Iouem lapidem iurare:cum ſciaſ iratũ eſſe Iouẽ
nemini poſſe.Quid porro fieri populo ulubrano
ſi tu ſtatueriſ:igit cõſiliũ generari non oportere.
Quare ſi plane a nobiſ deficiſ: moleſte fero. Sin
Panſe aſſentari commodum eſt: ignoſco modo.
Scribe aliquando ad noſ quid agaſ:& a nobiſ qd
fieri aut curari ueliſ.Vale

M. T. C. S. D. Trebatio

ADeo ne iniuſtum me eſſe exiſtimaſti:ut tibi
iraſcerer:qd parum mihi conſtanſ:& nimium
cupiduſ decedendi uiderer. Ob eamq̃ cauſam me
arbitrarere literaſ ad te iam diu nõ miſiſſe.Mihi
perturbatio animi tui quã uniſ literiſ pſpiciebã.
moleſtiam actulit.Neq̃ alia fuit ulla cauſa iter/
miſſioniſ literarum : niſi q̃ ubi eêſ plane neſcie/
bam.hic tu me etiam iſimulaſ : nec ſatiſſactionẽ
meam accipiſ. Audi mi Teſta utrum ſuperbiorẽ
te pecunia facit : an q̃ te Impator conſulit:mo/
riar i quæ tua gloria eſt puto te malle a Cæſare

côfuli: q̃ ınaurarı. Sı uero utrúq; eft quıf te ferret
preter me quı omnıa ferre poffú. Sed ut ad rem
redeã: te ıftıc ıuıtum nó effe uehemêter gaudeo:
& ut ıllud erat moleftum fıc boc ıocundú. Tãtú
metuo ne artıfıtıum tuum tıbı parum pfıt. Nam
ut audıo ıftıc nó ex ıure manu côfertú:fed ferro
magıf rem repetunt.& tu folef ad uım fatıendam
adbıberı. Neq; eft ɋ ıllam exceptıonê ıterdıcto
pertumefcaf: ɋ tu prıor ın omnıbuf armatuf non
uenerıf. Scıo enım te nó effe procacê ı lacefcêdo.
Sed ut ego quoq; te alıquıd admoneã de ueftrıf
cautıonıbuf treuıref uıtef cenfeo:audıo capıtalef
effe:mallem auro argento ere eênt· Sed alıaf ıo/
cabımur. Tu ad me de ıftıf rebuf omnıbuf fcrıbaf
uelım q̃dılıgentıffıme.ıııı.nonaf martıaf.

CıTıCıSıDıTrebatıo

C Rıfıppuf Vectıuf Cırı Archıtectı lıbertuf
fecıt ut te nó ımemorem putarem meı. Salutê enı
mıbı tuıf uerbıf nuntıarat.Valde ıam lautuf ef:
quı grauere lıteraf ad me dare:bomını prefertım
ppe domeftıco. Quod fı fcrıberê oblıtuf ef mınuf
multı ıã te aduocato caufa cadent. Sı noftrı ob/
lıtuf ef:dabo operam ut ıftuc uenıam ãteɋ plane
ex anımo tuo effluo. Sı eftıuorum tımor te de/
bılıtat: alıqd excogıta ut fecıftı· de brıtãıa ıllud
quıdem perlıbêter audıuı ex eodem Crıfıppo te
effe Cæfarı famılıarem. Sed me bercule mallê ıd
qd erat æquf de tuıf rebuf ex tuıf lıterıf ɋ fæ/
pıffıe cognofcerê. Quod certe ıta fıeret fı tu ma/
luıffefbenıuolêtıæ q̃ lıtıú ıura pdıfcere. Sedbec
ıocatı fumuf & tuo more & nó nıbıl etıã noftro.

Te ualde amamus:nosqʒ a te amari tū uolumus:
tum etiam confidimus.

Am sint morosi qui amāt:uel ex boc ítelligi
potest. Molesteferebam ātea te inuitū istic esse.
púgit me rursus qp scribis te eē istic libenter:neqʒ
enim mea commendatione te nó delectari facile
patiebar:& nūc angor quicqʒ tibi sine me esse io/
cūdum. Sed tamen boc malo ferre nos desideriú:
q̃ te nó ea quæ spero consequi. Quod uero in. C.
Marti suauissimi doctissimiqʒ boinis fãiliaritatē
uenisti:nó dici potest q̃ualde gaudeam:qui fac
ut te q̃ maxime diligat. Mibi crede nibil ex ista
puintia potes qp iocundius sit deportare. Cura ut
ualeas. ·ɔ·r·e·s·p· Trebatio

N æquo troiano scis es in extremo sero sa/
piút. Tu tamen mi uetule nó sero:primas
illas rabiosulas sat fatuas dedisti. Deíde qp í bri/
tania nó minus q̃ filiotetbam te prebuisti:plane
non reprebendo. Nunc uero in bibernis iniectus
mibi uideris. Itaqʒ te cómouere nó curas:usqʒ q̃ q
sapere oportet. id erit telū acerrimú. Ego si foris
cenitarē. G. Octauio familiari tuo nó defuisse.
Cui tamen dixi cum me aliquotiens iuitaret:oro
te quis es tu. Sed me bercule extra iocum bomo
bellus est. Vellem eum tecum adduxisses. Quid
agatis & bec quid í italiam uēturi sitis bac bieme
fac plane sciá. Balbus nibil confirmauit te diuitē
futuɤ. Id utrum romano more locutus sit:bene
numatum te futurú:an quó stoichi dicút:omnes
esse diuites qui celo & terra frui possunt. postea

uidero. Qui istinc ueniunt superbiã tuã accusãt:
ɋ negēt te pcunctantibuſ reſpõdere. Sed tamē
eſt quo gaudeaſ.Cõſtat enī inter omneſ neminē
te uno ſamarobrinc iuriſ peritiorem eſſe.

E . n . T . C . S . D . Trebatio.

x tuiſ lriſ &. Q. fratri gratiaſ egi: & te ali/
quãdo collaudare poſſum: ɋ iam uideriſ certa in
ſententia conſtitiſſe. Nam primorum menſium
literiſ uehementer cõmouebar: ɋ mihi interdum
pace tua dixerim: leuiſ in urbiſ urbanitatiſɋ de/
ſiderio: interdũ ſpiger: interdũ timiduſ in labore
militari: ſæpe autem etiam ɋ a te alieniſſimuſ &
ſubimpudenſ uidebare: tanɋ enim ſyngrapham
ad Imperatorē nõ epiſtolã actuliſſeſ: ſic pecunia
ablata:domum redire.pperabaſ. Nec tibi i mētē
ueniebat eoſ ipſoſ qui cum ſyngraphiſ ueniſſēt
allexãdriã: nullũ adhuc numũ aufferre potuiſſe.
Ego ſi mei cõmodi rationem ducerem: te mecum
eſſe maxime uellem. Nõ eni mediocri affitiebar
uel uolũtate ex cõſuetudie noſtra: uel utilitate:
ex cõſilio atɋ opera tua. ſed cũ te & adoleſcētiã
tuam in amicitiam & fidem meã cõtuliſſeſ: ſēper
te non modo tuendũ mihi: ſed etiã augendũ atɋ
ornandum putaui. Itaɋ quoad opinatuſ ſum me
in prouitiam exiturum: quæ ad te ultro actuleri
meminiſſe te credo. Poſteaɋ mea mutata ē ratio
cũ uiderem me a Cæſare honorificentiſſime trac/
tari & unice diligi: homiſɋ liberalitatē icredibilē
& ſingularem fidem noſſem: ſic ei te cõmēdaui &
tradidi: ut grauiſſime diligentiſſieɋ potui. Quod
ille ita accepit & mihi ſæpe literiſ ſignificauit: &

tibi uerbiſ & re oſtendit:mea cōmendatione ſeſe
ualde eſſe cōmotum. Húc tu uirum nactuſ:ſi me
aut ſapere aliquid: aut uelle tua cauſa putaſ: ne
dimiſeriſ:& quæ te forte reſ aliquãdo offenderit:
cum ille aut occupatióe:aut difficultate:tardior
tibi erit uiſuſ:pfecto & ultima expectatio:quæ
ego tibi & iocũda & honeſta preſtabo. Pluribuſ
te hortari nó debeo. Tátũ moneo neq; amicitiæ
confirmande clariſſimi & liberaliſſimi uiri: neq;
uberioriſ prouintiæ:neq; ætatiſ magiſ idoneum
tempuſ:ſi hoc amiſeriſ:te eſſe nullum unq̃ reper/
turum. Hoc quemadmodum uoſſcribere ſoletiſí
ueſtriſlibriſ:idẽ. Q. Cornelio uidebatur. In bri/
taniam te profectũ non eſſe gaudeo:q̃ & labore
caruiſti & ego te de rebuſ illiſ non audiã. Vbi ſiſ
hibernaturuſ:& q̃ ſpe aut conditione perſcribaſ
ad me:uelim. AD T C S D Trebatio

Ccepi a te aliquot epiſtolaſ uno tẽpore q̃ſ
tu diuerſiſ tẽporibuſ dederaſ:in quibuſ me
cetera delectarunt. Significabant enim te iſtam
militiam iam firmo animo ferre:& eſſe forté uiⱬ
& cóſtanté. Quæ ego pauliſp í te ita deſiderau̅
nó imbecillitate animi tui:ſed magiſ ut deſiderio
noſtri te eſtuare putaré. Quare perge ut cepiſti:
forti animo iſtam tolera militiam. Multa mihi
crede aſſequere. Ego eni renouabo cōmendatio/
nem:ſed tempore ſic habeto non tibi maiori eſſe
cure:ut iſte tuuſ a me diſceſſuſ tã fructuoſiſſimuſ
tibi ſit q̃ mihi. Itaq; quãdo ueſtre cautió eſ infir/
me ſunt:greculam tibi miſi cautioné cyrographi

mei. Tu me uelim de ratióe gallici belli: certioré
fatiaſ. Ego uero ignauiſſime cuiq; maximã fidé
habeo. Sed ut ad epiſtolaſ tuaſ redeã cætera bel/
le. Illud miror: quiſ ſolet eodé exemplo plureſ
dare: q̃ ſua manu ſcribit. Nam qđ in palipſeſto:
laudo æquidem parſimoniam. Sed miror quid
in illa cartula fuit q̃ delere malueriſ q̃ hæc ſcri/
bere: niſi forte tuaſ formulaſ: non enim puto te
meaſ epiſtolaſ delere: ut repóaſ tuaſ. an hoc ſig/
nificaſ nihil fieri. frigere te ne cartam quidé tibi
ſuppeditare. Iam iſta tua culpa é qui uerecũdiá
tecum extuleriſ: & non hic nobiſcum reliquæriſ.
Ego te Balbo cũ ad uoſ pficiſceé: more romano
cómendabo. Tu ſi interuallum longiuſ erit meaꝝ
literarum: ne ſiſ admiratuſ: eram enim affuturuſ
menſe aprili. Haſ literaſ ſcripſi in pomptino: cum
ad uillam Metrilii Philoméiſ diuertiſſé: ex qua
iam adiueram fremitum clientum meorum: quoſ
quidem tu mihi cóſiliaſti. Nam ulubriſ honoriſ
mei cauſa uim maximam ranunculorum: ſed tum
moſ ſe conſtabat. Cura ut ualeaſ. ui. iduſ apriliſ
de pomptino. ꞏAꞏ Tꞏ Cꞏ Oꞏ Dꞏ irebatio

Epiſtolã tuam quã accepi ab. L. Aruntio có/
ſcidi innocenter. Nihil enim habebat qđ nó
uel i cótione recte legi poſſet. Sed & Arũtiuſ ita
te mandaſſe aiebat: & tu aſcripſeraſ. Verũ illud
eſto nihil te ad me poſtea ſcripſiſſe demiror: pre/
ſertí tã nouiſ rebuſ. ꞏAꞏ Tꞏ Cꞏ Oꞏ Dꞏ irebatio

VIde quáti apud me ſiſ & ſi iure id quidé nó
enim te amore uinco. Verũtamen q̃ pſenti
tibi prope ſubnegarem: non tibi tribuerem: certe

id abſenti debere nõ potui. Itaq; ut primũ uelia
nauigare cepi: inſtitui topica ariſtotelica cõſcri/
bere: ab ipſa urbe cõmonituſ amátiſſima tui. Eũ
librum tibi miſi regio ſcriptũ: q̃ pleniſſime reſ illa
ſcribi potuit. Sin tibi quedã uidebũt obſcuriora:
cogitare debebiſ nullam artem literiſ ſine íterpte
& ſine aliq̃ exercitatione pcipi poſſe. Nõ longe
abieriſ. Nam iuſciuile noſtrũ ex libriſ cognoſci
poteſt: qui quãq̃ plurimi ſunt: doctorem tamen
unũq; deſiderãt: q̃q̃ ſi tu actente legeſ: ſi ſæpiuſ
per te omnia cõſequere ut certe ítelligaſ: ut uero
etiam ipſi tibi loci propoſita queſtione occurrãt:
exercitatione conſequere. In qua quidem noſ te
cõtiebimuſ: ſi & ſalui redierimuſ: & ſalua iſta of/
fenderimuſ. u. kalẽd ſextiliſ regio. Vale.

M. T. C. S. D. Trebatio

Amabilior mihi uelia fuit: ɋ te ab ea ſéſi a/
mari. Sed quid ego dicam te quem qſ non amat.
Buſiuſ mediuſſidiuſ tuiuſ ita deſiderabãt: ut ſi eẽt
unuſ e nobiſ. Sed ego te nõ reprehendo qui illũ
ad edificatiõem tuam traduxeriſ: quãq̃ .n. uelia
non ẽ uilior q̃ lupercal: tamen iſtuc malo q̃ hæc
oía. Tu ſi me audieſ quẽ ſoleſ: haſ paternaſ poſ/
ſeſſióeſ tenebiſ. Neſcio qd.n. uelienſeſ uerebãt:
neq; baletem nobilẽ amnem relinquenſ: nec pa/
pirianam domum dereſeſ: quãq̃ illa quidẽ babet
locũ a quo etiã aduene teneri ſolẽt. Quẽ tamẽ ſi
excideriſ multum proſpexeriſ. Sed í pmiſ opor/
tunum uidetur: hiſ preſertim temporibuſ babere
profugium: primum eorum urbem: quibuſ caruſ
ſiſ: deinde etiã tuã domũ tuoſq; agroſ: eaq; rẽoto

salubri & ameno loco. Idq; etiam mea ĩteresse mi Trebati arbitror. Sed ualebis meaq; negotia ui/debis: meq; diis iuuantibus ante brumā expecta/bis. Ego a Sexto Fabio Miconis discipulo libꝝ abstuli Miconis de nigluine aut uoracitate. igiẽ o medicum suauē: meq; docilem ad hāc disciplinā. Sed Bassus noster de hoc me libro celauit. Te q/dem nõ uidet. uẽtus increbescit. Cura ut ualeas. xiii. kl. sexti. uelia. M. T. C. S. D. Trebatio

FIlii causam te docui. Is postea fuit apud me: cū ei dicerē tibi uideri sponsionē illam: sine pīculo nos facere posse: si bonoꝝ turpilie posses/sionem capio. Pretor ex edicto suo mihi dedit. Negare aiebat seruiū tabulas testamēti esse eas quas instituisset. is qui factionem testamenti nõ habuerit: hoc idem offitium dicere tecū se locutū negabat: meq; rogauit. ut se & causam suam tibi cõmendarem. Nec uir melior mi Testa. nec mihi amicitior. P. Silio qsq̃ ē: te tamē excepto. Gra/tissimū igiẽ mihi feceris: si ad eum ultro ueneris: eiq; pollicitus eris. Sed si me amas q̃primum hoc te uehementer etiam atq; etiam rogo.

M. T. C. S. D. Trebatio

ILluseras heri inter syphos ꝙ dixerā cõtro/uersiam esse: posset ne heres ꝙ furtū antea factū eēt: recte furti agere. Itaq; & si domū bene potus seroq; redierā: tamen id capud ubi hec cõtrouer/sia est notaui & descriptum tibi misi: ut scires id ꝙ tu neminem sensisse dicebas. Sextū Elium. M. Maniliū. M. Brutū sēsisse. Ego tamen Staule & Teste assentior. M. T. C. S. D. fabio gallo:

TAntum qd̄ ex arpinati ueneram: cum mihi a
te litere reddite sūt: ab eo dēīqʒ accepi Auia/
ni literaſ in quibuſ hoc ierat liberalissimum no/
minasse facturum: cum uenisset qua ego uellem:
dic fac queſo: q ego sū eē te: ē ne aut tui pudoriſ:
aut noſtri p̄mū rogare de die: deinde pluſ ānua
poſtularent. Sed essēt mi Galle omnia facilia: si
& ea mercatuſ esseſ: quæ ego deſiderabā. & ad eā
sūmam quā uolueram. At tamen iſta ipſa quæ te
emisse ſcribiſ non ſolum rata mihi erunt: ſed etiā
grata. Plane enim intelligo: itelligo te nó modo
ſtudio: ſed etiā amore uſū: que te delectāt boīnē
ut ego ſēp iudicaui i omni iuditio elegātissimū.
Que me digna putariſ cóemisse: ſed uelí maneat
Damaſippuſ in ſententia. Prorſuſ enim ex iſtiſ
emptionibnſ nullam deſidero: tu autem ignaruſ
inſtituti mei quāti ego genuſ omnino ſignorum
omnium non eſtimo: tāti iſta quatuor aut quiqʒ
sumpſisse baccbaſ iſtaſ cū muſiſ Metelli cóparaſ.
Quid ſimile primum ipſaſ ego muſaſ nūq̃ tanti
putaſſem atqʒ id feciſſē muſiſ omnibuſ approbā/
tibuſ. Sed tamē erat aptum bibliothece ſtudiiſqʒ
noſtriſ congruenſ: baccbiſ uero ubi eſt apud me
locuſ. at pulchelle ſunt nōui optime & ſæpe uidi.
nomíati tibi ſigna mihi nota: mādaſſē ſi p̄baſſē.
Ea enim ſigna ego emere ſoleo: que ad ſimilitu/
dinem gymnaſioȝ exornēt mihi i paleſtra locū.
Martiſ uero ſignū quo mihi paciſ auctori gau/
deo nullum Saturni ſignū fuiſſe. Hec enim duo
ſigna putarem mihi eſ alienū actuliſſe. Mercuri
mallem aliquod fuiſſe feliciuſ. Puto cū Auiano

transigere possemus qd tibi destinaras trape re/
phorum si te delectat habebis. Sin autc sentetia
mutasti:ego babeo scilicet ista quidem suma:ne
ego multo libentius emera diuersoriu tarratine:
ne semper hospiti molestus sim omnino Liberti
mei uideo esse culpa: cui plane res certas madara.
Iteq; Iunii que tibi puto notu esse Auiani fami/
liarem ex hadria queda mibi noua sunt instituta
í porticula tusculani:ea uolebam tabellis ornare .
Et enim si quid generis istiusmodi me delectat.
Sed tamen si ista mibi sunt babeda certiore ueli
me facias: ubi sint:quando accersane:quo genere
uecture. Si enim Damasippus in sentetia nó ma/
nebit:alique pseudo Damasippu uel cu iactura
reperiemus. Quod ad me de domo scribis iterum
iam id ego proficiscens mandabá mee Tullie. Ea
enim ipsa hora acceperam tuas literas.egera etia
cu tuo Nitia:q is utie ut scis familiariter Cassio.
Vt redii aut prius q̃ tuas legi bas proxias literas.
quesiui de mea Iulia quid egisset per licinium:se
egisse dicebat:sed opíor Cassiu uti nó ita multu
sorore ea porro negare se audere cu uir abesset. e
enim profectus in hispania Dextus:illo & absete:
& insciete: migrare est mibi gratissimu tanti a te
extimatu cósuetudine uite uictusq; nostri: þmú
ut eam domú sumeres ut nó modo prope me:sed
plane mecum habitare posses.Deinde ut migrare
tantopere festines.sed ne uiuã si tibi concedo: ut
eius rei tu cupidior sis q̃ ego sim. Itaq; omnia ex/
periar.uideo enim quid mea intersit:qd utriusq;
nostrum si quid egero faciamus:scias tu & ad oía

refcribeſ & quãdo te expectẽ facteſ me ſi tibi ui/
detur certiorem. Vale.

Moriſ quidẽ tui quoquo me uerti ueſtigia
uel proxime de tigellio.ſenſi enim ex literiſ
tuiſ ualde te laboraſſe. Amo igitur uoluntatem:
ſed pauca de re citiuſ opinor olim non omnibuſ
dormio :ſic ego non omnibuſ mi Galle ſeruio. Et
ſi qua eſt hec ſeruituſ olim cú regnare exiſtima/
bamur:nõ tam ab ulliſ q̃ hoc tempore obſeruor a
familiariſſimiſ Cæſariſ omnibuſ precer iſtum.id
ego in lucriſ pono. nõ ferre hominẽ peſtilentio/
rẽ patria ſua:eum q; addictum iam tum puto eſſe
Calui Licinii hipponactheo p̃conio. At uide qd
ſuccenſeat Phamee cauſam receperã ipſiuſ quidẽ
cauſa. Erat enim mihi ſane familiariſ: iſ ad me
uenit.dixitq; iudicem ſibi operã dare cõſtituiſſe:
eo ipſo die quo de. P.ſentio i cõſilium iri neceſſe
erat:reſpondi nullo modo me facere poſſe: quem
uellet alium diẽ ſi ſumpſiſſet me ei nõ defuturú.
Ille autem qui ſciret ſe nepotem bellum tibicinẽ
habere:& ſat bonum uictorem: diſceſſit a me ut
mihi uidebat iratior.Habeſ ſacerdoteſ uenaleſ
alium alio nequiorem.Cognoſci meam cauſam &
iſtiuſ Salaconiſ iniquitatem. Catonem tuú mihi
micte.cupio eni legere:me adhuc nõ legiſſe tur/
pe utriq; noſtrum eſt.Vale.

Vod epiſtolã cõſciſſã doleſ:noli laborare.
ſalua eſt. domi peteſ cum libebit. Quod autem me
moneſ ualde gratú eſt:idq; ut ſẽper faciaſ rogo.
Videriſ enim mihi uereri niſi iſtum habuerimuſ

rideamuſ. Sed heuſ tu manũ de tabula:magiſter
adeſt citiuſ q̃ putaramuſ. Vereor ne in Catoṇẽ
catoninoſ Mi Galle:caue putaſ quicq̃m meliuſ q̃
epiſtole tue partem:ab eo loco cetera labuntur.
ſecreto hoc audi:tecũ habeto. Ne Appelle qdem
liberto tuo dixeriſ.preter duoſ noſ loquitur iſto
mó:nemo bene maleue uidero:ſed qcq̃ ẽ noſtr̃
eſt. Vrge igitur ne tranſuerſum unguem quod
aiunt a ſtilo:iſ enim ẽ dicẽdi opifex:atq; equidẽ
aliquantum iam etiam noćtiſ aſſumo.

C ❧ T C S D Fabio gallo ❧
   Vm decimũ diem iam grauiter ex íteſtiniſ
laborarem:neq; iſ qui mea opera uti uolebãt me
probarem non ualere:quia febrim non haberem:
fugi í tuſculanum. Cũ quidẽ biduum ita ieiunuſ
fuiſſẽ:ut ne aquã quidẽ guſtarẽ. Itaq; cõfectuſ
languore & fame magiſ offitium tuũ deſideraui:
q̃ a te requiri putaui meũ. Ego autem tũ omneſ
morboſ reformido:tũ ꝙ Epicurꝝ tuũ ſtoici male
accipiũt:qa dicãt grauẽ urinãdi fluxũ & grauiſ
fluxuſ uentriſ paſſioneſ ſibi moleſta eſſe. Quorũ
alterum morbum edacitatiſ eſſe putant:alterum
etiam turpioriſ intemperãtiæ ſane:grauẽ uẽtriſ
fluxuſ ptimuerã. Sed uiſa eſt mihi uel loci mu/
tatio:uel animi etiã relaxatio: uel ipſa fortaſſe
iam ſeneſcentiſ morbi remiſſio profuiſſe. Actamẽ
ne mirere:unde hoc acciderit:quó ue cõmiſerim:
lex ſumptuaria quæ uideĉ frugi uićtũ aĉtuliſſe
ea mihi fraudi fuit. Nã dũ iſti lauti uolũt: terra
nata quæ lege excepta ſunt:in honorẽ adducere
fũgoſ:beluelaſ:herbaſ omneſ ita cõdiũt:ut nihil

poſſit eſſe ſuauiuſ. In eaſ cu icidiſſem i cena au/
gurali apud Lentulu tata me corporiſ debiltaſ
arrip uit:ut hodie primu uidear cepiſſe coſiſtere.
Itaq; ego q me oſtreiſ et mureiſ facile abſti eba:
a beta etia & malua deceptuſ ſum. Poſt hac igie
erimuſ cautioreſ. Tu tame cu audiſſeſ ab Anitio:
uidit eni me nauſeate:non modo mictendi cauſa
iuſtam habuiſti: ſed etia uiſendi. Ego hic cogito
comorari:quoad me reficia: na & uireſ & corpuſ
amiſi. Sed ſi morbu depulero:facile ut ſpero illa
reuocabo. d) T C S d tibio gallo

MIror cur me accuſeſ:cu id tibi facere no li/
ceat:qd ſi liceret tame no debebaſ.Ego enim te
in coſulatu obſeruara. Et aiſ fore ut te Caeſar re/
ſtituat.Multa tu qde diciſ:ſed tibi nemo credit.
Tribunu plebei diciſ te mea cauſa petiſſe.Vtina
ſep eſſeſ tribunuſ:iterceſſore no querereſ:Negaſ
me audere dicere qd ſentiam:quaſi tibi cu parum
impudeter me rogareſ:parum forte reſponderi.
Haec tibi ſcripſi ut iſto ipſo i genere:i quo aliqd
poſſe uiſ te nihil eſſe cognoſcereſ.Quod ſi huma/
niter eſſeſ queſtuſ mecu:libeter tibi me & facile
purgaſſem.Non enim ingrata mihi ſut quae fe/
ciſti:ſed quae ſcripſiſti moleſta.Me aut propter
que ceteri liberi ſut:tibi liberu no uiſu demiror.
Na ſi falſa fuerunt que tu ad me ut aiſ detuliſti:
quid tibi ego debeo:ſi uera.tu eſ optimuſ teſtiſ
mihi.P.R.debeat.Vale.

d) T C S D Curioni

MEmini q mihi deſipere uidebare:q cu iſtiſ
potiuſ uiuereſ q nobiſcum.Erit enim multo do/

micilium huius urbis: cum quidē hæc urbs aptius
humanitati & suauitati tuæ: q̃ tota peloponēsis:
nedū patharea. Nūc cōtra & uidisse mihi mul/
tum uideris: cum prope desperatis his rebus te in
greciam contulisti: & hoc tempore nó solū sapiēs
qui hinc absis: sed etiā beatus: quāq; quis q aliqd
sapiat potest nūc eē beatus. Sed qd̄ tu cui licebat
pedibus es cōsecutus: ut ibi esses ubi nec pelopi/
darrū nosti cætera: nos idē ꝓpe modū cōseqmur
alia ratione. Cum enim salutationi nos dedimus
amicoꝝ: quæ fit hoc etiam frequētius q̃ solebat:
q̃ quasi auem albam uidentur: bene sentientem
ciuem uidere: abdo me in bibliotecam. Itaq; opa
offitio tanta q̃ta fortasse tu senties. Intellexi. n.
ex tuo sermóe quodam: cum mestitiam meam &
desperationē accusares: domi tuæ dicere ex meis
libris animū meum desiderare. Sed me hercule &
cum rempublicā lugebā quæ nó solum suis erga
me: sed etiam meis erga se benefitiis erat mihi ca/
rior: & hoc tēpore quāq me nó ratio solū cōsolat
quæ plurimū debet ualere: sed etiā dies que stul/
tis etiam mederi solet: tamen doleo ita cōmunem
rem esse dilapsam: ut ne spes quidē melius aliq̃do
fore relinquatur. Nec uero nunc quidē culpa in
eo est: in cuius potestate omnia sūt: nisi forte id/
ipsū esse nó debuit: sed alia casu alia etiā nostra
culpa sic acciderūt: ut preteritis nó sit querendū.
Reliquam spem nullam uideo: quare ad primam
redeo. Sapiēter reliquisti hec si consilio: feliciter
si casu. Vale.

M. T. C. S. D. Curioni

SI uales bene e. Su. n. usu qdē tuus possessi/
one aut A ctici nostri. Ergo fructus e tuus.
mancipium illius. Quod qui dē si inter nos senes
contionales uenale prescripsit. egerit nó multú.
At illa nostra predicatio ắti est? Nos ợ sumus: ợ
habeamus: ợ hoínes existimemur: id omne abs te
habere. Quare Cicero mi: perseuera cō státer nos
conseruare: & Sulpitio successori nos de meliori
nota cōmēda: quo facilius tuis preceptis obtēpe/
rare possimus: teq; aduer lubētes uidere & nostra
defigere : deportareq; tuto possimus. Sed amice
magne noli hāc epistolam A ctico ostēdere: sine
eum orare & putare me bonum uirum esse: nec
solere duos parietes de eadem fidelia dealbare.
Ergo patróe mi bene uale. Tironēq; meú saluta
nostris uerbis. ⰊⰊⰊ·T·C·S·D· Curioni
EGo uero iam te nec horror nec rogo ut do/
mum redeas: quin hinc ipse euolare cupio : &
aliquo peruenire: ubi nec pelopidarú nomen nec
facta audiá: incredibile est ắturpiter mihi facere
uidear. qui his rebus intersim ne tu uideris multo
ante ⲣuidisse quid ípenderet: tum cum hinc pro/
fugisti: quicắ hæc etiam auditu acerba sút: tamē
hæc audire tollerabilius est ắ uidere. In campo
certe nó fuisti: cú hora secúda comitiis questoris
institutis sella. Q. Maximi quem illi consulē eē
dicebant posita esset: quo mortuo nútiato stella
sublata est. Ille aút qui comitiis tribunitiis esset
auspicatus cēturiata habuit: cōsulē hora septima
renuntiauit: q usq; ad kalē ᵭ ianuarias esset quæ
erant future mane postridiæ: ita Caminio cōsule

scito neminem prandisse. Nihil tamē eo consule
mali factum ē:fuit enim mirifica uigilantia:qui
suo toto consulatu somnū non uiderit.Hec tibi
ridicula uidentur. Non ení adest:quæ si uideres:
lacrimas non teneres.Quid si cetera scribā? Sunt
enim innumerabilia generis eiusdem: quæ quidē
ego non ferrem:nisi me in philosophie portū có/
tulissem:& nisi haberem socium studiorū meorū
Acticum nostrum:cuius quādo proprium te esse
scribis mancipio & nexo:meo autem usu & fructu
contētus istorum.Id enim est cuiusq; proprium:
quo quisq; fruitur atq; utitur. Sed hec alias plu/
ribus Actilius qui in gretiā cū legionibus missus
est:maximo meo benefitio est.Bis enim a me est
iuditio capitis rebus saluis defensus:& ē homo nó
ingratus:meq; uehementer obseruat:ad eum de
te diligētissime scripsi:eamq; epistolam cum hac
coniunxi:quā ille q̃do acceperit:& quid tibi pol/
licitus sit:uelim ad me scribas.Vale.

.D. T. C. S. D. Curioni.

Facile perspexi ex tuis literis q̃ sēp studui:
& me a te plurimi fieri:& te ítelligere q̃ mibi ca/
rus esses.q̃ quādo nostrum uterq; consecutus est.
Reliquū ē:ut certemus offitiis inter nos:quibus
equo aímo uel te uícā:uel uincar abs te. Actilio
non fuisse necesse meas dari literas facile patior.
Sulpitiu tibi operam intelligo ex tuis literis nó
multum opus fuisse propter tuas res ita contrac/
tas:ut quemadmodū scribis nec capud nec pedes
equidem uellem uti pedes haberent:ut aliquādo
redires.Vides.n.exaruisse iā ueterē urbanitatē:

ut Pomponiuſ noſter ſuo iure poſſit dicere:niſi
noſ pauci retineamuſ gloriam uel gratiã ãtiquã
acticã. Ego hiſ tibi ei noſ ſuccedimuſ. Veni igitur
queſo:ne tantũ ſemen urbanitatiſ una cũ repub.
intereat. Vale. ꝓ T C S D. Volumnio

Qvod ſine pnomine familiariter ut debebaſ
ad me epiſtolaſ miſiſti:primum addubitaui
num a Voluminio ſeatore eet:cũ mihi e magnuſ
uſuſ. Deíde epigrãma literaꝗ fecit:ut intelligerẽ
tuaſ eſſe:quibuſ in literiſ omnia mihi periocunda
fuerunt preter illud qđ parũ diligenter poſſeſſio
ſalmarum mearum a te procuratore defẽdit. Aiſ
enim ut ego diſceſſerim omnia omnium dicta:in
hiſ etiã ſextiana í me cõferri. Quid tu id pateriſ?
Nóne defẽdiſ? Nóne reſiſtiſ? Equidẽ ſperabam
ita notata me reliqſſe genera dictorũ meorum:
ut cognoſti ſua ſponte poſſent. Sed quãdo tanta
fex e in urbe:ut nihil tã ſit ímũdũ:qđ nó alicui
uenuſtũ ee uideat. Pugna ſi me amaſ:niſi acuta
dubitatio: niſi eleganſ hyperbola: niſi recuſatio:
niſi bellum:niſi ridiculum ex inſuperato:niſi ce/
tera quæ ſunt a me in ſecundo libro de oratore p
Antonii pſonã diſputata de ridiculiſ: artifitioſe
inuentã in fallatiſ: & arguta apparebunt:ut ſa/
cramento contendaſ mea non ee. Nã de iuditiſ
qđ quereriſ multo labore:minuſ trahunt per me
pedibuſ oeſ rei uel Seliuſ tam eloquẽſ:ut poſſit
probare ſe liberum:nó laboro. Vrbanitatiſ poſ/
ſeſſionẽ amabo:qbuſuiſ interdictiſ defendamuſ.
In qua te unum metuo cõtẽpno ceteroſ:derideri
te putaſ. Nunc demum ítelligo te ſapere:ſed me

gerête nobiſ auctoribuſ uti uoluerit. nûc omnia
tenêtem noſtraſ ſententiaſ deſideraturum cenſeſ
fuiſſe. omnia ſunt miſera in belliſ ciuilibuſ: quæ
maioreſ noſtri: ne ſemel quidê noſtra ætaſ ſæpe
iam cêſit. ſed miſeriuſ nihil: q̃ iſta uictoria: quæ
etiã ſi ad melioreſ uenit: tamen coſ ipſoſ feroti/
oreſ: ſpotentioreſq̃ reddit: ut etiã ſi natura taleſ
nó ſint: neceſſitate eſſe cogãt. Multa eni uicto/
ri eoꝛ arbitrio per quoſ uicit etiã inuito facieda
ſunt. An tu nó uidebaſ mecú ſimul q̃ illa crudeliſ
eêt futura uictoria. Igitur tunc quoꝙ patria ca/
rereſ: neꝗ nolleſ uidere nó inquieſ. Ego eni ipe
tenerê opeſ: & dignitatê meã. At erat tuæ uirtu/
tiſ i mimiſ tuaſ reſ ponere. de repub. uehemêtiuſ
laborare. Deinde qui finiſ iſtiuſ cóſilii eſt. nam
adhuc & factum tuú probat: & ut i tali re etiam
fortuna laudatur. factum quidem: & initiú belli
neceſſario ſecutuſ ſiſ. & extrema ſapiêter pſequi
uolueriſ fortuna ꝑ honeſto otio tenueriſ & ſta/
tum: & famã dignitatiſ tuæ. Núc uero nec locuſ
tibi ulluſ dulcior eê debet patria. nec eã diligere
debeſ minuſ: qꝟ deformior ē: ſed miſerem pottuſ.
Nec eam multiſ clariſ uiriſ orbatã ꝑuare etiam
aſpectu tuo. Deniꝗ ſi fuit magni animi non eſſe
ſupplicê uictori: uide ne ſuperbi ſit aſpnari eiuſ/
dem liberalitatem. Et ſapientiſ eſt carere patria:
duri nó deſiderare. Et ſi republica non poſſiſ frui:
ſtultú ē nolle ꝓuata. Caput illud ē: ut ſi iſta uita
tibi cómodeor eſſe uideatur: cogitandum tamen
ſit ne tutior nó ſit. Magna gladiorũ eſt licentia.
ſed in extremiſ lociſ etiã minor ad facinuſ uere/

cundia. Mihi ſaluſ tua tantæ curæ eſt:ut Mar/
cello fratri tuo aut par:aut certe proximiuſ ſim.
Tuú eſt conſulere temporibuſ:& incolumitati &
uite:& fortuniſ tuiſ. Vale.

.d· f· c· ſ· p· marco marcello

ET ſi nihil noui:qđ ad te ſcribere:magiſq; li/
teraſ tuaſ iam exſpectare incipiebã : uel te
potiuſ ipſum:tamē cum Theophiluſ ₚficiſceret:
non potui ei nihil literarum dare. Cura igitur ut
ꝗprimú ueniaſ.uenieſ enim.mihi crede. exſpec/
tatuſ. neq; ſolú nobiſ id eſt tuiſ:ſed ₚrſuſ oĩbuſ.
Venit enim mihi í mentem ſubuereri interdú ne
te delectet tarda deceſſio. Quod ſi nullú habereſ
ſenſú :niſi oculoꝝprorſuſ tibi ignoſcere.ſi quoſdã
nolleſ uidere. Sed cum leuiora non multo eſſet:
quæ audirentur:ꝗ quæ uiderent:ſuſpicarer.autē
multú ítereſſe rei familiariſ tuæ te ꝗprimú ueni/
re.atq; in omneſ parteſ ualere. putaui ea de re te
eſſe admonēdum. Sed quoniã qđ mihi placeret:
oſtendi.reliqua tu pro tua prudentia cóſiderabiſ.
Me tamen uelim:qđ ad tempuſ te exſpectemuſ:
certiorem faciaſ. Vale.

.d· marco marcello · p· Ciceroni

PLurimú ualuiſſe apud me tuã ſēp aucto/
ritatem:tum in omni re:tum in hoc maxime
negotio poteſ exiſtimare:cum mihi cóſul Mar/
celluſ frater amátiſſimuſ mei nó ſolum cóſilium
daret:ſed precibuſ quoq; me obſecraret:non ṗuſ
mihi perſuadere potuit ꝗ tuiſ effectum ē literiſ:
ut uterer ueſtro potiſſimum cóſilio. Reſ quem/
admodum ſit acta:ueſtræ literæ mihi declarant

Gratulatio tua & si ē mihi pbatissima: ꝙ ab op/
timo sit animo: tamen hoc mihi multo iocundius
est et gratius ꝙ in suma paucitate amicoꝛ: ppi/
quorum: ac necessariorum: qui uerae meae saluti
fauerēt: te cupidissimum mei: singularemꝙ mihi
beniuolētiam prestitisse cognoui. Reliqua sunt
eiusmodi. quibus ego: quoniam haec erāt tēpora:
facile: & aequo almo carebā. Hoc uero eiusmodi
esse statuo: ut sine talium uiroꝛ: & amicoꝛ beni/
uolentia neꝗ in aduersa: neꝗ in secuda fortuna
quisꝙ uiuere possit. Itaꝗ in hoc ego mihi gratu/
lor. Tu uero ut intelligas homini amicissimo te
tribuisse offitium: re tibi prestabo. Vale.

Seruius Sulpicius S. Ciceroni

ET si scio nō iocudissimú me nuntium uobis
allaturum: tamen quoniā casus & natura i bonis
dominatur: uisum est faciendum: quoquomó res
se haberet: nos certiores facere. Ad decimú kaleād
iunii cum ab epidauro pireu naui aduectus essē:
tibi Marcellum collegam nostrum coueni. eumꝙ
ibi diem cōsumpsi: ut cū eo essem. Postero die cū
ab eo digressus essem eo confilio: ut ab athenis in
boetiā irem: reliquāꝙ iurisdictionē absoluerem.
Ille uti aiebat supra maias italiam uersus naui/
gaturus erat. Postridie cum ab athenis pficisci i
animo haberem: circiter horam decimam noctis:
Postumius familiaris meus ad me uenit: & mihi
nūciauit. M. Marcellum collegam nostrum post
cenae tempus: a. P. Magio Cilóni familiari eius
pugióe percussum esse: & duo uulnera accepisse.
unū in stomacho: alterum in capite: secūdú aurē:

ſperare tamen eum uiuere poſſe.Magium ſeipſu
iterfeciſſe.poſtea ſe a Marcello ad me miſſu eſſe:
qui bæc nuciaret:& rogaret ut medicoſ cogerem.
coegi.& eueſtigio eo ſu pfectuſ pma luce:cu no
longe a pireo abeſſem puer Acadimi obuia mibi
ueit cu codicilliſ:in quibuſ erat ſcriptu pauloäte
luce Marcellu die ſuu obiſſe.Ita uir clariſſimuſ
ab boíe deterrimo acerbiſſima morte e affectuſ.
& cui inimici ppter dignitate pepercerät: iuetuſ
eſt amicuſ:qui ei mortem afferret.Ego tame ad
tabernaculum eiuſ prexi:inueni duoſ libertoſ:&
pauculoſ ſeruoſ.reliquoſ aiebät profugiſſe metu
perterritoſ: ꝗ dominuſ eorum ante tabernaculu
interfectuſ eſſet.Coactuſ ſu in eade illa lectica:
qua ipſe delatuſ eram:meiſꝗ lectitaruſ i urbem
eum referre.ibiꝗ pro ea copia:quæ atheniſ erat
funuſ eiuſ ſatiſ amplu faciendu curaui.ab athe/
nieſibuſ locum ſepulturæ intra urbem:ut darët:
ipetrare no potui.ꝗ religione ſe ipedire dicerët.
neꝗ tamen id antea cuiꝙ coceſſerant.qď pximu
fuit uti in quo uellemuſ gimnaſio eu ſepeliremuſ:
nobiſ pmiſerut.Noſ in nobiliſſimo orbiſ terraꝗ
gimnaſio achademiæ locum delegimuſ:ibiꝗ eum
cobuſſimuſ.Poſteaꝗ curauimuſ:ut iide athenie/
ſeſ i eo de loco móumetu ei marmoreu faciedum
locarët.Itaꝗ noſtra offitia fuerut pro collegio:
& ppiquitate:& uiuo & mortuo:oía ei pſtitimuſ.
Vale.   ꜳ· T· C· Ə· D· pub· Ʀegulo

QVerenti mibi iam diu qd ad te potiſſimum
ſcribere:non mó certa reſ ulla: ſed ne genuſ
quidem literaꝗ uſitatum ueniebat i mente.Vná

enim partem & cōſuetudinem earū epiſtolarum:
quibuſ ſecūdiſ rebuſ uti ſolebamuſ:tēpuſ eripu/
erat:pfeceratq; fortūa:ne qd tale ſcribere poſſē.
aut omnino cogitare.Reliquebať triſte quoddā
& miſerū:& biſ temporibuſ conſentaneum genuſ
literarū. Id quoq; defitiebat me:in quo debebat
eſſe aut promiſſio auxilii alicuiuſ:aut cōſolatio
doloriſ tui.Quid pollicerer nō erat:ipſe eni part
fortuna abiectuſ alioჳ opibuſ caſuſ meoſ ſuſtē/
tabam:ſepiuſq; mibi ueniebat in mētem:queri ϙ
ita uiuerē ꝗ gaudere ϙ uiuerē. Quāꝗ eni nulla
meipſū priuati pepulit inſigniſ iuria:nec mibi
quidꝗ tali tēpore in mentem uenit optare:qď nō
ultro mibi Cæſar detulerit:tamē nibilominuſ eiſ
cōfitior curiſ:ut ipſū qď maneam in uita peccare
me exiſtimē.Careo eni cū familiariſſimiſ multiſ:
quoſ aut morſ eripuit nobiſ:aut diſtraxit fuga
cum omnibuſ amiciſ:quoჳ beniuolētiam nobiſ
cōſiliarat per me quondā te ſotio defēſa reſpub.
Verſorq; in eorū naufragiiſ:& bonorū direptio/
nibuſ. Nec audeo ſolum qď ipſum eſſet miſerū:
ſed etiā uideo quo nibil eſt acerbiuſ eoჳfortūaſ
diſcipari.Quibuſ nō ſolum adiutoribuſ illud in/
cendiū extinximuſ:& in qua urbe modo gratia:
auctoritate:gloria floruimuſ:i ea nūc biſ quidē
ōnibuſ caremuſ.optiemuſ ipſiuſ Cæſariſ ſummā
erga noſ būanitatē:ſed ea pluſ non pōt ꝗuiſ et
mutatio rerum omíum atq; temporū. Itaq; orbuſ
biſrebuſ qbuſ & natura me & uolūtaſ:& conſue/
tudo aſſuefecerat:tum cæteriſ:ut quidē uideor:
tum mibi ipſi diſpliceo. Natuſ enim ad agendum

femper aliqđ dignum uiro. núc nó modo agendi
rationem nullam habeo: fed nec cogitandi quid.
Et qui antea aut obfcurif hominibuf :aut etiam
fontibuf opitulari poteram. núc. P. Nigidio uni
oím doctiffimo: et factiffimo: et maxima quadã
gratia: & mihi certe amiciffimo nec benigne qdẽ
polliceri poffum. Ergo hoc ereptũ eft literarum
genuf. Reliquũ ẽ: ut confoler: & afferã rationef:
quibuf te a moleftiif coner abducere. At ea qui/
dem facultaf uel tui: uel alteriuf confolandi in te
fũma eft: fi unğ in ullo fuit. Itaq; eã partẽ: quæ
ab exquifita quadã ratió e: & doctrina pficifcie:
non actingã: tibi totã relinquã. Quid fit forti: et
fapiẽti homí dignũ. quid grauitaf : quid altitudo
aími: quid acta tua uita: quid ftudia: quid artef:
quibuf a pueritia floruifti: a te flagitẽt: tu uide/
bif? Ego qđ intelligere & fentire: quia fum rome:
& quia curo actendoq; poffum: id tibi affirmo te í
iftif moleftiif: in quibuf ef hoc tẽpore: nó diutiuf
futurum. In hif autẽ: in quibuf etiam nof fumuf
fortaffe femper fore. Videor mihi pfpicere pmũ
ipfiuf aímũ. qui plurimum poteft: perpenfum ad
falutem tuam. Non fcribo hoc temere: quo minuf
familiarif fum. hoc fũ ad iueftigandũ curiofior:
quo faciliuf: quibuf ef iratior refpódere triftiuf
poffit. Hoc ẽ adhuc tardior ad te moleftia libe/
randum: familiaref uero eiuf : & hi quidẽ qui illi
iocũdiffimi funt: mirabiliter de te & loquũtur: &
cẽfiunt. Accedit eodem uulgi uolũtaf : uel potiuf
cófenfuf omnium. Etiã illa quæ minimum nunc
quidẽ poteft: fed poffit neceffe eft refpub. ğfcũğ;

uiref habebit:ab hif ipfif:quibuf tenet:de te ppe
diem mihi credere ipetrabit.Redeo igitur ad id:
ut ia tibi etia pollicear aliquid. quod primo omi/
fera. Nam &coplector eiuf familiariffimof:qui
me admodum diligunt:multuq; mecum fut:& in
ipfiufconfuetudine:qua adhuc meuf pudor mihi
claufit:infinuabo. & certe omnef uiaf perfequar:
quibuf putabo ad id qd uolumuf:puenire poffe.
In hoc toto genere plura fatia:q fcribere audeo.
Caeteraq; quae tibi a multif pmpta effe certe fcio:
a me funt paratiffima. Nihil in familiari re mea
eft:quod ego mecum malim effe:q tuum.hac de
re:& de hoc genere toto hoc fcribo partiuf: q te
id:quod ipfe cofido:fperare malo te effe ufurum
tuif. Extremu illud e:ut te horter:& obfecre:aio
ut maximo fif.nec ea folu memierif:quae ab aliif
magnif uirif accepifti. Sed illa etia:quae ipfe in/
genio:ftudioq; pepifti. Que fi colligef & fupabif
omnia optime & quae accident: qualiacuq; erut:
fapieter feref.fed haec tu meliuf uel optime oim.
Ego quae pertinere ad te itelligam:ftudiofiffime
omnia:diligetiffimeq; curabo:tuoq̃q; triftiffimo
meo tepore meritoq̃ erga me meoria coferuabo.
Vale.

B Inaf a te accepi literaf corcirae dataf:quaru
alterif mihi gratulabare:q audiffefme mea
priftinam dignitatem obtinere. alterif dicebaf te
uelle quae egiffe:bene & feliciter euetre.Ego aut
fi dignitaf eft bene de republica fentire & bonif
uirif probare qd fentief obtineo dignitate mea.
Sinautem in eo dignitaf eft. quod fentiaf aut re

efficere poffe: aut deniq; libera oratióe defédere:
ne ueftigiú quidé ullú é reliquú nobif dignitatif.
Agiturq; pclare: fi nofmetipfof regere poffumuf:
ut ea: quæ partim iam adfunt: partim impédét:
moderate feramuf. Quod é difficile in huiufmodi
bello. eiufexituf ex altera parte cedere oftentat:
ex altera feruitutem. Quo in periculo non nihil
me cófolatur: cum recordor hæc me tum uidiffe:
cú fecundaf etiam ref noftraf nó modo aduerfaf
ptimefcebá. Videbáq; ǵto piculo de iure publico
difceptareé armif. Quibuf fi uiciffent hi: ad quof
ego pacif fpe: non belli cupiditate adductuf ac/
cefferam: tamen intelligebam & iratoǳ hominú:
& cupidorú: & infolétium ǧ crudelif effet futura
uictoria. Sinautem uicti effent: quantuf íterituf
effet futuruf ciuium partim ampliffimorú: parti
etiam optimorum: qui me hæc predicentem: atq;
optie cófoláté faluti fuæ mallebant nimiú timi/
dú: ǧ fatif prudenté exiftimari. Quod auté mihi
de eo qd egerim gratularif: te ita uelle certe fcio.
fed ego tá mifero tépore nihil noui cófilii cepiffé:
nifi in reditu meo nihilo melioref ref domefticaf:
ǧ rempublicam offendiffé. Quibuf enim pro me/
if immortalibuf benefitiif cariffima mea faluf: et
meæ fortunæ effe debebát: cú ppter eoǳ fceluf:
nihil mihi intra meof parietef tutú: nihil infidiuf
uacuú uiderem: nouarum me neceffitudinú fide/
litate cótra ueterum perfidiá muniendú putaui.
Sed de noftrif rebuf fatif uel etiam nimiú multa
de tuif. uelim: ut eo fcif animo: quo debef effe.
id eft ut ne qd tibi precipue timédum putef. Si

enim ſtatuſ erit aliquiſ ciuitatiſ:quicúq; erit:te
omnium periculorum uideo exprem fore.Nam
alteroſ tibi tã placatoſ eē intelligo:alteroſ núą̃
iratoſ fuiſſe.De mea autē í te uoluntate ſic uelí
iudiceſ:me quibuſcúq; rebuſ opuſ eſſe intelligã:
ą̃ą̃ uideã:quiſ ſim hoc tēpore. et qd poſſí:opera
tamen:& conſilio:ſtudio quidem certe rei:fame:
ſaluti tuæ:preſto futurú.Tu uelim:& quid agaſ:
& quid acturum te puteſ:faciaſ me ą̃diligētiſſie
certiorē.Vale. .ı) ſ·c·s·d· ōreo plantio
ACcepi pbreueſ tuaſ literaſ:quibuſ id:quod
ſcire cupiebã:cognoſcere nó potui.Cognoui
autē id:ą̃ mihi dubiú non fuit. Nam ą̃ fortiter
ferreſ cómúiſ miſeriaſ nó intellexi:ą̃ me amareſ
facile perſpexi.ſed hoc ſcierã. Illud ſi ſciſſē:ad id
meaſ literaſ accómodaſſem. Sed tamen & ſi ãtea
ſcripſi:quæ exiſtimaui ſcribi oportere:tamen hoc
tēpore breuiter cómonēdú putaui:ne quo picu/
lo te proprio exiſtimareſ eſſe in magno omneſ:
ſed tamen in cómuni ſumuſ. Quare nó debeſ aut
ppriã fortunã:aut pcipuã poſtulare: aut coēm
recuſare.Quappropter eo aímo ſimuſ inter noſ:quo
ſemper fuimuſ:quod de te ſperare: de me pſtare
poſſum. Vale..ı) ſ·c·epiſ·ta·i· num·c.x·jna· q
q· mireiiaiiq· fi iriei· pui·ii.d. .ıſ· ſ·c·

I ualeſbene eſt.Exiſtimarã pro
mutuo inter noſ animo:& pro re/
cóſiliata gratia: me abſentē nú ą̃
a te ludibrio Ieſú iri:nec Metellú
fratrē obdictú capite:ac fortuniſ
oppugnatú iri p te.Quē ſi parum

pudor ipiuſ defédebat uel familiæ debebat noſ/
træ dignitaſ:uel meú ſtudiú erga uoſ:réq; publi.
ſatiſ ſubleuare. Nunc uideo illum circumuétum:
me deſertú. a quibuſ minime conueniebat. Itaq;
in luctu & ſqualore ſú: qui puitiæ:qui excercitui
preſum:qui bellú gero. Que quoniá nec ratione:
nec maioꝝ noſtrum clæmétia adminiſtraſtiſ: nó
erit mirandú:ſi uoſ penitebit.etiá mobili in me:
meoſq; animo eſſe non ſperabam. Me interea nec
domeſticuſ dolor:nec cuiuſ q̃ iniuria:a republica
abducet. Vale. ·M· T· C· S· D· Q· metello· Q· filio adci
S   I tu excercituſq; ualetiſ bene eſt. Scribiſ ad
     me te exiſtimaſſe ꝓ mutuo inter noſ aimo:
& pro recóſiliata gratia nú q̃ te a ludibrio leſú iri.
Quod eiuſmói ſit: ſatiſ intelligere nó poſſú. Sed
tamen ſuſpicor ad te eſſe allatú me in ſenatu cum
diſputaré: per multoſ eſſe: qui rempublicá a me
cóſeruatam dolerent. dixiſſe a te ꝓpinquoſ tuoſ:
quibuſ negare nó potuiſſeſ:ipetraſſe:ut ea quæ
ſtatuiſſeſ tibi in ſenatu de mea laude eé dicenda
reticereſ. Quod cú diceré:illud adiunxi:mihi tecú
diſptitum offitiú fuiſſe in reipublicæ ſalute reti/
nenda: ut ego urbem a domeſticaſ inſidiiſ: & ab
inteſtino ſcelere. tu italiá & ab armatiſ hoſtibuſ:
& ab occulta coniuratione defendereſ. Atq; banc
noſtram tanti & tam preclari muneriſ ſocietatem
a tuiſ ꝓpiquiſ labefactatá. Qui cú tu a me rebuſ
ampliſſimiſ:atq; honorificétiſſimiſ ornatuſ eſſeſ:
timuiſſet:ne q̃ mihi parſ abſte uolútatiſ mutuæ
tribueretur.boc í ſermone cum a me exponeret:
quæ mea exſpectatio fuiſſet orationíſ tuæ:q̃toq;

merore uerſatuſ eſſem:uiſa eſt oratio nó iiocúda
& mediocriſ quidã eſt riſuſ conſecutuſ non in te:
ſed magiſ í merorẽ meum:& qd̃ me abſte cupiſſe
laudari aperte:atq; ingenuæ confitebar. Iam hoc
non poteſt in te non honorifice eſſe dictú:me in
clariſſimiſ meiſ atq; ápliſſimiſ rebuſ.tamẽ aliqd̃
teſtimoniú tuæ uociſ habere uoluiſſe. Quod aũt
ita ſcribiſ ꝓ mutuo inter noſ animo:quid tu ex/
iſtimeſ eſſe in amicitia mutuum neſcio. Equidem
hoc arbitror:cú per uoluntaſ accipitur:& reddit́.
Ego ſi hoc dicã me tua cauſa ꝓtermiſiſſe:puintiã
tibi ipſe leuior uidear eſſe.meæ eím rationeſ ita
tulerút:atq; eiuſ mei cóſilii maiorẽ í dieſ ſiguloſ
fructú uoluptatẽq; capio. Illud dico:me ut ꝑmú
in cótione ꝓuintiã depoſueri:ſtatí quẽadmodú
eam tibi traderem:cogitare poſſe. Nihil dico de
ſortione ueſtra:tantum te ſuſpicari uolo:nihil in
ea re percolligam meum me inſciente eſſe factú.
Recordare cetera.q̃ cito ſẽatú illo die facta ſor/
tióe coegerim:q̃ multa de te uerba fecerim:cum
tu ipſe dixiſti mihi orationem meam non ſolú in
te hórificã:ſed etiã incollegaſ tuoſ contumelioſã
fuiſſe. Iã illud ſenatuſconſultú qd̃ eo die factú
eſt:ea perſcriptione eſt:ut dú id exſtabit offitiú
meú in te obſcurum eſſe nó poſſit. Poſtea uero q̃
ꝓfectuſ eſ:uelí recordare:quæ ego de te in ſẽatu
egerim:quæ in contionibuſ dixerim:quaſ ad te
literaſ miſerim.quæ cú omnia collegeriſ:tu ipſe
uelí iudiceſ:ſatiſ ne uideatur hiſ oíbuſ rebuſ tuuſ
aduentuſ:cum proxime Romam ueniſti mutuo
reſpódiſſe. Quod ſcribiſ de recóciliata gratia:non

intelligo.cur recōciliatā eſſe dicaſ:quæ nū q̃ imi/
nuta eſt. Quod ſcribiſ non oportuiſſe Metellum
fratrem tuum obdictum a me oppugnari. Primū
hoc uelí exiſtieſ aīmū mihi iſtū tuū uehemēter
probari:& fraternā plenā humāitatiſ:& pietatiſ
uoluntatem.Deinde ſi qua ego in te fratri tuo in
reipublicæ cauſa reſtiteri:ut mihi ignoſcaſ.Tā
ení ſū amicuſ reipublicæ q̃ qui maxime.Si uero
meā ſalutē contra illiuſ ípetū in me crudeliſſimū
defenderim:ſatiſ habeaſ.nihil me etiā tecū de tui
fratriſ iiuria cōqueri.Quem ego cum cōperiſſem
omnem ſui tribunatuſ conatum in meam pnitiē
parare:atq; meditari:egi cū Claudia uxore tua:
& cum ueſtra ſorore Mutia:cuiuſ erga me ſtudiū
pro.G.Pōpeii neceſſitudine multiſ in rebuſ per/
ſpexeram:ut eum ab illa iniuria deterrerēt.Atq;
ille qđ te audiſſe credo pridie kalenđ ianuarii.q̃
iiuria nemo unq̃ í aliquo magrātu íprobiſſimuſ
ciuiſ affectuſ eſſet.ea me cōſulē affecit:cū rēpub.
cōſeruaſſem:atq; abeuntē magiſtratu contioniſ
habēde poteſtate p̄uauit.Cuiuſ iiuria mihi tamē
honori ſūmo fuit.Nam cū ille mihi nihil:niſi ut
iurarē pmicteret:magna uoce iuraui ueriſſimum
pulcerrimūq; iuriſiurādū.qđ populuſ idē magna
uoce me uere iuraſſe iurauit.Hac accepta tam í/
ſigni iniuria:tū illo ipſo die miſi ad Metellū coēſ
amicoſ:qui agerēt cū eo:ut de illa mēte deſiſtː/
ret.Quibuſ ille reſpondit ſibi non eſſe integrum.
Etení pauloāte in cōtione dixerat ei:qui í alioſ
aíaduertiſſet í dicta cauſa adiciendi ípi poteſta/
tem fieri nō oportere.hominem grauem:& ciuem

egregium:qui qua pena senatus consensu bórum
oím eos affecerat:qui urbé incendere & mgrátus:
ac séatum trucidare:bellum maximum conflare
uoluissét:eadem dignú iudicaret:eú qui curiam
cede:urbem incédiis:italiá bello liberasset. Itaq;
ego Metello fratri tuo preséti restiti. Ná í séatu
kalendi ianuarii siccú eo de republica disputaui:
ut sétiret sibi cú uiro forti & cóstáti eé pugnádú.
Ad.iii. quoq; nonas ianuarii cum agere cepisset:
tertio quoq; uerbo orationis suæ me appellabat:
mibi míabatur. neq; illi quicq̃ deliberatius:q̃ me
quacúq; ratione posset nó iuditio:neq; discepta/
tione:sed ui atq; ípressione euertere.Huius ergo
temeritati si uirtute:atq; animo non restitissem:
quis esset qui me in cósolatu nó casu potius exis/
timaret:q̃ cósilio forté fuisse. Hæc si tu Metellú
cogitare de me nescisti:debes existiare te maxis
de rebus a fratre esse celatum. Sinautem aliquid
íptuit tibi sui cósilii:leuis & facilis a te existiari
debeo. q nibil totú de bis ipsis rebus expostulem.
Et si me nó intelligis dicto Metelli ut scribis:sed
cósilio eius:aímoq; in me iimicissimo eé cómotú.
cognosce núc humanitatem meam: si humanitas
appelláda est í acerbissima iniuria remissio aími:
ac dissolutio. Nulla est a me iniqua sététia dicta
in fratrem tuum. quotiéscúq; aliquid est actum:
cedés bis assési: qui mibi leuissime sentire uisi sút.
Addam & illud etiam: q̃ iá ego curare nó debui:
sedtamen fieri nó moleste tuli:atq; etiam ut ita
fieret pro mea pte adiuui:ut séatuscósulto meus
inimicus:quia tuus frater erat subleuareé. Quare

non ego oppugnaui fratrem tuum: fed fratri tuo
repugnaui. nec in te ut fcribif: animo fui mobili:
fed ita ftabili: ut in me erga te uoluntate etiam
defertuf ab offitiif tuif permanerē. Atq; hoc ipfo
tempore tibi pene minitanti nobif per literaf hoc
refcribo: atq; refpondeo. ego dolori tuo non folū
ignofco: fed fūmā etiam laudem tribuo. Meuf ei
me fēfuf quāta uif fraterna fit amorif admonet.
A te peto: ut tu quoq; æquum te iudicem dolori
meo p̄beaf: fi acerbe: fi crudeliter: fi fine caufa fum
a tuif oppugnatuf: ut ftatuaf mihi non modo nó
cedendū: fed etiā tuo: atq; excercituf tui auxilio i
eiufmodi caufa tuendū fuiffe. Ego te mihi femp
amicū eē uolui. me ut tibi eē amiciffīm itelligeref
laboraui. Maneo in uoluntate: & quo aduolef tu
permanebo. Citiufq; amore tui fratrē tuū odiffe
definā: q̄ illiuf odio quicq̄ de noftra beniuolētia
detraham. Vale. ᴀ.........................

Oif iportuniffimi contumeliæ: qbuf crebrif
contióibuf me onerat: tuif erga me offitiif
leniuntur. & ut fūt leuef homief eiufmodi: a me
defpiciunt. libenterq; cōmutata perfona te mihi
fratrif loco eē duco. De illo mēiniffe quidē nolo
tam & fi bif eum inuitum feruaui. De meif rebuf:
ne uobif multitudine literarum moleftior effem:
ad Lelium perfcripfi de ratióibuf prouítiæ: quid
uellē fieri: ut i fuof doceret: & cōmonefaceret. Si
poterif: uelí p ftinā tuā erga me uolūtatē confer/
uef. Vale. ....

Itere. Q. fratrif &. T. Pomponii neceffarii
mei tantum fpei dederāt: ut in te non minuf

auxilii: q̃ in tuo collega mihi constitutum fuerit.
Itaq; literaſ ad te stati miſi: per quaſ ut fortuna
postulabat: & graſ tibi egi: & de reliquo tempore
auxiliũ petii. Postea mihi nó tam meo⁊ litere: q̃
ſermoneſ eo⁊: qui hac iter faciebant: animũ tuũ
imutatũ ſignificabãt. Que reſ fecit: ut tibi literiſ
obstrepere nó audere. Nũc mihi. Q. frater meuſ
tuam mitiſſimã orationé: quã i ſenatu habuiſſeſ:
perſcripſit. qua inductuſ ad te ſcribere ſũ coactuſ.
Et abſ te tua q̃tum fert uolũtaſ peto: queſoq; ut
tuoſ mecum ſerueſ potiuſ: q̃ propter arrogantem
crudelitatem tuo⁊ me oppugneſ. Tu tuaſ iimici/
tiaſ: ut reipub. donareſ: te uiciſti alienaſ: ut cótra
rempublicã confirmeſ: adduceriſ: quod ſi mihi tua
clæmétia opem tuleriſ: omnibuſ in rebuſ me fore
i tua poteſtate tibi cófirmo. Si mihi neq; magiſ/
tratum: neq; ſenatũ: neq; populũ auxiliari ppter
eã uim quæ me cũ republica uicit: licuerit. Vide
ne cum ueliſ reuocare tẽpuſ oíum reſeruãdorum:
cum qui ſeruetur: non erit: non poſſiſ. Vale.

E⸳ ⸳D T C S⸳ D⸳ G⸳ io ⸳ánto⸳ ⸳D⸳ fi⸳ im⸳
T ſi ſtatueram nullaſ ad te literaſ mictere:
niſi cómendatitiaſ: nó ɋ eaſ itelligeré ſatiſ apud
te ualere: ſed ne biſ qui me rogarent: aliquid de
noſtra coniunctione iminutum eſſe oſtenderet.
Tamẽ cum. T. Pópponiuſ homo oíum meorum i
te ſtudiorum atq; offitiorum maxime cóſciuſ tui
cupiduſ: noſtri amantiſſimuſ ad te ꝓficiſceretur:
aliquid mihi ſcribẽdum putaui: preſerti cũ aliter
ipſi Pópponio ſatiſfacere non poſſem. Ego ſi abſ
te ſũma offitia deſiderem: mi⁊ nemini uideri de/

beat. omnia enim a me in te pfecta sunt:quæ ad
tuum cómo dú:quæ ad honorē:quæ ad dignitatē
ptinerēt. Pro his rebus nullam mihi abs te relatã
esse gratiã:tu es optimus testis. Contra etiã esse
aliquid abs te pfectú ex multis audiui:nã cópis/
se me nó audeo dicere:ne forte id ipsum uerbum
ponam:qd abs te aiunt falso in me solere cóferri.
Sed ea quæ ad me delata sút:malo te ex Pópóio
cui non minus molesta fuerunt:q ex meis literis
cognoscere. Meus in te animus q singulari offitio
fuerit:& senatus & populus romanus testis est:tu
q gratus erga me fueris ipse existimare potes:q/
tú mihi debeas cæteri existimant. Ego quæ tua
causa antea feci:uoluntate sú adductus. posteaq
constantia. Sed reliqua mihi crede multo maius
meum studium:maioremq grauitatem:& laborē
desiderarēt. Que si nó pfúdere ac pdere uidebor:
omnibus meis sustinebo uiribus. Sinautē ingrata
esse sentiam:non cómictam:ut tibi ipse insanire
uidear. Ea quæ sit:& eiusmói poteris ex Pópóio
cognoscere. Atq ipsú tibi Póponiú ita cómendo:
ut qq ipsius causa confido te esse facturú omnia:
tamē abs te hoc petã:ut si qd amoris in te residet
erga me:id esse in Pomponii negotio ostendas.
Hoc mihi nihil gratius facere potes. Vale.

C M · T · c · pub · i · fi · pcon · f · i · d ·
Vm ad me Detius librarius uenisset:egis/
setq mecum:ut operam dare:ne tibi hoc tēpore
succederet. qq illum hominē frugi:& tibi amicú
existimabá:tamē qd memoria tenebá:cuiusmói
literas ãtea misisses. nó satis credidi hói prudenti:

tam ualde effe mutatam uoluntatem tuam. Sed
pofteaq̃ & Cornelia tua Terentiã cõuenit. & ego
cum Q. Cornelio locutuf fum:adhibui diligentiã
quociẽfcũq; fenatuf fuit:ut adeffem plurimumq;
in eo negotii habui. Vtq; Fufiũ tr.ple.& cæterof
ad quof tu fcripferaf:cogerẽ potiuf mihi credere:
q̃ tuif literif. Omíno ref tota in menfem ianuarii
reiecta erat.fed facile optiebat̃. Ego tua gratu/
latióe cõmotuf: qd̃ ad me pridẽ fcripferaf:uelle te
bene uenire qd̃ de Craffo domũ emiffem .emi eã
domũ ipfã.xxxu. ali q̃to poft tuã gratulatioẽm.
Itaq; nunc me fcito tantum habere ærif alieni ut
cupiã coniurare:fi quif q̃ recipiat. Sed parti odio
inducti me excludũt:& aperte iudicẽ cõiuratióif
oderunt:parti nó credũt.& a me infidiaf metuũt:
nec putãt ei nũmof deeffe poffe:qui ex obfidióe
feneratoref exemerit omi fẽiffibuf magna copia
eft. Ego autem meif rebuf geftif hoc fũ affecutuf:
ut bonum nomen exiftimer. Domum tuam:atq;
ædificatioñ omnẽ pfpexi.& uehemẽter pbaui.
Anthoniũ & fi in me eiuf offitia omnef defiderãt
tamẽ i fenatu grauiffime:ac diligẽtiffime defẽdi.
fẽatũq; uehemẽter oratióe mea:atq; auctóritate
cõmoui. Tu ad me uelim:literaf crebriuf mictaf.
Vale. .h. T.C.S.D. Gñeo pom Gñeo fi. ma. Jm
S I tu excercituf q; ualetif bene eft.Ex literif
tuif :quaf publice mififti: cepi una cũ oíbuf
incredibilem uoluptatem. Tantã enim fpem otii
oftendifti: q̃tum ego femper oíbuf te uno frætuf
pollicebar. Sed hoc fcito tuof ueteref hoftef: no/
uof amicof uehemẽter Irif pculfof:atq; ex magna

ſpe deturbatoſ iacere. Ad me aũt literaſ q̃ſ miſiſti:
q̃q̃ exiguã ſignificationẽ tuæ erga me uolũtatiſ
habebãt: tamen mihi ſcito iocundaſ fuiſſe. Nulla
enĩ re tã lætari ſoleo: q̃ meoꝝ offitioꝝ cõſciẽtia.
Quibuſ ſi quãdo non mutue reſpõdetur: apud me
pluſ offitii reſidere facilie patior. Illud nõ dubi/
to: quin ſi te mea ſumma erga te ſtudia paꝝ mihi
adiũxerunt reſpublica noſ inter noſ conciliatura:
coniũcturaq; ſit. At ne ignoreſ: quid ego in tuiſ
Iriſ deſiderarim: aperte ſcribã: ſicut & mea natura:
& noſtra amicitia poſtulat. Reſ eaſ geſſi: quarũ
aliquam in tuiſ literiſ: & noſtræ neceſſitudiniſ &
reipub. cauſa gratulationem expectaui: quã ego
abſ te pretermiſſam eſſe arbitror: quod uerere ne
cuiuſ animum offenderes. Sed ſcito ea: quæ noſ
pro ſalute patriæ geſſimuſ: orbiſ terræ iuditio ac
teſtimóio cõprobari. Que cũ ueneriſ tãto conſi/
lio: tãtaq; aĩ magnitudie a me geſta eē cognoſceſ:
ut tibi multo maiori q̃ affricãuſ fuit: me nõ mul/
to minorẽ q̃ Leliũ facile & in repub. & í amicitia
adiunctum eſſe patiare. Vale.

Q̃uãtũ ad meũ ſtudium extiterit dignitatiſ
tuæ uel tuendæ uel etiã agendæ nõ dubito: quin
ad te omēſ tui perſcripſerint. Non enim fuit aut
mediocre: aut obſcurũ: aut eiuſmodi: q̃d ſilentio
poſſit preteriri. Nam & cũ conſulibuſ: & cũ multiſ
cõſularibuſ tanta cõtentione decertaui: q̃ta nũq̃
ãtea ulla í cã. Suſcepiq; mihi ꝑpetuã ꝓpugnató/
nẽ ꝓ oíbuſ ornamentiſ tuiſ. Veteriq; noſtre ne/
ceſſitudini iã diu debitũ. ſed multa uarietate tꝑm

interruptum offitium cumulate reddidi. Neq; me
hercule ú q̃ mihi tui aut colédi:aut ornádi uolú/
taſ defuit. Sed quedam peſteſ hoím laude aliena
dolentium & te nó nú q̃ a me alienauerunt:& me
aliq̃do ímutauerút tibi. ſed exti tit tépuſ optatú
mihi magiſ:q̃ ſperatum:ut floré tiſſimiſ tuiſ rebuſ
pſpici mea poſſet & memoria noſtræ uoluntatiſ:
& amicitiæ fideſ. Sú enim conſecutuſ non modo:
ut domuſ tua tota:ſed ut cúcta ciuitaſ me tibi a/
miciſſimú eſſe cognoſceret. Itaq; & preſtátiſſima
omnium fæminarú uxor tua: & eximia pietate:
uirtute:gratia tui Craſſi meiſ cóſiliuſ monitiſ ſtu/
duiſ:actionibuſq; nituntur. Et ſenatuſ:populuſq;
romanuſ intelligit tibi abſéti nihil eé tá pmptú
aut tam paratum:q̃ in omnibuſ rebuſ:quæ ad te
pertineát opera:curam:diligétiam: auctoritaté
meá. Que ſint acta: queq; agátur: domeſticorum
tibi literaſ declarari puto. De me ſic exiſtimeſ:ac
tibi pſuadeaſ uehementer uelim:nó me repétina
aliqua uolútate: ac fortuito ad tuá amplitudiné
meiſ offituſ áplectádam incidiſſe. Sed ut pmum
forum actigeri: ſpectaſſe ſéper: ut tibi poſſem q̃
maxíe eé cóiúctuſ. Quo quidé ex tépore méoria
teneo:neq; meá tibi obſeruantiá:neq; mihi tuam
ſúmá beniuolétiam:ac liberalitatem defuiſſe. Si
qua inciderút:non tá re: q̃ ſuſpicione uiolenta ea
cum fuerint;& falſa,&/inania:ſint euulſa ex omni
memoria:uitaq; noſtra. Iſ enim tu uir eſ:& me eú
eſſe cupio: ut quoniá in eadem republica tépora
incidimuſ:cóiúctioné:amicitiamq; noſtrá utriq;
noſtrú laudi ſperé fore. Quáobré tu q̃ tú iuditio

tuo tribuendum nobiſ eſſe puteſ:ſtatueſ ipſe et
ut ſpero:ſtatueſ ex noſtra dignitate. Ego uero
tibi profiteor: ac polliceor eximium meũ ſtudiũ
& ſingulare in omi genere offitii:qđ ad hõ eſtatẽ:
& gloriã tuam ſpectet. In quo etiã ſi multi mecũ
contendent. tamen tum reliquiſ oibuſ cum craſſiſ
tuiſ iudicibuſ/omneſ facile ſuperabo. Quoſ quidẽ
amboſ ego unice diligo. ſed í. M. beniuolẽtia im/
pari. hoc ſum magiſ Publio dedituſ:ꝗ me quicꝗ
a pueritia ſua ſemper tamẽ hoc tempore maxime
ſicut alterum parẽtem & obſeruat:& diligit. Haſ
literaſ uelim: exiſtimeſ :federiſ eẽ habituraſ uim
non æpiſtole. Meꝗ ea quæ tibi ꝓmicto:ac reci/
pio: ſanctiſſime eſſe obſeruaturũ: diligentiſſime
eſſe facturum. Que a me ſuſcepta defenſio eſt te
abſẽte dignitatiſ tuæ í ea iã ego nõ ſolũ amicitiæ
noſtræ: ſed etiã conſtãtiæ meæ cauſa ꝓmanebo.
Quãobrem ſatiſ eſſe hoc tempore arbitratuſ ſum
hæc ad te ſcribere me:ſi quid iꝑe intelligerẽ aut ad
uoluntatem:aut ad cõmodũ:aut ad amplitudinẽ
tuã pertinere mea ſponte ideſſe facturũ. Sinautẽ
quippiã aut a te eẽm admonituſ:aut a tuiſ effec/
turum: ut intelligereſ nihil neꝗ te ſcripſiſſe:neꝗ
quenꝗ tuorũ fruſtra ad me detuliſſe. Quãobrem
uelim ita & ipſe ad me ſcribaſ de omnibuſ mímiſ:
maximiſ:mediocribuſꝗ rebuſ:ut ad hoíem ami/
ciſſimũ. Et tuiſ ꝑcipiaſ:ut opera conſilio :aucto/
ritate gratia mea ſic utantur in omnibuſ publiciſ:
priuatiſ:forenſibuſ:dõeſticiſ tuiſ amicoꝛ hoſpitũ
clientũ/tuorum/negotiiſ:ut quod eiuſ fieri poſſit:
præſentiæ tuæ deſideriũ meo labore minuatur.

SI uales bene est ego ualeo. Si tuã cõsuetu/
dinẽ í patrocinuíf tuẽdif seruaf: P. Vatiniuf
clienf aduenit: qui pro se causam dicere uult. Nó
puto repudiabif í honore: quẽ in pículo recepistí.
Ego autẽ quem potiuf adoptem: aut inuocem q̃
illum quo defendẽte uincere didici. An uerẽar: ne
qui potẽtissimorũ hoím cõspiratóem neglexerit
pro mea salute: if pro honore meo pusillorũ: atq;
maliuoloꝛ obtrectatóef: et iuídiaf nõ psternat:
atq; obterat? Quare si me sicut solef amaf: suscipe
me totũ. Atq; hoc quidquid ẽ onerif: ac munerif
pro mea dignitate tibi tuendum ac sustinendum
puta. Scif meam fortunã nescio quomodo facile
obtrectatoref iuenire: nõ meo quidẽ me hercule
merito: sed q̃nti id refert: si tamẽ fato nescio quo
accidit. Si quif forte fuerit: qui nostræ dignitati
obesse uelit: peto a te: ut tuam consuetudinem: &
liberalitatẽ in me absẽte defendendo mihi pstef.
Literaf ad sẽatum de nostrif rebuf gestif quo ex/
emplo miseram: infra tibi perscripsi. Dicitur mihi
tuuf seruuf Anagostef fugitiuuf: nardacif esse. De
quo tu mihi nihil mãdasti. Ego tamẽ terra ma/
riq;: ut cõquireret: pmãdaui. & profecto tibi illũ
reperiam: nisi in dalmatiam aufugerit. & inde eũ
aliquãdo eruam. Tu nof fac: amef. Vale. Ad.iii.
iduf quintilef ex castrif narona.

SI ualef bene ẽ ego qdem ualeo. De Dioni/
sio tuo adhuc nisi extrico. & eo minuf: q me friguf
dalmaticũ qd illinc eiecit. etiam hic refrigerauit.

sed tamen nõ defiftã:quin illum aliquãdo eruã.
Sed tamen omnia mibi dura impaf. De Catillio
nefcio quid ad me fcripfifti:deprecationif diligẽ/
tiffime.apagete cũ noftro Sex. Seruilio. Nã me
hercule ego quoq; illum amo. Sed huiufmodi uof
cliẽtef:huiufmodi caufaf recepiftif? Hoiẽm unũ
oím crudeliffimũ:qui tot ingenuaf matreffaíliaf
ciuef romanafoccidit:arripuit:difperdidit:regi/
onef uaftauit:fi minuf nõ feuuf fit homo contra
me arma tulit. & eum bello cepit. Sed tamen mi
Cicero quid facere poffum. Oía me hercule quidẽ
cupio:quæ tu mibi impaf. Meã aiaduerfionẽ:&
fupplitium quo ufuruf eram:í eum quem cepiffẽ:
rẽicto tibi:& cõdono. Quid illif refpõdere poffũ:
qui fua bona direpta nauef expũgnataf:fratref:
liberof: parentef occifof actionef expoftulant?
Si me hercule appiofhẽrem:í cuiuf locũ effectuf
fum:tamẽ hoc fuftinere nõ poffem. Quid ergo ẽ!
Fatiã omnia fedulo:quæ te fciam uelle.Defẽdit
a.Q. Volufio tuo difcipulo fi forte ea ref poterit
aduerfariof fugare:in eo maxime fpef eft. Noffi
quid erit iftic opuf defẽdef. Cæfar adhuc mibi í/
iuriã facit de meif fupplicatióibuf & rebufgeftif
dalmaticif adhuc nõ refert:q̃fi uero nõ iuftiffimi
triũphi í dalmatia ref gefferim. Nã fi hoc expec/
tandum fit dum totum bellum cõficiam:uiginti
opida fũt dalmaticæ ãtiqua:quæ ipfi fibi afciue/
runt:ampliuf fexaginta. Hec nifi oía expugno:
fi mibi fupplicationef nõ decernũtur.Ionge alia
conditione ego fum ac cæteri Imperatoref.Ego
poft fupplicationef mibi decretaf in dalmatiam

profectuſ ſú. Sex opida ui expugnádo cepi. unú
boc qđ erat maximum quater a me iam captum.
Quatuor etenim turreſ:& quatuor muroſ cepi:&
arcem eorú totá ex qua me niueſ:frigora imbreſ
detruſerunt. Indigneq; mi Cicero opidum captú:
& iam bellum confectum relinquereſú coactuſ.
Quare te rogo:ſi opuſ erit:ad Cæſaré meá cauſá
agaſ:meq; tibi in omneſ parteſ defendédú puteſ:
boc exiſtíaſ neíem me tui amátioré fore. Vale.

G Rata tibi eé offitia mea nó miror. Cognoui
enim te gratiſſimú oím:idq; nú q̃ deſtiti p̃dicare.
Nec enim tu mihi gratiam babuiſti:uerú etiam
cumulatiſſime retuliſti. Quáobré reli qſ tuiſ rebuſ
omnibuſ pari me ſtudio erga te:& eadé uolútate
cognoſceſ. Quod mihi feminá primariam Pópeiá
uxorem tuam. cómendaſ:cum ſura noſtro ſtatim
tuiſ literiſ lectiſ locutuſſú:ut ei meiſ uerbiſ dice/
ret: ut quidquid opuſ eét mihi denútiaret. & me
omnia quæ ea uellet ſúmo ſtudio curaq; factuꝛ.
Itaq; fatiá:eáq; ſi opuſ eé uidebié:ipſe cóueniá.
Tu tamen ei uelim ſcribaſ : ut nullá rem neq; tá
magná:neq; tá paruá putet:quæ mihi aut diffi/
ciliſ:aut parum me digna uideaé. Omnia quæ in
tuiſ rebuſ agam & nó laborioſa mihi ſed honeſta
uidebuné. De Dioniſio ſi me amaſ:confice. q̃cúq;
fidé ei dederiſ preſtabo. Si ení improbuſ fuerit:
ut eſt:eum captum duceſ in triúpbo. Dalmaticaſ
du malefatiát:q tibi moleſti ſunt. Sed ut ſcribiſ:
breui capiéé:& illuſtrabút reſ tuaſ geſtaſ. Sépq;
enim babiti ſunt bellicoſi. Vale.

Orã me tecũ eadẽ bæc agere fæpe conátem
deterruit pudor quidã pene fubrufticuf:quæ nũc
expmã abféf audatiuf. Epiftola eí nó erubefcit.
Ardeo cupiditate ícredibili. neq; ego ut arbitror
reprebendenda nomen ut noftẓfcriptif illuftreẽ:
& celebretur tuif. Quod & fi mibi fæpe oftẽdif eẽ
facturum:tamen ignofcaf uelim buic feftinatióí
meæ. Genuf enim fcriptorũ tuoẓ:& fi erat féper
a me uebemẽter expectatũ. tamẽ uicit opinioné
meam.Me itaq; uel cepit:uel intendit:ut cuperé
q̃ celeriter rumoref noftrof monumẽtif cõmẽdari
tuif. Neq; ení me folũ cõmemoratio pofteritatif
ad fpem quãdam immortalitatif rapit:fed etiam
illa cupiditaf:ut uel auctoritate teftíonu tui:uel
iuditio bẽiuolẽtiæ:uel fuauitate ígenii uiui per/
fruamur. Neq; tamen bec cũ fcribebã:erã nefciuf:
q̃tif oneribuf premererif fufceptarũ rerum: & iam
inftitutaẓ. Sed quia uidebã italici belli:& ciuilif
biftoriam iam a te effe pene perfectam. Dixeraf
autẽ mibi te reliquaf ref ordiri:deeffe mibi nolui:
quí te admonerẽ ut cogitaref cóiũcte ne mallef
cum reliquifrebuf noftra contexere.an ut multi
græci fecerũt. Califtenef troicum bellũ. Timeuf
Pyrrbi:Polibiuf numantinũ.qui omẽf appetiuf
fuifbiftoriif:ea quæ dixi bella feperauerunt. Tu
quoq; itẽ ciuilẽ coniurationẽ ab boftibuf: exter/
nifq; bellif feiungeref. Equidem ad noftrã laudẽ
nó multum uideo intereffe:fed ad properationẽ
meam quidem intereffet nó te expectare dum ad
locum ueniaf:ac ftatim caufã illam totã & tẽpuf

arripere & simul si uno in argumēto:unaq; in p/
sona mens tua tota uersabitur.cerno iam aīo q̄to
omnia uberiora:atq; ornatiora futura sint. Neq;
tamen ignoro q̄ ĩprudenter fatiam:qui primum
tibi tantum oneris imponam. Potest enim mihi
denegare occupatio tua:deĩde etiā: ut ornes me:
postulem. Quid si illa tibi nõ tātopere uidentur
ornanda? Sed tamen qui semel uerecundiæ fines
trāsierit:eũ bene & grauiter oportet eē ĩpudētē.
Itaq; te plane etiā:atq; etiā rogo:ut & ornes ea
uehemētius:q̄ fortasse sētis:& ĩ eo leges historie
negligas. gratiāq; illā de qua suauissime quondā
in probemio scripsisti.& a qua te affici nõ magis
potuisse demõstras q̄ Herculē Xenophõtiũ illũ
a uoluptate eā si me tibi uehemētius cõmēdabit:
ne aspernere amoriq; nostro plusculũ etiā:q̄ cõ/
cedit ueritas:largiare. Quod si te adducemus:ut
hoc suscipias : erit:mihi psuadeo:materies digna
facultate & copia tua. A principio enī cõiuratiõis
usq; ad reditũ nostrũ uidet̄ mihi modicũ quoddā
corpus cõfici posse:ĩ quo & illa poteris uti ciuiliũ
cõmutationũ scientia:uel in explicādis causis reꝛ
nouaꝛ:uel ĩ remediis ĩcõmodoꝛ:cũ & reprehēdes
ea:quæ uituperanda duces:& quæ placebũt ex/
ponendis rationibus comprobabis.Et si liberius:
ut cõsuesti:agendum putabis:multorum in nos
perfidiā:insidias:proditionē notabis. multā etiā
casus nostri uarietatē tibi ĩ scribēdo suppedita/
bunt:plenā cuiusdā uoluptatis.quæ uehementer
aīmos hominum in legēdo scripto retinere possit.
Nihil est enim aptius ad delectationem lectoris

q̃ temporum uarietatef:fortunæq; uiciffitudinef.
quæ & ſi nobiſ optabileſ in experiẽdo nõ fuerũt:
in legẽdo tamẽ erũt iocunde. Habet eni p̃teriti
doloriſ ſecura recordatio delectationem. Cæteriſ
uero nulla pfunctiſ propria moleſtia.caſuſ aũt
alienoſ ſine ullo dolore ituẽtibuſ etiam ipſa mia
eſt iocũda. Quẽ enim noſtrum ille morienſ apud
mãtineã Epaminũdaſ non cũ quadã miſeratione
delectat? qui tum deniq; ſibi auelli iubet ſpiculũ:
poſteaq̃ ei percunctanti dictum eſt clipeum eſſe
ſaluũ:ut etiã in uulneriſ dolore æquo animo cũ
laude moraretur. Cuiuſ ſtudium in legendo non
erectum Themiſtodi fuga redituq; tenetur. etiã
ordo iꝑe annalium mediocriter noſ retinet quaſi
enumeratione faſtorũ. Atq; uiri ſæpe excellẽtiſ
ancipiteſ:uariiq; caſuſ bẽnt admiratione:expec/
tionẽ:læticia:moleſtiam:ſpem:timoreſ. Si uero
exitu notabili cõcludũt:iocũdiſſia aĩmuſ expleẽ
lectioniſ uoluptate. Quod mihi acciderit opta/
tiuſ:ſi in hac ſententia fueriſ:ut a continentibuſ
tuiſ ſcriptiſ:in quibuſ perpetuam rerũ geſtarum
hiſtoriã cõplecteriſ:ſecernaſ hanc quaſi fabulam
rerũ:euẽtoꝗq; noſtroꝗ. Habet eni uarioſ actuſ:
multaſq; actioneſ & cõſilioꝗ: & tempoꝗ. Ac non
uereor ne aſſẽtatiuncula q̃dã aucupari tuã grãm
uidear.cum hoc demonſtrem me a te potiſſimum
ornari:celebrariq; uelle. Neq; eni tu iſ eſ:qui ſiſ
neſciuſ:& qui nõ eoſ magiſ:qui te nõ admirentur
inuidoſ:q̃ eoſ qui laudẽt aſſentatoreſ arbitrere.
Neq; autem ego ſum ita demẽſ:ut me ſẽpiternæ
gloriæ per eũ cõmẽdari:uelim qui non iꝑe quoꝗ

in me cómendádo propriá ingenii gloriá cóse q̃. Neq; eni Alexáder ille gratiæ causa ab Appelle potissimum pingi:& a Lisippo fingi uolebat:sed q̃ illoꝛ artem tum ipsis:tum etiá sibi gloriæ fore putabat.Atq; illi artifices corporis simulacra ig/notis nota faciebant. Que uel si nulla sint:nibilo sunt tamen obscuriores clari uiri.Nec minus eni est Spartiates Agesillaus ille perbibendus:qui neq; pictam : neq; fictá eam imaginé suá passus est esse: q̃ qui in eo genere laborarunt.Vnus eni Xenepbontis libellus in eo rege laudando facile omnes imagines bominum: statuasq; superauit. Atq; boc p̃státius mibi fuerit:& ad lætitiá animi & ad méoriæ dignitaté.si in tua scripta puenero: q̃ si í ceteroꝛ:q̃ nó igeniú mibi solú suppeditatú fuerit tuú:sicut Timoleóti a Timeo:aut ab He/redoto Tbéistodi:sed etiá auctoritas clarissimi & spectatissimi: & in repub. maxís grauissimisq; causís cótingi:atq; í primis probati uiri:ut mibi non solum preconium:qd̃ cum in sigeú uenisset: Alexander ab Homero Achilli tribuutú eé dixit: sed etiam graue testimonium impartitum clari bominis:magniq; uideatur. Placet enim Hector ille Neuianus mibi:qui non tátú laudari se læ/tatur:sed addit etiá a laudato uiro.Quod si a te nó impetro:boc est si quæ te res ípedierit. Neq; enim fas esse arbitror.quicq̃ me rogantem abs te non impetrare cogar fortasse facere:qd̃ nónulli reprebédunt sæpe:scribam ipse de me multorum tamé exemplo :& clarorum uirorum.sed qd̃ te nó fugit.bec sunt in boc genere uicia.& uerecundius

ipſi de ſe ſcribāt neceſſe eſt:ſi q̄d eſt laudādum.
& pretereant:ſi quid reprehendēdum eſt. Accidit
etiā:q̄d minor ſit fideſ:minor auctoritaſ.multi
reprehendant deniq̃. & dicant uerecūdioreſ eſſe
preconeſ ludorum gymnicorum:qui cum cæteriſ
coronaſ impoſuerunt uictoribuſ:eorūq̃ nomina
magna uoce pronuntiauerunt:cū ipſi āte ludoꝛ
miſſionē corona donent:aliū preconē adhibeāt:
ne ſua uoce ſe ipſi uictoreſ eē predicent. Hec noſ
uitare cupimuſ. & ſi recipiſ cauſā noſträ:uitabi/
muſ:idq̃ ut fatiaſ:rogamuſ. Ac ne forte mirere:
cur cū mihi ſepe oſtenderiſ:te accuratiſſime nrōꝛ
temporum cōſilia:atq̃ euentuſ literiſ mādaturū:
a te id nūc tātopere:& tā multiſ uerbiſ petamuſ.
Illa noſ cupiditaſ incedit: de qua iitio ſcripſi feſ/
tiationiſ:q̃ alacreſ aio ſumuſ:ut ceteri uiuētibuſ
nobiſ ex libriſ tuiſ noſ cognoſcant.& noſmetipſi
ui i gloria noſtra perfruamur.Hiſ de rebuſ quid
acturuſ ſiſ:ſi tibi nō eſſet moleſtū:reſcribaſ mihi
uelim. Si enī ſuſcipiſ cauſā confitiā cōmentarioſ
rerum omnium. Siautē differſ me in tēpuſ aliud:
corā tecum loquar. Tu interea nō ceſſabiſ:& ea
quæ habeſ inſtituta perpolieſ:noſ quoq̃ diligeſ.
Vale. ...ꞇ꞊ ꞇ ꞇ ... ꞇ ... ... ꞇ ... ꝶ
Vāq̃ ipſa literarum tuarum conſolatio mihi
gratiſſima ē:declarat eim ſūmā beniuolētiā
cōiūctam pari prudentia:tamen illum fructū ex
tuiſ literiſ uel maxim cepi:q̃ te p̄clare reſ huma/
naſ cōtempnentē & optime cōtra fortunā:patū:
armatūq̃ cognoui. Quam quidem laudem ſapiē/
tiæ ſtatuo eſſe maximam non aliunde pendere.

nec extrinfecuf:aut bene:aut male uiuēdi fufpē/
faf habere rationef.Que cogitatio cum mihi non
oíno excidiffet. etení penituf incederat: ut tamen
tempeftatú : & cócurfu calamitatú erat aliq̃tum
labefactata:atq; conuulfa.Cui te opitulari & ui/
deo:& id feciffe etiam proximif literif:multumq;
profeciffe fentio.Itaq; hoc fæpiuf dicēdum:tibiq;
non fignificandú folum:fed etiam declarandum
arbitror.nihil mihi eē potuiffe tuif literif gratiuf
ad cófolandú aút tamē illa ualēt:quæ elegáter:
copiofeq; collegifti: tú nihil pluf q̃ q̃ firmitudi/
nem:grauitatemq; animi tui perfpexi: quam nó
mutari turpiffimú exiftío.Itaq; etiã hoc fortio/
rem me puto: q̃ teipfum preceptorem fortitudinif:
q; tu mihi uidere fpē nónullã habere:hec aliq̃do
futura meliora.Cafuf enim gladiatorii:fimilitu/
dinefq; hæ.tum rationef in ea difputatione a te
collecte uetabãt me reipublicæ penituf diffidere.
Itaq; alterum minuf mirum fortiorem te effe.cú
aliqd fpef alteʒ mirum fpe ulla teneri.Quid eft
enim non ita affectú:ut id nó deletú:extíctúq;
effe fateare?Circúfpice omía membra reipublice.
quæ notiffima funt tibi:nullú reperief profecto:
qd nó fractum debilitatúq; fit.Que pfequerer:
fi aut meliuf ea uiderē:q̃ tu uidef:aut có mēorare
poffē fine dolore. q̃q̃ tuif monitif:preceptifq; oif
eft abitienduf dolor.Ergo & domeftica feremuf:
ut cenfef:& publica paulo etiam fortiuf fortaffe:
q̃ tu ipfe:qui precipif.te ení aliqua fpef cófolaē:
nt fcribif:nof erimuf etiam in omni defperatióe
fortef ut tu.tamen idē & hortarif & precipif.Daf

ení mihi iocúdaſ recordatióeſ cóſciétiæ noſtræ:
rerúq; earum quaſ te in primiſ auctore geſſimuſ.
Preſtitimuſ ení patriæ nó minuſ certe: q̃ debui/
muſ.pluſ ꝓfecto q̃ é ab aímiſ cuiuſq̃ aut cóſilio
hominum poſtulatum. Ignoſceſ mihi de meipſo
aliquid ꝑdicáti. Quaꝓ enim tu rerú cogitatione
noſ leuare ægritudine uoluiſti: earú etiá cóme/
moratione lenimur. Itaq; ut moneſ quantumq;
potero: me ab omnibuſ moleſtiiſ:& angoribuſ ab/
ducam: tranſferamq; aímú ad ea: quibuſ ſecúdæ
reſ ornát: aduerſe adiuuátur. Tecúq; & ero tátú
quátum patietur utriuſq; ætaſ:& ualitudo. Et ſi
eſſe una minuſ poterimuſ: q̃ uolemuſ: animorum
tamé cóiúctione: iiſdemq; ſtudiiſ ita fruemur: ut
núq̃ non una eſſe uideamur. Vale.

S I ualeſ bene eſt. ego ualeo ſic ut ſoleo. pau/
lo etiam deteriuſ q̃ ſoleo. Te requiſiui ſæpiuſ: ut
uiderem rome: qa poſtea nó fuiſti: q̃ a me diſceſ/
ſeraſ. miratuſ ſú: ꝙ ité nunc miror. Non habeo
certú: quæ te reſ hic maxie retrahat: niſi ſolitudie
delectare cú ſcribaſ:& aliquid horú fatiaſ: quoꝝ
cóſueſti: gaudeo: neq; reprehendo tuum cóſiliú.
Nam nihil iſto poteſt eſſe iocundiuſ: non modo
miſeriſ hiſ temporibuſ & luctuoſiſ:ſed etiá tran/
quilliſ:& optatiſ preſertim uel animo defatigato
tuo: qui nó requié querit ex magniſ occupatio/
nibuſ: uel erudito: qui ſemper aliqd ex ſe ꝓmat:
qd̃ alioſ delectet: teipſum laudibuſ illuſtret. Si/
autem ſicut hinc diſceſſeraſ & lacrimiſ ac triſtitiæ
te tradidiſti: doleo quia doleſ:& angere nó poſſú

te. Nã ſi cõcediſ: qđ ſêtimuſ:ut libertiuſ dicamuſ
accuſare. Quid enim tu ſoluſ aperta non uidebiſ:
qui propter acumen occultiſſima perſpiciſ. tu non
intelligeſ te quereliſ quotidianiſ nihil proficere.
Nó intelligeſ duplicari ſolicitudineſ:quaſ eleuare
tua te prudentia poſtulat? Quod ſi nó poſſimuſ
aliquid ꝑficere ſuadendo : gratia contendimuſ &
rogando. Si quid noſtra cauſa uiſ: ut iſtiſ te mo/
leſtiſ laxeſ: & ad cóiũ ctum noſtrum redeaſ: & ad
conſuetudinem uel noſtram cómunem: uel tuam
ſoliuſ ac propriam. Cupio nó obtondere te:ſi nó
delectare noſtro ſtudio. Cupio deterrere: ne per/
maneaſ í incepto. cum duæ reſ iſte contrariæ me
conturbent. ex quibuſ aut in altera mihi uelim.
ſi poteſ obtêpereſ. aut in altera nó offendaſ. Va/
le.   .ꝓ· Γ C Ɔ· D· ſatio ſacero· Q. ſilio

OMniſ amor tuuſ ex oibuſ ꝑtibuſ ſe oſtendit
in hiſ literiſ:quaſ a te ꝓxime accepi. Nó ille
quidẽ mihi ignotuſ:ſed tamen gratuſ et optatuſ
dicerem iocunduſ:niſi id uerbum in omne tempuſ
perdidiſſem. neꝗ ob eam unam cauſam:quam tu
ſuſpicariſ: & in qua leniſſimiſ me & amantiſſimiſ
uerbiſ utenſ re grauiter accuſaſ. ſed qđ illiuſ tãti
uulneriſ quæ remedia eē debebant: ea nulla ſũt.
Quid enim ad amicoſ ne cófugiam :ꝙ multi ſũt?
Habuimuſ enim fere cómuneſ quoꝝ alii occide/
runt. alii neſcio quo pacto obduruerunt. Tecum
uiuere poſſem equidẽ & maxime uellē uetuſtaſ:
amor :conſuetudo ·ſtudia parta:qđ uinculú: quæ
reſ:id eſt noſtræ cóiũ ctioniſ. Poſſumuſ ne ergo
eſſe una? Ne me hercule intelligo quid ípeditat.

Sed certe adhuc non fuimuſ cum eſſemuſ uicini
in tuſculano: i putealano. Nã quid dicã in urbe:
in qua tũ foꝛ ſit cõmune: uicinitaſ non requirie:
ſed caſu neſcio quo i ea tempora noſtra ætaſ in/
cidit. ut cũ maxie florere noſ oporteret: tũ uiuere
etiã puderet? Quid eni mihi poterat eſſe ᵱfugiũ
ſpoliato & forenſibuſ: ac domeſticiſ ornamentiſ:
atꝗ ſolatiuſ litere credo qbuſ aſſidue utor? Quid
enim aliud facere poſſũ? Sed neſcio quó ipſe ille
excludere me a portu & ᵱfugio uident: & quaſi
exprobrare qđ in ea uita maneã: in qua nihil íſit
niſi ᵱpagatio miſerrimi tẽporiſ. Hic tu ea abeſſe
urbe mirariſ: in ꝗ̃ domuſ nil dele ctare poſſit ſũ/
mum ſit odium tempoꝛ hominũ: fori curiæ: itaꝗ
ſic literiſ utor: in quibuſ cõſumo omne tẽpuſ: nó
ut ab hiſ medicinam perpetuam: ſed ut exiguam
doloriſ obliuionem petã. Quod ſi id egiſſemuſ:
ego atꝗ tu. qđ ne in mentẽ quidẽ nobiſ uẽiebat
ᵱpter quotidiãoſmetuſ: ó ne tẽpuſ una fuiſſemuſ
neꝗ me ualitudo tua offenderet: neꝗ te meror
meuſ. Quod ꝗ̃tum fieri poterit: cõſe ꝗ̃mur. Quid
eſt enim utriꝗ noſtrũ aptiuſ? Prope diẽ te igitur
uidebo. Vale.

ET ſi unuſex oſbuſ ſim ad te cõſolãdũ: mi me
accõmodatuſ. ꝗ̃ tãtũ ex tuiſ moleſtiſ cepi
doloriſ: ut cõſolatióe ipſe egerẽ: tamẽ cũ longiuſ
a ſũmi luctuſ acerbitate meuſ abeẽt dolor ꝗ̃ tuuſ:
ſtatui neceſſitudiniſ noſtræ eſſe: meæꝗ in te be/
niuolentiæ nó tacere tanto i tuo merore tã diu:
ſed adhibere aliquã modicã conſolationem: quæ
leuare dolorẽ tuũ poſſet: ſi minuſ ſanare potuiſ/

fet.Eft autem confolatio promulgata qdem illa
maxime:quã femper in ore atq; in animo habere
debemuf.Hoief nof ut effe meminerimuf ea lege
natof:ut omibuf teliffortune:propofita fit uita
noftra. ne recufãdũ quo minuf ea qua nati fumuf
conditicne uiuamuf. neue tam grauiter eofcafuf
feramuf:quof nullo cõfilio uitare poffumuf.euẽ/
tifq; alioⱎ mẽoriã repetendif:nihil accidiffe nobif
noui cogitemuf:neq; hæ neq; cætere cõfolatiõ ef:
quæ fũt a fapiẽtiffimif ufurpatæ iurif:mẽorieq;
literif proditæ tantũ uidentur proficere debere:
quãtũ ftatuf ipfe noftræ ciuitatif.& hæc ꝓbatio
tempoⱎ perditoⱎcũ beatiffimi fit qui liberof nõ
fufceperunt:minuf autẽ miferi qui hif tẽporibuf
amiferunt.ꝗ fi eofdẽ bona aut deniq; aliꝗ repub.
perdidiffent.Quod fi tuum te defiderium mouet:
aut fi tuarum rerũ inheref cogitationi:nõ facile
exhauriri tibi iftum dolorẽ uniuerfum puto. Sĩ
illa te ref cruttat:quæ magif amorif eft:ut eorũ
qui occiderũt miferiaflugeaf:ut ea nõ dicã quæ
fæpiffie& legi:& audiui:nihil mali effe in morte:
& quafi refideat fenfuf. Immortalitaf illa potiuf
ꝗ morf dicẽda ẽ. Sin fit amiffuf:nulla uideri mi/
feria debeat:quæ non fentiatur.Hoc tamen nõ
dnbitanf cõfirmare poffũ:ea mifceri:parari:ipẽ/
dere reipub.que qui reliquerit:nullo modo mihi
quidem deceptuf effe uideatur.Quid eft enim nõ
modo pudori ꝓbitati:uirtuti:rectif ftudiif:bonif
artibuf:fed omnino libertati ac faluti loci? Non
me hercule quẽꝗ audiui hoc grauiffimo& pefti/
lentiffimo ãno:adolefcentulũ aut pueⱎ mortuũ:

qui mihi nō a diıſ imortalibuſ ereptuſ ex hiſ mı/
ſeriıſ: atq; ex ſiquiſiſſima cōditióe uitæ uideret.
Quare ſi tibi unū hoc detrahi poteſt. ne quid hıſ
quoſ amaſti mali puteſ cōtigiſſe: permultum enī
erit ex merore tuo diminutū: relinquetur enim
ſimplex illa iam cura doloriſ tui: quæ nō cū illıſ
cōmūicabitur: ſed ad te ipſum prope referetur: in
qua nō eſt iam grauitatıſ & ſapientiæ tuæ: quā
tu a puero preſtitıſti ferre imoderatıuſ caſū tuoꝝ
ſcōmodoꝝ: qui ſit ab eorū quoſ dılexerıſ miſeria
male q; ſeıū ctuſ. Etenim cū ſemper te & priuatıſ
in rebuſ: & publicıſ p̄ſtitı ſti. tueda tibi ut ſit gra/
uitaſ: & cōſtātiæ ſeruiendū. Nam q d̄ allatura ē
ipſa diuturnitaſ: quæ maximoſ luctuſ uetuſtate
tollit: id noſ precipere cōſilio prudentiaq; debe/
muſ. Etenim ſi unꝗ nulla fuit liberıſ amiſſiſ tam
imbecillo mulier animo: quæ non aliꝗdo lugēdi
modum fecerit: certe noſ q d̄ eſt dieſ allatura: id
cōſilio áteferre debemuſ: neq; expectare tēporıſ
medicinā: quā repreſētare ratione poſſimuſ. Hıſ
ego literıſ ſi quid p̄feciſſem: exıſtimabā optādū
q ddā me eē aſſecutū. Sin minuſ ualuıſſēt forte:
tamen offitio eſſe functuꝝ beniuolentıſſimi atq;
amiciſſimi: quē me tibi & fuıſſe ſēper exıſtimeſ
uelim: & futu um eſſe confidaſ. Vale.

.D. T. C. pıb. Sertio. p. ſ.... q. ſ
On obliuione amicitiæ noſtræ neq; inter/
miſſione cōſuetudıſ meæ: ſuperioribuſ tēporıbuſ
ad te literaſ mıſi nullaſ: ſed q̄ p̄ora tēpora in rui/
nıſ reipublicæ noſtrıſq; iacuerūt. Poſteriora aūt
me aſcribendo tuıſ iniuſtıſſimiſ atq; acerbıſſimıſ

incõmodiſ retardarunt. Cum uero & interuallum
iam ſatiſ longum fuiſſet: & tuam uirtutẽ aĩmiq;
magnitudiem: diligentiuſ eſſem mecũ recordatuſ:
non putaui eſſe alienum iſtitutiſ meiſ: hæc ad te
ſcribere. Ego te. P. Sexti & primiſ tẽporibuſ illiſ
quibuſ in inuidiam abſenſ & in crimen uocabare
defẽdi: & cũ i tui familiariſſimi iuditio: & piculo
tuũ crimen cõiũgeretur ut potui: accuratiſſime te
tuamq; cauſã tutatuſ ſũ: & pxime recenti aduẽtu
meo cum rem aliter inſtitutã offẽdiſſem: ac mihi
placuiſſet ſi affuiſſem: tamen nulla re ſaluti tuæ
defui. Quãdocũq; eo tẽpore inuidia amore iĩmici
nõ ſolum tui: uerum etiã amicoꝝ tuoꝝ iniquitaſ
totiuſ iuditii multaq; alia reipublicæ uitia, pluſ q̃
cauſa ipſa ueritaſq; ualuiſſent. P. tuo neq; opera:
neq; cõſilio: neq; labore: neq; gratia: neq; teſti/
monio defui. Quãobrem oĩbuſ offitiiſ amicitiæ
diligenter a me ſanctẽq; ſeruatiſ: ne hoc quidem
ptermictendũ eſſe duxi: te ut hortarer rogarẽq;
ut & hominem te & uirum eſſe meminiſſeſ. Id eſt
ut cõmunem incertũq; caſum: quẽ nõ uitare qſq;
noſtrum: nec preſtare ullo pacto poteſt: ſapiẽter
ferreſ: & dolori fortiter ac fortune reſiſtereſ: co/
gitareſq; & in noſtra ciuitate & in ceteriſ quæ reꝝ
potite ſunt: multiſ fortiſſimiſ atq; optimiſ uiriſ:
iniuſtiſ iuditiiſ taliſ caſuſ incidiſſe. Illud autem
neue ſcriberẽ ea te republica carere: i q̃ neminem
prudentem hominẽ reſ ulla deferret. De tuo aũt
filio uereor ne ſi nihil ad te ſcripſerĩ: debitũ eiuſ
uirtuti uidear teſtimoniũ nõ cepiſſe. Siautẽ oĩa
quæ ſentio preſcripſerim: ne refrigem meiſ literiſ

desideriú ac dolorem tuú:sed tamē prudētiſſime
fatiaſ:ſi illiuſ pietatem:uirtutē:íduſtriá ubicúq;
eriſ tuá eſſe tecum duceſ. Nec ení minuſ noſtra
ſunt quæ aímo cóplectimur:q̃ quæ oculiſ ítue/
mur. Quáobrem & illiuſ eximia uirtuſ ſúmuſq; í
te amor:magne tibi cóſolátioni debet eſſe.& noſ
cæteriq; qui te nó ex fortuna:ſed ex uirtute tua
pendimuſ:ſemperq; pendemuſ:& maxime amicı
tuæ cóſciētiæ.cú tibi nihil merito accidiſſe repu/
tabiſ.& illud adiungeſ hoieſ ſapiēteſ turpitudíe
nó caſu & delicto ſuo:nó alioꝝ íiuria cómouerı.
Ego & mēoria noſtra amicitiæ ueteriſ:& uirtute
atq; obſeruátia filíı tui móituſ:nullo loco deero.
neq; ad conſolandú:neq; ad cóſeruandú fortuná
tuá.Tu ſi quid ad me forte ſcripſeriſ:pfıcıá ne te
fruſtra ſcripſiſſe arbitrere.Vale.

E T ſi egomet qui te cóſoları cupıo:cóſoláduſ
ıpſe ſí. Propterea ꝗ nullá rē grauiuſ iá diu tulı:
q̃ ícómodú tuú:tamen te magnopere nó hortor
ſolú:ſed etiam pro amore noſtro rogo atq; oro te
colligaſ uirumq; prebeaſ.& qua códitione omneſ
hoieſ:& qbuſ tēporibuſ natı ſumuſ cogiteſ. Pluſ
tibi uirtuſ tua dedit:q̃ fortuna abſtulit. Propte/
rea ꝗ adeptuſ eſ ꝗ nó multı nouı hoieſ amíſıſtı:
quæ plurimı hoieſ nobiliſſimi. Eá deniq; uidet
conditio impendere legum iudítioɤ:tempoꝛ ut
optíe actum tum eo uideť eſſe: qui q̃ leuıſſima
pæna ab hac republica diſceſſerit.Tu uero qui &
fortunaſ & liberoſ habeaſ:& noſ cæteroſq; neceſ/
ſitudıne & beniuolentia recú cóíúctiſſimoſ:quáꝗ

magnam facultatem ſiſ habituruſ nobiſcú: & cum
omnibuſ tuiſ uiuendi: & cum unú ſit iudítiú ex
tam multiſqđ reprehendatur: ut φ una ſétentia
eaqʒ dubia: potétia alicuiuſcó donatú exiſtimeé.
Omnibuſ hiſ de cauſiſ debeſ iſtam moleſtiam: ǫ̃
leuiſſime ferre: meuſ aímuſ erit í te liberoſqʒ tuoſ
ſemper quem tu eſſe uiſ & qui eſſe debet. Vale.

ET ſi mihi nú ǫ̃ dubium fuit: quin tibi eſſem
cariſſimuſ: tamen quotidie magiſ id pſpitio. Ex/
tatqʒ idqđ mihi oſtéderaſ quibuſdam literiſ: hoc
te ſtudioſiorem in me colendo fore ǫ̃ in prouítia
fuiſſeſ: & ſi meo iuditio nihil ad tuú prouintiale
offitiú addi poteſt: quo liberiuſ iuditiú eé poſſet
tuú. Itaqʒ me & ſuperioreſ literæ tuæ admodum
delectarút. quibuſ & expectatum meú aduétum
abſ te amanter uidebã: & cum aliter reſcecidiſſet
ac putaſſeſ: te meo cóſilio magnopere eé lætatú:
& hiſ proximiſ literiſ magnum cepi fructum: &
iudítii & offitii tui. Iuditii qđ intelligo te id qđ
oéſ forteſ ac boni uiri facere debent: nihil putare
utile eſſe: niſi φ rectum bóeſtumqʒ ſit. Offitii φ
te mecum quodcúqʒ cepiſſé conſilii polliceriſ fore.
Quo neqʒ mihi gratiuſ: neqʒ ut ego arbitror tibi
honeſtiuſ eſſe quicǫ̃ poteſt. Mihi conſiliú captú
iam diu eſt. de quo ad te non quo celanduſ eſſeſ:
nihil ſcripſi átea: ſed quia cómúicatio cóſilii tali
tépore: quaſi quædã admonitio uideé eé offitii:
uel potiuſ efflagitatio ad coeundam ſotietatem:
uel piculi: uel laboriſ. Cú uero ea tua ſit uolútaſ:
humanitaſ: béiuolétia erga me: libéter áplector

talem animum: sed ita nó enim dimicta pudorē
in rogādo meum. Si feceris id qd ostēdis: magná
habebo gratiam: si non feceris ignoscam: & alteṛ
timori: alterum mihi te negare nó potuisse arbi/
trabar. Est enim res pfecto maxima: qd reclú
sit apparet: quid expediat obscurú est. Ita tamē:
ut si nosbi sumus qui esse debemus: id est studio
digni: ac literis nostris dubitare nó possumus: qui
ea maxie conducāt quæ sint rectissima: quæ tu si
simul placebit: statim ad me uenies. sin idem: pla/
cebit: atq; eodem nec cótinuo poteris: omnia tibi
ut nota sit fatiā: qdquid statueris: te mihi amicú:
sin id qd opto: etiā amicissimú iudicabo. Vale.

G AD · T · C · S · D. iurio mihino
R ate mihi tuæ literæ fuerunt: ex qbus in/
tellexi qp etiam sine literis arbitrabar: te summa
cupiditate affectum esse uidendi mei: qd ego ita
libenter accipio: ut tamen tibi nó cócedā maiorē
de te non fuisse apud me cupiditatem. Nam tecú
esse ita mihi cómúia omnia quæ opto cótingāt:
& ut uehementer uelim: ut enim cum eēt maior:
& uiroṛ & ciuium bonoṛ: & iocúdoṛ hominum:
& amátium mei copia: tamen erat nemo qui cum
essem libentius q̃ tecum: & pauci quibus cú essem
æque libenter. hoc uero tépore cú alii iterierint:
alii absint: alii mutati uolútate sint. Vnú medi/
ussidius tecú diem libēter posuerim: q̃ hoc omne
tépus cú plerisq; eoṛ: quibus cú uiuo necessario.
Nolim enim existimare mihi non solicitudinem
iocundiorem esse: qua tamen ipsa uti non licet: q̃
sermones eoṛ qui frequētát domú meá: excepto

uno aut ad ſũmũ altero. Itaq; utor eodẽ pfugio:
quo tibi utendũ cenſeo literuliſ noſtriſ. Preterea
etiam:conſciētia conſilioꝝ meoꝝ. Ego enim iſſũ
quéadmodũ poteſ facillime exiſtimare;qui nihil
unꝗ mea potiuſ ꝗ meorũ ciuiũ cauſa fecerim: cui
niſi inuidiſſet hiſ quem tu nunꝗ amaſti: me enim
amabaſ. & ipſe beatuſ eſſet:& omneſ boni:ego ſũ
q nulliuſ uim pluſ ualere uolui: ꝗ boneſtũ otiũ.
Idemq; tum illa ipſa arma: quæ ſemper timuerã
pluſ poſſe cenſi: ꝗ illum conſenſum bonoꝝ quem
ego idem affeceram: quáuiſ tota cõditione pacẽ
accipere malui. ꝗ uiribuſ cõualentiore pugnare.
Sed hæc & multa alia:corã licebit breui tẽpore.
Neq; me tamẽ ulla reſ alia rome tenet:niſi ſpec/
tatio rerum affricanaꝝ. Videtur enim mihi reſ in
propinquũ adducta diſcrimen. Puto aũt nõ mea
nihil intereſſe· ꝗꝗ idipſum quod interſit nõ ſane
intelligo. Verũtamẽ quidqd illinc nũtiatum ſit:
non longe abeſſe uelim a cõſiliiſ amicoꝝ. Eſt eni
reſ in eũ locũ tã adducta:ut ꝗꝗ multũ íterſit íter
eoꝝ cauſaſ qui dimicant:tamẽ inter uictoriaſ nõ
multum inter futurum putem. Sed plane aimuſ
qui dubiiſ rebuſ forſitã fuerit infirmior deſpatuſ
confirmatuſ eſt multum:quem etiam ſuperioreſ
tuæ literæ confirmauerũt: qbuſ ítellexi ꝗ forti/
ter iniuriam ferreſ :iuuitq; me tibi tum ſummam
humanitatem: tũ etiã literaſ tuaſ ꝓfuiſſe. Verũ
enim ſcribam teneriore mihi aimo uidebare ſicut
oẽſ fere qui uita ingenua in beata & libera ciui/
tate uixiuſ:ſed ut illa ſecũda moderate tulimuſ:
ſic hãc nõ ſolũ aduerſã:ſed etiã fundituſ euerſam

fortunā fortiter ferre debemuſ. ut hoc ſaltem in
maximiſ rebuſ maliſ boni cōſeq̃mur ut mortem
quam etiā beati cōtēpnere debeamuſ. Propterea
q̃ nullum ſēſum eſſet habitura. nūc ſic affecti nó
modo contempnere debeamuſ:ſed etiam optare.
Tu ſi me diligiſ:fruere iſto otio: tibiq; perſuade
preter culpam ac peccatum : qua ſemper caruiſti
& carebiſ homini accidere nihil poſſe:qd̄ ſit hor/
ribile aut pertimeſcēdum. Ego ſi uidebitur recte
fieri poſſe:ad te ueniā breui:ſi quid acciderit: ut
mutādum cōſilium ſit:te certiorem fatiam ſtati.
Tu ita fac cupiduſ mei uidendi ſiſ:ut iſtinc te ne
moneaſ tam infirma ualitudine: niſi ex me priuſ
queſiueriſ per literaſ qd te uelim facere. Me ueli
ut fatiſ diligaſ:ualitudiniq; tuæ & tranquillitati
animi ſeruiaſ. Vale. M·T·C· epiſ li qnr exph
Inap·vi· M·T·C·S·D·Aulo torquato

T ſi ea perturbatio eſt omnium
reҗ:ut ne quenq̃ fortune maxie
peniteat:nemoq; ſit quin ubi uiſ
q̃ ibi ubi ē eſſe malit. Tamē mihi
dubiū non eſt:quin hoc tempore
bono uiro rome eē miſerrimū ſit.

Nā & ſi quocūq; in loco quiſquiſ eſt:idē ē ei ſēſuſ.
& eadem acerbitaſ ex interitu reҗ & publicarum
& ſuarū:tamē oculi augent dolorem:qui ea quæ
cæteri audeunt intueri coguntur:nec auertere a
miſeriiſ cogitatione ſinūt. Quare & ſi multaҗ reҗ
deſiderio te angi neceſſe ē:tamē illo dolore:quo
maxime te confici audio: q̃ rome nó ſiſ animum
tuum libera. & ſi enim cum magna moleſtia tuoſ

tuaq; deſideraſ: tamen illa quidem quæ requiriſ
ſuū ſtatū tenent: nec meliuſ ſi adeēſ tenerēt: nec
ſūt ullo in ꝓprio piculo. Nec debeſ tu cū de tuiſ
cogitaſ: aut ꝑcipuā aliꝗ fortunam poſtulare: aut
totā recuſare. De te aūt ipſo tor ꝗte ē tuū ſic agi/
tare aïo: ut nó adhibeaſ in cóſilium cogitationú
tuarum deſperatióem aut timorem. Nec enim ſ
q í te adhuc intiuſtior: ꝗ dignitaſ tua poſtulabat
fuit: nó magna ſigna dedit aïmi erga te mitigati.
Nec tamē ſ ipſe a quo ſaluſ petiē: bēt explica/
tā aut exploratā rationem ſalutiſ tuæ. Cūq; oïm
bellorū exituſ incerti ſint: ab altera uictoria tibi
periculū nullū eſſe pſpitio. qđ quidē ſetū ctū ſit
ab omniū interitu: ab altera teipſū nūꝗ timuiſſe
certo ſcio. Reliquū eſt: ut te idipſū qđ ego quaſi
cóſolationiſ loco pono: maxíe excrutiet cómūe
periculū reipublicæ cuiuſ tāti mali quáuiſ docti
uiri multa dicant: tamē uereor ne cóſolatio ulla
poſſit uera reperiri preter illam: quæ tāta ē: ꝗtū
in cuiuſq; animo roboriſ eſt atꝗ neruo ꝛ. Si enim
bene ſentire rectq; facere ſatiſ eſt: ad bene bea/
teꝗ uiuendum: non uereor ne eum qui ſe optío ꝛ
cóſiliorū cóſcientia ſuſtentare poſſit: miſerū eſſe
nefaſ ſit dicere. Nec eí noſ arbitror uictorie pre/
miſ ductoſ patriam olim & liberoſ: & fortunaſ
reliquiſſe: ſed quoddam nobiſ offitium iuſtum &
piū & debitū reipub. noſtræq; dignitati uidebaſ.
ſed qa nec cū id faciebamuſ: tamen eramuſ amē/
teſ ut explorata nobiſ eſſet uictoria. Quare ſi id
euenit: qđ ígrediētibuſ nobiſ in cauſam ꝓpoſitū
fuit accidere poſſe: nó debemuſ ita cadere aïmiſ:

quaſi aliquid euenerit. qđ fieri nūq̃ poſſe puta/
rimuſ. Simuſ igitur ea mēte:quā ratio & ueritaſ
preſcribit:ut nihil in uita nobiſ preſtandum p̃ter
culpam putemuſ.eaq̃ cum careamuſ. oĩa hūana
placate & moderate feramuſ:atq̃ eo hæc p̃tinet
oratio:ut p̃ditiſ rebuſ omnibuſ ; tamē ipſa uirtuſ
ſe ſuſtentare poſſe uideat̃. Sed ſi eſt ſpeſ aliqua
rebuſ cōmunibuſ:ea tu quicūq̃ ſtatuſ futuruſ eſt:
carere nō debeſ.Atq̃ hæc mihi ſcribenti uēiebat
in mēte:me eē eū cuiuſ tu deſperatioēm accuſare
ſolituſ eſſeſ:quenq̃ auctoritate tua cunctantē &
diffidentem excitare. Quo quidem tempore non
ego cauſā noſtrā:ſed cōſiliū improbabā. Sero. n.
noſ hiſ armiſ aduerſari uidebam:quæ multo āte
cōfirmata per noſmetipſoſ erant: dolebāq̃ piliſ
& gladiiſ. nō cōſiliiſ neq̃ auctoritatibuſ noſtriſ:
de iurepublico diſceptari. Neq̃ ego ea que facta
ſunt.fore cum dicebam diuinabam futura: ſed et
qđ fieri poſſe & exitioſū fore:ſi euēiſſet uidebā.
Id ne accideret timebā p̃ſertim cum ſi mihi alter/
utrum de euentu atq̃ exitu rerum promictēdum
eſſet.id futurum quod euēit exploratiuſ poſſem
promictere. Hiſ enim rebuſ p̃ſtabamuſ:quæ nō
prodeunt in atiem uſu autem armorū & militum
robore inferioreſ eramuſ. Sed tu illū aĩmū nunc
adhibe queſo:quo me tum eſſe cēſebaſ oportere.
Hec eo ſcripſi q̃ mihi Philargiruſ tuuſ omnia de
te requirenti fideliſſimo aĩmo:ut mihi qđē uiſuſ
ē narrauit:te interdū ſolicitū ſolere eē uehemē/
tiuſ.qđ facere nō debereſ:nec dubitare:quin aut
aliqua reſpub.ſiſ facturuſ qui eē debeſ:aut p̃dita

nó afflictiore códitióe ǧ ceteri. Hoc uero tēpuſ
quo examinati omneſ: & ſuſpenſi ſumuſ hoc mo/
deratiore animo ferre debeſ. ǫ ea in urbe eſ: ubi
nata & alta ē ratio ac moderatio uitæ. & habeſ
Seruiú Sulpitiú quē ſeper unice dilexiſti: qui te
pfecto & beniuolētia & ſapientia cóſolať: cuiuſ
ſi eſſemuſ & auctoritatem & cóſiliú ſecuti: togati
potiuſ potentiá ǧ armati uictoriam ſubiſſemuſ.
Sed hæc longiora fortaſſe fuerút. ǧ neceſſe fuit.
Illa quæ maiora ſunt: breuiuſ exponá. Ego ha/
beo cui pluſ ǧ tibi debeam neminem: quibuſ tátú
debeá: ǧtú tu intelligiſ eoſ mihi huiuſ belli caſuſ
eripuit. Qui ſim autem hoc tēpore intelligo. Sed
qa nemo eſt tá afflictuſ: qui ſi nihil aliud ſtude/
at: niſi id ǧ egit poſſit nauare aliquid & efficere.
Omne meum conſiliú: operá: ſtudiú certe uelim
exiſtimeſ: tibi tuiſq; liberiſ eſſe debitum. Vale.

Eto a te ne me puteſ obliuione tui rariuſ ad
te ſcribere: ǧ ſolebam. Sed aut grauitate ualitu/
diniſ: ǧ tamē tá paulú uideo leuari: aut ǫ abſim
ab urbe: ut qui ad te proficiſcátur ſcire non poſſí.
Quare uelim ita ſtatutum habeaſ: me tui mēoriá
ſúma cum beniuolentia tenere: tuaſq; omneſ reſ
non minori mihi curæ ǧ meaſ eſſe. Quod maiore
in uarietate uerſata eſt: adhuc tua cauſa ǧ ho/
mineſ aut uolebant: aut opinabantur: mihi crede
non eſt pro maliſ temporum quod moleſte feraſ.
Neceſſe eſt enim aut armiſ urgeri rempublicam
ſempiterniſ: aut hiſ poſitiſ recreari aliquádo: aut
fúdituſ iterire. Si arma ualebút: nec eoſ a qbuſ

receperıſ uererı debeſ:nec eoſ quoſ adıuuıſtı. Sı
armıſ aut condıtıone poſıtıſ: aut defatıgatıone
abıectıſ :aut uıctorıa detractıſ :cıuıtaſ reſpıra/
uerıt:& dıgnıtate tua fruı tıbı & fortunıſ lıcebıt.
Sın omnıno ıterıerınt omnıa: fuerıtq; bıſ exıtuſ
quem uır prudentıſſımuſ. M. Antonıuſ:ıam tum
tımebat:cum tantum ınſtare maloᵴ ſuſpıcabať.
Mıſera eſt ılla conſolatıo quıdem:talı preſertım
cıuı & uıro :ſed tamē neceſſarıa. Nıbıl eē p̄cıpue
cuıq̃ dolendū ı eo qď accıdıt unıuerſıſ. Que uıſ
ınſıt ın bıſ paucıſ uerbıſ. Plura enım cómıctenda
epıſtole nó erant :ſı actendeſ qď facıſ profecto
etıam ſıne meıſ lıterıſ: ıtellıgeſ te alıquıd babere
qď ſpeſ. Nıbıl qď aut boc aut alı quo reıpublıcæ
ſtatu tımeaſ. Omnıa ſı ınterıerınt cū ſuperſtıtem
te eſſe reıpublıce ne ſı lıceat quıdem uelıſ:ferēdā
eſſe fortunā preſertım quæ abſıt a culpa. Sed bec
bactenuſ. Tu uelım ſcrıbaſ ad me qd agaſ :& ubı
futuruſ ſıſ:ut aut quo ſcrıbā:aut quo uenıam ſcıre
poſſum. Vale.

S Vpıorıbuſ lıterıſ bēıuolētıa magıſ adduc/
tuſ q̃ ᵱ reſ ıta poſtularet fuı lógıor. Neq; eı
confırmatıóe noſtra egebat uırtuſ tua: neq; erat
ea mea cauſa atq; fortuna: ut cuı ıpſı oıa deeſſent
alteᵴ cófırmarem. Hoc ıtem tempore breuıor eē
debeo. Sıue ıgıtur tum nıbıl opuſ fuıt quo tam
multıſ uerbıſ:nıbılo magıſ nunc opuſ eſt:ſıue tū
opuſ fuıt:ıllud ſatıſ eſt: preſertım cum acceſſerıt
nıbıl nouı. Nam & ſı quotıdıe alıqd audıuımuſ
earū rerum: quaſ ad te perferrı exıſtımo:ſumma
tamen eadem eſt & ıdem exıtuſ : quem ego tam

uideo aĩmo q̃ ea quæ oculıſ cernımuſ. Nec uero
quıcq̃ uıdeo: quod non ıdem te uıdere certe ſcıo.
Nam & ſı quẽ exıtũ atıeſ habıtura ſıt: dıuınare
nemo poteſt: tamen & bellı exıtum uıdeo. & ſı ıd
mınuſ: hoc quıdem certe: cum ſıt neceſſe alterutıꝗ
uıcere: qualıſ ſıt futura uel hec uel ılla uıctorıa.
Idꝗ tum optıme pſpexı tale uıdeo: nıhıl ut malı
uıdeatur futurum: ſı ıd uel ante accıderıt qď uel
maxımum ad tımorem ꝓpóıé. Ita enım uıuere:
ut tum ſıt uıuendum mıſerrımum eſt. morı autẽ
nemo ſapıenſ mıſerũ dıxıt: ne beato quıdẽ. Sed
ın ea eſ urbe: ſ qua hec uel plura & ornatıora pa/
rıeteſ ıpſı loq poſſe uıdeáé. Ego tıbı hoc cõfırmo:
& ſı leuıſ eſt conſolatıo ex mıſerıſ alıoꝝ: nıhılo
te nũc maıore ın dıſcrımıne eſſe: q̃ quẽuıſ auctoꝝ
quı dıſceſſerunt: alterı dımıcant: alterı uıctorem
tıment. Sed hec cõſolatıo leuıſ é: ſed ılla grauıor
qua te ut ſpero ego certe utor. Nec enım dũ ero:
tangar ulla re cum omnı uacem culpa: & ſı nó ero
ſẽſu oíno carebo. Sed rurſuſ

         quı ad te hec. Mıhı tu tuı: omnıa tua
maxıme curæ ſunt: & dum uıuam erunt. Vale.

Noui quıd ad te ſcrıberem nıhıl erat: & tamẽ
ſı qd eſſet: ſcıebam te a tuıſ certıorem fıerı ſolere.
De futurıſ autem rebuſ: & ſı ſemper dıffıcıle eſt
dıcere: tamen ınterdum conıectura poſſıſ ꝓprıuſ
accedere: cum enım reſ eſt eıuſmodı: cuıuſ exıtuſ
prouıderı poſſıt. Nunc tantũ uıdemur ſtellıgere
nó dıuturnũ bellum: & ſı ıdıpſũ nónullıſ uıdeaé
ſecuſ. Equıdem cum hec ſcrıbebam: alıquıd ıam

æctum putabam: nõ quo: sed ǫ difficilis erat cõ/
iectura. Nam cum omnis belli mors cõmunis : &
tũ semp ícerti exitus plioꝝ sint: tamẽ hoc tpe ita
magnæ utrinǫ copiæ: ita paratæ ad pugnãdum
eẽ dicunt: ut utercũǫ uicerit: nõ sit mirũ futuꝝ.
Illa in dies singulos magis magisǫ opinio hoium
cõfirmatur: etiam si inter causas armoꝝ aliquãtũ
intersit: tamẽ íter uictorias nõ multũ interfutuꝝ.
Alteros prope modũ iam sumus expti. De altero
nemo est quin cogitet: cum sit metuendus: iratus
uictor armatus. Hoc loco si uideor augere dolo/
rem tuũ: quem consolãdo leuare debeam: fateor
me cõmuniũ maloꝝ consolatione nullã inuenire
pter illã: quæ tamẽ si possis eam suscipere maxía
est: quaǫ ego quotidie magis utor. Conscíetíam
recte uoluntatis maximam consolatione eẽ rerũ
ícommodarum: nec esse ullum magnum malum
preter culpã. A qua quãdo tãtum absumus ut etíã
optime senserimus: euentusǫ magis nostri cõsílii
ǫ consilium reprehendatur. & quãdo prestitimus
qđ debuimus: moderate qđ euenit feramus. Sed
hoc mihi tamen nõ sumo: ut te cõsoler de cõmúi/
bus miserís: quæ ad cõsolandum maioris ingenii:
& ad ferendum singularis uirtutis indigent. Illud
cuius facile est docere: cur pcipue tu dolere nihil
debeas. Eius enim qui tardior in te leuãdo fuit: ǫ
fore putaremus. nõ est mihi dubia de tua salute
sententia : de illis aũt non arbitror te expectare
quid sentiã. Reliquum est: ut te angat qđ absis
a tuis tam diu: res molesta ab his presertim pueris
quibus potest nihil esse festiuius. S ed ut ãtea ad

te ſcripſi. tēpuſ eſt buiuſmodi: ut ſuã quiſq̃ con/
ditionem miſerrimã putet: & ubi quiſq̃ ſit ibi eſſe
mime uelit. Equidē noſ qui rome ſumuſ: miſerri/
mum eſſe duco: nõ ſolũ q̃ in oĩbuſ maliſ acerbiuſ
ē uidere q̃ audire: ſed etiã q̃ ad oēſcaſuſ ſubdito ꝛ
piculo ꝛ magiſ obiecti ſumuſ: q̃ ſi abeſſemuſ. Et
ſi meipſum cõſolatorem tuum non tantum litere
quibuſ ſemper ſtudui: q̃ tum lõginquitaſ tēporiſ
mitigauit: q̃ tū fueri dolore memiſti. In quo pri/
ma illa cõſolatio eſt: me uidiſſe priuſ q̃ ceteroſ: cũ
cupiebam quãuiſ iniqua conditione pacē. Quod
& ſi caſu non diuinatione mea factum eſt: tamē
in bac inani prudētiæ laude delector. Deíde q̃
mibi ad cõſolationem cõmune tecum eſt: ſi iam
uocer ad exitum uitæ. Non ab ea repub. aueller:
qua carendum eſſe doleam: preſertim cum id ſine
ullo ſenſu futuꝛ ſit. Adiuuat me ætaſ & acta iam
uita: que cũ curſu ſuo bene confecto delectatur:
tum uetat in eo uim timere: quo noſ iam natura
ipſa pene perduxerit. Poſtremoiſ uir: uel etiam
ii uiri boc bello occiderũt: ut impudentia uideat̃
eandem fortunam ſi reſ cogat recuſare. Equidem
mibi omnia propono: nec ullũ eſt tantum malũ
q̃ non putē impendere. Sed cũ pluſ in metuēdo
mali ſit: q̃ in ipſo illo· q̃ timetur: deſino: pſertim
cũ ſpendeat in quo non modo dolor nulluſ: ue ꝛ
finiſ etiã doloriſ futuruſ ſit. Sed bec ſatiſ multa:
uel plura potiuſ q̃ neceſſe fuit. Facit aũt nõ loq̃/
citaſ mea: ſed beniuolentia longioreſ epiſtolaſ.
Seruiũ diſceſſiſſe atbeniſ moleſte tuli. Nõ enim
dubito quin magnæ tibi leuationi ſit ſolituſ eſſe

quotidianuſ cógreſſuſ & ſermo: tú familiariſſimi
boiniſ: cum optimi & prudentiſſimi uiri. Tu ueli
rere ut debeſ & ut ſoleſ: tua uirtute ſuſtenteſ. Ego
quæ te uelle queq; ad te & ad tuoſq; prinere ar/
bitrabor: óia ſtudioſe diligéterq; curabo. que cú
fatiá beniuolentiá tuam erga me imitabor: meri/
ta non aſſequor. Vale.

Q Votienſcúq; filiú tuú uideo: uideo aút fere
quotidie: polliceor ei ſtudiú quidé meú & operá
ſine ulla exceptióe: aut laboriſ: aut occupatióiſ:
aut temporiſ. Gratiam autem átq; auctoritatem
cum hac exceptióe: q̃tum ualeá: quátúq; poſſim:
liber tuuſ & lectuſ eſt & legitur a me diligenter:
& cuſtoditur diligentiſſime. Reſ & fortunæ tue
mihi maxime cure ſút. Que quidem quotidie fa/
cilioreſ mihi & melioreſ uidentur: multiſq; uideo
magnæ eſſe cure: quorum de ſtudio & de ſua ſpe
filium ad te perſcripſiſſe certe ſcio. Hiſ autem de
rebuſ quaſ cóiectura cóſequi poſſumuſ nó mihi
ſumo: ut pluſ ipſe proſpiciam: q̃ te uidere & itel/
ligere mihi pſuaſerí. Sed tamen quia fieri poteſt
ut tu ea perturbatiore animo cogiteſ: puto eſſe
meum quid ſentiam exponerre. Ea natura reꝛ é
& iſ curſuſ temporum: ut non poſſit iſta: aut tibi:
aut ceteriſ fortuna eé diuturna: neq; herere in tá
bona cauſa: & i tá boniſ ciuibuſ tá acerba íuria.
Quare ad eam ſpem quá extra ordinem de teipſo
habemuſ: nó ſolum per dignitaté & uirtuté tuá.
Hec enim ornaméta ſút tibi etiam cum aliiſ có/
munia. Accedunt tua precipua propter eximium

ſgeniú ſúmáq; uirtutem:cui me hercule bic cuiuſ
in poteſtate ſumuſmultú tribuit. Itaq; ne punc/
tum quidem temporiſin ipſa fortuna fuiſſeſ:niſi
eoiṕo bono tuo quo dele ctaé:ſe uiolatum putaſ/
ſet:qd̃ ipſum lenitur quotidie ſignificaé q̃ nobiſ
ab biſqui ſimul cú eo uiuút:tibi bác ipſa opíoné
ſgenii apud ipſum plurimum profuturam· Qua/
propter primum fac animo forti atq; magno ſiſ:
ita ení natuſ:ita deducatuſ:ita doctuſ eſ :ita etiã
cognituſ:ut tibi id faciẽdú ſit. Deinde ſpẽ quoq;
babeaſ firmiſſimá:propter eaſcauſaſquaſſcripſi.
A me uero tibi omnia:liberiſq; tuiſparatiſſima eé
cófidaſuelim. Id enim & uetuſtaſnoſtri amoriſ:
& mea conſuetudo in meoſ: & tua multa erga me
officia poſtulant. Vale.

V·D· ꝑ·S· Ᵽ·Ꞁ·ᵾ Cͤͬ

Ereor ne deſidereſoffitiú meú:quod tibi p
noſtra & meritoꝝ multorum & ſtudioꝝ & partiú
cóiunctione deeſſe non debet. Sed tamẽ uereor
ne literarum a me offitium requiraſ:quaſtibi etiã
pridẽ eſedi miſiſſẽ:niſi quotidie meliuſexpectãſ:
gratulationẽ q̃ cófirmationẽ aími tui cóplecti
literiſmaluiſſem. Núc ut ſpero breui gratulabi/
mur. Itaq; in aliud tempuſ argumẽtum epiſtole
differetur. Hiſ autem literiſ aímum tuum quem
minime imbecillem eſſe & audio & ſpero :& ſi nó
ſapiẽtiſſimi & amiciſſimi boíniſ auctoritate có/
firmãdú etiã atq; etiã puto. Nec biſ qdẽ uerbiſ
quibuſ te conſoler ut afflictum & iam omni ſpe
ſalutiſ orbatum:ſed ut eú de cuiuſ incolumitate
non pluſ dubitetur:q̃ te memini dubitare de mea

Nam cum me ex repub.expuliſſent hi qui illam
cadere ſtante me poſſe non putarūt: memini me
ex multiſ hoſpitibuſ qui ad me ex aſia in qua tu
eraſ uenerunt. audire te glorioſo & celeri reditu
meo cófirmare. Si te ratio quedam uetuſte diſci/
pline quam a patre nobiliſſimo atq optimo uiro
acceperaſ:nó fefellit:ne noſ quidē noſtra diatio
fallet. quá tum ſapiētiſſimorū uiroᵪ monimētiſ
atq ꝓceptiſ:plurimoqᵕ ut tu ſciſ doctrine ſtudio:
tum magno etiá uſu tractande reipub:magnaqᵕ
nróᵪ tempoᵪ uarietate cóſecuti ſumuſ .Cui qdē
diuinationi hoc pluſ cófidimuſ: q ea noſ nihil in
hiſ tá obſcuriſ rebuſ tamq pturbatiſ oíno ū q̃ fe/
fellit.Dicerē que antea futura dixiſſē: ni uererer
ne ex euentiſ fingere uiderer. Sed tamē plurimi
ſunt teſteſ me & initio ne cóiungeret ſe cū cæſare
monuiſſe Pópeiū :& poſtea ne ſeiungeret cóiūc/
tionem. Frangi ſenatuſ opeſ diuinatione ciuile
bellū excitari uidebá. Atq utebar familiariſſie
cæſare: Pópeiū fatiebam plurimi. Sed erat meū
cóſilium tum fidele Pópeio:tum ſalutare utriqᵕ.
Que ꝓterea puideri ꝓtereo. Nolo ení habent de
me optie meritū exiſtiare:ea me ſuaſiſſe Pópeio:
quibuſ ille ſi paruiſſet:eſſet hic quidem claruſ in
toga & principſ:ſed tantaſ opeſ quátaſ núc habet
nó haberet. Eundum in hiſpaniam cenſui:quod
ſi feciſſet:ciuile bellū oíno nullū fuiſſet. Ratio/
nem haberi abſentiſ:non tam pugnaui ut liceret:
q̃ ut q̃do ipſo cóſule pugnante populuſ iuſſerat
haberet.Cauſa orta eſt belli. Quid ego ꝓtermiſi:
aut monitoᵪ: aut querelarum:cū uel iniquiſſimá

pacē iuſtiſſimo bello anteferrē. Victa ē aucto/
ritaſ mea non tam a Pompeio: nam iſ mouebāt:
q̃ ab hiſ qui duce Pópeio freti per oportunam &
rebuſ domeſticiſ & cupiditatibuſ ſuiſ illiuſ belli
uictoriam fore putabāt. Sufceptum eſt bellum
quiefcente me: depulſū ex ytalia manēte me quo
ad potui. Sed ualuit apud me pluſ pudor meuſ q̃
timor. Verituſ ſum deeſſe Pópei ſaluti: cum ille
aliquādo nó defuiſſet meæ. Itaq̃ uel offitio: uel
fama bonoꝗ: uel pudore uictuſ: ut í fabuliſ Am/
phiarauſ ſic ego prudenſ & ſcienſ ad peſtē ante
cculoſ poſitā ſum profectuſ. Quo in bello nihil
aduerſi accidit nó predicente me. Quare quomó
ut augureſ & aſtroligi ſolent: ego quoq̃ augur
publicuſ ex meiſ ſuperioribuſ predictiſ: cóſtitui
apud te auctoritatem augurii & diuinatióiſ mee:
debet habere fidem noſtra predictio. Nó igitur
ex alitiſ uolatu: nec e cantu ſiniſtro oſciniſ ut in
noſtra diſciplina ē. nec ex tripudiiſ ſoliſtimiſ aut
ſóniiſ tibi auguror: ſed habeo alia ſigna quæ obē
ſeruē. quæ & ſi nó ſunt certiora illiſ: minuſ tam/
habent uel obſcuritatiſ uel erroriſ. Notānt autē
mihi ad diuinandū ſigna duplici quadā uia: q̃rū
alteram duco a cæſare ipſo. alteram a temporum
ciuilium natura atq̃ ratione. In cæſare hec ſunt
mitiſ clemenſq̃ natura: qualiſ exprimit preclaro
illo libro querelarū tuarū. Accidit quod mirifice
ingeniiſ excellentibuſ: quale eſt tuū delectatur.
Preterea cedit multorū iuſtiſ precibuſ & offitio
incenſiſ: non inaibuſ aut ambitioſiſ uolūtatibuſ:
in quo uehemēter eū cóſentienſ etruria mouebit.

Cur hæc igitur adhuc parꝝ profecerunt:quia non
putat fuſtinere ſe cauſaſ multorꝝ poſſe:ſi tibi cui
iuſtiuſ uidetur iraſti poſſe cóceſſerit. Que ē igié
inquieſ ſpeſ ab irato:eodem fonte ſe hauſturum
itelligit laudeſ ſuaſ equo ſit leuiter aſperſuſ. poſ/
tremo homo ualde ē acutuſ &multum prouidenſ.
Intelligetꞇe hoīꞇē ī pꞇe italie mīme cóntēpnēda
facile omniū nobiliſſimum: & in cómuni reipub.
cuiuſ ſū mo tuæ ætatiſ uel ingenio:uel gratia:uel
fama populi romani par nó poſſe ꝓhibere repub.
diutiuſ. Nollet hoc temporiſ potiuſ eſſe aliꝗ̃do
benefitiú ꝗ̃ iam ſuú. Dixi de Cæſare:núc dicam
de temporum rerúqꝫ natura. Nemo ē tā iīmicuſ
ei cauſæ ꝗ̃ Pompeiuſ:animatuſ meliuſ ꝗ̃ paratuſ
ſuſceperat:qui noſ maloſ ciueſ dicere:aut hoīneſ
iꝓboſ audeat. In quo admirari ſoleo grauita/
rem & iuſtitiam & ſapiētiam cæſariſ. Nunꝗ̃ niſi
hórificētiſſie Pópeiú appellat. At in eiuſ ꝑſona
multa fecit aſperiuſ. Armorꝝ iſta & uictoriæ ſút
facta nó cæſariſ.At noſ queadmodú ē cóplexuſ:
Caſſiú ſibi legauit:Prutú gallie ꝓfecit:Sulpitiú
gretiæ:Marcellum cui maxime ſuccenſebat cum
ſumma illiuſ dignitate reſtituit. Quo igitnr hæc
ſpectant?Rerum hec natura & ciuilium temporꝝ
nó patiet:nec maneſ nec muta ratio feret. Pri/
mum ut nó in cauſa parſ eadem ſit & conditio &
fortuna omnium: deide ut ī eam ciuitatem boni
uiri & boni ciueſ:nulla ignominia notati nó re/
uertant. in quā tot nephariorꝝ ſcelerú códēpnati
reuerterút. Habeſ augurium meum:quo ſi quid
addubitarem non potiuſ uterer.ꝗ̃ illa cóſolatióe

qua facile fortem uirū suſtentare:te ſi explorata
uictoria arma ſūpſiſſeſ pro republica ita enim tū
putabaſ:nó nimiſ eſſe laudandum. Sin propter
incertoſ exituſ euētuſq; bellorum poſſe accidere:
ut uinceremur :putaſſeſ non debere te ad ſecundā
fortunam bene paratū fuiſſe:aduerſā ferre nullo
modo poſſe.Diſputarē etiā q̃ to ſolatio tibi cóſci/
entia tui facti: quante ue delectationi in rebuſ
aduerſiſ litere eſſe deberēt.Có memorare nó ſolū
ueterū:ſed horum etiam recentium: uel ducū uel
comitum tuorum grauiſſimoſ caſuſ: etiā externoſ
multoſ claroſ uiroſ nominare. Leuat eni dolorē
cómuniſ quaſi legiſ & humanæ códitioniſ recor/
datio. Exponerem etiam quēadmodū hic & q̃ ta
in turba:quantaq; in confuſione rerum omnium
uiueremuſ. Neceſſe ē eni minore deſiderio p dita
repub.carere q̃ bona. Sed hoc genere nihil opuſ ē:
incolumē te cito ut ſpero:uel potiuſ ut proſpicio
uidebimuſ.Interea tibi abſenti & huic qui adeſt
imagini aími & corporiſ tui:cóſtātiſſio atq;optío
filio tuo:ſtudium:offitium:operam:Iaborē meū:
iā p dē & pollicituſ ſū & detuli. Nūc hoc ampliuſ
q me amiciſſie quotidie magiſ cæſar áplectitur
familiareſ quidem eiuſ ſicuti nemíem: apud quē
quicq̃ ualebo:uel auctoritate uel gratia ualebo
tibi.Tu cura ut tum firmitudine animi te:tū etiā
ſpe optima ſuſtenteſ. Vale.

Aulaſ Ceanna·S· D· Ciceroni
Vod tibi tam celeriter liber non ē reddituſ:
ignoſce timori noſtro:& miſerere temporiſ:filiuſ
ut audio q̃ timuit:neq; íuria ſi liber exiſſet:q̃ do

nó tã intereſt quo aĩmo ſcribať: q̃ quo accipiať:
ne ea reſ inepte mihi noceret: cũ preſertim adhuc
ſtili penaſ dem. qua quidẽ in re ſingulari ſũ fato.
Nam cum emendãdum ſcripture litera tollatur:
ſtultitia fama mulcteť. Meuſ error exilio corri/
git. Cuiuſ ſũma crimiſ ē: q̃ armatuſ aduerſario
maledixi. Nemo eſt noſtrũ ut opinor: qui uota
uictoriæ ſuæ fecerit. Nemo qui etiam cũ de alia
re imolaret: tamen eo q̃dẽ ipſo tẽpore ut q̃p̃mũ
cæſar ſuperareť optaret. Hoc ſi nó cogitat: om/
nibuſ in rebuſ felix eſt. Si ſcit & perſuaſuſ eſt: cur
iraſcitur ei qui ſcripſit aliquid cõtra uoluntatem
ſuam: cum ignorit oĩbuſ qui multa deoſ uenerati
ſunt: cõtra eiuſ ſalutem. Sed ut eodem reuertar:
cauſa fuit hec tĩoriſ. Scripſi de te pce mediuſſidiuſ
& timide: nó reuocaſ me ipſe: ſed pene refugienſ.
Genuſ aũt hoc ſcripturæ non libe4: ſed incitatũ
atq; latum eſſe debere: quiſ ignorat? Solutũ ex/
iſtimatur eſſe: alteri maledicere tamen cauendũ ē
ne in petulãtiam icidaſ impeditũ ſeipſũ laudare:
ne uiciũ arrogãtiæ ſubſeq̃tur. Solũ uero liberũ
alte4 laudare: de quo q̃dquid detrahaſ: neceſſe ē
aut infirmitati aut inuidiæ aſſignetur. At neſcio
an tibi gratiuſ oportuniuſq; acciderit: nam quod
preclare facere nó poterã: p̃mũ erat nó actigere:
ſecũdũ beneficiũ q̃parciſſime facere. Sed tamen
ego me q̃dẽ ſuſtinui: multa minui: multa ſuſtuli:
cõplura ne poſui quidem. Quemadmodũ igitur
ſcala4 graduſ: ſi alioſ tollaſ: alioſ icidaſ: nónulloſ
male herenteſ relinquaſ: ruine piculum ſtruaſ: nó
aſſenſũ pareſ: ſic tot maliſ: tum uinctũ: tum fractũ

ſtudiū ſcribēdi:quid dignū auribuſ aut ꝓbabile
poteſt afferre.Cum uero ad ipſiuſ Cæſariſ nomē
ueni:toto corpore contremiſco:nōn pene metu:
ſed ipſiuſ iuditio.Totum enim cæſarem nō noui.
Quem putaſ aīmum eſſe ubi ſecum loquitē.Hoc
ꝓbabit hoc uerbū ſuſpitioſū ē.Quid ſi hoc mit/
to?At uereor ne peiuſſit.Ego uero laudo aliquē
nō offendo.Cum porro offendā:quid ſi nō uult.
Armati ſtilū pſeqē uicti:& nō dū reſtituti.Quid
faciet?Augeſ etiā tu mihi timorē:qui in oratore
tuo caueſ tibi per Brutū & ad excuſationē ſociū
queriſ:ubi hoc omnium patronum faciſ.Quid me
ueterem tuū:nunc oīum clientē ſentire oportet?
In hac igitur calūpnia timoriſ:& cecæ ſuſpitiōiſ
tormento:cū plurima ad alieni ſēſuſ cōiecturam
nō ad ſuū ſcribant iuditiū:ꝗ difficile ſit euadere:
ſi minuſ exꝑtuſ eſ:ꝗ te ad omnia ſummum atꝗ
excellēſ armauit ígeniū:noſ ſentimuſ.Sed tamē
ego filio dixeram:librū tibi legeret & auferret:
aut ea cōditione daret:ſi reciperes te correcturū:
hoc eſt ſi totum alium faceres.De aſiatico itíere:
ꝗquam ſumma neceſſitaſ premebat ut ípaſti feci.
Te pro me quid horter:uideſ tempuſ uēiſſe:quo
neceſſe ſit de nobiſ cōſtitui.Nihil eni mi Cicero
eſt ꝙ filium meū expectes:adoleſcenſ ē.Omnia
excogitare uel metu uel ætate uel ſtudio nō po/
teſt:totum negotium tu ſuſtineaſ oportet.In te
mihi omniſ ſpeſ ē.Tu pro tua prudentia quibuſ
rebuſ gaudeat:quibuſ capiatur Cæſar teneſ.A te
omnia proficiſcátur:& per te ad exitū ꝑducant:
neceſſe eſt.Apud ipſum multum:apud eiuſ oēſ:

plurimum potes. Vnū tibi si persuaseris: nõ hæc
esse tui muneris: si quid rogatus fueris ut facias:
q̃quã id magnum & amplum est: sed totũ tuũ eē
omne onus pficies: nisi forte aut in miseria nimis
stulte: aut in amicitia nimis prudenter tibi onus
impono. Sed utriq̃ rei excusationem tuæ uitæ
cõsuetudo dat: nam q̃ ita consueuisti pro amicis
laborare: non iam sic sperant abs te: sed etiam sic
impetrant tibi familiares. Quod ad libꝝ actiet
quem tibi filius dabit: peto a te ne exeat: audita
corrigas: ne mihi noceat. Vale.

Vm esset mecū Largus homo tui studiosus
locutus kalēd ianuarii pfinitas esse: q̃ omnibus
in rebus pspexeram: quæ Balbus & Appius absēte
cæsare egissēt: ea solere illi rata esse egi uehemē/
ter cum his ut hoc mihi darēt: tibi i sicilia quoad
uellem esse ita liceret. Qui mihi consueuissēt aut
libenter polliceri si quid esset huiusmodi: q̃ eorū
animos nõ offenderet: aut etiã negare & afferre
rationē cur negarēt. Huic meæ rogatiõi potius
non continuo responderunt: eodem die tamē ad
me reuerterūt. Mihi hoc dederūt ut eēs i gallia:
quoad uelles se prestaturos nihil ex eo te offen/
sionis habiturum. Quãdo quid tibi permictatur
cognouisti: qd mihi placeat puto te scire oporte/
re. Actis his rebus litere a te mihi sūt redditæ: qbus
a me consilium petis: q̃ sim tibi auctor in sicilia
ne subsidas: aut ad reliqas asiaticæ negotiatiõis
pficiscare: hæc tua deliberatio nõ mihi cōuenire
uisa est cum oratiõe Largi. Ille eni mecū quasi

tibi non liceret í sicilia diutiuſ cómorari. ita lo/
cutuſ erat. tu autē quaſi cóceſſũ ſit:ita deliberaſ.
Sed ego ſiue hoc ſiue illud eſt í sicilia ſentio có/
morandũ. Propinquitaſ locorũ uel ad ípetrãdũ
adiuuat crebriſ literiſ & nuntiiſ uel ad redituſ ce/
leritatē re aũt impetrata:aut quod ſpero aliqua
ratione cófecta. Quamobrem cēſeo magnopere
commorádum. T. Furfano Poſtumio familiari
meo legatiſq; eiuſ:item meiſ familiaribuſ diligē/
tiſſime te cómendabo cum uenerint. Erant enim
omneſ mutine. Viri ſunt optimi:& tui ſimilium
ſtudioſi & mei neceſſarii. Que mihi uēiēt í mētē:
quæ ad te pertinere arbitrabor. ea mea ſpó te fa/
tiam. Si quid ignorabo de eo admonituſ omniũ
ſtudia unicam. Ego & ſi coram de te tũ Furfáo
ita loquar:ut tibi literiſ meiſ ad eũ nihil opuſ ſit:
tamen quoniã tuiſ placuit te habere meaſ literaſ
quaſ ei redderes:morem hiſ geſſi. Eaꝛ literarum
exemplum infraſcriptum eſt. Vale.

C̃ ꞏ T ꞏ C ꞏ S ꞏ D ꞏ Furfanio prætori:
CVm Aulo Cecinna tanta mihi familiaritaſ
cóſuetudoq; ſeper fuit: ut nulla maior eē poſſit.
Nã & patre eiuſ claro homíe:& forti uiro pluri/
múuſi ſumuſ:& húc a puero ꝙ & ſpē magnã mihi
afferebat:ſumme probitatiſ ſummeq; eloquētiæ:
& uiuebat mecum coniũ ctiſſime:nó ſolũ officiuſ
amicitiæ:ſed etiã ſtudiſ communibuſ:ſic ſemper
dilexi:ut nullo cũ hoíe cóiunctiuſ uiuerē. Ni/
hil actinet me plura ſcribere: ꝙ mihi neceſſe eſt:
eiuſ ſalutem & fortũaſ quibuſcũq; rebuſ poſſim
tueri ut dieſ. Reliquũ ē:ut cũ cognori pluribuſ

rebuſ quid tu & de bonorũ fortuna:& de reipub.
calamitatibuſ ſentireſ:nihil a te petam:niſi ut ad
eam uoluntatem:quam tua ſpõte erga Cecinam
habiturus eſſeſ: tãtuſ cumuluſ accedat cõmenda/
tione mea: quãti me a te fieri ĩtelligo. Hoc mihi
facere gratiuſ nihil poteſ. Vale.

Ego quãti te fatiã ſẽpq; fecerĩ: quãti me a te fieri
ĩtellexerim. ſum mihiipſi teſtiſ. Nam & cõſilium
tuũ uel caſuſ potiuſ diutiuſ in armiſ ciuilibuſ cõ/
memorando:ſemper mihi magno dolori fuit. Et
hic euentuſ q̃ tardiuſ q̃ eſt æquũ & q̃ ego uellẽ:
reciperesfortunam & dignitatem tuam mihi non
minori cure eſt: q̃ tibi ſẽp fuerint caſuſ mei. Itaq;
& Poſtumuleno:& Sextio:& ſæpiſſime Acticho
noſtro: proxĩeq; Terde Liberto tuo: me totum
patefeci & hiſ ſinguliſ ſepe dixi quacũq; re poſſẽ:
me tibi & liberiſ tuiſ ſatiſfacere cupere. Idq; tu ad
tuoſ uelĩ ſcribaſ:hæc quidẽ certe quæ ĩ poteſtate
ſũt:ut operam :cõſilium:rem:fidem meam ſibi ad
õneſ parata putẽt. Si auctoritate & gratia tãtũ
poſſem:quãtũ ĩ ea repub. de qua ita merituſ ſum
poſſe deberem :tu quoq; iſ eſſeſ:tum omni gradu
ãpliſſimo digniſſimuſ: tum facile ordiniſ tui certe
princepſ. Sed quoniam eodem tempore eademq;
de cauſa noſtꝝ uterq; cecidit tibi & illa polliceor
quæ ſupra ſcripſi:quæ ſunt adhuc ea & mea quæ
p̃terea uideor mihi ex aliqua parte retinere:tãq̃
ex reliquiiſ p̃ſtine dignitatiſ. Neq; enĩ ipſe Cæ/
ſar :ut multiſ rebuſ intelligere potui eſt alienuſ a
nobiſ:& oẽſ fere familiariſſimi eiuſ:caſu deĩũcti:

magif meif ueteribuf offitiif: me diligenter obfer/
uant & colunt. Itaq; fi quif erit mihi addituf de
tuif fortunif id eft de tua columitate in qua funt
omnia ageda quod quidé quotidie magif ex eoʒ
fermonibuf adducor: ut fpem: agam per me ipfe
& molier. Singula perfequi nó eft neceffe. Vni/
uerfum ftudium meú & béuolentiá ad te defero.
Sed magni mea itereft: hoc tuof omnef fcire: qd̄
tuif literif fieri poteft: ut ítelligát oía Ciceronif
patere Trebiano: hoc eo ptinet: ut nihil exifti/
mēt effe tá difficile quod nó pro te mihi fufceptú
iocundum fit futuʒ. Antea mififfem ad te literaf:
fi genuf fcribendi inueuirem. Tali enim tempore
aut cófolari amicoʒ ē aut polliceri. Cófolatione
nó utebar: φ ex multif audiebá. q̃ fortiter fapi/
ēterq; ferref iniuriá tempoʒ: quáq; te uehemēter
cófolaretur cófcientia factorum & cófilioʒ tuoʒ.
Quod quidem fi facif magnum fructum ftudio/
rú optimorum capif: in quibuf te fcio femper effe
uerfatum. Idq; ut fatiaf etiam atq; etiam hortor.
Simul & illud tibi hoíni pitiffimo reʒ & exēploʒ
& óníf uetuftatif: ne ipfe qd̄ē rudif: fed in ftudio
minuf fortaffe q̃ uellem: & in rebuf atq; ufu pluf
etiam q̃ uellem: uerfatuf fpondeo: tibi acerbitaté
iftam & iniuriam nó diuturne fore. Nam & ipfe
q plurimú poteft quotidie mihi delabi ad æqui/
tatem & ad rerum naturam uidetur: & ipfa caufa
ea eft: ut tá fimul cú republica quæ in perpetuú
iacere nó poteft: neceffario reuiuifcat atq; recre/
etur. quotidieq; fit aliquid leuiuf & liberaliuf q̃
timebamuf. Que quoniá in tēpoʒ inclinatióibuf

ſæpe paruiſ poſita ſunt omnia momēta cōſerua/
bimuſ. Neq; ullum pretermi ctemuſ tui iuuandi
& leuandi locū. Itaq; illud alterꝰ qđ dixi literaꝯ
genuſ quotidie mihi ut ſpero fiet procliutuſ: ut
etiā polliceri poſſi. Id re q̄ uerbiſ fatiā libentiuſ.
Tu uelim exiſtimeſ & plureſ te amicoſ habere:
q̄ qui in iſto caſu ſint ac fuerint. quantū quidem
ego itelligere potueri:& me cōcedere eoꝯ nemini:
fortem fac animum habeaſ & magnum:quod eſt
in uno te: quæ ſunt in fortuna temporibuſ regēt
& conſiliiſ noſtriſ prouidebuntur. Vale.

D · M · T · C · S · D · Trebatio
Olobellam antea tantummodo diligebam:
obligatuſ ei nihil eram. Nec enim acciderat mihi
opuſ eſſe:& ille mihi debebat:ꝗ nó defuerā eiuſ
periculiſ. Nunc tanto ſū deuictuſ eiuſ beneficio:
ꝗ & antea in re & hoc tēpore in ſalute tua cumu/
latiſſime ſatiſfecit:ut nemini pluſ debeam qua in
re gratulor tibi ita uehementer:ut te quoq; mihi
gratulari q̄ gratiaſ agere malim. Alterꝰ non oíno
deſidero:alterum uero uere facere poteriſ. Quod
reliquū eſt:quando tibi uirtuſ & dignitaſ tua re/
ditū ad tuoſ aperuit:eſt tuæ ſapiētiæ magnitu/
diniſq; aími quid amiſeriſ obliuiſci: qđ recupariſ
cogitare. Viueſ cum tuiſ:uiueſ nobiſcū:pluſ ac/
qſiſti dignitatiſ q̄ amiſiſti rei familiariſ:quæ ipa
tū eēt iocūdior ſi ulla reſ eēt publica. Neſtoriuſ
noſter familiariſ ad me ſcripſit te mihi maximaſ
gratiaſ agere. Hec pdicatio tua mihi ualde gra/
ta eſt: eaq; te uti facile patior:tum apud alioſ:tū
me hercle apud Sironem noſtrum amicum. Que

hercule extra iocum ualde mihi tue litere facete
elegătesǫ uise sunt. Illa q̃uis ridicula eēnt: sicut
erant: mihi tamen risū nó mouerūt. Cupio enim
illum nostrum amicum i tribunatu q̃plurimum
habere grauitatis. Id tamē in ipsius causa ē mihi:
ut sis in maioribus: tú me hercule etiã reipublice:
quã quidē q̃uis in me ingrata sit: tamē amare nó
desinam. Tu mihi Volumi quădo & istitui sit: &
mihi uides esse gratum: scribere ad me q̃sepissime
de rebus urbanis: de republica iocundus est mihi
sermo literarū tuarum. Preterea Dolobellá que
ego perspicio & uideo cupidissimū esse atǫ amã/
tissimū mei: cohortare & cófirma & redde plane
meum. Non me hercule quo quicq̃ desit: sed quia
ualde cupio: nó uideor nimium laborare. Vale.

Q Vod declamationibus nostris cares: damni
nihil facis. Quod Hirtio inuideres: nisi eū ama/
res: non erat causa inuidēdi: nisi forte ipsius elo/
quentie magis q̃ q̃ me audiret inuideres. Nos eni
plane uisum est mihi Volumii: aut nihil sumus:
aut nobis q̃dē ipsis displicemus: gregalibus illis
quibus te plaudente uigebamus amissis: ut si etiã
aliquădo aliquid dignū nostro nomíe emisimus:
ingemiscamus. Quod hæc pēnigero nó armigero
i corpore tele exerceant ut ait Philotetes apud
Actium abiecta a gloria sed tamē oía mihi erūt
si tu ueneris hilariora q̃q̃ uenis. ut ipse intelligis
i maximarum quasi cócursum occupationú: quas
si ut uolumus exceperimus. Ego uero multã sa/
lutem & foro dicam & curiæ: tecúǫ uiuam multú

& cū oībuſ noſtrıſ amatorıbuſ. Nã & Caſſıuſ tuuſ
& dolobella noſter uel potıuſ uterq́ noſter ſtudıſ
ıſdē tenēē: & meıſ e qſſimıſ aurıbuſ utūē. Opuſ ē
huc de lunatulo & ſolıto tuo ıudıcıo: & ıllıſ ınte/
rıorıbuſ lıterıſ meıſ: qbuſ ſepe uerecūdıorē me ın
loquendo facıſ. Mıhı. n. ıudıcatū: ſı mó hoc Ceſar
aut pacıeē: aut uolet deponere ıllam ıam pſonā:
ın qua me ſæpe ıllı ıpſı pbauı: ac me totū ı lıterıſ
abdere: tecūq́ & cum ceterıſ earum ſtudıoſıſ ho/
neſtıſſimo otıo perfruı. Tu uellē ne uerıtuſ eſſeſ
ne plurıbuſ legerem tuaſ lıtraſ. Sı mıhı quemad/
modū ſcrıbıſ longıoreſ forte mıſıſſeſ. Ac uelí poſt
hac ſıc ſtatuaſ tuaſ mıhı lıteraſ longıſſimaſ: quaſq́
gratıſſimaſ fore. .ıꝰ. T. c. epıſ fı·ıı·ı·. ꝟ·ı·ı·ı·ꝛp
ınapıt·. ꝟıııı. .ıꝰ·T·c· S·D·Galo ·.·.·

Vod tıbı decedenſ pollıcıtuſ ſú me
omneſ reſ urbanaſ dılıgētıſſime tıbı
perſcrıptuꝛ: data opera parauı: quı
ſıc oía perſequeretur : ut uerear ne
tıbı nımıum arguta hæc cedulıtaſ
uıdeaē: tā & ſı tu ſcıo q̃ ſcıſ curıoſuſ:
& q̃ oībuſ peregrınantıbuſ gratú ſıt : mınımarú
quoq́ rerum que domı gerātur fıerı certıoreſ :ta/
men ın hoc te deprecor: ne meú hoc offıtıú arro/
gantıæ códēpneſ: ꝗ hunc laborē alterı delegauı:
non quın nıhıl ſuauıſſimum ſıt & occupato: & ad
lıteraſ ſcrıbendaſ ut tu noſtı pıgerrımo tue mēo/
rıe dare operam. ſed ıpſum uolumen q̃ tıbı mıſı
facıle ut ego arbıtror me excuſat. Neſcıo quouıſ
offıtıı eſſet nó modo perſcrıbere hæc: ſed omíno

aíaduertere. Omnia.n.sút tibi. S.C. dicte fabule
rumoref. Quod exemplú si forte minuf te delec/
tarit: ne moleftiá tibi cum impéfa mea exhibeá.
Fac me certioré. Si quid erit maiuf acftú in repub.
q̃ ifti operarii minuf commode persequi possút:
& quemadmodum actum sit:& quæ existimatio
secuta: queq̃ de eo spef est diligenter tibi perscri/
bemuf: ut núc est: nulla magnopere expectatio
est. Nam & illi rumoref de comitiuf trãspadano♄
cumarum tenuf caluerunt.romam cum uenissem
ne tenuissem quidem auditióem de ea re accepi.
Preterea Marcelluf q̃ adhuc nihil retulit de suc/
cessione prouintia♄ galliarum : & in kaléd̃ iunii
ut mihi ipse dixit: eam diftulit relatióem: saneq̃
meof sermonef expressit: qui de eo tum fuerant
cum rome nof essemuf. Tu si Pópeiú ut uolebaf
offendifti: q̃ tibi uisuf sif : & quá rationé habuerit
tecum: quáq̃ oftéderet uoluntatem. Solet enim
aliud sentire & loqui: neq̃ tantum ualere ígenio:
ut non appareat ut q̃d cupiat. Fac mihi scribaf:
q̃ ad Cæsarem crebri & non belli rumoref: sed su/
surratoref dumtaxat uéiút.Aliuf eq̃dé pdidisse
q̃d opíor certe facftú esse. Aliuf septimá legioné
uapulasse: ipsum apud belnatof circumsederi in/
terclufú ab reliquo exercitu: neq̃ adhuc certi q̃d/
q̃ est: neq̃ bæc incerta eq̃dé tamé uulgo iacftát.
Sed inter paucof quof tu nofti palá secreto nar/
rátur: aut Domitiuf cum manuf ad eof apposuit:
te ad.ix.kalend̃ iunii subroftrauiq̃ illorú capiti
sint dissipát puffe: ut de urbe ac foro.toto maxi/
muf rumor fuit atq̃ Pópeio í itinere occiso. Ego

qui scirem. Q. Pompeium Bauli seni ueneticam
facere & usq; eo ut ego miserer eius exurire nõ sũ
cõmotus:& hoc mendatio si qua picula tibi ípen/
derent.íde fungeremur optaui. Plancus quidem
tuus rauenna est.& magno congiario donatus a
Cesare:nec beatus nec bene instructus ẽ.tui pol/
liciti libri omnibus iunges. Vale

Celius. s. D. Ciceroni

Erte inquam absolutus est: me representãte
pronuntiatum est.& quidẽ omnibus ordinibus
sed singulis in unoquoq; genere sẽtẽtiis uide mõ
inquis mihi literis ostenderis me isto missurg alios
M.feridum equitem romanum & amici mei filiũ
bonum : & strennuum adolescentem qui ad suum
negotium istuc uenit tibi cõmendo:& te rogo ut
cum in tuorũ numero habeas agros:quos fructu/
arios habent ciuitates uult tuo benefitio:qd̃ tibi
facile & bonestũ factũ est:in minimis esse gratos
& bonos uiros tibi obligaris. Nolo te putare fa/
uulum a columniariis preteritũ:optimũ quisq; eũ
nõ fecit. Põpeius tuus aperte Cesarem & puitia
tenere cum exercitu:& cõsul ipse tamen hãc sen/
tẽtiam dixit.Nullũ hoc tẽpore senatuscõsultum
faciendum. Scipio hanc ut kalend̃ martiis de p/
uitiis gallus neu qd cõiũctũ referet cõtristauit
Hæc sententia Balbum Cornelium. & scio eũ cõ/
questum esse cum Scipióe callidius ídefẽsióe sua
fuit disertissius: í accusatióe satis frigidus. Vale.

.D. T. c. s. D. cello.

SEd cur solicitus equidẽ erã de rebus urbanis:
ita tumultuose cõtẽtiones ita moleste qui/

q̃truſ afferebant. Nã certiora nõdũ audieramuſ:
ſed tamen nihil me magiſ ſolicitabat: q̃ i hiſ mo/
leſtiuſ. Non me ſi qua ridenda eſſent:ridere tecũ.
Snut ení multa: ſed ea non audeo ſcribere. Illud
moleſte fero nihil me adhuc de hiſ rebuſ habere
tuarum literaʒ. Quare & ſi cum tu hæc legeſ:ego
iam animum minuſ confeccro:tamen obuie mihi
uelim ſint tuæ literæ: quæ me erudiant de omni
republica:ne hoſpeſ plane ueniã:hoc meliuſ q̃ tu
facere nemo poteſt. Diogeneſ tuuſ homo modeſ/
tuſ a me cũ Philone peſſimõ te diſceſſt.iter habe/
bãt ab lorige: q̃ nec benignã nec copiã cõgnorãt.
Vrbẽ mirifice cole & i iſta luce uiue. Omniſ pe/
regrinatio quã ego ab adoleſcentia iudicaui ob/
ſcura & ſordida eſt: aliquorũ induſtria rome põt
illuſtriſ eſſe. Quod cũ probe ſcirẽ:utinã in ſẽtẽtia
pmanſiſſẽ:cũ una me hercule ambulatiũcula atq;
uno ſermone noſtro omniſ fructuſ prouintie nõ
confero : ſpero me ĩtegritatiſ laudẽ conſecutum.
Non erat minor ex contendenda : q̃ eſt ex con/
ſeruata puitia ſpeſ triũphi. In quiſ ſatiſ glorioſe
triũpharant. Non eſſem quidẽ tãdiu i deſiderio
rerum mihi cariſſimarum:ſed ut ſpero prope diẽ
te uidebo. Tu mihi obuiã micte epiſtolaſ te dig/
naſ. Vale. Celiuſ ſ D. Ciceroni

Ane q̃ literiſ. C. Cæſariſ & Deiotari ſumuſ
commoti. Nam Caſſiuſ ciſ eufratem copiaſ
parthorum eſſe ſcripſit:Deotariuſ profectuſ per
comaginem in prouintiam noſtram. Ego quidẽ
precipuum metum qđ ad te actinebat habui: qui
ſcirẽ q̃ patuſ ab exercitu eēſ:ne qdẽ hic tumultuſ

dignitatiſ tuæ periculum afferret. Nam de uita
ſi patior ab exercitu eſſem timuiſſem. Nunc hec
exiguitaſ copiarum receſſum non dimicationem
mihi tuam preſagiebat. Hæc quomó acciperent
homineſ q̃ probabiliſ neceſſitaſ futura eét. Ve/
reor etiam nunc neq; priuſ deſinam formidare: q̃
tetigiſſe te italiam audiero: ſed de parthorú trã/
ſitu nuntii uarioſ ſermoneſ exitarunt. Aliuſ. n.
Pompeium ab urbe mictendum: aliuſ ab urbe nó
remouendum: aliuſ Cæſarem cum excercitu ſuo:
aliuſ conſuleſ. Nemo tamen ex ſenatuſconſulto
priuatoſ conſuleſ aut quia uerentur: ne illud ſe/
natuſconſultum fiat ut plaudati exeant: & cótu/
melioſe preter eoſ ad alium reſ tráſferat omíno
ſenatum haberi uolunt uſq; eo: ut parú diligéteſ
ſ republica uideaté: ſed honeſte ſiue negligétia:
ſiue inertia eſt: ſiue ille qué propoſui metuſ latet
ſuper hac téporáriæ exiſtíatione: nolle p̃uitiá.
A te litere nó uenerunt: et niſi deiotari ſubſecute
eſſét in eam opinionem. Caſſiuſ uenerat que di/
ripuiſſet ipſe: ut uiderét ab hoſte uaſtata finx/
iſſe bellum: & arabaſ in prouítiam ímiſiſſe: eoſq;
p̃hoſ eſſe ſenatui renútiaſſet. Quare tibi ſuadeo
quicunq; eſt iſtic ſtatuſ rerum diligenter & caute
p̃ſcribaſ: ne aut bellificatuſ alicui ditariſ: aut ali/
quid qđ referretur ſciret: reticuiſſet. Nunc exituſ
eſt animi. Nam ego haſ literaſ ad. xiiii. kalendſ
decembriſ ſcripſi. Plane nihil uideo ante kalendſ
iannuariaſ agi poſſe. Noſti Marcellum q̃ tarduſ
& parum efficax ſit. Itemq; Seruiuſ q̃cunctator
cuiuſmói putaſ hoc eé: aut q̃id qđ noluit cóficere

posse:quicq; cupiunt. Tamen ita frigide aiunt:ut
nolle exiſtimentur:nobiſ magiſtratibuſ autem ſi
parthicum bellum erit :hæc cauſa primoſ mēſeſ
occupauit. Sin autem ſit aut nó erit iſtic bellū:
aut tū erit:aut uoſ ſucceſſoreſ puiſ additiſ copiiſ
ſuſtiere poſuit Curióem. Video ſe dupliciter iac/
taturum. Primum ut aliqd Cæſari adimat: inde
ut aliquid Pompeio tribuat. Quiduiſ quamlibet
tenue munuſculum. Pauluſ quoqç nó humāe de
prouintia loquitur.huiuſ cupiditati occurſuruſ ē
Furuiuſ noſter pluriſ ſuſpicari nó poſſum . Hæc
noui.Alia quæ poſſūt accidere non cerno:multa
tēpuſ afferre:& ɔparata multa eſſe ſcio. Sed itra
fineſ hoſ quecūqç acciderint uerteréē. Illud addo
adactioneſ. C. Curióiſ de agro campano:de quo
negant Cæſarem laborare:ſed Pompeium ualde
nolle ne uacuuſ aduenienti Cæſari pateat. Quod
ad tuum acceſſum actinet. Illud tibi non poſſum
polliceri me curaturum : ut tibi ſuccedatur. Illud
certe preſtabo ne ampliuſ prorogetur tui cóſilii:
& ſi tēpuſ :ſi ſenatuſ coget: ſi honeſte a nobiſ re/
cuſari nó poterit:ueliſ ne perſeuerare. Mei offitii
eſt meminiſſe: qua obteſtatione decedéſ:mihi ne
paterer fieri mandatiſ. Vale·

N Celuiſ ɔ· p· Ciceroni
On diu ſed acriter noſtuæ ſupplicationeſ
torſerunt. Incideramuſ enim in difficilē nodum:
Nam Curio tui cupidiſſimuſ:qui omnibuſ ratio/
nibuſ comitialeſ eripiátur. Negabant ſe ullo mó
pati poſſe decerni ſupplicatióeſ.ne ſi quid furore
Pauli adeptuſ eſſet:boni ſua culpa uideretur

mififfe:& preuaricator caufe pub. exiftimaretur.
Itaq; ad pactionem defcendimuf & confirmauit
conful effe hif fupplicationibuf in hunc animum
nó ufurof:plane ꝗ utrifq; cófulibuf gratiaf agaf:
eft paulo magif certe. Nam Marcelluf fic refpó/
det:ei fpem in iftif fupplicationibuf non habere.
Pauluf fe omnino in hunc animum non dicturú
renútiatum nobif erat:Hirtium diutiuf dicturú.
Prendimuf eum non modo non fecit:fed cum de
hoftibuf ageretur & poffit rem impedire:fi ut nu/
meraret poftularet tacuit. Tátú Cathoni afféfuf
é:qui & locutuf honorifice nó decreuerat fuppli/
catió ef: Tertiuf ad hof Fauoniuf acceffit. Quare
pro cuiufq; natura & inftituto gratiæ funt agéde:
Hif ꝗ tátum uolútatem oftenderút pro fététia
cum impedire poffét:nó pugnarút. Curioni uero
ꝗ de fuarum actionum curfu:tua caufa deflexit.
Ná Furuiuf & Lentuluf ut debuerút quafi eorú
ref effet:una nobifcum circuierunt & laborarunt.
Balbi quoq; Cornelii operá & fedulitaté laudare
poffim. Nam cum Curione uehementer locutuf
eft:& eum fi aliter feciffet:iniuriá Cæfari facturꝯ
dixit. cum eiuf fidé í fufpitioné adduxit. deferát
ꝗdé ꝗ inique tráfigi nolebát. Domitii fufpitionef
ꝗbuf hac re ad íterceffioné euocádá:íterpellátĩ/
buf uenuftiffie Curio refpondit fe eo libéter íter/
cedere:ꝗ quofdá qui decernerent:uiderent cófici
nolle.qƌ ad rempub. actinet in uná caufá omnif
cótétio coniecta eft. De prouintiif inquá adhuc
eft incubuiffe cum fenatu Pompeiuf uidetur ut
Cefar. Idem hif de rebuf nonif nó. decedat. Curio

omnia potiri subire constituit q̃ id pati. Cæteras
suas adiecit actiones. nostri porro quos tu bene
nosti:ad extremũ certamen rem deducere nó au/
deãt. Sũma rei totius hæc Pópeius tanq̃ Cæsarē
non impugnet. Sed qd̃ illi equũ putet cõstituat:
aut Curionem querere discordias. Valde aũt nó
uult & plane timet Cæsarē cõsulem designatum:
priusq̃ exercitũ & prouintiã tradiderit. Accipitur
satis male a Curione:& totus eius secundus cõsul
exagitatur. Hoc tibi dico si omĩbus rebus p̃uet̃
Curionem:Cæsar defendetur uitercessorem.si qd̃
uidentur reformidarunt. Cæsar quo aduolet ma/
nebit. quã quisq; sententiã dixerit in cõmẽtario:
est rerum urbanarum. e quo tu quæ digna sũt se/
lige. multa transi. In primis ludorum explosió es
& funerum & ineptiarum ceterarum. Plura habet
italia. Deniq;malo í hanc partem errare:ut quæ
nó desideres audias:q̃ quicq̃ qd̃ opus sit p̃termit/
tat̃. Tibi cure fuisse de sitiano negotio gaudeo:
sed quomodo suspicaris minus certa fide:eos tibi
uisos tanq̃ procurator sic agas rogo.

Celius. S. D. Ciceroni

Vdet me tibi cõfiteri &queri de Appii hoĩs
ingratissimi iiuriis:q me odisse:quia magna mihi
debebat beneficia cepit:& cũ homo auarus ut ea
solueret sibi impetrare nó posset:occultũ bellum
mihi indixit:ita occultum tamen : ut multi mihi
renuntiarent:& ipse facile aĩaduerterem male eũ
de me cogitare. Posteaq̃ uero cõpleri eũ collegi/
um temptasse:deinde aperte cũ quibusdã locutũ
cum Lutio Domitio:ut nũc est mihi íimicissimo

homine deliberare uelle:hoc munuſculú deferre
Gn. Pompeio ipſú reprehēdere:& ab eo depreca/
rer:iſuriamq; uitam mihi debere putarem impe/
trare non potui. Quid ergo eſt tamē quaſi aliq̃
amiciſ .qui teſteſ erant meorum i illum meritoꝛ
locutuſ ſum. poſteag̃ illum nequeo iſ ſatiſfacere
quidem me dignú habere cenſi:malui college eiuſ
homini alieniſſimo mihi & ꝓpter amicitiá tuam
non æquiſſimo me obligare q̃ illiuſ ſimiæ uultú
ſubire. Id poſtq̃ reſciit excáduit:& me cauſá ini/
micitiaꝛ querere clamitauit:ut ſi mihi ne pecúia
minuſ ſatiſfeciſſet per hanc ſpetiem ſimultatiſ cú
confectarer. Poſtea non deſtitit accerſere palam
Seruium accuſatorem.inire cum Domitio cóſilia:
qbuſcúq; parú ꝓcederet:ut ulla lege mihi pone/
ret accuſatorem compellari ea lege me uoluerút:
qua dicere non poterant inſolentiſſimi homineſ
ſummiſ circenſibuſ ludiſ meiſ poſtuland̄ me lege
catinia curant. Vix hoc erat prelocutuſ.Cú ego
Appium céſorem eadē lege poſtulaui:qd̃ meliuſ
caderet nihil uide.Nam ſic eſt a populo & nó i/
fimo qucq; approbatú : ut maiorē Appio dolorē
fama q̃ poſtulatio actulerit. Preterea cepi Sa/
tellum in domo:qd̃ eſt ab eo petere cóturbat me
mora ſerui huiuſ qui tibi literaſ actulit.Nã ac/
ceptiſ prioribuſ literiſ ampliuſ quadragíta mãſit:
quid tibi ſcribam neſcio. Sciſ Domitio diē timori
eſſt.Expecto ualde:& q̃primú uidere cupio a te
peto:ut meaſ iniuriaſ proinde doleaſ:ut me ex/
iſtimaſ & dolere & tuaſ ulciſci ſolere. Vale.
 Celiuſ ꝺ· D· Ciceroni

GRatulor tibi affinitate uiri mediuſſidiuſ
optimi. Nam ego hoc de illo exiſtimo:cæ/
tera porro quibuſ adhuc ille ſibi parū utiliſ fuit:
& ætate iā ſunt de cauſa & cōſuetudine atq; auc/
toritate tua. pudore Tulliæ ſi q̃ reſtabūt cōfido
celeriter ſublatum iri. Non eſt.n.pugnax iuituſ:
neq; hebeſ ad id qd̃ meliuſ ſit ītelligendū. Deīde
qd̃ maximū ē: ego illū ualde amo. Voleſ Cicero
Curionem noſtrum lautum interceſſioneſ de p/
uintiiſ exitum habuiſſe. Nam cum interceſſione
referretur: quæ relatio fiebat ex ſenatuſcōſulto:
primaq; M. Marcelli ſententia pronuntiata cēt:
qui agẽdū cum tribuniſ plebiſ cenſebat:frequēſ
ſenatuſ in alia omnia ut ſtomachuſ ſcilicet Pom/
peiuſ magnuſ nūc ita languenti:ut uix id quod
ſibi placet reperiant. Tranſierant illuc:ut ratiōe
euſ habenda:qui exercitū neq; puintiaſ tradere
queͣadmodū Pompeiuſ laturuſ iſte cū cognoſcā.
quidnā reipublicæ futuruſ ſit:ſi aut nō curet uoſ
ſeneſ diuiteſ uiderit. Q. Hortēſiuſ cū haſ literaſ
ſcripſi animam agebat. Vale.

Celiuſ S D. Ciceroni

Anti non fuit arſacem capere & ſelentiā ex/
pugnare:ut eaꝗ reꝗ que hic geſte ſūt ſpectaculo
carereſ. Nunquā tibi cculi doluiſſēt:ſi in re pulſa
Domitii uultum uidiſſeſ:magna illa comitia fu/
erunt:& plane ſtudia ex ptiū ſenſu apparuerūt:
perpauci neceſſitudinē ſecuti offitiū preſtiterunt:
Itaq; mihi ē Domitiuſ ſimiciſſimuſ:ut ne famili/
rem quidē ſuū queq̃ tā oderit q̃ me:atq; eo magiſ
ꝗ per iniuriā ſibi putat ereptū quouiſ ego auctor

fueri. Nunc fuerit tã grauiſſimoſ homineſ ſuum
dolorem:unúqʒ mone ſtudioſiorem. Antonianam
Gn. Saturnium adoleſcẽtem ipſe Gn. Domitiuſ
reum fecit. Sane q̃ ſuperior ea uita inuidioſũ qd̃
iuditium non expectationem ĩeſt etiam in bona
ſpe poſt Sexti Peducei abſolutionem. De ſũma
reipub.ſepe tibi ſcripſi me ãnum pacẽ non uidere.
Et qd̃ ꝓpuſ ea cõtẽtio quã fieri neceſſe ẽ:accedit
eo clariuſ id periculum apparet propoſitum.hoc
eſt de quo qui rerum potiuntur ſunt dimicaturi.
Quod.G. Pompeiuſ cõſtituit nõ pati.G.Ceſarẽ
cõſulem aliter fieri:niſi exercitum & prouintiaſ
tradiderit.Cæſari autem perſuaſum eſt ſe ſaluum
eſſe non poſſe:ſi ab exercitu receſſerit: fert illam
tamen conditionem:ut ambo exercituſ tradant
ſiciliam moreſ & indioſ:& cõuicto non ad occultã
recedit obtrectationem : ſed ad bellum ſe erupit:
neqʒ mearum rerum qʒ conſilium eripiam reperio:
qʒ ne dubito:quin te quoqʒ hæc deliberatio ſic ꝑ/
turbarit.Nam mihi cum omnibuſ hiſ & gratia &
neceſſitudine:tum cauſã illam unde homineſ odi.
Illud te nõ arbitror fugere quin homineſ in diſ/
ſentione domeſtica debeãt: quãdiu ciuiliter ſine
armiſ certetur:boneſticrem ſequi partem:ubi ad
bellum & caſtra uentũ ſit firmiorem:& id meliuſ
ſtatuere qd̃ tutiuſ ſit.In hac diſcordia uideo.G.
Pompeium ſenatum:quiqʒ reſ iudicãt ſecũ habi/
turum. Ad Cæſarem cmneſ qui cum timore: aut
mala ſpe iuuant acceſſuroſ exercitum cõferẽdũ
non eſſe omnino : ſat pati ſit ad conſiderandaſ &
eligendaſ utriuſqʒ copiaſ:& eligẽdam partẽ ꝓpe

oblituſſum: quod maxime fuit ſcribendum. Sciſ
Appium cenſorem hic oſtenta facere de ſigniſ &
tabuliſ de agriſ: mó de ere alieno acerrime agere
perſuaſum eſt ei cenſuram. Lomentum aut uitꝝ
eſſe errare mihi uidetur. Nã ſordeſ ei uere uultu
uenaſ ſibi omniſ & uiſcera aperit. Curre per deoſ
atꝗ; homineſ: & ꝗprimum hæc riſum ueni: legeſ
ſcatine iudicium apud Druſum fieri. Appium de
tabuliſ & ſigniſ agere. Crede mihi eſt properãdũ.
Curio noſter ſapiéter id quod remiſit de ſtipédio
Pompei feciſſe exiſtimatur. Ad ſummam queriſ
qd putem futurum. Si alteruter eoꝝ ad parthicũ
bellũ nó eat: uideo magnaſ impédere diſcordiaſ:
quaſ ferrum & uiſ iudicabit. Vterꝗ; & animo &
copiſ eſt paratuſ: ſi ſine piculo fieri poſſet: mag/
num & iocũdũ tibi fortuna ſpectaculũ parabat.

E Celiuſ ſ a d Ciceroni

T quando tu hominem ineptiorem: ꝗ tuum
Gn Pompeium uidiſti: qd tantaſ turbaſ: qui tã
nugax eſſet commorit: & qué aút Cæſare noſtro
acriorem in rebuſ gerendiſ eodem in uictoria té/
peratiorem: aut legiſti: aut audſti? Quid é nunc
tibi noſtri militeſ q duriſſimiſ & frigidiſſimiſ lociſ
teterrima hieme bellum ambulando confecerunt
maliſ orbiculatiſ eſſe paſti uidené? Quid iã inqſ
glorioſe: omnia ſi ſciaſ ꝗ ſolicituſ ſú: cũ hãc meam
gloriam quæ ad me nihil pertinet derideaſ? Que
tibi exponere niſi coram non poſſũ: idꝗ; celeriter
fore ſpero. Nam me cũ expulſiſſet ex italia Pó/
peiuſ cóſtituit ad urbé uacare: idꝗ; iam exiſtimo
cófectũ: niſi ſi maluit Pópeiuſ brũduſii circũce/

dere per eam ſi minima cauſa eſt:properãdo iſto
mihi quod te uidere:& omía intima conferre diſ/
cupio.Habeo autem q̃multa. Hinc uereor quod
ſolet fieri:ne cum te uidero omnia obliuiſcar:ſed
tum q̃ obſceluſ iter mihi neceſſariũ retro ad alpiſ
uerſuſincidit:adeo q̃ intimidi in armiſ ſunt:neq;
de magna cauſa Belienuſ uerna Demetrii que ibi
cum preſidio erat:Domitium quédam nobilé illi
Cæſariſhoſpité a contraria factione minimiſ ac/
ceptiſ:cóprehédit & ſträgulauit. Ciuitaſ ad arma
ut eo num cohortibuſ mihi per ciueſ eundum eſt
uſq;quaq; :iniquiſſed Domitii mali dant. Vellé
quidé Venerem ppugnatuſ tãtú animi habuiſſe
in noſtro Domitio:quátum ipſe catenatuſ in hoc
habuit Ciceroni. F. F.D.

E Xaminatuſ ſum tuiſ literiſ: quibuſ te nihil
niſi triſte cogitare oſtendiſti: neq; id quid eêt p/
ſcripſiſti. Non enim quáliſ eſſet: quo ne cognita
reſ iſ aperuiſti:haſ ilico ad te literaſ ſcripſi p for/
tunaſ tuaſ. Cicero per liberoſ oro:obſecro:ne qd
grauiuſ de ſalute & incolumitate tua cóſulaſ. Ná
deoſ homineſq; amicitiamq; noſträ teſtificor:me
quæ tibi pdixi:neq; temere monuiſſe. Sed poſtq̃
Cæſarem conuenerimuſ:ſententiamq; eiuſ qualiſ
futura eêt partha uictoria:cognoueri te certioré
feciſſe:ſi exiſtimaſ eádem rationé fore Cæſar in
dimictendiſ aduerſariſ & conditionibuſ ferêdiſ
erraſ. Nihil niſi atrox & ſeuum cogitat atq; etiä
loquitur. Iratuſ ſenatui exilit hiſ ínterceſſióibuſ:
plane incitatuſ ê:nó erit depcationi locuſ. Quare

si tibi tu:si filiuf unicuf :si domuf: si spef tuæ reli/
que tibi curæ sunt : si aliquid apud te nof:si uir
optimuf gener tuuf ualet:quorum fortunaf nó
debef uelle conturbare: ut eam caufam in cuiuf
uictoria saluf noftra eft:odisse aut reliquere co/
gamur: aut impiam cupiditatem contra salutem
tuá habeamuf. Deniq; illud cogita qd offense fu/
erit in ista contentione te subisse: nunc te cótra
uictorem facere:qué dubiuf rebuf ledere noluisti:
& ad eof fugatof accedere: quof resistentif sequi
nolueris summe stultitiæ eft. Vide nedum pudet
te parum adoptati inesse:parum diligenter quid
optimum sit eligaf. Quod si totú tibi persuadere
nó possum :saltem dum quid de hifpanif agamuf
scitur expecta:quaf tibi nuntio aduentu Cæsarif
fore noftraf. Quam isti spé habeant amissif hif/
panif nescio :qd porro tuú cósiliú sit ad defpatof
accedere:non mediussidiuf reperio. Hoc quod tu
non dicendo mihi significasti:Cæsar audierat ac
simulatq; hác mihi stati dixit. qd de te audisset:
expofuit:& negaui me scire:sed tamé ab eo petii
ut ad te literaf micteret: qbuf maxime ad rema/
nendum commoueri possef. Me secú in hifpaniá
ducit. Nam nisi ita faceret:ego priusq; ad urbem
accederem :ubicúq; essef ad te percurrissem :& hoc
à te prefenscontendissem atq; omni ui te retenu/
issem. Etiam atq; etiá Cicero cogita: ne te tuofq;
omnef funditus euertaf: ne te sciens prudensq; eo
dimictaf:unde exitum uidef nullum esse. Quod
si te aut uocef optimatú cómouet·aut nó nulloꝝ
homini insolentiá & iactationem ferre nó potef:

eligaſ cenſeo aliquod opidú uacuum a bello:dú
hæc decernuntur:quæ tam erút conferiſ. Et ego
ſapienter te feciſſe iudicabo.& Cæſarē non offe/
daſ. Vale.

ERgo me potiuſ in hiſpania fuiſſet unğ for/
miſ:ğ tu profectuſ eſ ad Pompeium:qď utinam
aut Appiuſ Claudiuſ i iſta parte. C. Curio quouiſ
amicitia me paulati in bác portá cauſá impoſuit.
Nam mihi cenſeo boná mētē iracúdie tá ore ab/
latam:tutu porro tum ad me proficiſcenſ arimini
noctu ueniſſem :dum mihi paciſ mandata deſ ad
Cæſarem:& mirificum ciuem agiſ amici offitium
neglexiſti: neğ me conſuluiſti:neğ hæc dico ꝙ
diffidam huic cauſæ:ſed crede mihi perire ſatiuſ ē
ğ hoſ uidere. Quod ſi timor noſtre crudelitatiſ nó
eēt:eiecti iá pridem hinc eſſemuſ. Nam hic nunc
ꝓter feneratoreſ paucoſ :nec homo nec ordo qſğ
ē:niſi ē Pópeianuſ equidem iá effici:ut maxime
peruēſ :& ꝙ antea noſter fuit populuſ ueſter eēt.
Cur hoc i qſimo reliquoſ expectát. Voſ inuidoſ
uincere coegero aruntanum me Catonē uoſ dor/
mitiſ. Nec hec adhuc mihi uidemini intelligere:ğ
noſ pateamuſ:& ğ ſumuſ imbecilli. atğ hoc nulli/
iuſ premii ſpe fatiam:ſed qď apud me plurimum
ſolet ualere doloriſ atğ indignitatiſ cauſa. Quid
iſtic facitiſ:prelium expectatiſ .quod firmiſſimú
eſt. Hec ueſtraſ copiaſ nó noui:noſtri aalde de/
pugnare & facile ulgere & eſurire conſueuerunt.

EX hıſ lıterıſ quaſ A cticuſ a te mıſ/
ſaſ mıhı legıt: qđ agereſ & ubı eſſeſ
cognouı: quãdo autem te uıſurı
eſſemuſ nıhıl ſane ex hıſdẽ lıterıſ
potuı ſuſpıcarı. In ſpẽ tamẽ uẽıo
appropınquare tuum aduentum:
quı mıhı utınam ſolatıo ſıt: & ſı tot tantıſq; rebuſ
urgeremur ut nullam alleuatıonẽ quıſq̃ nõ ſtul/
tıſſımıſ ſperare debeat: ſed tamẽ aut tu poteſ me:
aut ego te fortaſſe alıqua re ıuuare. Scıto enım
me poſteaq̃ ın urbẽ uenerım: reduıſſe cũ ueterıbuſ
amıcıſ ıdeſt cum lıberıſ noſtrıſ í gratıam. & ſı nõ
ıdcırco eorum uſum dımıſeram q̃ hıſ ſuccẽſerem:
ſed q̃ eorũ me ſuppudebat. Vıdebam enım mıhı
me ın reſ turbulentıſſımaſ: ınfıdelıſſımıſ ſotııſ de/
mıſſum preceptıſ ılloꝝ nõ ſatıſ paruıſſe: ıgnoſcũt
mıhı reuocant ın conſuetudınem prıſtınã: teq; q̃
ın eo permanſerıſ ſapıentıorem q̃ me dıcũt fuıſſe.
Quãobrẽ quãdo placatıſ hıſ utor: uıdeor ſperare
debere ſı te uıderım: & ea quæ premant & ea que
ımpedıant: me facıle tranſıturum. Quãobrẽ ſıue
ın tuſculano: ſıue ın cumano ad te placebıt: ſıue q̃
mınıme uelım rome: dũ mõ ſımul ſımuſ perfıtıam
profecto: ut ıd utrıq; noſtrum cõmodıſſımũ eſſe
uıdebıtur. Vale. .D· T· C· S· D· Varronı

C Annıuſ ıdem tuuſ & ıdem noſter: cum ad me
pueſperı uenıſſet: & ſe poſtrıdıe mane ad te
ıturum eſſe dıxıſſet: dıxı eı me daturum alıquıd
lıteraꝝ mane ut et peteret rogauı: cõſcrıpſı epıſ/
tolam noctu: nec ılle ad me redıt: oblıtũ credıdı:
actamẽ eam tıbı epıſtolã ıpſã mıſıſſem per meoſ:

nisi audiuisſẽ ex eodem poſtridie te mane e ti
culano exituɟ. At ibi repente paucif poſt diet
cum minime expectarem: uenit Caniniuſ ad r
mane: pficiſci ſtatí ad te dixit: & ſi erat
   illa epiſtola preſertim tantif poſt
nouif rebuſ allatif: tamen perire lucubration
meam nolui: & eam Caninio dedi: ſed cum eo
bomine docto & amantiſſimo tui: cum locutuſ
ea que pertuliſſe illum ad te exiſtimo. tibi aut
idem conſili do: ꝗ mibi metipſi: ut uitemuſ o
loſboínũ: ſi linguaſ minuſ facile poſſumuſ. (
enim uictoria ſe efferunt: quaſi uictoſ noſitu
Qui autem uictoſ eſſe noſtroſ moleſte ferũt:
dolent uiuere. quæ reſ fortaſſe cum bæc in ur
ſunt: non abſim quemadmodum tu. Tu enim
qui & me & alioſ prudẽtia uincif: o mía credo
diſti. nibil te omnino fefellit. Quiſ eſt tam lin
qui tantiſ tenebriſ nibil offendat: nuſ̨ incurr
Ac mibi quidem iam pridem uenit in mentẽ b
eſſe aliquo exire: ut ea quæ agebantur bic: q
dicebãtuɼ: nec uiderẽ nec audirẽ: ſed calũpnia
ipſe. putabam qui obuiam mibi ueniſſet: ut c
commodum eſſet ſuſpicaturum: aut dicturũ
ſi non ſuſpicaretur. Hic aut metuit: & ea refu
aut aliqd cogitat: & babet nauẽ paratã. De
leuiſſime qui ſuſpicareɫ & ꝗ fortaſſe me nou
optíe: putaret me idcirco diſcedere: ꝗ quoſdã
neſ oculi mei ferre nó poſſũt. Hec ego ſuſpica
bec rome maneo: & tamẽ latẽter cõſuetudo d
na calumpniam obduxit ſtomacho mẽo. H
rationem mei cõſilii. Tibi igiɫ bæc cẽſeo laté

tantifper ibidem:dum efferuefcit hec gratulatio:
& fimul dum audiamuf quemadmodu negotium
confectu fit.Confectu enim eē exiftimo magni
autem iterrerit qui fuerit uictorif animuf: q ex/
ituf rerum quāq̃ quo me ducat contectura habeo:
fed expecto tamen. Te uero nolo nifi ipfe rumor
iam raucuf erit factuf ad baiaf uenire. Erit enim
nobif honeftiuf:etiā cū hinc difceſſerimuf uideri
ueniſſe i illa loca ploratū potiuſq̃ natatum. Sed
hæc tu meliuf modo nobif ifta penfanda fūt: ftet
illud una uiuere in ftudiif noftrif: a quibuf ātea
delectationem modo folatium petebamuf :nunc
etiā uero falutē nó deeſſe arbitramur. Si q̃f ad/
hibere uolet non modo ut architectof :ueru etiā
ut fabrof ad edificandam rempublicam:& potiuf
libenter accurrere. Sin nemo utetur: opera tamē
& legere & fcribere pollitiaf. Et fi minuf in curia
atq; in foro:at i literif & librif:ut doctiſſimi ue/
teref fecerūt grauare rempublicam:& de legibuf
& moribuf querere mihi hæc uidēt. Tu quid fif
acturuf:& quid tibi placeat pergratum erit:fi ad
me fcripferif.   A). T. C. Ɔ. D. I. arroni

E T fi quid fcriberem non haberē:tamē amico
ad te eunti non potui nihil dare. Quid ergo
potiſſimū fcribā q̃ uelle te puto cito me ad te eē
uenturum:& fi uide quefo fatif ne rectum fit:nof
hoc tanto incendio ciuitatif in iftif locif eſſe da/
bimuf fermonem hif:qui nefciunt nobif quocunq;
in loco fumuf eundem cultum :eundem uictū eſſe.
Quid refert. tamen in fermone incidimuf? Valde
id credo laborandum eft: ne cum omnef in omni

genere & celerum & flagitioꝛũ uoluptetur: noſ/
tra nobiſcũ aut inter noſ ceſſatio uituperet̃. Ego
uero neglecta barbarorum inſcitia perſequerer:
quanꝙ enim hæc ſit miſera quæ ſunt miſerrima:
tamen arteſ noſtre neſcio quomõ nũc uberioreſ
fructuſ ferre uidentur ꝙ olim ferebant: ſiue quia
nulla nunc in re alia acꝙeſcimuſ: ſiue ꝗ grauitaſ
morbi facit: ut medicine egeamuſ: eaꝗ nunc ap/
pareat cuiuſ uim non ſẽtiebamuſ cũ ualebamuſ.
Sed quid ego nũc hæc ad te cuiuſ domi naſcunt̃
noctue: ad athenaſ nibil ſcilicet niſi ut reſcribenſ
aliquid expectareſ: ſic igitur facieſ.

M E ſcito   Quapropter
ſi uenturuſ eſ: ſcito neceſſe eſſe te uenturũ. ſin aũt
• non eſt   eſt te uenire. Nũc uide
•   magiſ delectet criſippaſ hec
quã noſter Diodotuſ non coquebat. Sed de hiſ
etiã rebuſ otioſi cũ erimuſ loquemur. Hoc etiã ẽ
decoctio mibi gratum ẽ.
Nam id etiam Actico mãdaram. Tu ſi minuſ ad
noſ accurremuſ ad te ſi ortum i biblioteca habeſ:
nibil deerit.   M · D · T · C · S · D · Varroni

M Ibi uero ad nonaſ bene maturũ uidet̃ fore:
neꝗ ſolum propter reipub: ſed etiam ꝓpter
anni tempuſ: quare diem iſtum probo. Itaꝗ eũdẽ
ipſe ſequar conſiliũ noſtri: niſi eoſ quidem qui id
ſecuti non ſunt: non peniteret nobiſ penitendum
putarem. Secuti eni ſumuſ non ſpem: ſed offitiũ.
Relinquimuſ autem non offitiũ: ſed deſpationẽ.
Itaꝗ uerecundioreſ fuimuſ ꝗ qui ſe domo nõ cõ/

mouerunt: fanioreſ q̃ qui amiſſiſ opibuſ domum
non reuerterũt. Sed nihil minuſ fero: q̃ qui ſeue/
ritatem otioſorum: & quoquo mó reſ ſe haberet
magiſ illoſ uereor q in bello occiſerũt: q̃ hoſ curo
quibuſ non ſatiſfacimuſ: quia uiuimuſ. Mihi ſi
ſpatium fuerit: in tuſculanũ ante nonaſ ueniẽdi
iſtic te uidebo. Si minuſ perſequar in cumanum:
& ante te certiorem faciam: ut lauatio parata ſit.

C Aninıuſ noſter me tuiſ uerbiſ admonuit ut
ſcriberẽ ad te: ſi quid eẽt q̃d putarẽ te ſcire opor/
tere. Eſt igitur aduentuſ Cæſariſ in expectatióe
neq; tu id ignoraſ. Sed tamẽ cũ ille ſcripſiſſet ut
opinor ſe maſilienſe uenturum: ſcripſerunt ad eũ
ſui: ne id faceret in expectatione eſſe aduentum
multoſ et moleſtoſ fore: ipſumq; multiſ optime
uideri cõmodiuſ eum exire poſſe. Id ego nó ĩtel/
ligebam quid intereſſet. Sed tamen Hirtiuſ mihi
dixit: & ſe ad eum & Balbũ & Oppiũ ſcripſiſſe: ut
ita faceret hoineſ ut cognoui amanteſ tui. Hoc
ego idcirco noſce te uolui: ut ſcireſ hoſpitium ti/
bi ubi parareſ: uel potiuſ utar ubiq;. Quid ení ille
facturuſ ſit incertũ eſt: & ſimul oſtentaui me iſtiſ
eſſe familiarem & conſiliiſ eorũ intereſſe: q̃d ego
cur nolim nihil uideo. Non enim eſt idem ferre:
ſi quid ferendum eſt: & probare ſi quid probandú
non eſt. Et ſi quid nó probem: quid enim tá ſcio
preter initia reɪp. Nam hæc in uoluntate fuerũt.
Vidi enim nam tu aberaſ noſtroſ amicoſ cupere
bellum. Hunc autẽ nó tam cupere q̃ non timere.
Ergo hec cóſilii fuerũt: reli q̃ neceſſaria. Vincere

autem aut hos aut illos necesse est. Scio te semper
mecum in luctu fuisse: cum uiderimus q̃ illud igens
malum alter utrius exercitus & ducũ interitu. Tũ
uero extremum maloꝛ omnium esse ciuilis belli
uictoriam: quam quidẽ ego etiam illorũ timebã
ad quos ueneramus. Crudeliter eni ociosissic mi/
nabantur: eratq; is & tua inuisa uoluntas & mea
oratio. Nunc uero si essent nostri potiti: ualde i/
teperantes fuissent. Erant nobis enim pe ririati:
quasi q dã de nostra salute decreuissemus: qd́ nó
idẽ illis censuissemus: aut quasi utilius reipublice
fuerit eos etiam ad bestiarum auxiliũ cõfugere:
q̃ uelle mori. Vel cum spe si non optima: at aliq̃
tamẽ uiuere: at imperturbata repub. uiuimus: qs
negat? Sed hoc uiderit hi qui nulla sibi subsidia
ad omnes uite status parauerunt. Huc eni ut ue/
nirem superior longius q̃ uolui fluxit oratio. Cũ
enim te semper magnum hominẽ duxerim. q̃ his
tempestatibus es prope solus in portu: fructusq;
doctrine percipis eos qui maximi sunt: ut ea cõ/
sideres: eaq; tractes: quorum & usus & delectatio
est omnibus istorũ: & actis & uoluptatibus ãte/
ponenda. Equidẽ hos tuos tusculanẽses dies istar
esse uite puto: libenterq; omnibus omnes opes cõ/
cesserim: ut mihi liceat ui nulla interpellante isto
mó uiuere: qd́ nos quoq; imitamur ut possumus:
& i nostris studiis libẽtissimè cõquiescimus. Quis
enim hoc non dederit nobis: ut cum opera nostra
patria siue non possit uti: siue nolit: ad eam uitã
reuertamur. quã multi docti homines fortasse nó
recte: sed tamen multi etiam reipub. preponenda

putauerūt. Que igitur ſtudia magnorum hoīnū
ſententia uacatione habent: eandem publica nu/
meriſ iſ concedente republica cur non abutamur.
Sed fatio pluſ q̃ Caniniuſ mādauit. Iſ enim ſi qd
ego ſcirem rogarat quod tu neſcireſ. Ego tibi ea
narro:que tu meliuſ ſciſ: q̃ ipſe q narro fatiā. Er/
go illud quod rogatuſ ſum: ut eorū quæ tēporiſ
huiuſ ſint:quæ tua audiuero ne quid ignoreſ.

.ḥ. T. C. S. D. Varroni

CEnabam apud Seium cum utriq; noſtrum:
reddite ſunt a te litere. Mihi uero iam maturum
uidetur. Nam quod antea a te calumpniatuſ ſū:
iudicabo malitiam meam uolebam prope alicubi
eē:ſi qd bone ſalutiſ:ſimulq; duo uenēteſ.
Nūc q̃do confecta ſunt omnia dubitandum non
eſt quin equiſ uiriſ. Nam ut audiui de. L. Ceſariſ
filio mecū ipſe qui hic mihi fatiet patri. Itaq; nó
deſino apud iſtoſ qui nunc dominantur cenitare.
Quid fatiam tempori ſeruiendum eſt: ſed ridicula
miſſa preſertim cum ſit nihil qđ rideamuſ. Africa
terribili tremit:horrida terra tumultu. Itaq; nul/
lum eſt   pductū uel ppoſitū
qđ nó uerear. Sed quod queriſ quādo:qua:quo:
nihil adhuc ſcimuſ. Iſtuc ipſū debaiſ nónulli du/
bitant:an per ſardiniam ueniat. Illud eni adhuc
predium ſuū non iſpexit:nec illū habet deteriuſ.
Sed tamen non contempnit. Ego omino magiſ
arbitror per ciciliam:uel iam ſciemuſ aduētat cū
ei Dolobella. Eum puto magiſtrum fore

multi diſcipuli melioreſ preceptoribuſ. Sed tamen

ſi ſciam quod tu conſtitueriſ: meum conſiliũ ac/
commodabo potiſſimum ad tuũ: quare expecto
tuaſ literaſ.

ET ſi munuſ flagitare q̃uiſ quiſ oſtenderet:
ne populuſquidem ſolet niſi concitatuſ: ta/
men ego expectationem promiſi tui moneor: ut
admoneam te non ut flagitem. Miſi autem ad te
quatuor admonitoreſ nó nimiſ uerecũdoſ. Noſti
enim profecto boſ adoleſcẽtioreſ achademie. Ex
ea igitur media excitatoſ miſi: qui metuo ne te
forte flagitent: ego autem mandaui ut rogarẽt:
expectabam omnino iam diu: meq̃ ſuſtinebã: ne
ad te p̃uſ ipſe qd ſcriberẽ q̃ aliqd accepiſſẽ: ut poſ/
ſem te remunerari q̃ ſimillimo munere. Sed tũ tu
tardiuſ facereſ ide ſt ut ego iterpretor diligẽtiuſ
teneri nó potui: qn coniunctionẽ ſtudiorũ amo/
riſq̃ noſtri quo poſſem literarũ genere declararẽ.
Feci igitur ſermonẽ inter noſ babitũ in cumano
cum eſſem una Pópomuſ: tibi dedi parteſ áthio/
chinaſ: quaſ a te p̃bari intellexiſſe mibi uidebar.
mibi ſũpſi Philoniſ puto fore: ut cũ legeriſ mire/
re noſ id locutoſ eſſe inter noſ. quod nunq̃ locuti
ſumuſ. ſed noſti morem dyalogorũ. Poſt bẽc aũt
mi Varro q̃plurima ſi uidetur: & de nobiſ inter
noſ ſero fortaſſe: ſed ſuperiorum tẽporũ fortuna
reipub. cauſã ſuſtineat. Hec ipſi p̃ſtare debemuſ:
atq̃ utinam q & biſ temporibuſ atq̃ aliquo: ſi nó
bono: at ſaltẽ certo ſtatu ciuitatiſ. Hæc iter noſ
ſtudia exercere poſſemuſ. Quãq̃ tum quidem uel
alie quippiam rationeſ boneſtaſ: nobiſ & curaſ &
actioneſ darent. Nunc autem quid eſt ſine biſ cũ

uiuere uelimuſ:mihi uero cũ hiſipſiſ uix hiſ aũt
detractiſ ne uix quidem:ſed hec coram:& ſæpiuſ
migratióem & emptióem feliciter euenire uolo.
tuumq; in ea re conſilium probo.Cura ut ualeaſ,
S I ualeſ:gaudeo. Valeo. ｡⸗ T C ⸳ ⹐ ⸳ D ⸳ D ｡
Et Tullia noſtra recte ualet. Terentia mi/
nuſ belle habuit: ſed certum ſcio iam conualuiſſe
eam. Preterea rectiſſime ſũt apud te omía. Et ſi
nullo tempore í ſuſpectionem tibi debui uenire:
partium cauſa potiuſ ᵹ tua:tibi ſuadere ut te aut
cum Cæſare nobiſcũ cóiungereſ: aut certe in otiũ
referreſ precipue iam nunc inclinata uictoria:ne
poſſum quidem in nullam aliam ícidere opíonẽ:
niſi in eam in qua ſcilicet te tibi ſuadere uidear q
pie tacere non poſſum. Tu autẽ mi Cicero ſic hæc
accipieſ ut ſiue probabuntur tibi:ſiue non ͵pba/
buntur ab optimo certe aímo ac dediſſimo tibi
& cogitata & ſcripta eſſe iudiceſ. Aíaduertiſ. Gn.
Pompeium nec nominiſ ſui nec rerum geſtarum
gloria:neq; etiam regum & nationum clienteliſ ᷑
oſtentare crebro ſolebat eſſe tutũ. Et hoc etiã qd̄
infimo cuiq; contigit illi nó poſſe contingere: ut
hóeſte effugere poſſit:pulſo italia amiſſiſ hiſpa/
niſ capto excercitu ueterano circũuallato. Nũc
dẽiq; qd̄ neſcio an ulli unᵹ noſtro acciderit im/
peratori. Quamobrẽ quid aut ille ſperare poſſit:
aut tu animum aduerte pro tua prudentia:ſic eni
facillime qd̄ tibi utiliſſimum erit conſiliu capieſ.
Illud autem te peto:ut ſi iam ille euitauerit hoc
periculum:& ſe abdiderit in claſſem tu tuiſ rebuſ
cóſulaſ:& aliquãdo tibi potiuſ ᵹ cuiuſ ſiſ amicuſ.

Satiffactum eft iam a te uel offitio uel familia/
ritati: fatiffactum etiam partibuf reipub. quã tu
probabaf. Reliquum e ubi núc eft refpublica: ibi
fumuf potiuf q̃ dũ illam ueterẽ fequamur: fimuf
in nulla. Quare uelí mi iocũdiffie Cicero: fi forte
Pompeiuf pulfuf. Hif quoq; locif rurfuf aliaf re/
·gionef petere cogatur: ut tu te uel athenaf: uel in
q̃uif quietam recipiaf ciuitatem. Quod fi erif fac/
turuf uelim mihi fcribaf: ut ego fi ullo mó potero
ad te aduolẽ: quecũq; de tua dignitate ab Impe/
ratore erũt ípetranda: qua eft humãitate Cæfar
facillimum erit ab eo tibi ipfe impetrare: & meaf
tamen precef apud eum non minimũ auctoritatif
habituraf puto. Erit tuæ quoq; fidei & humãita/
tif curare: ut if tabellariuf quẽ ad te mifi: reuerti
poffit ad me: & a te mihi literaf referat.

On fum aufuf Saluio noftro nihil ad te li/
terarum dare: nec me hercule habebã qd fcriberẽ:
nifi te a me mirabiliter amari. de quo etiam nihil
fcribente me: te non dubitare certe fcio. Omnino
mihi magif litere fũt expectande a te: q̃ a me tibi.
Nihil ení rome geriẽ qd te putẽ fcire curare: nifi
forte uif fcire me iter Nitiã noftɀ & Vidiũ iudicẽ
eẽ. Proferт alter opinor: duobuf uerficulif expẽ/
fũ Nitie: Alter Ariftarchuf hof iugulat. Ego tãq̃
Criticuf antiquuf iudicaturuf fum: utɀ fit poete
                              puto nunc dicere. Ob/
lituf ne ef igitur fungoɀ illorũ quof apud Nitiã
& ígentium tulaɀ cum fophia feptime. Quid ergo
tu adeo mihi excuffam feueritatem ueterẽ putaf:

ut ne í foro reliqꝫ ꝑ̄sīe frõtɩſ appareãt? Sed ta/
men ſuauiſſimũ cõtubernalẽ noſtrũ preſtabo in/
tegellum·nec cõmɩctã ut ſi ego eũ cõdẽpnauero:
tu reſtɩtuaſ ne babeat burſa Plácuſ: apud quem
literaſ diſcat. Sed quɩd ago:cum mɩbɩ ſit ɩncertũ
tranquɩllo ne ſɩ̄ anɩmo:an ut ɩn bello ɩn alɩqua
maɩuſcula cura negotioue uerſere labor lõgɩuſ?
Cum ɩgɩtu̅r mɩbɩ erɩt exploratum te lɩbenter eſſe
rɩſurũ:ſcrɩbam ad te plurɩbuſ. Te tamẽ boc ſcɩre
uolo uebemẽter populum ſolɩcɩtum fuɩſſe de. P.
Sɩlle morte anteꝗ̃ certũ ſcɩerɩt. nunc quererere de/
ſierunt quomodo perɩerɩt.ſatɩſ putãt ſe ſcɩre:qꝺ
ſcɩunt. Ego cetera quɩ anɩmo equo fero unũ ue/
reor.ne baſta cæſarɩſ refrɩxerɩt.

V̅ m· T· c· Ꙅ· D· Dolobelle·꞉—
EL meo ɩpſɩuſ ɩnterɩtu:mallem meaſ literaſ
dēſiderareſ.ꝗ̃ eo caſu quo ſũ grauɩſſɩo afflɩctuſ.
quem ferrem certe moderatɩuſ:ſi te baberẽ. Nam
& oratɩo tua prudenſ & amor erga me ſingularɩſ
multum leuaret:ſed ꝗ̃do breuɩ tẽpore ut opɩnɩo
noſtra eſt te ſum utſuruſ:ɩta me affectũ offẽdeſ:
ut multũ a te poſſũ ɩurarɩ: non ꝙ ɩta ſim fractuſ:
ut aut bomɩnem me eſſe oblɩtuſ ſum:aut fortune
ſuccũbendũ putẽ. Sed tamen bɩlarɩtaſ ɩlla noſtra
& ſuauɩtaſ:quæ te ꝓter ceteroſ delectabat erepta
mɩbɩ omnɩſ eſt:fɩrmɩtatem tamen & conſtantɩam
ſɩ modo fuɩt alɩquãdo ɩn nobɩſ:eandẽ cognoſceſ
quam relɩquɩſtɩ. Quod ſcrɩbɩſ prelɩa te mea cauſa
ſuſtɩnere nõ tã ɩd laboro:ut ſi quɩ mɩbɩ obtrectẽt
a te refutenꞇ:ꝗ̃ ɩtellɩgɩ cupɩo. Quod certe ɩntellɩ/
gɩꞇ me a te amarɩ:quod ut fatɩaſ:te etɩã atꝗ etɩã

rogo. Ignofcafq; breuitati mearum literaξ. Nam
& celeriter una futurof nof arbitror: & nondum
fatif confirmatuf ad fcribendum. Vale.

G   .1). T. C. S. D. Dolobelle
       Ratulor baif noftriffi quidē ut fcribiffalu/
bref repente facte funt. nifi forte te amant & tibi
affentant. & tam diu dum tu abef: funt obliti fui.
Quod quidem fi ita eft: minime miror. Celū etiā
& terraf uim fuam fi tibi ita cōueniat: dimictere.
Oratiūculā pro deiotaro quā requirebaf: habebā
mecum quod non putaram. Itaq; eam tibi mifi
quam uelim fic legaf: ut eam tenuem & inopem
nec fcriptione magnopere dignam. Sed ego hof/
piti ueteri & amico munufculū mictere uolui le/
uidenfe Craffo filio: cuiufmodi ipfiuf folent effe
munera. Tu uelim animo fapienti fortiq; fif: ut
tua moderatio & grauitaf aliorum ifamet iiuriā.

C   .1). T. C. S. D. Dolo⌐⌐
       Aiuf Suberinuf Caleuf & meuf ē familiarif:
& Lepte noftri familiariffimi perneceffariuf. If
cum uitandi belli caufa profectuf effet i hifpaniā
cum Marco Varrōe ante bellū: ut in ea puintia
effet: in qua nemo noftrum poft afraniū fupatū
bellū fore putaret: icidit in ea ipfa mala: que fu/
mo ftudio uitauerat. Oppreffuf eft eni bello re/
pentino quod bellum commotum a Scapula ita
poftea confirmatū eft a Pōpeio: ut nulla ratione
fu ab illa miferia eripere poffet. Eadem caufa fere
eft. M. Plani heredif. qui eft item Calenuf Lepte
noftri familiariffimuf. Hofce igitur ābof tibi fic
cōmēdo: ut maiore cura: ftudio: folicitudie animi

commendare non poſſim. Volo ipſoꝝ cauſa:meꝗ
in eo uehementer & amicitia mouet & humáitaſ.
Lepta uero cum ita laboret:ut eiuſ fortunæ ui/
deantur in diſcrimen uenire non poſſum:ego non
aut proxime atꝗ ille:aut etiam æque laborare.
Quapropter & ſi ſepe exprtuſ ſū ꝗ̃tū me amareſ:
tamē ſic uelí tibi pſuadeaſ id me in hac re maxíe
iudicatūrum. Peto igitur a te uel ſi pateriſ oro:ut
homineſ miſeroſ:& fortúa quā uitare nemo pṓt
magiſ ꝗ̃ culpa:calamitoſoſ conſerueſ incolumeſ.
Velíſꝗ parte me hoc muneriſ cū ipſiſ amiciſ om/
nibuſ:cum municipio Calēo:quo cū mihi magna
neceſſitudo eſt:tum Lepte quē omíbuſ ātepono
dare quod dicturuſ ſum. Puto equidem nó ualde
ad rem pertinere:ſed tamen nihil obeſt dicere.reſ
familiariſ alteri eorū ualde exigua eſt:alteri uix
equeſtriſ. Quapropter quomodo hiſ Ceſar uitam
ſua liberalitate conceſſit? Nec eſt qd̃ hiſ ꝓterea
magnopere poſſit adimi reditū. Si me tātū amaſ
ꝗ̃tum certe amaſ:hominibuſ confice.in quo nihil
é preter uiam longam.quam idcirco nó fugiunt:
ut & uiuant cum ſuiſ & moriantur domi:quod ut
enitere:contendaſꝗ uel potiuſ ut perficiaſ. Poſſe
n̄.te mihi pſuaſi uehemēter te etiā atꝗ etiā rogo.

E̱T ſi contentuſ erā mi Dolobella tua gloria:
ſatiſꝗ ex ea magnam lætitiam uoluptatemꝗ ca/
piebam:tamē nó poſſū nó confiteri cumulari me
maximo gaudio: ꝙ uulgo hominū opinio ſotiū
me aſcribat tuiſ laudibuſ:neminē conueni.con/
uento autem plurimoſ quotidie. Sūt ení ꝑmulti

optimi uiri qui ualitudinif caufa in hæc loca có/
uéiát. Preterea ex múicipiif frequétef neceffarii
mei:qui omnef cum te fummif laudibuf ad celum
extulerunt:continuo mihi maxiaf gratiaf agát.
Negant enim fe dubitare:quin tu meif preceptif
& confiliif obtemperanf preftantiffimú te ciuem:
& fingularem confulem prebeaf . Quibuf ego q̃q̃
ueriffime poffú refpódere: teq; fatiaf tuo iudicio
& tua fpó te facere:nec cuiufq̃ egere cófilio :tamé
neq; plane affentior ne minimam tuam laudem:
fi omnif a meif cófiliif pfecta uideat:neq; ualde
nego. Sum enim auidior etiam q̃fatif eft glorie.
Eft tamen non alienú dignitati tuæ φ ipi Aga/
menoni regi regum fuit boneftum habere aliqué
in confiliif capiendif Neftorem. Mihi uero glo/
riofum te iuuenem confulem florere laudibuf:q̃fi
alumnum difcipline meæ. Lutiuf quidem Cæfar
cum ad eum egrotum neapolim ueniffem:q̃q̃ erat
oppreffuf totiuf corporif doloribuf:tamen anteq̃
me plane falutauerit. O mi Cicero inquit:gratu/
lor tibi cum tantum ualef apud Dolobellá.q̃tum
fi ego apud fororif filium ualerem:falui effe pof/
femuf.Dolobelle uero tuo & gratulor & gratiaf
ago . qué quidem poft te confulé folú poffumuf
uere confulem dicere .Deinde multa de facto ac
de re gefta:tú nihil magnificentiuf·nihil pclariuf
actum unq̃:nihil reipublicæ falutariuf.Atq; hæc
una uox oím eft. A te autem peto ut me hác q̃fi
falfam hereditatem aliene gloriæ finaf cernere:
meq; aliqua ex parte in fotietatem tuaxp laudum
uenire patiare:q̃q̃ mi Dolobella.Hæc.n.iocatuf

sum libentiuſ. omneſ meaſ ſi modo ſunt aliquæ
mee laudeſ ad te trãſſuderim: q̃ aliq̃ partem ex/
hauſerim ex tuiſ. Nã cũ te ſeper tantũ dilexerí:
q̃tum tu ítelligere potuiſti: tum hiſ tuiſ factiſ ſic
incenſuſ ſũ: ut nihil unq̃ í amore mihi fuerit ar/
dẽtiuſ. Nihil ẽ ení mihi crede uirtute formoſiuſ.
nihil pulcriuſ. nihil amabiliuſ. Semper amaui ut
ſciſ. M. Brutum propter eiuſ ſummum ingenium:
ſuauiſſimoſ moreſ: ſigularem probitatem atq̃ cõ/
ſtantiam. Tamen idibuſ martiiſ: tantum acceſſit
ad amorem: ut mirarer locum fuiſſe augendi í eo
qd mihi iam pridem cumulatum etiam uidebat̃.
Quiſ erat qui putaret ad eum amorem: quẽ erga
te habebã poſſe aliquid accedere? Tãtũ acceſſit:
ut mihi nũc deniq̃ amare uidear: ãt ea dilexiſſe.
Quare qd ẽ ꝗ ego te horter: ut dignitati et glo/
riæ ſeruiaſ. Proponaſ tibi claroſ uiroſ: qd facere
ſolent qui hortantur. Neminẽ habeo clariorẽ q̃
te ipſum. te mictere oportet. tecũ ipſe certeſ. Nó
licet quidem iam tibi tantiſ rebuſ geſtiſ: non tui
ſimilem eſſe. Quod tum ita ſit: hortatio non eſt
neceſſaria. Gratulatione magiſ utendum ẽ. Cõ/
tigit enim tibi ꝗ haud ſcio: an nemini ut ſumma
ſeueritaſ aíaderſióiſ non modo non íuidioſa: ſed
etiã populariſ eẽt: & cũ boniſ omnibuſ tũ infimo
cuiq̃ gratiſſía. Hoc ſi tibi fortuna q̃dã cõtigiſſet:
gratularer felicitati tuæ. ſed contigit magnitu/
dine tum animi: tũ etiã ingenii atq̃ conſilii. Legi
enim contionẽ tuã. nihil illa ſapientiuſ. ita pede/
tẽtim & gradatim: tũ acceſſuſ a te ad cauſã facti:
tũ receſſuſ: ut reſ ipſa maturitatẽ tibi aíaduertẽdi

omnium conceſſu daret. Liberaſti igitur & urbē
piculo:& ciuitatē metu. neq; ſolũ ad rēpuſ maxi/
mam utilitatem actuliſti:ſed etiam ad exēplum
facti intelligere debeſ in te repoſitam eſſe rēpub:
tibiq; non modo tuendoſ:ſed etiam ornandoſ eſſe
illoſ uiroſ:a quibuſ initium libertatiſ profectũ ē.
Sed de hiſ rebuſ corã plura prope diem ut ſpero.
Tu quando rempublicam noſq; conſeruaſ:fac ut
diligētiſſ ie teipſũ mi Dolobella cuſtodiaſ. Vale.

D ·ij· T· C· S· D· preco

Vabuſ tuiſ epiſtoliſ reſpondebo. uni quam
q̃triduo āte acceperã a Zeto. alteri quã actulerat
Phileroſ tabellariuſ. ex p̃ribuſ tuiſ literiſ intel/
lexi pergratã tibi eſſe curã ualitudiniſ tue. quam
tibi eſſe gaudeo. Sed mihi crede nõ perinde ut ē
re abſenſ literiſ perſpicere potuiſti. Nam cũ a ſa/
tiſ multiſ enim nõ poſſum aliter dicere:& coli me
uideam & diligi. Nemo eſt illorum omniũ mihi
te iocundior. Nam quod me amaſ:φ id etiã pridē
& conſtãter faciſ:eſt id quidē magnũ ·atq; haud
ſcio an maximum:ſed tibi commune cũ muluſ φ
tu ipſe tam amanduſ eſ:tanq̃ dulciſ:tãq̃ in omni
genere iocõduſ ·id eſt proprie tuum . Accedunt
non Actici ſed ſalſioreſ q̃ illi acticorum romani
uetereſ atq; urbani ſaleſ. Ego aũt exiſtimeſ licet
quilibet mirifice capior facetiſ maxime noſtra/
tibuſ:preſertim cum eaſ uideam primum oblitaſ
latio :tum cũ in urbē noſtrã infuſa ē peregrinitaſ.
Nunc uero etiam bracatiſ & tranſalpiniſ natio/
nibuſ:ut nullũ ueteriſ leporiſ ueſtigiũ appareat.
Itaq; cum te uideo · omneſ mihi gratiaſ:omneſ

Luciliof uere ut dicam craffofquoq; & leliof ui/
dere uideor. Moriar fi pter te qcq reliquú babeo:
f quo poffem imagné antique & uernacule fefti/
uitatif agnofcere. Ad bof leporef cum amor erga
me tantuf accedat:mirarif me tãta perturbatióe
ualitudinif tuætam grauiter examinatum fuiffe.
Quod aút epiftola altera purgaf te nó diffuafo/
ré mibi emptióif neapolitane fuiffe: fed auctoré
moderationif urbane:neq; ego aliter accepi.in/
tellexi tamen idem quod bif intelligo literif:non
exiftiaffe te mibi licere id quod ego arbitrabar.
Ref baf non omnino quidem fed magná partem
relinquere. Catullú mibi narraf & illa tépora qd
fimile:ne mibi quidem ipfi tunc placebat diutiuf
abeffe a reipub.cuftodia. Sedebamuf.n.in puppi
& clauum tenebamuf.nunc autem uix eft in fen/
tina locuf.An minuf multa fenatufcófulta futura
putaf:fi ego fú neapoli? Rome cum fum & urgeo
forum:fenatufconfulta fcribuntur apud amatoré
tuum familiarem meum. Et quidem cú in métem
uenit:ponor ad fcribendú.& ante audio fenatuf/
confultum in armeniam & fyriam effe perlatum.
quod in meam fententiam factam effe dicatur:q
omnino mentioné ullam de ea re effe factá. Atq;
boc nolim me iocari putef. Nam mibi fcito iam
a regibuf ultimif allataf effe literaf:quibuf mibi
gráf agant: q fe mea fententia regef appellaueri.
quof non mó regef appellatof: fed omnino natof
nefciebam. Quid ergo eft? Tamen quam diu bic
erit:nofter bic pfectuf moribuf pbo auctoritati
tue.cum uero aberit:ad fungof me tuof cóferam.

domum ſi habebo:inde noſ dieſ ſiguloſſūptuarie
legiſ dieſ cóferam. Sinautem minuſ inuenero qđ
placeat· decreui habitare apud te. Scio enim tibi
me nihil gratiuſ facere poſſe. Domū ſillanā deſ/
perabam. Iam ut tibi proxime ſcripſi :ſed tamen
non abiecti. Tu uelim ut ſcribiſ cum fabriſ eam
perſpitiaſ. Si enim nihil i parietibuſ aut in tecto
uiciι:cetera mihi probabantur. Non me herculeſ
nihil unā enim tam preter opinionem:tam quod
uideretur omnibuſ í dignum accidit:quin ego cú
pro amicitia ualidiſſime fauerem ei:& me iam ad
dolēdú preparaſſem. Poſtā factum ē:obſtupui.
& mihi uiſuſ ſū captuſ eſſe. Quid alioſ putaſ cla/
moribuſ ſilicet maximiſ iudiceſ corripuerunt.et
oſtenderunt plane eſſe qđ fieri non poſſet. Itaꝗ
relictuſ lege licinia maior eſſe periculo uideretur.
Acceſſit hoc quod poſtridie eiuſ abſolutionem in
theatrum Curioniſ Hortenſiuſ introiit· Puto ut
ſuum gaudium gauderemuſ. Hic tibi ſtrepituſ:
fremituſ :clamor tonitruum & rudentum ſibiluſ.
Hoc magiſ aíaduerſú eſt quod intactuſ ab ſibilo
puenerat Hortenſiuſ ſenectutem. Sed tota bene
ut in totam uitam quouiſ ſatiſ eſſet & peniteret
eú iam uixiſſe.De repub.qd tibi ſcribam nihil nó
habeo.Marcelli impetuſ recederunt non inertia:
ſed ut mihi uidebatur conſilio. De comitiuſ con/
ſularibuſ incertiſſimaſ ē exiſtimatio.Ego incidi í
cópetitorem nobilem & agentem. Nam Marcuſ
Octauiuſ Gn.filiuſ:& Caiuſ Hirtuſ mecú petit.
Hoc ideo ſcripſi: qđ ſcio te acriter ꝓpter Hyrrú
nuntium noſtrorum comitiorum expectaturum

Tu tamen simul ac me desingnatum audieris: ut
tibi cure sit quod panteras actinet. Synagraphã
sictianam tibi commẽdo. Commentarium rerum
urbanarum primum dedi Lutio Castrinio. Peto
secundum ei quæ has literas tibi dedit. Vale.

E Celius · S · D · Ciceroni
Et ne uiti & tibi sepe qđ negaras diescdens
curaturum tibi literas micto. Et siquidẽ pferunt
quasdo. Atq; hoc ego diligẽtius facito: quod cum
otiosussum plane ubi delectem: otium meum nõ
habeo. Tu cum rome eras hoc mihi certũ atq; io/
cũdissimum uaganti negotium erat: tecũ id o tu
tempus consumere. Idq; nõ mediocriter desidero:
ut non modo mihi solus esse: sed rome profecto
solitudo uideatur facta. Et qui que mea negli/
gentia est multos sepe dies: ad te cum hic eras nõ
accedebam. Nunc quotidie non esse te ad quem
cursi tẽ discrutior. maxíe uero ut te dies noctesq;
queram. Cõpetitor Hirrus curat: quomodo illũ
putas auguratus tuũ competitorẽ dolere: & dissi/
mulare me certiorem q̃ se candidatum: de quo ut
quem optas q̃pmũ nũtiũ accipias. Tua medius/
fidius magisq̃ mea causa accipio. Nam mea si fio
si forsitan cum locupletiore referam. sed hoc usq;
eo suaue est. qđ si acciderit: tota uita risus nobis
desse nõ possit. Sed tãti sed me hercule nõ mul/
tum Marcus Octauius eorum odia qui Hirrum
premunt quæ permulta sunt: subleuat. Quod ad
Philotum Liberti offitium & bona Milonis at/
tiet: dedimus operam ut & Philotimus q̃ hones/
tissĩe Miloni absẽti: eiusq; necessarius satisfaceret:

& fecũdum eiuſ fidem & ſedulitatem exiſtimatio
tua conſeruaretur. Illud nuuc a te peto ſi eriſ ut
ſpero otioſuſ:aliquod ad noſ ut intelligamuſ noſ
tibi cure eſſe: ſi tagina conſcribaſ. Quid tibi iſtuc
inquiſ í mentem uenit?Homini nó inepto aliqd
ex tã multſ tuiſ monimẽtiſ extare: qđ amicitiæ
noſtre mẽoriã poſteriſq; prodat. Cuiuſmodi ueli
puto queriſ. Tu citiuſ q hominẽ noſti diſciplinã.
Quod maxime conuenit excogitabiſ genere. ta/
men quod ad noſ pertineat.& didaſcaliam quãdã
ut uerſetur:inter manuſ habebat. Vale.

Ceiuſ S. D. Ciceroni:

I Nuideo tibi quod multa quotidie quæ mi/
ror iſtoc pferũt. Primũ illud abſolutũ Meſſalã:
deinde eundem condempnatũ Marcũ Marcellũ
conſulem factum:Marcum Claudium ab repulſa
poſtulatũ .a galliſ duobuſ. P. Dolobẹllã: qndeci
uirum factum. Hoc tibi non inuideo caruiſſe te
pulcerrimo ſpectaculo .& Lentuli cruriſ repulſi
uultum non uidiſſe.At qua ſpe q̃ certa opinione
deſcenderat: q̃ ipſo diffidente Dolobella & Her/
culeſ:niſi noſtriſ que acutiuſ uidiſſẽt: pene cóce/
dente aduerſario ſuperaſſet. Illud te nó arbitror
miratũ Seruiũ tribunũ plebiſ deſignatũ códẽp/
natũ. Cuiuſ locum Caiuſ Curio petiit. Sane quã
incutit multiſ qui eum facilitateq; eiuſ nó norũt
magnum metũ. Sed ut ſpero & uolo:&ut ſe fert
ipſe bono. Sed ſenatuſ mallet totuſ:ut nũc ẽ hoc
ſcaturit huiuſ uoluntatiſ initium.& cauſa eſt qđ
eum non mediocriter Cæſar:qui ſolet ſimorum
hominum amicitiaſſibi qualibet ípenſa adiũgere

ualde contempſit. Qua in re mihi uidetur illud p̄
quam uenuſte ceciniſſe quod a reliquiſ quoq; uſq;
eo eſt aĩaduerſũ: ut Curio qui nihil cõſilio facit
ratione: & inſidiiſ uſuſ uideret in euitãdiſ iſ con/
ſiliiſ: qui ſe itenderãt aduerſarioſ in eiuſ tribũ atũ
lelioſ & antonioſ. & id genuſ ualentiſ dico. Haſ
ego tibi literaſ eo maiore miſi iteruallo: q̄ dila/
tioneſ occupatiorem me habebant: & expectare i
dieſ exitũ cogebãt: ut cõfectiſ omibuſ te facerem
certiorẽ. Ad kalẽđ ſextiliſ uſq; expectaui. p̄torıſ
more quedam inciderunt mea porro comitia. quẽ
euentum ſint habitura neſcio. Opinionẽ quidem
quod ad Hirrũ actinet icredibilẽ eã. pl.comitiſ
nacta ſũt. Nam Marcum Celiũ uiciniãnũ mẽtio
illa fatua quam deſeramuſ olim: & promulgatio
de dictatore ſubito deiecit: & deiectũ magno cla/
more iſecuta eſt. Hirrũ an nõ fatiendũ flagitare
ſpero te celeriter: & de nobiſ qđ ſpaſtı: & de illo
qđ uix ſperare auſuſ ē auditurum. De republica
iam noui quicq̃ expectare deſieramuſ. Sed cum
ſenatuſ habituſ eſſet ad Appolliniſ ad xi .kalẽđ
ſextiliſ: & referret de ſtipẽdio Gn. Põpeıı: mẽtio
facta de legione ea quam exſpenſam tulit Caıı
Ceſarı Põpeıuſ: quo numero eēt: quo appeteret:
cum Põpeıuſ i gallıa coactuſ eſt dicere. Põpeıuſ
ſe legionẽ adducturum: ſed non ſtatı ſubmẽtione
& cõuitium obtrectaturum. Inde interrogatuſ de
ſucceſſione Caıı Cæſarıſ: de qua hoc ē de puıtıuſ
placitum eſt: ut q̃primum ad urbem reuerteretur
Gn. Pompeıuſ: ut corã eo de ſucceſſıõe puıtıarũ
ageretur. Nam arıminum ad exercıtũ Pompeıuſ

erat iturus: & statī ut puto idibus sextilis de ea
re factum iri: profecto aut trāsigeretur aliquid:
aut turpiter īntercederet. Nā disputando cōiecit
illam uocem: Gn. Pōpeio omnes oportere sēatui
dicto audiētis esse. Ego tamē sic nihil expecto:
quomodo Paulum Cōsulem designatū primum
sententiam dicentem. Sepius te admoneo de sin/
grapha sictiana. Cupio enim te intelligere eam rē
ualde ad me pertinere. Itē de pātheris ut tipu/
ratas accersas: curesq; ut mihi uehantur. Preterea
nuntiatum nobis & pro certo iam habetur regem
alexandrinum mortuū quidē mihi suadeas: quo/
modo regnū illud se habeat. qs ꝓcuret: diligēter
mihi perscribas. kalēd sextilis.

Celius S. D. Ciceroni

TVa tu cura sis: quod ad pacem prouintie tue
finitimarumq; regionum actīet: nescio ego qdē.
uehementer enim pendeo. Nam si hoc more mo/
derari possemus: & pro uiribus copiarum tuarum
belli quoq; existeret magnitudo: & q̄tum gloriæ
triumphoq; opus esset assequeremur: copiosam &
grauem illam dimicationem euitaremus. nihil tā
esset optandum. Nūc si parthus mouet aliquid:
scio non mediocrē fore contentionē. Tuus porro
exercitus uix unum saltū tueri potest. Hāc autē
nemo ducit rationem: sed omnia desiderantur ab
eo: tanq̄ nihil denegatum sit ei. quominus q̄pa/
ratissimus eēt: qui publico negotio ꝓpositus eēt.
Accedit huc qđ successionē futurā ꝓpter galliarū
controuersiam nō uideo: tam & si hac de re puto
te constitutum: quid facturus esses habere. tamen

quominuſ maturiuſ conſtituereſ:cũ húc euentũ
proui debã uiſũ eſt:ut te facerẽ certiorẽ.Noſti.n.
bæc tranſlaticia de galliſ conſtituetur·Erit qui
ſtercedat.deíde aliuſexiſtet:qui niſi libere liceat
de omnibuſ prouinciiſ decernere. Senatui reli q̃ſ
impediat. Sic multum atq; diu luderur.atq; ita
diu: ut pluſ biennium in biſ triciſ moraretur. Si
quid noui de repub. quod tibi ſcriberem baberẽ:
uſuſ eſſem mea conſuetudine: ut diligenter & qd
actum eſſet:& quid ex eo futurum ſperarem per/
ſcriberem. Sane tanq̃ in quodam incilitia omnia
adbeſerunt. Marcelluſ idem illud de prouinciiſ
uiget:& neq; adbuc frequẽter in ſenatu iſ efficere
potuit. Hoc ſi pterito áno Curio tribũuſ:& eadẽ
actio de prouitiiſ introi:ut q̃facile nũc ſit omía
ípedire. & q̃ boc Cæſari qui ſua cauſa rempublicã
non curent ſuperet: te non fallit.

Celiuſ &·D· Ciceroni

Rimum tibi ut debeo gratulor:letorq; tum
preſenti tum etiã ſperata tua dignitate:ſerui nó
negligentie mee ſed ignorantiæ omnium rerum.
In biſ enim ſum lociſ quo & propter lógiquitatẽ
tardiſſime omnia perferũtur.& cum gratulor:tũ
uero quibuſ uerbiſ tibi gratiaſ agam:non repio.
qđ tu ita factuſſiſ ut dederiſ nobiſ quẽadmodũ
ſcripſeraſ ad me. q̃ ſẽper ridere poſſemuſ. Itaq; cũ
primum audiui:ego ille ſum factuſ.ſciſ quẽ dicã.
egiq; omneſ illoſ adoleſcenteſ quoſ ille iactitat.
Difficile eſt loqui te autem contemplanſ abſentẽ
& quaſi tecum coram loquerer:non edepol q̃tam
rem egeriſ. Namq; q̃tum facinuſ feceriſ:qui demq;

preter opinionem mibi acciderat: referebam me
ad illud incredibile. in boc facto obicie. Repete
uero incessi omibus letitus i quo cum obiurgarer:
qd nimium gaudeo pene desidere:ita me defen/
debam. Ego uolutatem bominum nimiam quid
queris:dum illum rideo pene sum factus ille.sed
boc plurimis.Multaq; alia & ad te & de te cu pmu
ero nactus aliquid:te uero mi Ruffe diligo. que
mibi fortua dedit amplificatore dignitatis mee:
ultorem no modo inimicorum:sed etiam iuidoru
meorum ut eos partim scelerum suorum :partim
etiam ineptiarum peniteret. Vale.

Celius S. D. Ciceroni

Non dubito quin perlatum adte sit Appium
ad Dolobellam reum factum:saneq; non ea qua
existimaueram iuidia. Neq; enim stulte Appius
q simul atq; Dolobella accessit ad tribunal itro/
ierat in urbe:triumphiq; postulatione abiecerat.
Quo factor & tulit sermonis paratiorq; uisus est
q sperauerat accusatoris: nuc inte maximam spe
babet. Scio tibi eum no esse odio q uelim eu ob/
ligare in tua manu est:cum quo simulata est ibi
non fuisset. Libertus tibi de tota re esset. Nunc
si ad illam summam ueritate legitimum ius exi/
geris:cauendum tibi erit:ne parum simpliciter &
candidi posuisse imicitias uidearis. In bac parte
porro tibi tutum erit:si quid uolueris gratificari.
Nemo enim necessitudie & amicitia te deterritu
ab offitio dicet.Illud mibi occurrit qd inter pos/
tulationem & nominis delationem uxore & Do/
lobella discessit. Quid mibi discedens madaris me/

mini? Quid ego tibi fcripferim: te nó arbitror ob/
litum. Non eſt iam tempuſ plura narrandi. Vnú
illud monere te poſſum fi reſ tibi non difplicebit:
tamen boc tempore nibil de tua uoluntate oſté/
daſ:& expecteſ queadmodú exeat ex bac cauſa:
deniq; ſuidioſum tibi fit. Si emanarit porro fig/
nificatio ulla interceffit : clariuſq; deceat aut ex/
pediat fiat. neq; ille tacere eam rem poterit:quæ
fue fpei tam oportuna acciderit:queq; í negotio
cófitiendo tanto illuſtrior erit cú preſertí iuſſit
qui fi pnitioſum eſſe fciret loqui de bac re uix ta/
mé fe cótieret. Pópeiuſ dicitur ualde pro Appio
laborare· ut etiam putent alterutrum de filiiſ ad
te miſſuɤ. Hic noſ omneſ abſoluimuſ & bercule
confcripta omnia feda & inboneſta funt. Cófuleſ
autem babemuſ ſumma diligétia adbuc ſenatuſ/
cófultum nifi de feriiſ latiniſ nullum facere po/
tuerút. Curioni noſtro tribunatuſ cóglatiat ſed
dici non poteſt:quomodo bic omnia iatiant:nifi
ego cú tabernariiſ & aquariiſ pugnaré ueteriniſ
ciuitaté occupaſſet. Si parthi uoſ nibil conficiút:
noſ nibil frigore frigeſſimuſ. Tú quoquo modo
bic omnia iaceant:potuit fine parthiſ bibuluſ in
amano neſcio quid coborticularum amifit. Hoc
fi núciatum eſt quod tibi ſupra fcripfi: Curionem
ualde frigere iam calent. Ná feruétiſſime cócer/
pitur. Leuiſſime·n·qa intercalédo nó obtinuerat
traſfugit ad populum & pro Cæſare loqui cepit.
legemq; uiariam nó diſſimilem agrariæ Rulli &
alimentariam quaſ iubet edileſ metiri iactauit.
Hoc nó dum fecerat cum priorem parté epiſtole

scripsi. Amabo te: si quid quod opus fuerit Appio
facies. ponito me in gratiam. Dolabellā integrū
tibi serues suadeo. Et huic rei de q̄ loquor & dig/
nitati tue equitatis quod opinione hoc ita facere
expedit. Turpe enim erit tibi pantheras grecas
me non habere. Vale .iŋ. Cenas. S. D. Ciceroni

Qᵁᵃ cito tu istic decedere cupis nescio. Ego
quidem eo magis quo adhuc felitius res ges/
sisti dum istinc eris. de belli parthici piculo crutia/
bor: ne hunc risum meum metus aliqui pturbent.
Breuiores has literas properanti publicanoꝗ ta/
bellario subito dedi tuo Liberto pluribus uerbis
scriptas pridie dederam. Res aūt noue nulle sa/
ne acciderunt: nisi hoc uis tibi scribi que certe uis.
Cornifitius adolescentior est ille filiū sibi despō/
dit. Paula Valeria soror Triarii diuortium sine
causa. quo die uir e prouintia uenturus erat fecit.
Nuptura est. D. Bruto nondū retuleras. Multa
in hoc genere incredibilia te absente acciderunt.
Seruus Occella nemini persuasisset se metum esse:
nisi triduo uix deprehensus esset. Que res ubi her/
cule ego minime relinquo: uellem tibi qᵈ ab aliis
queras. neꝗ enim displicet mihi imperatorē sin/
gulos pcuntari: cū qua sit aliquis de p̄hēsus. Vale.
.iŋ. Cenas. S. D. Ciceroni :⸱

Eᵀ si de repub. que tibi scribam habeo: tamē
nihil quo magis gauisurum te putē habeo: q̄ hoc·
scito Caium Sempronium Ruffum mel ac deli/
cias tuas calūniā maximo plausu tulisse. Queris
an causa Marcum Tuetium accusatorem suum
post ludos romāos reum lege plotia dē fecit hoc

côfilio:qđ uidebat fi extra ordinariſ nemo reuſ
acceffiffet:fibi hoc anno caufā effe dicēdā. Dubiū
porro illi nó erat:quid futurū effet. Nemini hoc
differre munufculū maluit q̃ fuo accufatori. Itaq;
fine ullo fubfcriptore defcēdit:& Tuetium reum
fecit. At ego fimul atq; audiui inuocatuſ ad fub/
fellia rei occurro. Surgo neq; uerbū de re fatio.
Totum Sēproniū ufq; eo perago:ut Neftoriū
quoq; íterponam:& illam fabulā narrē:quēad/
modum tibi pro beneficio dederit:fi quod iuuriſ
effet:quo Neftoriuſ teneret. Hæc quoq; magna
nunc contentio forum tenet Marcuſ Seruiliuſ:
poftq̃ ut ceperat omnibuſ in rebuſ turbarat.ne
quod non uenderat quo id q̃reliquerat maxíeq;
nobiſ traditus erat inuidie neq; laterenfeſ pre/
tore poftulante paufania nobiſ patroniſ quo ea
pecunia peruenifſet:recipere uoluit.Quod Piliuſ
neceffariuſ A ctici noftri repetundiſ eū poftula/
uit.Magna illico fama furrexit.& de dānatione
feruenter loqui eft ceptum. Quo uento proicitur
Appiuſ minor:ut implicet de pecunia ex boniſ
patriſ peruentiſ ad Seruilium:preuaricationifq;
caufam diceret depofitum.fextertiorum. N S.oc/
tuagintauniuſ admirariſ amētiam uno fi actioneſ
ftultiffimaſ:qui de fe nephariaſ patriſ confeffio/
neſ audiffeſ.Mictit íconfilium eofdem illoſ qui
litiſ extimarant iudiceſ:cum æquo numero fen/
tētie fuiffēt laterēfiſ legeſignorāt. Pronūtiauit
quid finguli ordineſ iudicaffent.& ad extremum
ut folent nó redigā poftq̃ difceffit:& p abfoluto
Seruiliuſ haberi ceptuſ.legeſque unū & centefi/

caput legit in quo ita erat:quod eorum iuditium
maior parſ iudicarit id iuſ iuratū eſto . In tabulaſ
abſolutum non retulit:ordinū iuditia perſcripſit.
poſtulante rurſuſ Appio cum Lutio Lelio trãſe/
giſſet:relaturum dixit. Sic nunc neq; abſolutuſ:
neq; dãnatuſ. Seruiliuſ de repetūdiſ ſautiuſ Pilio
tradetur. Nã de diuiatióe Appiuſ cum calūniam
iuraſſet:contendere auſuſ non eſt : Pilioq; ceſſit.
& ipſe de pecūiſ repetūdiſ a ſeruiliuſ ē poſtulatuſ.
& þterea de iure uſa quodã ſuo emiſſa ruſ Tetio:
factuſ recte hoc par habet. Quod ad rēpublicam
ptiet:omíno multiſ diebuſ expectatióe galliarū
actū nihil eſt. Aliãdo tamen re dilata & grauiter
acta :& plane perſpecta Gn. Pompei uoluntate
in eã partem :ut eū decedere poſt kalenđ martiaſ
placeret. Senatuſconſultuſ qđ tibi miſi factū eſt:
auctoritateſq; pſcripte ſẽatuſcóſultuſ auctoritaſ
pridie kalendiſ octobriſ in æde Apolliniſ. Scribe
affuere Lutiuſ Domitiuſ Gne. filiuſ. Fabiuſ A/
thenobalbuſ. Q. Celiuſ. Q. .frater Fabiuſ Me/
telluſ: Piuſ Scipio. L. Iuliuſ. L. filiuſ. P. Annaliſ
Caiuſ ſeptimuſ Titi filiuſ. Quirina Caiuſ. L. Caii
filiuſ Puphircuſ. Caiuſ Scriboniuſ C. filiuſ. Pop.
Curio Luciuſ alteriuſ Lucii filiuſ ancapito.

Qđ · op· đ· fi · Ter· ĩ · đ·

VOd Marcuſ Marcelluſ cóſul. N. F. de p/
uintiſ conſularibuſ. D. E. R. I. C. uti. C. Pauluſ
Caiuſ Marcelluſ conſuleſ cum magiſtratū iſſẽt
ad ex.x. kalenđ martiaſ. que ſua magiſtratu fu/
tura eſſẽt de conſularibuſ prouintiſ ad ſenatum
referẽt:neue ađ þuſ ex kalenđ martiiſ ad ſenatū

referrent: neue quiſ coniunctum de ea re referrēt
a conſiliuſ utiꝗ eiuſrei cauſa per dieſ comitialeſ
ſenatum habereſ. Sane tumꝗ conſul faceret: & cū
de ea re ad ſenatum referrētur: a co nſiliuſ qui eoꝝ
ſ trecentiſ iudicibuſ eſſent. ſex adducere liceret. Si
ꝗd de re ad populū.pl.uel ad opuſ eēt ut Seruiuſ
Sulpitiuſ Marcuſ Marcelluſ conſuleſ pretoreſ
tri. Q. pl. qbuſ eoꝝ uideretur ad. P. pl. ue referrēt
quo diu non tuliſſent utiꝗ quicūꝗ deincepſ eſſent
ad. P. pl. I. N. P. R. kalēd octobriſ in ede Apol/
liniſ ſcripta affuerunt L. D. Gn. F. Athenobar/
buſ Quintuſ Metelluſ Quinti filiuſ: Piuſ Scipio
Lutiuſ Iuliuſ. Lutii filiuſ Pom. Annaliſ Caiuſ
ſeptimuſ Titi filiuſ: Quirina. Caiuſ Scriboniuſ
Caii filiuſ Pompei Curio Latiliuſ Lutii filiuſ
ancapito: Meppiuſ Marci filiuſ Terentia. Quod
Marcuſ Marcelluſ conſul ut de prouintiſ D. E.
R. I. C. ſēatū eximare neminē eoꝝ. q poteſtatem
habent intercedendi: impediendi moram afferre
oportere: Quo minuſ de republi. Q. P. ad ſēatum
referre ſenatuiꝗ conſulto fieri poſſe: q ipedierit:
prohibnerit: tum ſenatū exiſtimare cōtra rēpub.
feciſſe. Si quiſ huic ſenatuſconſulto interceſſerit:
Senatui placere auctoritatem perſcribi: & de ea
re ad ſenatum populumꝗ referre. Huic ſenatuſ/
conſultuſ interceſſit Caiuſ Celiuſ Lutiuſ uiciniuſ
Publiuſ Corneliuſ Caiuſ Iuliuſ Pāſa. Ite ſena/
tui placere auctoritatem preſcribi de militibuſ q
ſ exercitu Caii Cæſariſ ſunt: qui eorum ſtipēdia:
merita: cauſaſ: quibuſ de cauſiſ miſſi fieri debeāt:
habeant ad hunc ordinem referre: ut eorum ratio

babeatur:caufamq; cognofcant. Si quif buic fe/
natufconfulto interceffit: Celiuf Caiuf Panfa tri/
bunuf plebif. Itemq; fenatui placere i ciliciam p/
uinciam in octo reliquaf prouinciaf.quaf pretoru
pro pretore optinerent: eof qui pretoref fuerunt:
neq; in prouinciam cu imperio fuerunt quof eo;;
ex fenatufconfulto cum imperio in prouinciaf p
pretore micti oportere. eof foruto in prouinciaf
micti placere:fi ex eo numero quof Caiuf i pro/
uinciaf ire oporteret.ad numerum nó effent:qui
eaf puinciaf pficifcerétur:tu uti quodq; collegiu
primum. P.R.fuiffet:neq; in prouinciaf profecti
effét.ita forte i prouinciam proficifcerent. Si.n.
ad numerum nó effent:túc deincepf proximi cu/
iufq; collegii qui pretoref fuiffent:neq; i puitiaf
pfecti eént in forté conicerent. Quod if numeruf
effectuf effet:quem ad nume;; in puinciaf micti
oporteret.fi quif buic fenatufconfulto interceffit
Caiuf Celiuf Caiuf Panfa tribunuf plebif. Illa p/
terea Gn. Pompei funt aiaduerfa : que maxime
confidentiá actulerunt bominibuf : ut diceret fe
ante kalendaf martiaf non poffe fine de puinciaf
iiuria Cæfarif ftatuere:poft kaled martiaf fe nó
dubitaturum:cu iterrogaret fi q tu itercederent:
dixit boc nibil intereffe:utrú Caiuf Cefar fenatui
dicto audienf futuruf non effet: an pararet qui
fenatum decernere non pateretur. Quid fi inquif
aliuf & conful effe & exercitum babere uolet? At
ille q̃ clementer. Quid fi filiuf meuf fuftem mibi
ipingere uolet? Hif uocibuf ut exiftmarét boief
Pompeio cum Cæfare effe:negotiú efficit. Itaq;

iã uti uideo alterãutram ad cõditionẽ defcendere
uult Cæfar:ut aut maneat:neq; hoc áno fua ra/
tio habeat:aut fi defignari poterit:decedat. Curio
fe totũ contra eũ parat.quid affeq; poffit nefcio.
Illud uideo bene fentiẽtẽ:& fi nihil efficerit:ca/
dere non poffe. Me tractat liberaliter Curio:&
mihi fuo munere negotium impofuit. Nã fi mihi
non dediffet:eafq; ad ludof ei aduecti erãt:afri/
cãe potuit fuperfedere. Nũc q̃do dare neceffe ẽ:
uelim tibi cure fit.qđ a te femper petii:ut aliquid
iftic beftiarum habeamuf. Sictianãq; fingraphã
tibi commẽdo. Libertum Philonem iftoc mifi &
Dyogenẽ græcum: quibuf mãdata & literaf ad te
dedi.eof tibi & rem de q̃ mifi:uelim curæ habeaf.
Nam q̃ uehementer ad me pertineat in hif quaf
tibi illi reddent literif:defcripfi.

S C el[ius] Ciceroni S. D.
Ic tu inquif Hirrum tractafti:imo fi fciaf q̃
facile:q̃ ne cõtentionif qdẽ mime fuerit:pudeat
te aufum illum unquã effe icedere tanquã tuum
cõpetitorem. Poft repulfam uero rifuf facit.ciuẽ
bonum ludit & contra Cæfarem fententiaf dicit:
expectationem corripit prorfuf Curionem non
mediocriter obiurgatuf hac repulfa fe mutauit.
Preterea qui nunq̃ in foro apparuerit:nõ multuf
in iuditiif uerfatuf iit.agit caufã liberalif:fed raro
poft meridiem. de prouinciif quod tibi fcripferam
idibuf fextilif:actum iri iterpellat. Iuditiũ Mar/
celli confulif defignati: in kalendif reiecta ẽ:ne
frequentiam quidã efficere potuerant. Haf lraf
ad quartũ nonaf feptembrif dedi:cum ad eam diẽ

ne pᵉligatū qdē quicq̃ erat: ut uideo caůfa bæc
integra in proximum annum transſferet. Et q̃tū
diuino relinquendū tibi erit qui puintiā obtīeat.
Nam nó expedit ſucceſſio q̃do gallie que babēt
ītercefforē ī eādē conditionē quā ceteræ puintie
uocant. Hoc mibi nó eſt dubium quo tibi magiſ
ſcripfi: ut ad būc euētū te pararif fere lᵲif omibuſ.
Tibi de pantberiſ ſcripfi. Turpe tibi erit pacif: cū
Curione decē pātberaſ mififfe: te nó multif parti/
buſ pluriſ quaſ ipſaſ Curio mibi & aliaſ affricanaſ
decem dó auit: ne puteſ illum tātū predia ruſtica
dare ſcire. Tu ſi mó memoria teneref: & cybirataſ
accerſieriſ. Itemq̃ in pamphiliam literaſ miſeriſ.
Nā ibi plureſ capi aiūt quod uoleſ effitieſ. Hoc
uebementiuſ laboro. nūc quod ſeorſum a collega
puto mibi omía parāda. Amabo te impᵃ tibi boc
cure. Soleſ libenter ut ego maiorem partē nibil
curare: ī boc negotia nulla tua nifi loquēdi cura
eſt. boc ē impᵃndi & mandandi. Nam fimul atq̃
erūt capte quia lauteaſ & deportent. Habeſ eoſ
quoſ ad Siᶜtianam fingrapbam mifi: puto etiam
ſi nullā ſpē aut intecto uᵗtū: cetera mibi ᵱbabūt.

.Ɒ. C. papiro pᵉto. Ꝑ. Ɒ.
Eleᶜtauerunt me tue litere: in quibuſ ᵱmū
amauı amorem tuū: qui te ad ſcribendū īcitauit.
uerentem ne filıuſ ſuo nuntio aliquid mibi ſolici/
tudıſ actuliffet. De quo & tu mibi ætᵗa ſcripſeraſ
bıſ quidem eodem exemplo facile: ut ītelligerē
te effe cómotū: & ego tibi accurate reſcripſerā: ut
quomodo in tali re atq̃ tempore aut liberarem te
iſta cura: aut certe leuarem. Sed quoniam ᵱximıſ

quoq́ literıf oftendıſ:q̃te curǽ tıbı fıt ea reſ. Sıc
mı Pete habeto:quıcquıd arte fıerı poterıt. Non
enım ıam fatıſ eft confılıo pugnare artıfıtıum
quoddam cogıtandum eft. Sed tamen quıdquıd
elaborarı autẽ effıcı potuerıt:ad ıftorũ benıuo/
lentıam confılıandam & collıgẽdam fũmo ftudıo
me confecutũ effe.nec fruftra ut arbıtror. Sıc.n.
color. fıc obferuor ab omnıbuſ hıſ quı a Cǽfare
dılıguntur:ut ab hıſ me amarı putem. Nam & fı
nõ facıle dıudıcat̃ amor ueruſ & fıctuſ:nıfı alıqd
ıncıdat eıuſmodı tempuſ: ut quafı aurum ıgnı:fıc
benıuolentıa fıdelıſ pıculo alıquo perfpıcı poffıt.
Cǽtera ſũt fıgna cõmunıa. fed ego uno utor ar/
gumẽto:quáobrem me ex anımo uereq́ arbıtror
dılıgı: quıa & noftra fortuna ea ẽ:& ıllorum eft
ut fımulandı caufa fıt. Pro ıllo autem quẽ peneſ
eft omnıſ poteftaſ. Nıhıl uıdeo ꝗ tımeam:nıfı ꝗ
omnıa funt ıcerta cũ a ıure dıfceffũ eft. nec p̃fcırı
quıcꝗ poteft: quale futrurum fıt qđ pofıtum eft
ın alterıuſ uoluntate ne dıcam lıbıdıñe:fed tamẽ
eıuſ ıpfıuſ nulla re a me offenfuſ eſ anımuſ. Eft
n.adhıbıta ın ea re ıpfa fũma a nobıſ moderatıo:
ut enım olım arbıtrabar effe meum lıbere loquı:
cuıuſ opera effet ın cıuıtate lıbertaſ.fıc ea nũc a/
mıffa nıhıl loquı qđ offendat aut ıllıuſ aut eoꝗ q
ab ıllo dılıgũtur uoluntatem. Effugere autem fı
uelım nonnullorũ acute aut.facete dıctorũ offẽ/
fıoñe:fama ıgenıı mıhı ẽ abıtıẽda. qđ fı ıd poffem
non recufarẽ:fed tamen ıpfe Cǽfar habet pagere
ıudıtıũ.Et ut Seruıuſ frater tuuſ quẽ lıteratıffı/
mum fuıffe ıudıco facıle dıceret:hıc uerfuſ Plátı

non eſt hic.eſt quod tritaſ habereſ aureſ notãdiſ
generibuſ poetax̃ & cõſuetudinẽ legẽdi:ſic audio
Ceſarẽ cũ uoluia iã cõfecerit:

ſi quod auferatur ad eum pro meo quod meũ nó
ſit reicere ſolere :quod eo nunc magiſ facit:quia
uiuũt mecũ fere quotidie illiuſ familiareſ.Inci/
dunt autẽ in ſermóe uario:multaq̃ fortaſſe illiſ:
cum dixi nec illiterata nec inſulſa eſſe uideãtur.
Hæc ad illum cum reliquiſ actiſ perferunt.ita.n.
ipſe mãdauit.Sic fit:ut ſi qd preter eadẽ audiat
non audiẽdum putet.Quamobrẽ Oenomao tuo
nihil utor.& ſi poſuiſti loco uerſuſ actianoſ.Sed
que eſt iuidia:aut quid mihi nunc inuideri pót?
Verum fac eſſe omnia.Sic uide philoſophiſ pla/
cuiſſe hiſ:qui mihi ſoli uidet̃ uim uirtutiſ tenere.
Nihil eſſe ſapientiſ preſtare:niſi culpam.qua ui/
deor mihi dupliciter carere:& qd̃ ea ſenſerim que
rectiſſima fuerunt:& qui tũ uiderim preſidiu non
ſatiſ eſſe ad ea optinenda:uiribuſ certandum cum
ualentioribuſ non putarim.Ergo in offitio boni
ciuiſ certe non ſum reprehenduſ.Reliquum eſt:
ne quid ſtulte:ne quid temere dicã:faciã ue cótra
potẽteſ.Id quocq̃ puto eẽ ſapientiſ.Cætera uero
quid quiſq̃ dixiſſe me dicat:aut quó ille accipiat:
aut qua fide mecũ uiuãt.hi qui me aſſidue colũt
& obſeruãt:preſtare nó poſſũ.Ita fit:ut et con/
ſiliorum & ſuperiorum coſciẽtia:& preſentiſ tpiſ
moderatione me conſoler.& illam actu ſimilitu/
dinem non modo iam ad inuidiã:ſed ad fortũam
trãſferam:quam exiſtimo leuem & imbecillem.
& ab animo firmo & graui tanq̃ fluctum a ſaxo

frági oportere. Etenim cum pléa sint móuméta
grecorum:quemadmodú sapientissimi uiri regna
tulerút uel atheniſ uel syracusis:cum seruétibuſ
suiſ ciuitatibuſ fuerunt ipsi quodammodo liberi:
ego uero me putem tueri meum statum sic posse:
ut neqʒ offédam animum cuiusq̃:ne frangá dig/
nitaté meá. Núc uenio ad iocatióeſtuaſ quomó
i secundum oenoma aut actu non ut olí solebat
athelanum:sed ut nunc fit nimium itroduxisti:
quem tu mihi Popilium quem denarium narraſ:
quem cirotharichi patina felicitate mea ista fere/
batur antea. Nunc mutata eſt reſ. Hirtium ego
& Dolobellam dicendi discipuloſ habeo:cenandi
magistroſ. Puto.n.te audisse:si forte ad uoſ omía
perferuntur. Illoſ apud me declamitare:me apud
illoſ cenitare:tu autem qʒ mihi boná copiá euireſ
habere nihil é. Tu enim cum rem habebaſ:queſ/
tiunculiſ te fatiebam actentiorem. Nunc cum tá
equo animo bona perdaſ:nó eo siſ consilio:ut cú
me hospitio recipiaſ:existimationem te aliquam
puteſ accipere.& iá hec leuior é plaga ab amico:
q̃ a debitore. Nec tamé eaſ cenaſ quero:ut mag/
ne reliquie fiát:quod erit magnificú sit & lautú.
Memini te mihi phamee cená narrare:tépiuſfiat:
cetera eodem mó. Quod si psueueraſ me ad matriſ
tue cenam reuoca:& referam id quoqʒ.uolo enim
uidere animum:qui mihi audiat ista quæ scribiſ
appóere. Aut etiá Polipú Miniani Iouiſ similé:
Crede mihi non audebiſ ante meum aduentum:
fama ad te de mea noua letitia uétet:eá extimeſ/
ceſ. Neqʒ eſt quod in promulside spei póaſ ali qd:

quam totam fuftuli. Solebã ení antea delectari
oleif & lucanicaf tuif. Sed quid bec loquimur. Li/
ceat mó ifto uenire. Tu uero uolo. n. ab ftergere
animi tui metum. Ad tirotbaricum antiquũ redi.
Ego tibi unũ fumptũ afferam : ʠ balneũ calefa/
tiaf oportebit. cetera more noftro. Supiora illa
Iufimuf. De uilla felitiana: & curafti diligenter &
fcripfifti facetiffime. Itaʠ puto me pretermiffuʒ.
Salif enim fatif eft fannonnm parum.

N Celiaf latio papire ptio. o p.
On tu bomo ridiculuf ef: ʠ cũ Balbuf nofter
apud te fuerit ex me queraf ʠd de iftif mũicipuf:
& ægrif futurum putẽ:quafi aut ego quicʠ fciam
quod ifte nefciat:aut fi quid aliquãdo fciam : ʠd
non exifto foleam fcire. Imo uero fi me amaf:tu
fac ut fciam quid de nobif futurum fit. Habuifti
enim in tua poteftate: ex quo uel ex fobrio : uel
certe ex ebrio fcire poffef : fed ego ifta mi Pecte
non quero. Primum quia de lucro prope tã qua/
driennium uiuimuf.fi aut boc lucrum eft: aut bec
uita fuperftitem reipublice uiuere.Deíde ʠ fcire
quoʠ mibi uideor:quid futuʒ fit. Fiet. n. ʠd cũʠ
uolent quid ualebunt. Valebunt autem femper
arma. Nobif igit fatif effe debet ʠdquid cõcedit.
Hoc fi quif pati non potuit:mori debuit. Veni/
entem quidem agrum & capenatẽ metiunt. Hoc
non longe abeft a tufculano. Nibil tamen timeo
fruor dum licet opto ut femper liceat.fi id minuf
contingerit:tamen quãdo ego uir fortif: idemʠ
pbilofopbuf uiuere pulcerrimum duxi:nõ poffũ
eum non diligere: cuiuf benefitio id cõfecutuf fũ.

qui ſi cupiat eſſe rempub. qualem fortaſſe & ille
uult:& omneſ optare debemuſ:quid faciat tamē
nó habet:ita ſe tum multiſ colligauit:ſed lógiuſ
progredior. Scribo eni ad te. Hoc tamē ſcito nó
mó me qui conſiliuſ nó iterſum :ſed ne ipſú qdem
pricipē ſcire quid futuꝝ ſit. Noſ eni illi ſeruimuſ
ipſe tēporibuſ. Ita nec ille quid tempora poſtu/
latura ſit:nec noſ quid ille cogitet ſcire poſſumuſ.
Hæc tibi átea nó reſcripſi: non quo ceſſator eſſe
ſolerem preſertim in literiſ:ſed cú explorati nihil
haberem:nec tibi ſolicitudinē ex dubitatió e mea.
nec ſpem ex affirmatione afferre uolui. Illud ta/
mē aſcribam quod eſt ueriſſimú:me biſ tēporibuſ
adhuc de iſto periculo nihil audiſſe:tu tamē pro
tua ſapiētia debebiſ optare optía:cogitare diffi/
cillima:ferre quecú q; erunt.

Cⁿ. Cicero· ꝗ· p· fuo
Vm eſſe otioſuſ in tuſculano p̃terea ꝗ diſci/
puloſ obuiá miſeram :ut iidem me q̃maxime có/
ſiliarent familiari ſuo. accepi tuaſ lŕaſ plēiſſimaſ
ſuauitatiſ:ex quibuſ intellexi probariſ meú có/
ſiliú.ꝗ ut Dióiſiuſ tirániuſ cú ſyracuſiſ expulſuſ
eſſet:chorinti dicitur ludum apparuiſſe. Sic ego
ſublatiſ iuditiiſ amiſſo regno forēſi ludum quaſi
habere ceperí. Quid queriſ? Me quoq; delectat
conſilium.Multa enim cóſequor: primú id quod
maxime núc opuſ eſt: munio me ad hæc tēpora.
Id cuiuſmói ſit neſcio. Tátú uideo nulliuſ adhuc
cóſilia me huic antepóere:niſi forte mori meliuſ
fuit í lectulo. Fateor. Sed nó accidit.in atte nó
fui.Ceteri quidē Pópeiuſ:Lentuluſ tuuſ: Scipio

Afframus̄ fide perierunt.at Cato p̄clare. Iã iſtuc
quidẽ cum uolemuſ licebit.Demuſ mo do operã:
ne tã neceſſe nobiſ ſit q̃ illi fuit. Idq; agimuſ. Er/
go hoc p̄mũ ſequit̄ illud: ipſe melior fio. Primũ
ualitudine quam intermiſſiſ exercitationibuſ a/
miſerã.Deinde ipſa illa ſi qua fuit in me facultaſ
orationiſ: niſi me ad haſ exercitationeſ retuliſſẽ:
exaruiſſet.Extremũ illud eſt quod tu neſcio: an
primum puteſ. Plureſ iam pauoneſ confeci q̃ tu
pulloſ columbinoſ. tu iſtic te Athenano iure de/
lectato.ego me hic hirtiano.Veni igitur ſi uir eſ
& diſce predictaſ

q̃ſ queriſ:& ſi ſuſ Mineruam. Sed quãdo ut uideo
extimatió eſ tuaſ :uendere non poteſ :neq; ollam
dẽariorum implere. Romam tibi remigrandum
eſt. Satiuſ eſt hic eruditate q̃ iſtic fame . Video
te bona perdidiſſe. Spero idem iſtoſ familiareſ
tuoſ.Factum igitur de te eſt:niſi puideſ.Poteſ
í ullo iſto quem tibi reliquum fuiſſe dici̅:quãdo
cantherium cõmediſti romam prouehi: Sella tibi
erit í ludo tãq̃ hiſpodidaſcalo p̄xia:eam Pului
nuſ ſequetur. .ɒ. C. S. D. íunio papirio p̄ι-

TAmen malitia non diſcediſ:remuculo appa/
ratu ſignificaſ Balbum fuiſſe contẽtũ.Hoc
uideriſ dicere.tum reſ geſte ſint cõtinẽteſ:multo
magiſ conſulariſ eſſe oportere. Neſciſ me ab illo
omía expiſcatum.recta enim a porta domũ meã
ueniſſe.neq; hoc admiror:qđ nó ad tuam potiuſ
ſed illud quod nó ad ſuã. Ego autẽ tribuſ p̄miſ
uerbiſ quid noſter Pectuſ.At ille adiuranſ nuſq̃
ſe uuq̃ libentiuſ.Hoc ſi uerbiſ aſſecutuſ eſ:aureſ

ad te afferā non minuſ elegāteſ. Si autē obſonio.
Peto a te: ne pluriſ eſſe Balboſ q̃ diſertoſ puteſ.
Me quotidie aliud ex alio impedit. Sed ſi me ex/
pediuero: ut in iſta loca uēire poſſi: nõ cõmicta:
ut te a me ſero certiorem factum puteſ. Vale.

D . . . . C. lucio p.̃cto · ꝭ · D
Vpliciter delectatuſ ſum tuiſ literiſ: quod &
ipſe riſi & q̃ te intellexi iam poſſe ridere. Me autē
a te ut ſcurram uel item maliſ oneratum eſſe non
moleſte tuli. Illud doleo in iſta loca uēire me: ut
cõſtituerā non potuiſſe. habuiſſeſ eni nõ hoſpitē:
ſed cõtubernalē. Ad quē uirū ut eū tu quē ſolituſ
eſ promulſide conficere. Integram famē ad ouū
affero. Itaq; uſq; ad aſſū uitulinū opera perducit̃.
Illa mea quæ ſolebaſ antea laudare: o hominem
facilem : o hoſpitem non grauem: abierūt. Nam
omnem noſtram de republi. curam: cogitacionē:
de diceda inſenatu ſentētia: commēdationē cau/
ſarum abiecimuſ. In epicuri noſ aduerſaru noſtri
caſtra coniecimuſ. Nec tamen ad hanc iſolētiā:
ſed ad illam tuam lauticiam ueterem dico: cum in
ſūptum habebaſ : & ſi nūq̃ plura predia habuiſti.
Proinde te para: cum homine edaci tibi reſ eſt: &
qui iam aliquid intelligat
aut homineſ ſciſ: q̃ inſolenteſ ſint. dediſcende tibi
ſunt ſportelle & artholagini tui. Noſ iam ex arciſ
tātum habemuſ: ut uerium tuum & canullū qua
munditia homineſ : qua elegantia uocare ſepiuſ
audiamuſ. Sed uide audaciam. Etiā Hirtio cenā
dedi ſine pauone. Tamen i ea cēa cocuſ meuſ p̃ter
iuſ feruenſ: nihil potuit imitari. Hæc igit̃ ē nūc

uita noſtra. Mane ſalutamuſ domi & bonoſ ui/
roſ multoſ: ſed triſteſ. & hoſ letoſ uictoreſ: q̄ me
quidem peroffitioſe & peramanter obſeruāt. Vbi
ſalutatio defluxit. Literiſ me iuoluo. aut ſcribo.
aut lego. Veniūt etiā q̄ me audiunt quaſi doctū
hominē: quia paulo ſū q̄ ipſi doctior. Inde corpi
omne tempuſ datur. patriam eluxi.iā & grauiuſ
& diutiuſ q̄ ulla mater unicum filium. Sed cura ſi
me amaſ: ut ualeaſ. ne ego te iacente bona tua
cōmēdā. Statui.n.tibi: ne egroto q̄dē parcere.

S In tandem inſanire tibi uideriſ: q̄ mictere
uerborum meoꝝ ut ſcribiſ fulminatum. Inſanireſ
ſi cōſequi nō poſſeſ. Cū uero etiā uincaſ me priuſ
irrideaſ q̄ te oportet. Quare nihil tibi opuſ ē illā
a trabea: ſed potiuſ   meum. Verūtamē
quid tibi ego i epiſtoliſ uideor nōne plebeo ſer/
mone agere tecum: nec enim ſemper eodē modo.
Quid enim ſimile habet epiſtola aut iuditio: aut
contioni? Quin ipſa iuditia non ſolenniſ omnia
tractare uno modo. priuataſ cauſaſ & eaſ tenueſ
agimuſ ſubtiliuſ: capitiſ aut fame ſcilicet ornati/
uſ. Epiſtolaſ uero quotidianiſ uerbiſ texere ſole/
muſ: ſed tamen mi Pecte quid tibi uenit i mētē:
negare Papirium queꝗ̃ unꝗ̃: niſi plebeiū fuiſſe.
fuerunt enim patriru minorum gētium. quorum
princepſ Lutiuſ Papiriuſ mugilanuſ: qui conſul
cum Lutio Sēpronio atratiuo fuit: cū ante cēſor
cum eodem fuiſſet anniſ poſt romam conditam
trecētiſ.xii. Sed tamen papiſii dicebamini. Poſt
hūc.xiii. fuerūt Sella Curuli āte Lutiū Papiriū

Craſſum: qui þmum Papiriuſ eſt uocari deſituſ.
Iſ dictator cum Lutio Papirio curſore magiſtro
equitum factuſ eſt anniſ poſt romam conditam
trecentiſ quindecim & quadriennio poſt coſul cu
diullo. Hunc ſecutuſ e curſor homo ualde bo ra/
tuſ. Deinde Lutiuſ Maſſo edilitiuſ. inde multi
maſſo eſ: quoru tu quidem omnium patritiorum
imagineſ habeaſ uolo. Deinde carboneſ & turdi
inſequentur. Hi plebei fuerunt: quoſ contemnaſ
cenſeo. Nam preter hunc. Gne. Carbonem quem
Damaſippuſ occidit: cuiuſ e repub. carbonu nemo
fuit. Cognonimuſ. G. Carbone & eiuſ frem ſcurra.
Quid hiſ improbiuſ? De hoc amico meo Rubrie
filio nihil dico. Treſ illi fratreſ fuere. C. Gu. M.
Carbo eſ Marcuſ. P. Flacco accuſate co denatuſ
fuit. magnuſ ex ſiciia. Caiuſ accuſate Lutio Craſſo
cantaridaſ ſumpſiſſe dicitur. Iſ tribunuſ plebiſ ſe/
ditioſuſ: & P. Affricano uim actuliſſe exiſtiatuſ
eſt. Hoc uero qui Libeia Pompeio noſtro iter/
fectuſ eſt: improbrior nemo meo iudicio fuit. Ia
pater eiuſ accuſatuſ a M. Antonio ſutorio a tor/
mento abſolutuſ putatur. Quare ad patreſ cenſeo
reuertare plebi q fuerint importuni uideſ. Vale.

A̶ · i · C · p · eto · ꝗ · D·
MO uerecundiam uel potiuſ liberalitatem
loquedi: atꝗ Zenoni hoc placuit hoini me her/
cule acuto: & ſi achademie noſtre cum eo magna
rixa eſt: ſed ut dico placet ſtoiciſ ſuo q̈ꝗ re noine
appellare. Sic enim dixerunt nihil eſſe obſcenu:
nihil turpe dictu. Nam ſi quod ſit in obſcenitate
flagitium: id aut in re eſſe aut in uerbo nihil eſſe

certum. In re non est. Itaq; non mo in comedius
res ipsa narratur:ut ille in criminio modo. forte
nosti canticum. Meministi rosiu. Ita me destituit
nudum. Totus est sermo uerbis tectus .re impu/
dentior:sed etiam in tragediis. Quid est eni illud:
que mulier una: quid inqd est usurpato duplex
cubile:quid huius ferrei hic cubile inire est ausus.
Quid est uirginem me quondam inuitam per uim
uiolat:Iupiter boe uiolat. Atq idem significat:
sed alterum nemo tulisset. Vides igitur cu eade
res sit quia uerba no sint nibil uideri turpe.ergo
in re non est: multo minus i uerbis. Si enim quod
uerbo significatur : id turpe non est.uerbum qd
significat:turpe esse non potest. Anum appellas
alio nomine:cur non suo potius? Si turpe est:ne
alieno quidem.si non est:suo potius .Caudu atq
penem uocabat.ex quo est propter similitudine
penicillus.At hodie penis est in obscenis.At uero
Piso ille frugi in annalibus suis queritur adoles/
ceres peni deditos ee.Quod tu i epistola appellas
suo nomine ille tectius pene:sed qa multis factu
est ta obscenu:q id uerbum quo tu usus es. Quid
q uulgo dicitur:cum noste uoluimus conuenire:
num obscenu est? Memini in senatu disertu con/
sularem ita eloqui. Hac culpam maiorem:an illa
dicam:potuit obsceniuf non inquis . Non eni ita
sensit. No ergo in uerbo est.docui autem i re no
esse. Nusq igitur e liberis dare operam:qua ho/
neste dicitur:etiam patres rogant filios eius:ope
nome non audent dicere. Socrate fidibus docuit
nobilissimus fidicen.If Comius uocitatus e. Nu

id obſcenīu putaſ cum loquimur: terni nihil fla/
gitii dicimuſ: at cum bini: obſcenīu ē? Græciſ qdē
inquieſ nihil eſt ergo in uerbo: q̄ndo & ego grece
ſcio:& tamen tibi dico bini: idq̃ tu faciſ quaſi ego.
grece: nō latine dixeri. Ruta & mēta recte ut꞉q̃.
Volo mētam puſillam ita appellare: ut rutulam
non licet bella tectoriola. Dic ergo etiam paui/
menta. iſto modo nō poteſ. Videſ igitur nihil eē
niſi ineptiaſ turpitudinem: nec in uerbo eſſe: nec
in re. ita nuſq̃ eſſe. Ergo in uerbiſ hōeſtiſ obſcēia
ponimuſ. Quid enim non boneſtum uerbum eſſe
diuiſor? At autem ineſt obſcenium: cui enim reſ/
pondet ītercapedo. Num hec ergo obſcenia ſūt?
Noſ autem ridicule ſi dicimuſ: ille patrē ſtrāgu/
lauit bonorem nō prefamur. Si de Aurelia aliqd
aut Lolia bonoſ prefanduſ eſt: equidem iam nō
etiam obſcenia uerba pro obſcēiſ ſunt. Iatuit inqt
impudenter. Dempſit multo impudētiuſ. At qui
neutrum eſt obſcenium. Stultorū plena ſūt oīa.
Teſteſ uerbū hōeſtiſſimū i iuditio. alio loco nō
nimiſ. at hōeſti colei alianini diternini nō hō eſti.
Quid ipſa reſ modo boneſta: modo turpiſ? Sup/
pendit flagitiū eſt. Iam erit nuduſ in balneo nō
reprehēdeſ. habeſ ſcolā ſtoicā
q̃multa ex uno uerbo tuo te aduerſuſ me omnia
audire gratum eſt. Ego ſeruo & ſeruabo. Sic enī
aſſequi Platoniſ uerecūdiam. Itaq̃ tectiſ uerbiſ
ea ad te ſcripſi: quæ apertiſſimi agunt ſtoici. Sed
illi etiam crepituſ aiunt eque liberoſ at ructuſ eē
oportere. Honor eſt igitur. kalēd Martiiſ. Tu
me diligeſ & ualebiſ.

NEri ueni in cumanū .craf ad te fortaffe. Sed cum certum fciam:fatiam te pauloante cer/tiorem. Et fi Marcuf fe pariuf cum mibi in filua gallinaria obuiā ueniffet:quefiffē quidqd ageref. dixit te in lecto eē:q ex pedibuf laboraref. Tuli fcilicet molefte ut debui. Sed tamen conftitui ad te uēire:ut & uiderem te:& uiferem & cenarē etiā. Non enim arbitror cocū etiam te Archi tricū ba/bere.Expecta igit bofpitem:tum minime edacē: tum inimicum cenif fūptuofif.Vale.

RVffum iftum amicum tuum de quo iteḍiā ad me fcribif: adiuuarem q̄tū poffem:etiā fi ab eo lefuf effem:cum te tantopere uiderem:eiuf caufa laborare.Cum uero & ex tuif literif:& illiuf ad me miffif intelligam:& iudicem magne cure ei falutē meam fuiffe:non poffum ei non amicuf effe. Neq̆ folum tua cōmendatione:quæ apud me ut debet ualet plurimū: fed etiā uolūtate ac iuditio meo. Volo.n.te fcire mi Pecte initiū mibi fufpitiōif & cautionif & diligentie fuiffe literaf tuaf:quibuf literif congruentef fuerunt alie poftea multorū. Nam & aquini & fabraterie confilia funt iita de me:quæ te uideo in audiffe:& quafi diuinarēt:q̄ bif moleftuf effem futuruf. Nibil aliud egerunt nifi me ut opprimerent.Quod ego non fufpicanf fcautior fuiffem:nifi a te admōituf effē. Quāobrē ifte tuuf amicuf apud me cōmendatione nō eget. Vtinā ea fortuna reipub.fit:ut ille me q̄gratiffi/mum poffit cognofcere. Sed bec bactenuf.Te ad

cenaſ ita rediſſe: moleſte fero. Magna.n.te delec/
tatióe & uoluptate priuaſti. Deinde etiá uereor.
licet enim uerum dicere. Ne neſcio quid illud qđ
ſolebaſ dediſcaſ: & obliuiſcare céulaſ facere. Nã ſi
tú cú habebaſ quoſ imitare nó multú ꝓficiebaſ:
quid nunc te facturum putem? Spuria quidem
cum errem demóſtraſſem: & uitam tuá ſuperiorē
expoſuiſſem: magnum periculum ſúme reipubli.
demóſtrabat: niſi ad ſuperiorem conſuetudinem:
tum cú Fauoniuſ flaret reuertiſſeſ .hoc tempore
fieri poſſe: ſi forte tu friguſ ferre nó poſſeſ: ſed me
hercule mi Pecte extra iocum móeo te: ꝗ priere
adbeate uiuendum arbitror: ut cum uiriſ boniſ:
iocundiſ: amantibuſ tui uiuaſ. Nihil enim aptiuſ
uite. Nihil ad beate uiuendum accommodatiuſ.
Nec id ad uoluptaté refero: ſed ad comitaté uite
atꝗ uictuſ remiſſioné aioꝝ: que maxime ſermóe
efficitur familiari: qui eſt í conuiuiuſ dulciſſimuſ.
ut ſapientiuſ noſtri ꝗ̃ greci illi   aut
               id eſt computationeſ: aut concéatióeſ
noſ cóuiuia. ꝗ tum maxime ſimul uiuitur. Videſ
ut te philoſophádo reuocare coner ad céaſ. Cura
ut ualeaſ. Id foriſ céitando facillime cóſequere.
Sed caue ſi me amaſ: exiſtieſ me ꝗ iocoſiuſ ſcribá
abiéciſſe curam reipub. Sic tibi mi Pecte pſuade.
me dieſ & nocteſ nihil aliud agere: nihil curare:
niſi ut mei ciueſ ſalui liberiꝗ ſint. Nullum locú
pretermicto monendi: agendi: prouidendi. Hoc
dēiꝗ aimo ſú: ut ſi in hac cura atꝗ admíſtratióe
uita mihi ponéda ſit: preclare actum mecú puté.
etiam atꝗ etiam Vale.   ɪɔ c ɔ D p.r tɔ

SVmmú me ducē litere tue reddiderūt. Plane nesciebā te tā peritū esse rei militariś. Pirrhi te liberoś & cynee uideo lectitasse. Itaq; obtēpa/ re cogito preceptiś tuiś. Hoc ampliuś. nauiculaȝ habere aliqd in ora maritia cōtra equitē parthū. negant ullā armaturam meliorem inueniri posse. Sed quid ludimuś? Nesciś quo cū impatore tibi negotium sit   quā cōtrieram legēdo: totam in hoc imperio explicaui. Sed io/ cabimur aliaś coram ut spero breui tēpore. Nūc adeś ad impandum uel ad parendum potiuś. Sic enim antiqui loquebātur. Cum M. Fabio quod scire te arbitror mihi summuś est usuś. ualdeq; eū diligo: tum propter summam probitatem eiuś ac singularem modestiam: tum qp í biś controuersiuś quaś habeo cum tuiś cōbibonibuś epicuriiś: optía opera eiuś uti soleo. Iś cum ad me lauditiam ue/ nisset: mecūq; eum ego esse uellem: repēte pcussuś est atrocissimiś literiś: in quibuś scriptū erat fūdū herculanensē a. Q. F. fratre pscriptū eē. q fūduś cū eo communiś esset. Id. M. Fabiuś pergrauiter tulit: existimauitq; fratrem suū hominē non sa/ pientem ípulsu inimicorum suorum eo progressū esse. Nunc si me amaś mi Pecte negotium totū suscipe: & molestia. Fa. libera. Auctoritate tua nobiś opuś est & cōsilio & etiā gratia. Noli pati litigare fratreś. & iuditiuś epibuś cōflictari. Ma/ tonem & Pollionē inimicoś habet Fabiuś. Quid multa? Non me hercule tam perscribere possum q̃ mihi gratū feceriś: si otiosū. F. reddideriś. Id ille inte positum esse putat: mihiq; persuadet. Vale.

Ccubueram hora nona: cum ad te literarum
exemplum in codicillis exaraui. Dices ubi? Apud
Volumiū eutrapelum. equidē supra me Acticus
ī ra uenius familiares tui. Miraris tam exhilaratā
seruitutē nostram. Quid ego fatiam? Te cōsulo
qui philosophum audis. Anger: excruciem ne me.
Quid assequar? Deinde quē ad finē? Viuas inqs
in literis? An quicq̃ me aliud agere censes? Haud
possem uiuere: nisi in literis uiuerem? Sed ē earū
etiam nō satietas: sed quidam modus a quibus cū
discessi. & si minimū mihi esset in cena: qd̄ tu unū
Zetemadioni philosopho posuisti. Tamen quid
potius fatiam priusq̃ me dormitum conferam: nō
reperio. Andi reliqua. Iufra eutrapelum cytharis
accubuit. In eo igitur inquis conuiuio Cicero ille
quē expectabā: cuius ob os gratiora obuertebāt
sua. Nō me hercule suspicatus sum illam affore.
Sed tamen Ariscippus quidem ille socraticus nō
erubuit: cū esset obiectū habere eū laida. Habeo
inquit non habebor a laide. Græce hoc melius si
tu uoles interpretabere. Me uero nihil istoꝗ ne
iuuenem quidem mouit ũq̃. ne nūc senē cōuiuio
delector. Ibi loquor aliquid quod i solū ut dicitē
& gemitum & risus maximos transfero. An tu id
melius qui etiam philosophum irriseris. Cū ille si
cuis quid quereret: dixisset cenam te querere: a me
dixeris. Ille uero putabat te quesiturum: nū unū
celū eēt an inumerabilia. Quid ad te? At hercule.
Cena unuquid ad te? Tibi presertim. Sic igitē ui/
uitur: quotidie aliquid legitē: aut scribitē. Deinde

ne amicif nibil tribuamuf epulamur una non mõ
contra legẽ fi ulla nũc lex eft: fed etiã intra legẽ.
equitem aliquáto. Quare nibil ẽ quod aduentum
noftrũ extĩ efcaf. Non multi tibi bofpitẽ accipief.
multi ioci. Vale. ꝑ T.c. epiſtuſ. fu. lu. ɑ. . ꝑ
Inapit. x. ɑ.c. Planco ſu. ſ.

T abfui proficifcenf in greciam.
& pofteaꝗ de meo curfu reipubli.
fũ uoce reuocatuf. Nunꝗ per. M.
Antonium quietuf fui cuiuf tãta
eft non infolentia. Ná id quidẽ
uulgare uitium eft. fed ímanitaf
non modo ut uocem: fed ne uultum quidẽ liberũ
ferre poffit cuiufꝗ. Itaꝗ; mibi maxime cure ẽ nõ
de mea quidẽ uita cui fatiffeci. uel etate uel fac/
tif: uel fi quid etiã boc ad rem pertinet gloria. fed
me patria folicitat. In ꝑmifꝗ; mi Plãce expecta/
tio confulatuf tui quæ ita longa eft: ut optandũ
fit ut poffimuf ad id tẽpuf reipub. fpiritũ ducere.
Quæ poteft enim fpef effe in ea repub. : inꝗ boiſ
fpudentiffimi atꝗ; intẽperatiffimi armif oppreffa
funt omnia? Et in qua nec fenatuf nec populuf
uim babet ullã? Nec legef ulle funt: nec iuditia.
nec oíno fimulacrũ aliꝗđ ac ueftigiũ ciuitatiſ.
Sed quando acta omnia micti ad te arbitrabar:
nibil erat ꝙ fingulif de rebuf fcriberẽ. Illud aũt
erat amorif mei. quem a tua pueritia fufceptũ nõ
feruaui folũ: fed etiã auxi mouere te atꝗ; bortari:
ut in rempubli. omni cogitatió e curaꝗ; ícũberef.
quæ fi ad tuum tempuf producitur: facilif guber/
natio eft. ut perducatur aũt: magne tũ diligẽtiæ

eſt:tum etiam fortunæ. Sed & te aliqͤnto ante ut
ſpero habebimuſ: & preterꝗ ꝗ reipub.conſulere
debemuſ:tamͤ tue dignitati ita fauemuſ:ut om/
ne noſtrum conſilium:ſtudium:offitiú:operam:
laborem: diligͤtiã ad ãplitudinͤ tuã cõferamuſ.
Ita & facillime & reipub.quæ mihi cariſſima eſt:
& amicitiæ noſtræ ꝗſãnctiſſime nobiſ colendam
puto:me intelligo ſatiſſacturum.Furniú noſtꝶ
tanti a te fieri:ꝗtú ipſiuſ humanitaſ & dignitaſ
poſtulat.Nec miror nec gaudeo.teꝗ hoc exiſti/
mare uolo:quidꝗd i eú iudicii offitiiꝗ cõtuleriſ:
id ita me accipere:ut i meipſú te putͤ cõtuliſſe.

MEum ſtudium honori tuo nõ defuiſſet pro
neceſſitudie noſtra.ſi aut tuto i ſͤatú:aut hõ eſte
uͤire potuiſſͤ. Sed nec ſine periculo qſꝗm libere
de repub.ſentiͤſ:uerſari poteſt in ſúma ipunitate
gladiorum. Nec noſtre dignitatiſ uidetur eͤ ibi
ſententiam de repub.dicere:ubi me &meliuſ& ꝑ/
priuſ audiant armati ꝗ ſenatoreſ.Quapropter in
priuatiſ rebuſ nullum neꝗ offitium neꝗ ſtudiú
meum deſiderabiſ.nec in publiciſ quidem.ſi quid
erit:in quo me intereſſe neceſſe ſit:nunꝗm deero.
ne cum periculo quidͤ meo dignitati tuæ. In hiſ
autem rebuſ:quæ nihilominuſ ut ego abſi cõfiti
poſſunt:peto a te ut me rationem habere ueliſ:
& ſalutiſ & dignitatiſmee.Vale.

CVm ipſum Furnium per ſe libentiſſie uidi:
tum hoc libentiuſ ꝗ illú audiͤſ te uidebar audire
Nam & in re militari uirtutem:& in admiſtráda

prouintia iuftitiam:& in omni genere prudentiã
mihi tuam expofuit. & preterea mihi nõ ignotã
in confuetudine & familiaritate fuauitatem tuã
adiunxit. Preterea erga fe fummã liberalitatem.
Quæ omnia mihi iocunda.hoc extremum etiam
gratum fuit. Ego Plance neceffitudinẽ cõftitutã
quam habui cum domo ueftra:anteq̃ aliq̃to q̃ tu
ef natuf.Amorem erga te autẽ abineũte pueritia
tua confirmata iam etate familiaritatẽ: tũ ftudio
meo:tum iuditio tuo conftitutam. Hif de caufif
mirabiliter faueo dignitati tuæ.quã mihi tecum
ftatuo habere cõmunem.Omnia fũma cõfecutuf
ef uirtute duce comite fortũa:eaq; ef adeptuf ad/
olefcenf.multif iuidẽtibuf:quof igenio iduftriaq;
fregifti. Nũc me amãtiffimũ tui nẽini cõcedentẽ:
qui tibi uetuftate neceffitudinif potior poffit eẽ:
fi audief omnem tibi relique uite dignitatem:ex
optimo reipub.ftatu acquiref. Scif pfecto. Nihil
enim te fugere potuit.fuiffe quoddam tẽpuf cum
hoief exiftimarẽt te nimif feruire temporibuf.q̃
ego quoq; exiftimarẽ te fi ea quæ patiebare:p/
bare etiam arbitrarer. Sed cum itelligerem quid
fentiref:te arbitrabar uidere qd poffef. Nũc alia
ratio eft:omnium rerum tuum iuditium eft:idq;
liberum.conful ef defignatuf optima etate.fumma
eloquentia.maxima orbitate reipublice uirorum
talium. Iucumbe per deof immortalef in eã curã
& cogitationẽ:que tibi fũmã dignitatẽ & gloriã
afferat. Vnuf autem eft hoc preferum tẽpore. p
tot annof repub. deiecta:reipublice bene gerende
curfuf ad gloriam . Hæc amore magif impulfuf

scribenda ad te putaui: ꝗ ꝗ arbitrarer te monitis
& preceptis egere. Sciebam enim ex iisdem te hec
haurire fontibus: ex quibus ipse hausera. Quare
modum fatiam. Nunc tantu significadu putaui:
ut potius amore tibi ostenderem meu: ꝗ ostetare
prudetia. Interea quæ ad dignitate tua ptinere
arbitrabor: studiose diligenterꝗ curabo. Vale.

G Ratissime mihi tuæ litere fuerunt: quas ex
Furnii sermone te scripsisse aiaduerti. Ego aute
pteriti temporis excusatione affero: ꝗ te pfectu
audieram. nec multo ante reduisse sciui: ꝗ ex epi/
stola tua cognoui. Nullum enim in te offitiu nec
minimu quidem: sie maxima culpa uideor posse
preterire. in quo tuedo habeo causas plurimas: uel
paterne necessitudinis: uel meæ a pueritia obser/
uantiæ: uel tui erga me mutui amoris. Quare mi
Cicero ꝗ mea tuaꝗ patie etas psuade tibi te unu
esse: i quo ego te colendo patria mihi costitueri
sanctitatem. Omniaigitur tua consilia non mihi
prudentiæ plena quæ suma est uidentur: ꝗ fide/
litatis quam ego ex mea coscietia metior. Quare
si aut aliter sentirem: certe admonitio tua me re/
primere: aut si dubitare: hortatio ipellere posset:
ut id sequerer qd tu optimu putares. Nunc uero
qdest ꝗ me in alia parte trahere possit. Quecuꝗ
in me bona sunt aut fortunæ benefitio tributa:
aut meo labore parta. & si a te ppter amore cari/
us sunt existiata: tamen uel inimicissimi iuditio
tanta sunt: ut propter bonam famam nihil desi/
derare uideatur. Quare hoc unum tibi persuade

quantum uiribuſ enīticōſilio : prouidere : aucto/
ritate monere potuero : hoc omne reipub. ſemper
futurum. Non eſt ignotuſ mihi ſenſuſ tuuſ : neq; ſi
facultaſ optabiliſ mihi quidem tui preſētiſ eſſet :
unꝗ a tuiſ cōſiliiſ diſceptarem. Nec nō cōmictā :
ut ullum meum factum reprehēdere iure poſſiſ.
Sum in expectatione omīum rerum . qd ī gallia
citeriore : quid in urbe gerať mēſe iāuario ut ſciā.
Interim maximam hic ſolicitudinē curamq; ſuſ/
tineo : ne íter aliena uitia agēteſ noſtra mala ſuā
putēt occaſionem. Quod ſi ꝓinde ut ipſe mereor
mihi ſucceſſerit : certe & tibi cui maxime cupio &
omnibuſ uiriſ boniſ ſatiſfatiam. Fac ualeaſ : meq;
multum diligaſ. ᛫ɔ᛫ Cᵒ phan᛫ꝓto᛫ ᴅᴄii᛫ Ꙩ᛫ ᴅ᛫

B Inaſ a te accepi literaſ eodem exemplo : ꝗ
ipſum argumento mihi fuit diligētiæ tuæ.
Intellexi .n. te laborare : ut ad me mihi expecta/
tiſſime litere perferentur. Ex quibuſ cepi fructū
duplicem : mihiq; í cōꝑatióe difficilē adiudicādū:
amorem ne erga me tuum : an animum in repub.
pluriſ exiſtimandum putarem. Eſt omīno patrie
caritaſ meo quidem iuditio maxima . Sed amor
uoluntatiſq; cōiūctio pluſ certe habet ſuauitatiſ.
Itaq; commemoratio tua paterne neceſſitudiniſ
beniuolentieq; eiuſ : quam erga me a pueritia cō/
tuliſſeſ . ceterarumq; rerum quæ ad eam ſētētiam
pertinebant : incredibilem mihi letitiā actulerunt.
Rurſuſ declaratio aīmi tui quē habereſ de repub.
quēq; habituruſ eſſeſ : mihi erat iocundiſſima . eoq;
maior erat hec letitia : quo ad illa ſuperiora acce/
debat. Itaq; te non hortor ſolum mi Plance : ſed

plane etiam oro: q̃ feci hif literif:quibuf tu bu/
maniffime refpondifti.ut tota mente omíq; aími
fpetu in repub.incúbaf. Nibil eft q̃ tibi maiorif
fructuf glorieq; effe poffit:nec quicq̃ ex omíbuf
rebuf bumanif eft preclariuf aut preftantiuf:q̃ de
repub.bene mereri.Adbuc enim patitur tua fúma
bumanitaf & fapientia me q̃ fentiã libere dicere.
fortuna fuffragante uiderif ref maximaf confe/
cutuf.Quod q̃nq̃ fine uirtute non potuiffef:tamẽ
ex maxima parte ea quæ ef adeptuf fortune tẽ/
poribuf quid tribuunt.Hif tẽporibuf difficillimif
reipub.quidquid fubuenerif:id erit totũ & ppriú
tuum.Incredibile eft omnium ciuium latronibuf
exceptif odium í Antonium.Magna fpef in te &
in tuo exercitu magna expectatio.Cuiuf p deof
gratie glorieq; caue tempuf amictaf.Sic moneo
ut filium.Sic faueo ut mibi.Sic bortor ut ppriú
& amiciffimum.Vale. Cy̆·C·plãcõ p·dcĩ·ꝑ·D·

QVe locutuf eft Furniuf nofter de aímo tuo
in rempub:ea gratiffima fuerút.S.P.Q.R.
pbatiffima.Quæ aút recitate funt litere í fẽatu:
nequaq̃ confentire:cũ oratione Furnii uife fút.
Pacif enim auctor eraf cum collega.tuuf uir cla/
riffimuf a fediffimif latróibuf obfideret.Qui aut
pofitif armif pacẽ petere debent:aut fi pugnãtef
eam poftulant.uictoria pax nó pactióe pariẽda
eft.Sed de pace litere uel Lepidi uel tuæ quam
in partem accepte fint:ex uiro optimo fratre tuo:
& ex.G.Furnio poterif cognofcere.Me autẽ im/
pulit tui caritaf·ut q̃nq̃ nec tibi ipfi cófiliú deeẽt:
& fratrif Furniiq; bẽuolentia fidelifq; prudẽtia

tibi prefto effet futura. Vellem tamen mee quoq̃
auctoritatif pro plurimif noftrif neceffitudibuf
preceptum ad te aliquod peruenire. Crede igitur
mi Plãce. oẽf quof adhuc graduf dignitatif con/
fecutuf fif : ef autem adeptuf ápliffimof eof hórũ
uocabula habiturof : non dignitatif infignia: nifi
tecum libertatem. P. R. & cũ fẽatuf auctoritate
cõiunxerif. Seiunge te quefo aliquãdo ab hif cũ
quibuf te nó tuum iudicium: fed tempo꜀ uincula
coniúxerunt. Compleref í perturbatione reipub.
confnlef dicti: quo꜀ nemo confularif habituf: nifi
qui animo extiterit in rempublicam confularif.
Talẽ igitur te effe oportet: qui p̃mũ te ab ípiorũ
ciuium tui diffimillimorum focietate feiũgaf. de/
inde & fẽatui bonifq̃ omnibuf auctorem : p̃ncipẽ:
ducem prebeaf. poftremo ut pacẽ effe iudicef nó
armif pofitif : fedí abiecto armorum & feruitutif
metu. Hec fi agef & fentief: tũ erif nó mõ cõful&
confularif: fed magnufetiam conful & confularif.
Sin aliter tua in iftif ampliffimif nominibuf hó꜀
non mõ dignitaf nulla erit: fed erit fũma diffor/
mitaf. Hæc impnlfuf beniuolentia fcripfi paulo
feueriuf: que tuí experiendo in ea ratione qua te
digna ẽ uera eẽ cognofcef datũ. xiii. halẽđ apḷf.

Pᵖ Plãcuf ímp. Ciceroni. S. D.
Lura tibi de meif cõfiliuf fcriberẽ: rationéq̃
omnium rerum redderẽ uerbofiuf : quo magiftu/
dicaref omnia me reipubli. preftitiffe. quæ & tua
exhortatióe excepi.& mea affirmatione tibi re/
cepi. Nó minuf enim a te probari q̃ diligi femper
uolui. nec te magif ículpa defenforẽ mihi paraui:

q̃ predicatorem meritorum meorũ esse uolui. Sed
breuiorem me due res faciunt. una q̃ publicis li/
teris omía sum persecutus. Altera q̃. M. uarisi diũ
equitem romanum familiarem meum: ipsũ ad te
trãsire iussi. ex quo omnia cognoscere posses. nó
mediusfidius mediocri dolore afficiebar: cum alii
occupare possessionem laudis uiderentur. sed usq̃
mihi temperaui: dũ perducerem eo rẽ: ut dignũ
aliquid & consulatu meo & nostra expectatione
efficerẽ. Quod spero si me fortuna non fefellerit:
me cõsecuturum. ut maximo presidio reipub. nos
fuisse & nunc sensciãt homíes. & i postezᷓ meoria
teneant. A te peto ut dignitati mee suffrageris. &
quarum rerũ spe ad laudẽ me uocasti: bazᷓ fructu
in reliquum facias alacriorem. Non minus posse
te q̃ uelle: exploratũ mihi est. fac ut ualeas: meq̃
mutuo diligas. Vale. *plancus. im. con. desi. i. d. con. ut j.*

SI cui forte uideor diutius: & hominum ex/
pectationem: & spẽ reipub. de mea uolũtate
tenuisse suspensam. huic prius excusandũ me esse
arbitror q̃ de isequenti officio quidquid ulli pol/
licendum. Non ení preteritã culpam uideri uolo
redimisse: sed optime mentis cogitata iam pridem
maturo tempore enuntiare. Non me preteribat í
tanta solicitudine hoínũ. & tam perturbato statu
ciuitatis: fructuosissimam esse professionẽ bone
uoluntatis: magnosq̃ honores ex ea re complures
consecutos uidebã. Sed cũ í eum casũ me fortuna
demisisset: ut aut celeriter pollicẽdo magna í spe
ad proficiscendũ impedimenta oppó erẽ: aut si in
eo mihi teperauissẽ: maiores occasióes ad opitu/

landum haberem:expeditiuſ iter cõmuniſ ſalutiſ
ɋ̃ mee laudiſ eē uolui.Nam quiſ í ea fortuna que
mea eſt:& ab ea uita quã in me cognitã homíbuſ
arbitror:& cum ea ſpe quã í manibuſ habeo:aut
ſordidum quicɋ̃ pati:aut pernicioſum cõcupiſcere
poteſt? Sed aliquantum nobiſ temporiſ & magni
laboriſ & multæ ípenſæ opuſ fuit:ut que reipub.
bõiſɋ̃ omnibuſ polliceremur:exitu preſtaremuſ.
Neɋ̃ ad auxilium patrie nudi cum bona uolun/
tate:ſed cũ facultatibuſ accederemuſ.Cõfirmãduſ
erat exercituſ nobiſ magniſ ſepe p̃miſ ſolicitatuſ:
ut ab republi.potiuſ moderata ɋ̃ ab uno infinita
ſperarem.Confirmande ɋ̃plureſ ciuitateſ que ſu/
periore anno largitionibuſ conceſſióibuſɋ̃ p̃mioɹ
erant obligate:ut & illa uana putarēt:& eadem a
melioribuſ auctoribuſ petēda exiſtiarēt.Eliciē/
de etiã uolũtateſ reliquorum qui finitimiſ ꝑuitiſ
exercitibuſɋ̃ prefuerunt:ut potiuſ cum pluribuſ
ſotietatem defendende libertatiſ iniremuſ:ɋ̃ cum
pautioribuſ funeſtã orbi terraɹ uictoriã patere/
mur.Muniēdi uero noſmetípi fuimuſ aucto ex/
ercitu auxiliiſɋ̃ multiplicatiſ:ut cum p̃ferremuſ
ſenſuſ aperte:tum etiam inuitiſ quibuſdã ſciri qd
defenſuri eſſemuſ:nõ eſſet piculoſum.Itaɋ̃ nũɋ̃
diffitebor multa me:ut ad effectum boɹ cõſilioɹ
peruenirem:& ſimulaſſe inuitũ:& diſſimulaſſe cũ
dolore:ꝙ prematura denũtiatio boni ciuiſ ípati:
ɋ̃periculoſa eē ex caſu college uidebã.Quo noíne
etiam.G.Furnio legato uiro foru atɋ̃ ſtrenuo:
plura etiam uerbo ɋ̃ ſcriptura mandata dedimuſ:
ut & tectiuſ ad uoſ perferrentur:& noſ eſſemuſ

tutoreſ:qbuſq; rebuſ & cõmunem ſalutẽ muniri:
& noſ amari conueniret:precepimuſ. Ex quo in/
telligi poteſt curam reipub.ſũ me defendende:iam
p̃dẽ apud noſ excubare. Nũc cũ deũ benignitate
ab omi re ſumuſ paratioreſ:nõ ſolũ bene ſpare de
nobiſ homineſ :ſed explorate iudicare uoluimuſ.
Legioneſ habeo qnq; ſubſigniſ.& ſua fide uirtu/
teq; reipub .coniũ ctiſſimaſ:& noſtra liberalitate
nobiſ obſequenteſ. Prouitiam omnium ciuitatũ
conſenſu paratiſſimam: & ſumma contentione ad
offitia certantem:equitatuſ:auxiliorumq; tantaſ
copiaſ:q̃taſ he genteſ ad defendendã ſuã ſalutem
libertatemq; conficere poſſunt. Ipſe ita ſũ animo
paratuſ:uel prouintiam tueri:uel ire quo reſpub.
uocet:uel tradere exercitum:auxilia prouĩtiãq;:
ut uel omnem impetum belli í me conuertere nõ
recuſem.ſi modo meo caſu: aut confirmare patrie
ſalutem:aut periculum poſſim morari. Hæc ſi iã
expeditiſ omnibuſ rebuſ:trãquilloq; ſtatu ciui/
tatiſ polliteor. In damno meelaudiſ:reipublicæ
cõmodo letabor. Sin ad ſotietatem integerrimoɀ
& maximorũ periculorum accedam:conſilia mea
equiſ iudicibuſ ab obtrectatione inuidorũ defẽ/
denda cõmendo. Mihi quidẽ ipi fructuſ meritoɀ
meorum:in reipub.incolumitate ſatiſ magnuſ eſt
paratuſ. Eoſ uero qui meã auctoritatẽ:& multo
magiſ ueſtrã fidem ſecuti:nec ulla ſpe decipi: nec
ullo metu terreri potuerunt.ut cõmendatoſ uobiſ
habeatiſ petẽdũ uidet. Vale. plan.p̃tor.aꝯ.c.ſ.d.
Nihil me tibi temere ſcripſiſſe: aut te cæteriſ
de me fruſtra recepiſſe letor. Certe hoc maiuſ

habeſ teſtimõium amoriſmei: quo maturiuſ tibi
q̃ ceteriſconſilia mea uolui eſſe nota. In dieſ uero
meritorum meorum fieri acceſſioneſ preuidere te
ſpero cogniturum magiſ recipio. Quod ad me at/
tinet mi Cicero: ita ab iminentibuſ maliſ reſpub.
me adiuuante liberetur. ſic honoreſ p̃miaq; ueſtra
ſuſcipio conferẽda certe cum imortalitate: ut ſine
biſ nihil de meo ſtudio perſeuerantiaq; ſim remiſ/
ſuruſ: niſi in multitudine optimorum ciuiũ ſpetuſ
aĩmi mei fuerit ſingulariſ. & opera p̃cipua. Nihil
ad meam dignitatem accedere uolo ſuffragatiõe
ueſtra. Concupiſco autem nihil mihi contra q̃d
ipſe pugno: ſed & temporiſ & rei moderatorem te
facile patior eſſe. Nihil autem fero aut ex igne a
patria ciui tributum uideri poteſt. Exercitum ad
.ui. kalend̃ maiaſ rhodanũ traieci. magniſ itieri/
buſ uiennã eqteſ mille uia breuiore premiſi. Ipſe
ſi a Lepido non impediar: celeritate ſatiſfaciam.
Si autem in itinere meo ſe oppoſuerit: ad tempuſ
cõſiliũ capiã. Copiaſ adduco & genere: & nũero:
& fidelitate firiſſimaſ. Te ut diligaſ me: ſi mutuo
te facturum ſciſ rogo. Vale.

E A) C. plancō. S. D.
T ſi ſatiſ ex Furnio noſtro cognouerã que
tua uoluntaſ: q̃d conſilium de repub. eſſet: tamẽ
tuiſ lectiſ literiſ liqdiuſ de toto ſẽſu tuo iudicaui.
Quãobrẽ q̃nq̃ in uno prelio omiſ fortũa reipub.
diſceptat: q̃d quidem cum hec legereſ: iã decretũ
arbitrabar fore: tamẽ ipſa fama quæ de tua uo/
lũtate percrebuit: magnam eſ laudem cõſecutuſ.
Itaq; ſi conſulem rome habuiſſemuſ: declaratum

eēt a ſenatu:cum tuiſ magniſ honoribuſ: q̃gratuſ
eſſet conatuſ & apparatuſ tuuſ.Cuiuſrei nó mó
non preteriit tempuſ:ſed ne maturum quidē: etiā
nunc meo quidē iuditio fuit. Iſ eni deniq; bonoſ
mihi uideri ſolet.qui nó propter ſpem futuri be/
nefitii:ſed ppter magna merita clariſ uiriſ afferē
& datur. Quare ſit modo aliq̃ reſpub:in q̃ honoſ
eludere poſſit omnibuſ.mihi crede ápliſſiſ bono/
ribuſ abundabiſ.Iſ autem qui uere appellari pó t
bonoſ non inuitamentum ad tempuſ:ſed ppetuæ
uirtutiſ eſt premiú.Quamobrē mi Plance ícübe
toto pectore ad laudē. Subuēi patrie. Opitulari
college.omnium gentium cóſenſum:& ícredibilē
cóſpirationem adiuua. Me tuorum conſiliorum
adiutorem:dignitatiſ fautorem omnibuſ in rebuſ
tibi amiciſſimum fideliſſimúq; cognoſceſ.Ad eaſ
enim cauſaſ:quibuſ íter noſ amore ſumuſ offitiiſ.
uetuſtate coniuncti patriæ:caritaſ acceſſit.eaq;
efficit:ut tuā uitā āteferrem mee.IIII.kalēd ápliſ.

I̅ plancuſ p̃tor ꝛ.Cı·ꝗ·D·
Mmortaleſ ago gratiaſ tibi. agamq; dum
uiuam. Nam relaturum me affirmare nó poſſum.
Tantiſ eni tuiſ offitiiſ non uideor mihi reſpódere
poſſe: niſi forte ut tu grauiſſie diſertiſſieq; ſcrip/
ſiſti:ita ſenſuruſ eſ:ut me referre gratiā puteſ cú
méoria tenebo. Si de filii tui dignitate eēt actú:
amabiliuſ certe nihil facere potuiſſeſ. Prime tuæ
ſententie infinitiſ cum muneribuſ poſterioreſ ad
tempuſ arbitriúq; amicoꝛ meoꝛ cópoſite:oratio
aſſidua & ppetua de me iurgia cú obtrectatoribuſ
ppter me notiſſia mihi ſút.Quare non mediocriſ

adhibēda mihi cura eſt: ut reipub. me ciuē dignū
tuiſ laudibuſ preſtem. i amicitia tua memorē atq̈
gratum. Quod reliquum eſt tuum munuſ tuere. &
me ſi quem eſſe uoluiſti: eum exitum rebuſ quē
cognoſceſ defēde ac ſuſcipe. Cum rhodanū copiaſ
traieciſſem. fratremq̈ cum tribuſ milibuſ equitū
premiſiſſē: ipſe iter ad mutinā dirigerem: i itíere
de prelio facto: Brutoq̈ & mutia obſidióe libera/
tiſ audiui. Aíaduerti nullū aliū receptū Antoniū
reliquiaſq̈ quæ cum eo eſſent habere: niſi in biſ
partibuſ. Duaſq̈ ei ſpeſ eē prepoſitaſ una Lepidi
ipſiuſ. alteram exercituſ. Quod quidā parſ exer/
cituſ nō minuſ furioſa eſt: q̃ q̃ cū Antonio fuerūt.
equitatum reuocaui. Ipſe in alobrogibuſ cōſtiti:
ut proinde ad omnia paratuſ eſſē. Ac reſ me mo/
neret. ſi nuduſ huc ſe Antoniuſ conferret. Facile
mihi uideor per me ſuſcipere poſſe. remq̈ publicā
ex noſtra ſententia adminiſtrare: quāuiſ ab ex/
ercitu Lepidi recipiatur. Si uero copiarᷝ aliquid
ſecum adducet: & ſi decima legio ueterana quæ
noſtra opera reuocata cum reliquiſeſt ad eūdem
fauorem redierit: tamen ne quid detrimenti fiat:
dabitur opera a me. idq̈ me preſtaturū ſpero: dū
iſtinc copia traitiāt̄. cōiūcteq̈ nobiſcū faciliuſ
perditoſ opprimant. hoc tibi ſpondeo mi Cicero.
neq̈ animū: neq̈ diligētiā mihi defuturā. Cupio
me hercule nullam reſiduā ſolicitudinem eē. Sed
ſi fuerit. nec aīmo: nec beniuolentie: nec patiēte
cuiuſq̈ pro nobiſ cedā. Do quidem ego operam: ut
etiam Lepidum ad huiuſ rei ſotietatem incitem.
omniaq̈ ei obſequia polliceor. ſi mó rempublicā

respicere uolet. Vtor in hac re adiutoribuſ inter/
ptibuſq; fratre meo.& laterenſe & Furnio noſtro.
Non me impedient puate offeſioneſ.quominuſ
pro reipub.ſalute:etiam cũ inimiciſſimo cõſentiã.
Quod ſi nihil profecero:nihilominuſ maxio ſum
animo.& maiore fortaſſe cũ mea gloria uobiſ ſa/
tiſfatiam.Fac ualeaſ.meq; mutuo diligaſ.Vale.

E   ɧ. C. planco. S. D.
T ſi reipub.cauſa maxime gaudere debeo :
tantum ei rei preſidii:tantũ operiſ actuliſſe ex/
treiſ pene teporibuſ:tamẽ ita te uictorẽ cõplec/
tar repub.recupata:ut magnã parte mihi letitiæ
tua dignitaſ afferat.quam & eſſe iam & futuram
ampliſſimã intelligo.Caue enim.puteſ ullaſ lraſ
unɋ grauioreſ:ɋ tuaſ in ſenatu eſſe recitataſ. Idq;
cõtingit tum meritorum tuorum i repub.eximia
quadã magnitudine:tum uerboʑ ſententiarumq;
grauitate.quod mihi quidem minime nouũ:qui
& te noſcem : & tuarum literarum ad me miſſarũ
premiſſa meminerem.& haberem a Furnio noſtro
tua penituſ conſilia cognita. ſed ſenatui maiora
uiſa ſunt:ɋ erant ſpectata.non ɋ unɋ de tua uo/
luntate dubitaſſet:ſed nec quãtum facere poſſeſ:
nec quo ꝑgredi uelleſ: exploratũ ſatiſ habebat.
Icaq; cũ ad.ui.iduſ apriliſ mane mihi tuaſ literaſ
Marcuſ Variſidiuſ reddidiſſet:eaſq; legiſſe: icre/
dibili gaudio ſum elatuſ.Cũq; magna multitudo
optimoʑ uiroru & ciuiũ me de domo deduceret:
feci continuo omneſ participeſ meæ uoluptatiſ.
Interi ad me uenit Mimatiuſ noſter ut conſue/
uerat:ac ego ei lraſ tuaſ dedi.nibil dũ.n.ſciebat.

Nam ad me primum Varisidiuſ:idqʒ ſibi a te mã/
datú eē dicebat. Paulopoſt idem mihi Mimatiuſ
eaſ literaſ legendaſ dedit:quaſ ipſi miſeraſ:& eaſ
quaſ publice.placuit nobiſ ut ſtatim ad Cornutú
Pretorē urbiſ literaſ deferremuſ:qφ conſuleſ ab/
erant:conſulare munuſ ſuſtinebat more maiorú.
Senatuſ eſt cõtinuo cõuocatuſ:frequēſqʒ cõuēit
propter famam atqʒ expectationem tuarú lrãrú.
Recitatiſ literiſ:oblata religio Cornuto eſt pul/
lariorum admóitu:nõ ſatiſ diligēter eú auſpitiſ
operã dediſſe. Idqʒ a noſtro collegio cõprobatú ē.
Itaqʒ reſ dilata eſt ípoſterú. Eo aút die magna
mihi pro tua dignitate contentio cum Seruilio.q
cú gratia effeciſſet:ut ſua ſētētia pma pnútiare/
tur:frequenſ eum ſenatuſ reliquit:& in alia omía
diſceſſit.meeqʒ ſententie quæ ſecunda pronútiata
erat:cum frequenter aſſentiretur ſenatuſ:rogatu
Seruilii.P.publiuſ Titiuſ interceſſit.Reſ í poſ/
terum dilata eſt.Venit paratuſ Seruiliuſ Ioui
ipſi iniquuſ:cuiuſ in templo reſ agebatur.Nunc
quēadmodum fregerim:quátaqʒ cõtētióe Titiú
interceſſorem abiecerim:ex aliorum te lriſ malo
cognoſcere.Vnú boc ex meiſ ſenatuſ grauior.cõ/
ſtantior.amicitior tuiſ laudibuſ eſſe non potuit:
ʠ tú fuit.Nec uero tibi ſēatuſ amicitior:ʠ cúcta
ciuitaſ.Mirabiliter enim.R.P.uniuerſuſ & oím
generum ordinúqʒ conſenſuſ:ad liberandú rēpub.
conſpirauit.Perge igitur ut agiſ:nomenqʒ tuum
cõmenda ímortalitati.Atqʒ bæc omía que babēt
ſpetiē glorie collecta íanibuſ ſplēdoriſ íſignibuſ
cõtēpne.breuia:fugatia:&caduca exiſtima.Verú

decuſ in uirtute poſitũ eſt: que maxíe illuſtratur
magniſ in rempub. meritiſ. Eam facultatẽ habeſ.
maximam quã quãdo cõplexuſ eſ: tene: perfice:
ut ne minuſ reſpub. tibi q̃ tu reipubli. debeaſ. Me
tue dignitatiſ non modo fautorem: ſed etiã am/
plificatorem cognoſceſ. Id tum reipub. quæ mihi
ẽ mea uita carior: tamen noſtre neceſſitudini de/
bere me iudico. Atq; in hiſ curiſ quaſ contuli ad
dignitatem tuam: cepi magnam uoluptatẽ: quod
bene cognitam mihi. T. Mimatii prudẽtiam &
fidem: magiſ etiam pſpexi in eiuſ ícredibili erga
te beniuolentia & diligentia. Datũ. iii. iduſ aṕ.

E. ḃ. C. planco ṗroui deſi. ẟ. D.

T ṕmũ mihi poteſtaſ data ẽ augenda digni/
tatiſ tue. nihil ṕtermiſi in te ornãdo qd̃ poſitũ eſt:
aut in ṕmiſ uirtutiſ: aut in honore uerbo꜓. Id ex
ipſo ſenatuſ cõſulto poteriſ cognoſcere. Ita enim
eſt pſcriptũ: ut a me deſcripto dicta ſententia eſt.
quam ſenatuſ frequẽſ ſecutuſ eſt ſummo ſtudio:
magnoq; cõſenſu. Ego quanq̃ ex tuiſ literiſ: quaſ
mihi miſiſti pſpexeram te magiſ iudico bonorum
q̃ inſignibuſ gloriæ delectari: tamen cõſiderandũ
nobiſ exiſtimaui: etiã ſi tu nihil poſtulareſ: q̃ntũ
tibi a repub. deberetur. Tu contexeſ extrema cũ
primiſ. Qui ení. M. Antoniũ oppreſſerit. iſ bellũ
cõfecerit. Itaq; Homeruſ non Aiacẽ nec Achillẽ:
ſed ulixem appellauit.   Vale.

G. .ḃ. C. planco ṗo. deſi. ẟ. D.

R atã famã biduo ãte uictoriã: de ſubſidio
tuo: de ſtudio: de celeritate: de copiſ atq; etiã hoſ/
tibuſ fuſiſ nobiſ ínotuit. Speſ omiſí í te ẽ. Fugiſſe

ení ex prelio mutinési:dicunt notiſſimi latronú
duceſ.Eſt aút non minuſ gratú extrema delere:
ǧ prima depellere.Equidem expectabá iam tuaſ
literaſ.idǫ cum multiſ. Sperabáǫ etiá Lepidum
temporibuſ admonitum tecum:& reipub.satiſ eſſe
facturum. In illam igitur curá incúbe mi Pláce:
ut ne qua ſintilla teterrimi belli relinquať.Quod
ſi erit factú:& rempub.diuino beneficio afferiſ:
& iſpe eterná gloriá cóſequere.Datú.iii.iduſ mai.

Hplanaiſ́ píoꝛ.Ci.Ş.D.
Iſ literiſ ſcriptiſ:quæ poſtea accidiſſéť ſcire
te ad rempub.putaui pertinere. Sedulitaſ mea ut
ſpero & mihi & reipub.tulit fructú.Náǫ aſſiduiſ
internuntiiſ cú Lepido egi:ut omiſſa omni con/
tentione:recóſiliataǫ uolútate noſtra:cómuni
cóſilio reipub.ſuccurreret.ſe liberoſ urbéǫ pluriſ
ǧ unum perditum:abiectumǫ latronem putaret.
obſequioǫ meo ſi ita faceret:ad oméſ reſ abute/
retur. Profeci itaǫ per laternſem internuntium.
fidem mihi dedit ſe átoniú ſi ꝓhibere ſua puitia
non potuiſſet:bello perſecuturum.Me ut uéirem
copiaſǫ cóiúgeré rogauit:eoǫ magiſ ꝙ & anto/
niuſ ab equitatu firmuſ eſſe dicebať. Et Lepiduſ
ne mediocrem quidé equitatú habebat. Ná etiá
ex paucitate eiuſ:non multiſ áte diebuſ decem q
optimi fuerant ad me tranſierunt. Quibuſ rebuſ
ego cognitiſ:cúctatuſ non ſum in curſu bonorú
conſiliorum. Lepidú adiuuádú putaui.Aduétuſ
meuſ quid profectuſ eét uidi.uel ꝙ equitatu meo
perſequi atǫ opprimere equitatum eiuſ poſſem:
uel ꝙ exercituſ Lepidi eá partem que corrupta

eſt:& ab republica alienata:& corrigere & coher/
cere preſentia mei exercituſ poſſē. Itaq; ī byſura
flumíe maximo:qđ in finibuſ ē alobrogū:ponte
uno die facto:exercitū ad.iiii.iduſ maii traduxi.
Cum uero mihi nuntiatū eſſet Lutiū Antōium
premiſſum cum equitibuſ & cohortibuſ ad forum
Iulii ueniſſe:fratrē cum equitū quatuor milibuſ:
ut occurreret ei miſi ad.u.iduſ maii. Iſpe maximiſ
itineribuſ cū q̃tuor legiōibuſ expeditiſ:& reliquo
equitatu ſubſequar. Si noſ mediocriſ mō fortunā
reipublice adiuuerit.& audatie perditoꝛ:& noſ/
tre ſolicitudiniſ hic finē reperiemuſ. Quod ſi latro
precognito noſtro aduentu:rurſuſ in italiā ſe re/
cipere ceperit. Bruti erit offitium excurrere ei.cui
ſcio nec conſilium:nec animum defuturum. Ego
tamē ſi id acciderit:fratrem cum equitatu mictā
qui ſequatur. Italiā a uaſtatione defendat. Fac
ualeaſ.meq; mutuo diligaſ. Vale.

N.D. Ci planco pretori ꝑ D.

Ihil poſt hominū mēoriā glorioſiuſ. nihil
gratiuſ: ne tēpore quidē ipſo oportuniuſ accidere
uidi:q̃ tuaſ Plāce literaſ. Reddite ſūt.n.frequēti
ſenatu Cornuto.cum hiſ frigidaſ & inconſtanteſ
recitaſſet literaſ Lepidi: ſub eaſ ſtatim recitate
ſunt tuæ non ſine magniſ quidē clamoribuſ. Cú
rebuſ enī ipſiſ eſſent & ſtudiiſ benefitiiſq; ī repub.
gratiſſime:tū erant grauiſſimiſ uerbiſ ac ſentētiiſ
plene:flagitare ſenatuſ inſtituit Cornutū: ut re/
ferret ſtati de tuiſ literiſ. Ille ſe cōſiderare uelle.
Cum ei magnum cōuicium fieret a cūcto ſenatu:
quiq; tribuni plebiſ retulerūt. Seruiliuſ rogatuſ

rem diftulit. Ego eam fentétiá dixi cui fút afféfi
ad unum. Ea quæ fiunt ex fenatufconfulto :cog/
nofcef. Tu q̃nq̃ cófilio nó egef uel abúdaf: potiuf
tamen hoc animo effe debef:ut nihil huic reitiaf:
neue in rebuf tam fubitif tanq; anguftif:a fenatu
confilium petendum putef. Ipfe tibi fif fenatuf.
quocúq; te ratio reipublicæ ducet:fequere.Curef
ut áte factum aliquod a te egregium audiamuf:
q̃ futurum putaremuf. Illud tibi ꝓmicto quidq̃d
a te erit factum:id fenatú nó modo ut fideliter:
fed etiam ut fapienter factú cóprobaturú. Vale.

A plamat: .iᵒ· Ci· S̄· D·
Ntoniuf idibuf maiaf ad forum Iulii cum
ꝓmif copufuenit. Vétidiuf bidui fpatio abeft ab
eo. Lepiduf ad forum Voconii caftra habet.qui
locuf a foro Iulii quatuor & uiginti milia paffuf
abeft.ibiq; me expectare conftituit quéadmodú
ipe mihi fcripfit. Quod fi omía mihi ícegra & ipe
& fortúa feruauerit:recipio uobif celeriter me ne/
gotiú ex fententia cófectuȝ. Fratré meú affiduif
laboribuf:concurfationibufq; grauiter cófectum
fe habuiffe:antea tibi fcripfi. Sed tamen cú ꝓmú
poffe ingredi cepit:nó magif fibi q̃ reipublice có/
ualuiffe fe exiftimanf:ad omía pericula princepf
effe non recufabat. Sed ego eú nó folú hortatuf
fum:uerum etiá coegi ifto proficifci:q̃ & illa ua/
litudíe magif cóficere fe q̃ me tueri poffet í caftrif.
& q̃ acerbiffimo interitu cófulú rempub. nudatá
tali ciue pretore in urbanif officiifí digere exifti/
mabam. Quod fi quif ueftrum non probabit mihi
prudentiam in confilio defuiffe:fciat nó illi erga

patriam fidelitatem. Lepiduſ tamen quod ego
deſiderabam fecit: ut Appellam ad me micteret.
Quo obſide fide illiuſ & ſocietate í repub. admi/
niſtrāda uterer. Studium in ea re mibi ſuum. L.
Gelliuſ: de tribuſ fratribuſ ſe Gauiano pbauit.
quo ego interprete nouiſſime ad Lepidū ſū uſuſ.
amicum eum reipublice cognoſcere uideor. liben/
terq; ei ſum teſtimonio: & omnibuſ ero qui bene
merentur. Fac ualeaſ. meq; mutuo diligaſ. Dig/
nitatemq; meā ſi mereor tueariſ. ſicut adhuc ſin/
gulari cum beniuolentia feciſti. Vale.
Oplancuſ pretor. a) Ci. S. D.
Vid í animo babueri cū Leernuſ Neruaq;
diſceſſerunt a me: & ex literiſ qſ eiſ dedi:& ex ipſ
cognoſcere potuiſti. qui omnibuſ rebuſ cõſiliiſq;
meiſ interfuerunt. Accidit mibi φ boíni prudenti
& cupido ſatiſfatiēdi reipublice boniſq; omnibuſ
accidere ſolet: ut conſilium ſequerer: periculoſum
magiſ dum me probarem: q̃ tutū qđ babere poſſet
obtrectationem. Itaq; poſt diſceſſum legatorum
cum biniſ continuiſ literiſ & Lepiduſ me ut ue/
nirem rogaret: & laterenſiſ multo etiam magiſ
prope imploranſ obteſtaretur: non ullā rem aliā
extimeſcenſ q̃ eandem : que quoq; mibi facit tío/
rem: uarietatem atq; infidelitatem exercituſ eiuſ
non dubitandum putaui quin ſuccurrerem. meq;
cõmuni periculo offerrē. Sciebā enim & cautiuſ
illud erat cõſiliū: expectare me ad byſuram. dum
Brutuſ traiiceret exercitum. & cum collega con/
ſentiente ſicut militeſ faciunt: boſtibuſ obuiā ire
Tamen ſi quid Lepiduſbene ſentienſ detrimēti

cepiſſet:hoc omne aſſignatum iri aut pertinatiæ
meæ:aut timori uidebam. Si autē hominē offēſũ
mihi cõiunctum cum de publica non ſubleuaſſē:
aut ipſe a certamſe belli tã neceſſariſ me remouiſ/
ſē. Itaq; potiuſ piclitari uolui ſi poſſet mea pſētia:
& Lepidum tueri & exercitum facere meliorē: q̃
nimiſ cautuſ uideri. Solicitiorem certe hominem
non ſuiſ cõtractiſ:neminem puto fuiſſe.Nã que
reſ nullã habebat dubitationem:ſi exercituſ Le/
pidi abſit?Ea nũc magnam affert ſolicitudinem:
magnumq; habet caſum:mihi enim ſi contigiſſet
ut prior occurrerem Antonio:nõ me hercule horã
conſtitiſſet.tantum ego & mihi confido.& ſic p/
culſaſ illiuſ copiaſ. Vētidiuq; Millioniſ caſtra de/
ſpitio.ſed non poſſum non exhorreſcere:ſi qd ſtra
cutem ſubeſt uulneriſ: qď priuſ nocere poteſt q̃
ſciri curariq; poſſit. Sed certe niſi uno loco me te/
nerem:magnum periculum ipſe Lepiduſ:magña
eum parſ exercituſ adiret:que bene de republica
ſētiret.Magnam etiam perditi hoſteſ acceſſionē
ſibi feciſſent:ſi q̃ſ copiaſ a Lepido abſtraxiſſēt:
quæ ſi aduētuſ meuſ repſſerit:agam grãſ fortũe:
cõſtãtiæq; mee:que ad hanc expientiã excitauit.
Itaq; ad.xii.kalēď iũiaſ,ab byſura caſtra moui.
pontem tamen quem in byſura feceram : caſtelliſ
duobuſ ad capita poſitiſ reliq. Preſidiaq; ibi fir/
ma poſui:ut uenienti Bruto exercituiq; eiuſ ſine
mora tranſituſ eſſet paratuſ.Ipſe ut ſpero diebuſ
octo: quibuſ haſ literaſ dabam cum Lepidi co/
puſ me coniungam.Vale.

ﬗ· Ci· plãco pꝛoui deſi·�·D.

TAnq̃ gratiarum actione a te nõ desiderabã:
cum te reipfa atq; aĩmo fcirẽ effe gratiffimũ:
tamen fatiendumeft. Fuit enim mihi periocũda.
Sic enim uidi quafi ea quæ oculif cernuntur: me
a te amari. Dicef qd antea? Semper q̃dẽ. fed nũq̃
illuftriuf. Litere tue mirabiliter grate fũt featui
cum rebuf fuif que erant grauiffime: & maxime
fortiffimi aĩmi fummiq; cõfilii: tũ etiã grauitate
fententiarum atq; uerborũ. Sed mi Plance ĩcube:
ut belli extrema perfitiaf. In hõc erit fumma &
gratia & gloria. Cupio omĩa reipublice caufa. fed
me hercule in ea conferuanda iam defatigatuf:
non multo pluf faueo patriæ q̃ tue gloriæ. cuiuf
maximam facultatem tibi diu ĩmortalef ut fpero
dedere. q̃ cõplectere obfecro. Qui enim Antõium
oppffierit: if hoc teterrimũ bellũ piculofiffimũq;
confecerit. Vale. ⟨ḁ⟩ · Cicero planco ptori · s · d ·
ITa erant omnia que iftinc afferebant ĩcerta.
ut quid ad te fcriberem: non occurreret. Modo
enim quæ uellemuf de Lepido: mõ contra nun/
tiabantur. de te tamen conftanf fama: nec decipi
poffe: nec uinci. quorum alteriuf fortuna: partem
habet quãdã. alterum proprium eft prudẽtie tue.
Sed accepi literaf a collega tuo dataf idibuf ma/
iaf. in quibuf erat te fcripfiffe a Lepido nõ recipi
autonium · Quod erit certiuf : fi tu ad nof idem
fcripferif. fed minuf audef fortaffe propter ianẽ
letitiam literarum fuperiorum. Verum ut errarẽ
id Plãce uoluifti. Quif enĩ id fugerit: fic decipi te
non potuiffe? Quif non uidet? Nunc etiam uero
iam errorif caufa fublata eft. Culpa enim illa bif

ad eundem uulgari reprebenfa prouerbio eſt. Sin
ut ſcripſiſti ad collegam·ita ſe reſ habet·o mi cura
liberati ſumuſ:nec tamē erimuſ priuſq̃ ita eſſe tu
noſ feceriſ certioreſ. Mea quidem ut ad te ſepiuſ
ſcripſi bæc ſententia eſt. Qui reliquiaſ buiuſ belli
oppreſſerit:eum totiuſ belli cōfectorem fore. quē
te & opto eſſe & confido futuꝛꝛ. Studia mea erga
te quibuſ certe nulla eſſe maiora potuerūt:tibi tã
grata eſſe q̃ ego putaui fore. mi me miror. uebe/
menterq; letor. Quæ quidem tu ſi recte iſtic erit:
maiora & grauiora cognoſceſ.iiii.kalēd̃ iuniaſ.

P   plancuſ ꝑtor deſi· S· A7· C i
    V deret me inconſtantiæ mearum literarū:
ſi non bæc ex aliena leuitate penderent. Omnia
feci.quare Lepido coniuncto ad rempub. defē/
dendam miore ſolicitudie ueſtra pditiſ reſiſterē.
Omnia ei & petēti recepi & ultro pollicituſ ſum.
ſcripſiq; tibi biduo ante cōfidere me bono Lepido
eſſe uſurū:cōmūiq; conſilio bellū adminiſtratuꝛꝛ.
Credidi cyrographiſ eiuſ affirmatione preſentiſ
Laterenſiſ: qui tum apud me erat. reconſiliaremq;
me Lepido fidēq; babere orabat. Nō licuit diu/
tiuſ bene de eo ſperare. Illd̃ certe caui & cauebo:
ne mea credulitate reipub.ſumma fallatur. Cum
byſuram flumen uno die ponte effecto exercitū
traduxiſſē:ꝑmagnitudine rei celeritatē adbibēſ:
quod petierat per literaſ ipſe:ut maturarē ueire.
Preſto mibi fuit ſtator eiuſ cum literiſ:quibuſ ne
uenirem denuntiabat ſe poſſe cōficere per ſe ne/
gotiū. Interea ad byſuram expectarē. Indicabo
temerarium meum conſilium tibi.nibilominuſ ire

decreueram: exiſtimanſ eum ſotíú glorie uitare.
Putabam poſſe me nec de laude ieiuni hominiſ
deliberare quicq̃: & ſubeſſe tamẽ propíquiſlociſ:
ut ſi duriuſ aliquid eẽt ſuccurrere celeriter poſſẽ.
Ego nõ maluſhomo hoc ſuſpicabar. At latereſiſ
uir ſanctiſſimuſ ſuo cirographo míctit mihi lr̃aſ:
meiſq; deſperáſ de ſe: de exercitu: de Lepidi fide.
querenſq; ſe deſtitutú.In quibuſ aperte denútiat
uideam ne fallar:ſuam fidem ſolutam eẽ reipub.
ne deſim. Exemplar eiuſ cirographi Titio miſi.
Ipſa cirographa omía ex qbuſ credidi:& ea qui/
buſ fidem nõ habendã putaui: Lenociſpio dabo
pferenda.qui omíbuſ hiſ interfuit rebuſ. Acceſſit
eo ut militeſeiuſcú Lepiduſcontionareẽ íprobi
per ſe corrupti:etiam per eoſ qui preſút camdioſ
ruffrenoſq;.& ceteroſ quoſcú opuſerit ſcietiſ:có/
clamarunt utri boni pacem ſe uelle.neq; eſſe cum
ulliſ pugnaturoſ.Duobuſ iam conſulibuſ ſingu/
laribuſocciſiſ.tot ciuibuſ p patria amiſſiſ.hoſtibuſ
deniq; omnibuſ iudicatiſ.boniſq; publicatiſ:neq;
hoc aut uidicarat Lepiduſaut ſanarat.Hoc me
uenire & duobuſ exercitibuſconiunctiſ:obicere
exercitum fideliſſimum maxima auxilia pncipeſ
gallie prouintiam cunctam ſúme dementie &te/
meritatiſ eſſe uidi.mibiq; ſi ita oppreſſuſ eſſẽ:rẽq;
publicam mecum perdidiſſem mortuo.non modo
honorem:ſed miſericordiã quoq; defuturã. Itaq;
redituruſſú. nec tanta munera perditiſ hoímibuſ
dari poſſe ſinam.Exercitú lociſhabeã oportúiſ.
prouintiam tuear.etiam ſi ille exercituſ deſierit.
oíaq; integra ſeruẽ dabo operã quoad exercituſ

huc submictatis . parıq; felicitate rempublicā hıc
uındicetıs. Nec depugnare ſi occaſıo tulerıt: nec
obſıderı ſi neceſſe fuerıt. nec morı ſi caſuſ ıcıderıt.
ꝓ uobıſ paratıor fuıt qſꝗ. Quare hortor te mı Cı/
cero exercıtū huc traıtıēdū ꝗꝑ mū cureſ & matu/
reſ: ꝑuſꝗ; hoſteſ magıſ corroborēt & nrı ꝑtbēt. In
quo ſi celerıtaſ erıt adhıbıta: reſpub. ın poſſeſſıóe
uıctorıæ deletıſ ſceleratıſ permanebıt. Fac ua/
leaſ meꝗ; dılıgaſ. Fratrem meum tıbı fortıſſımū
cıuem & ad omnıa paratıſſımum excuſeſ lıterıſ: q
ex labore ın febrıculam ıncıdıt aſſıduam. & ſatıſ
moleſtam. Cum prımū poterıt ıſtoc recurrere: nó
dubıtabıt. Ne quo loco reıpub. deſıt: meā dıgnı/
tatem cómendatam habeaſ rogo. Cócupıſcere me
nıhıl oportet. Habeo te & amantıſſımum meı. &
ꝗ optāſū me auctorıtatıſ. Tu uıderıſ. ꝗtū & ꝗdo
tuum mūuſ apud me uelıſ eſſe. Tantum te rogo:
ın Hırtıı locum me ſubdaſ . & ad tuū amorem: &
ad meam obſeruantıam.

Lꝰ · η · C · planco ꝓrouı deſı · ꝗ · D ·
N te & ın collega omnıſ ſpeſ eſt duſ appbā/
tıbuſ. Concordıa ueſtra que ſēatuı declarata lrıſ
ueſtrıſ eſt mırıfice: & ſenatuſ & cūcta cıuıtaſ de/
lectata ē. Quod ad me ſcrıpſeraſ de lege agrarıa:
ſi conſultuſ ſenatuſ eſſet: ut quıſꝗ; de te hórıficē/
tıſſımam ſententıam dıxıſſet: eam ſecutuſ eſſem.
quı certe ego fuıſſem. Sed propter tardıtatem ſē/
tentıarum moramꝗ; rerum cū ea quæ cóſulebāt:
ad exıtum non peruēırent cómodıſſımum mıhı.
Plantoꝗ fratrı uıſum eſt: utı eo ꝗ ne ueſtro ar/
bıtratu cóponeretur. Quıſ fuerıt ımpedımento:

arbitror te ex Plāci literis cognouisse. Sed siue i
senatuscōsulto: siue i ceteris rebus desideras aliqd:
sic tibi persuade tantū esse apud omnes bonos tui
caritatem: ut nullum genus amplissime dignitatis
excogitari possit. quod tibi nō paratum sit. Lrās
tuas uehementer expecto. Equidem tales quales
maxime opto. *plancus añ. Ciceroni. s. D.*

NVnq̄ me hercule mi Cicero me p̄itebit maxi/
ima pericula p̄ patria subire. Dū si quid acci/
derit mihi a repp̄hēsiō e temeritatis absī. Cōfiterer
imprudentia me lapsum si unq̄ Lepido ex animo
credidissē. Credulitas enī error est magisq̄ culpa.
Equidē in optimi cuiusq̄ mentē facillime irrepit.
Sed ego non hoc uicio sū pene deceptus. Lepidū
uero pulcre noram. Quid ergo est? Pudor me qui
in bello maxime est periculosus: hunc casū coegit
subire. Nam si uno loco essem: uerebar ne cui ob/
trectorum uiderer. & nimiū pertinaciter Lepido
offensus. & mea patientia etiam alere bellū. Itaq̄
copias ppe i cospectū Lepidi Antoniiq̄ adduxi.
Quadragitaq̄ miliū passuū spatio relicto cōcedi
eo consilio: ut uel celeriter accederē uel salutari
recipere me possem. Adiunxi hǣc in loco eligēdo
flumen oppositū: ut haberē in quo mora trāsitus
esset Vocontii. sub manu ut essēt per quoꝛ loca
mihi fideliter pateret iter. Lepidus desperato ad/
uentu meo quem nō mediocriter captabat: se cū
Antonio cōiunxit ad. iiii. kaleñ iunias. eodemq̄
die ad me castra mouerūt. uiginti milia passuūm
cum abessent: res mihi nuntiata est. Dedi operam
deum beniguitate: ut & celeriter me reciperem. &

bíc díſceſſuſ níbíl fuge fimíle baberet. non mileſ
ullíſ. non equeſ. nō quícg̃ ímpedímento q̃ amít/
teretur. aut ab íllíſ feruentíbuſ latroníbuſ ínter /
cíperetur. Itaq; prídíe nonaſ íuníaſ omēſ copíaſ
byſuram traíecí. ponteſq; quoſ feceram íterrupí.
ut ſpatíum & adſe collígendum bomíeſ baberēt.
& ego me ínterea cum collega coníungerem: quē
tríduo cū baſ dabam líteraſ expectabá. Laterēſíſ
noſtrí & fídem & anímú fingularē ín repub. femp
fatebor. Sed certe nímía eíuſ ídulgentía í Lepídú
ad bæc perícula pérſpítíenda: fecít eum mínuſ ſa/
gacem. Quí quídem cum í fraudem ſe deductum
uíderet: manuſ quaſ íuſtíuſ ín Lepídí pernítíem
armaſſet: ſíbí afferre conatuſ eſt. In quo caſu tá/
men íterpellatuſ & adbuc uíuít & dícít uícturuſ.
Sed tamen de boc míbí parum certú ē. & magno
cum dolore patrícídarum elapſuſ ſú bíſ. Vēíebát
ením eodem furore ín me quo ín patríam ícítatí.
Iracundíaſ autem barum rerum recēteſ babebát:
q̃ Lepídum caſtígare non deſtíteram: ut extíg/
ueret bellum. q̃ colloquía facta ímprobabam. q̃
legatoſ fíde Lepídí dímíſſoſ: ad me ín conſpectú
uéíre uetuerá q̃. C. Catíú Veſtínú trí. ple. míſſú
ab Antonío ad me ínterceperá. In quo bác capío
uoluptatem q̃ certe quo magíſ me petíuerút: tátú
maíorē bíſ fruſtratío dolorē attulít. Tu mí Cíce/
ro quod adbuc fecíſtí: ídem preſta. ut uígílanter
neruoſq; noſ quí ſtamuſ ín atíæ ſubornéſ. Vēíat
Cæſar cum copíſ quaſ babet fírmíſſímaſ. Aut ſí
ípſum alíqua reſ ímpedít: exercítuſ mí ctaē. cuíuſ
ípſíuſ magnum perículú agítur. Quídqd alígdo

futurum fuit in caſtriſ perditorum contra patriã:
hoc omne iã conuenit. Pro urbiſ uero ſalute:cur
non omnibuſ facultatibuſ q̃ſ habemuſ utamur?
Quod ſi uoſ iſtic nó defueritiſ:profecto quod ad
me actinet omnibuſ rebuſ abunde reipub. ſatiſ/
fatiã. Te q̃dẽ mi Citero in dieſ me hercule habeo
cariorem.ſolicitudineſq; meaſ quotidie magiſ tua
merita excutinnt. ne quid aut ex amore: aut ex
iuditio tuo perdam. Opto ut mihi liceat iã p̃ſenti
pietate meorum offitiop:tua benefitia tibi facere
iocundiora.uiii. Iduſ iuniaſ Ciuarone ex finibuſ
allobrogon. Plancuſ pretor aj. Ci S. D.

Tacere nó poſſũ qui in ſingulaſ reſ meritaq;
tua tibi grãſ agã. Sed me hercule fatio cum
pudore. Neq; eni tãta neceſſitudo q̃ta mihi tecũ
eſſe uoluiſti:deſiderare uidetur grãrũ actionem.
Neq; ego libenter p maxiſ tuiſ benefitiſ.tã uili
mũere defũgor oratióiſ.& malo p̃ſẽſ obſeruãtia:
ídulgẽtia:aſſiduitate memorẽ me tibi pbare. q̃d
ſi mihi in uita cótigerit:omẽſ grãſ.amicitiaſ.atq;
etiã piaſ ppiquitateſ i tua obſeruãtia:í dulgẽtia:
aſſiduitate uicam. Amor.n.tuuſ ac iuditiũ de me
utq mihi pluſ dignitatiſ i ppetuũ:an uoluptatiſ
quotidie ſit allaturuſ:nó facile dixeri. De militũ
cómo diſ fuit tibi cure. quoſ ego nó potẽtiæ meæ
cauſa.Nihil ení me non ſalutariter cogitare ſcio.
ornari uolui a ſẽatu. Sed primum q ita meritoſ
iudicabam.Deíde q ad omẽſ caſuſ coniunctioreſ
reipub.eẽ uolebã.nouiſſime ut ab omni omnium
ſolicitatióe aduerſoſ. eoſ taleſ nobiſ p̃ſtare poſſẽ:
q̃leſ adhuc fuerunt Noſ adhuc hic omia integra

suſtinuimuſ.qđ cōſiliū noſtrū.& ſi q̃ta ſit auiditaſ
hominū:non ſine cauſa taliſ uictorie ſcio.tamen
uobiſ ꝓbari ſpero.Nó..n.ſi quid i hiſ exercitibuſ
ſit offéſū:magna ſubſidia reſpu.habet expedita.
quibuſ ſubito impetu ac latrocinio paricidarum
reſiſtat. Copiaſ uero noſtraſ notaſ tibi eſſe arbi/
tror.In caſtriſ meiſ legió eſ ſ̃ut ueteráe treſ.Ti/
ronum uel luculétiſſia ex omibuſ una.In caſtriſ
Bruti una ueterana legio.altera bina.octo Ti/
ronum.Ita uuiuerſuſ exercituſ numero áplíſſiuſ
eſt firmitate exiguuſ.Quátú aút in atiǽ Tironi
ſit cómictédú:nimiú ſepe exp̃tú habemuſ.Ad hoc
robur noſtrorú exercituú:ſiue africanuſ exerci/
tuſ qui eſt ueteranuſ:ſiue Ceſariſ acceſſiſſet:equo
animo ſummam rēpub.in diſcrimie deduceremuſ.
Aliꝗto aút ꝓpiuſ eē qđ ad Ceſarem acti et uide/
bamuſ.Nihil deſtiti eú lriſ hortari.neq; ille iter/
miſit affirmare ſe ſine mora uenire:cum interim
áduerſum illum ab hac cogitatióe ad alia cóſilia
uideo ſe cótuliſſe.Ego tamē ad eú Furniú noſ/
trum tú mandatiſ lriſq; miſi:ſi quid forte pficere
poſſet.Sciſ tu mi Cicero.ꝗ ad Ceſariſ amoré acti/
nec:ſotietatem mihi eſſe tecum.uel in fáiliaritate
Cǽſariſ uiuo illo.iã tueri eum & diligere neceſſe
fuit mihi.Vel ꝗ ipſe quoad ego noſte potui mo/
deratiſſimi atq; búaniſſimi fuit ſenſuſ.Vel ꝗ ex
tã íſigni amicitia mea atq; Ceſariſ:húc filii locó &
illiuſ & noſtro iuditio ſubſtitutú nó pide habe/
re t̃pe mihi uideč.Sed qdquid tibi ſcribo:doléter
me hercule magiſ q̃ inimice fatio.Quod uiuit An/
tóiuſ hodie:ꝗ Lepiduſ una ē.ꝗ exercituſ habét

non cõtẽpnẽdoſ.habent quod ſperant.qđ audẽt.
omne Ceſari acceptũ referri poſſũt. Neq; ego ſu/
periora repetam. Sed ex eo tẽpore quo ipſe mihi
pceſſuſ ẽ ſe uenire ſi uenire uoluiſſet: aut oppſſũ
iam bellũ eſſet: aut in aduerſiſſimã illi hiſpãiam
cum detrimento eoꝛ maxio. Et rurſũ que menſ
cũ aut quoꝛ cõſilia tãta gloria ſibi uero & neceſ/
ſaria ac ſalutari cõuocarit.& ad cogitationẽ con/
ſulatuſ bimeſtriſ.ſũmo cũ terrore hominũ & iſulſa
cum efflagitatiõe trãſtulerit:exputare nõ poſſũ.
Multũ in hac re mihi uidẽẽ neceſſarii eiuſ & rei/
publice.& ipſiuſ cauſa pficere poſſe plurimum ut
puto. Tu quoq; cuiuſ ille tãta merita habet: q̃ta
nemo preter me. Nũq̃ enim obliuiſcar maxia ac
plurima me tibi debere.De hiſ rebuſ ut exigeret
cũ eo Furnio mãdaui.Quod ſi q̃tã debeo habu/
ero:apud eum auctoritatẽ plurimũ ipſũ iuuero.
Noſ interea duriori cõditiõe bellũ ſuſtinemuſ.q̃
neq; expeditiſſimã dimicationẽ putãuſ.neq; ta/
mẽ refugiẽdo cõmiſſuri ſumuſ.ut maiuſ detrimẽ/
tum reſpub.accipere poſſit. Quod ſi aut Cæſar ſe
reſpexerit:aut africane legiõeſ celeriter uenerit:
ſecuroſ uoſ ab hac parte reddemuſ. Tu ut iſti tu/
iſti:me diligaſ rogo.ꝓpeq; tuũ eſſe tibi pſuadeaſ
.u.kalẽđ ſex.ex caſtriſ. ꞇꝰ C.S.D. Furnio ſuo

SI intereſt id qđ homieſ arbitrãẽ reipubli.te
ut inſtituiſti atq; feciſti nauare opã rebuſq;
maximiſ que adextinguẽdaſ reliqaſ belli ptient
itereſſe.nihil uideriſ meliuſ.neq; laudabiliuſ neq;
honeſtiuſ facere poſſe. Iſtãq; operã tuã nauitatẽ
aimũ in repub.celeritati preture ãtepo. nẽdã cẽſeo.

Nolo enim te ignorare: q̃tam laudem cõfecutuſ
ſiſ. Mihi crede. proximã Plãco: idq; ipſiuſ Planci
teſtimonio. Preterea fama ſciẽtiaq; omniũ. Quã/
obrem ſi qd operiſtibi etiã nunc reſtat: id maxio
opere cenſeo perſequendum. Quid enim bõ eſtiuſ
eſt: aut quid bõ eſto ãteponẽdũ? Si aũt ſatiſfac/
tũ reipub. putaſceleriter ad comitia. q̃do mature
futura ſũt: ueniendũ cenſeo. Dũmõ ne quid hæc
ambitioſa feſtinatio aliquid iminuat eiuſ gloriæ:
quã cõſecuti ſumuſ. Multi clariſſimi uiricũ reipu.
darent operã annũ petitiõiſ ſue non obierũt. qd
eo faciliuſ uobiſ eſt: quo non eſt annuſhic tibi
deſtinatuſ. ut ſi ediliſ fuiſſeſ poſt biennium tũuſ
ãnuſ eẽt. Nũc nihil p̃termictere ui debere uſitati.
& quaſi legictimi tẽporiſ ad petẽdũ. Video aũtẽ
Planco cõſule. & ſi etiã ſine eo ratiõeſ expeditaſ
habereſ: tamen ſplẽdidiorẽ petitionẽ tuã: ſi modo
iſta ex ſẽtẽtia confecta eſſent. Omnino me plura
ſcribere. cũ tũũ tãtũ cõſilium iuditiũq; ſit non ita
neceſſe arbitrabar: ſed tamen ſententiã meam tibi
ignotam eſſe nolebam. Cuiuſ ẽ hec ſũma. ut omía
te metiri dignitate malim: q̃ ãbitiõe. maioremq;
fructũ ponere in p̃petuitate laudiſ: q̃ i celeritate
preture. Hec eadẽ locutuſ ſũ domi mee. adhibito
Q. fratre meo. & Cecinna. & Caluiſio ſtudioſiſſi
tui. cum Dardanuſ libertuſ tuuſ itereſſet: omíbuſ
uidebat́ p̃bari oratio mea. ſed tu optíe iudicabiſ.
Vale. M. Ci. S. D. furnio ſuo

L
E ctiſ tuiſ literiſquibuſ declarabaſ. aut di/
mictẽdoſ narbonẽſeſ. aut cũ piculo dimicã/
dũ. Illud magiſtimui quod uitãtum nõ moleſte

fero. Quod de Plati & Bruti cócordia fcribif.in eo
uel maxímam fpem pono uictoriæ.De gallorum
ftudio nof ali q̃do cognofcemuf.ut fcribif cuiuf id
fit opera maxime excitatú . Sed iam mihi crede.
cognouimuf. Itaq; iocundiffimif tuif literif fto/
machatuf fum i extremo. Scribif enim fi i fextilé
comitia:cito te.fi iam cófecta:citiuf.ne diutiuf cú
periculo fatuuf fif. O mi Furni q̃ tu caufam tuam
non nofti:qui alienaf tam facile difcaf.Tu nunc
candidatú te putaf . & id cogitaf:ut aut ad comi/
tia curraf.aut fi iam cófecta: domi tue fif.fcilicet
ne cum maximo piculo ut fcribif ftultiffimuf fif.
Non arbitror te ita fentire. Omnef enim tuof ad
laudem impetuf noui.Quod fi ut fcribif ita fétif:
nó magif te q̃ de te iudicium reprehendo meum.
Te adipifcendi magiftratuf leuiffimi & diuulga/
tiffimi.fi ita adipifcare.ut plęriq; p ppera feftia/
tio adducet a tantif laudibuf.quibuf te omnef in
celum iure & uere ferút. Scilicet id igitur utrum
hac petitióe an proxima pretor fiaf.nó ut ita de
repub.mereare omni honore ut digniffimuf iudi/
cere. Verum nefcif q̃alte afcenderif. An p nihilo
id putaf? Si nefcif:tibi ignofco.nof i culpa fumuf.
Si intelligif ulla tibi effe pretura uel effitio quod
pauci uel gloria.quam omnef affequúť dulcior.
Nac de re & ego & Caluifiuf bo mo magni iudicii.
tuiq; amátiffimuf:te accufamuf quotidie. Comi/
tia tamen quando ex hif pendef q̃tum facere pof/
fumuf.qđ multif de caufif reipublice arbitramuf
conducere:in ianuariú menfé ptendimuf. Vince
igitur & uale.

.ij· Cicero lepido· S· D·

Q Vod mibi p̄ ſūma erga te bēuolētia mag/
næ cure eſt:ut q̄ āpliſſima dignitate ſiſ mo/
leſte tuli. te ſenatui gratiaſ non egiſſe. Cum eſſeſ
ab eo ordine ornatuſ ſūmiſ bonoribuſ. Paciſ íter
ciueſ conciliande te cupidum eſſe letor. Pacem eã
ſi a ſeruitute ſeiungiſ :conſuleſ & reipub. & dig/
nitati tue. Sin iſta pax p̄ditū boīnē í poſſeſſionē
ſpotētiſſimi dominatuſ reſtitutura eſt. boc aïmo
ſcito omneſ ſanoſ. ut mortem ſeruituti ãteponãt.
Itaq̄ ſapientiuſ meo quidem iuditio facieſ:ſi te ſ
iſtam pacificationem non interponeſ. quæ neq̄
ſenatui. neq̄ populo· neq̄ cuiq̄ bono probae: ſed
bæc audieſ ex aliiſ. aut certior fieſ literiſ. Tu pro
tua prudentia quid optimum factu fit: uidebiſ.

.iiij· Cicero Treboio ſuo· S· D·

Q Vam uellem ad illaſ pulcerrimaſ epulaſ me
idibuſ martiiſ inuitaſſeſ. reliquiarum nibil babe/
remuſ. At nunc cum biſ tantum negotium eſt: ut
ueſtrum illud diuinū in rempublicam benefitium
nōnullam babeat querelam. Quod uero a te uno
optimo ſeductuſ eſt. tuoq̄ benefitio adbuc uiuit
bæc peſtiſ interdum. q̄ mibi uix faſ eſt tibi ſub/
iraſcor. Mibi enim negotii pluſ reliquiſti uni: q̄
p̄ter me omnibuſ. Vt enim primū poſt Antonii
diſceſſum fediſſimum. ſenatuſ baberi libere potuit
ad illum aïmū meum reuerti priſtíum. quē tamē
cum ciui acerrimo patre tuo in ore & amore ſēper
babuiſti. Nã cū ſenatum ad tertiū decimū kalēd
ianuariaſ tribuni ple. uocauiſſent. deq̄ alia re re/
ferrent. totam rempublicam ſum cōplexuſ. egiq̄

acerrime. Senatumq; iam languentem & defessum
ad priftinam uirtutem cōfuetudinemq; reuocauit
magifanimi q̃ igenii uiribuf. hic dief mediaq; cō/
tentio atq; actio fpem primū populo ro. actulit
libertatif recuperāde. Nec uero ipfe poftea tēpuf
nullum intermifi de republica nō cogitandi folū:
fed etiā agendi. Quod nifi ref urbanaf actaq; oīa
ad te perferri arbitrarer :ipfe pfcriberē. quanq̃ erā
maximif occupationibuf ipedituf. Sed illa cog/
nofcef ex aliif. A me pauca & ea fūmatim. Habef
fortem fenatum. Cōfularef parti timidof .partim
male fentientef. Magnum damnum factū eſt in
Seruio Lutiuf Cefar optie fetit .fed q̃ auūculuf
eſt :non acerrimaf dicit fententiaf. Confulef egre/
gii. preclaruf Detiuf Brutuf. egregiuf puer Cefar.
de quo fpero equidem reliqua. Hoc uero certum
habeto. nifi ille ueteranof celeriter confcripfiffet.
legiōefq; due de exercitu Antonii ad eiuf fe auc/
toritatē cōtuliffēt. atq; hif oppofituf effet terror
Antōio. Nibil Antōiū fcelerif. Nibil crudelitatif
preteriturum fuiffe. hec tibi & fi audita effe arbi/
trabar :uolui tamen notiora effe. Plura fcribā :fi
plufotii habuero. Vale.

D. Ci. Appio fuo S. D.

E meo ftudio erga falutem & incolumitatē
tuam credo te cognofcere ex literif tuorū. quibuf
me cumulatiffime fatiffeciffe certo fcio .ne hif cō/
cedo quāq̃ fint fingulari in te bentuolentia: ut te
faluum malint q̃ ego. Illi mihi neceffe ē cōcedāt.
ut tibi pluf q̃ ipfi hoc tēpore prodeffe poffim. qd̃
qq; nec deftiti facere nec defiftā. & etiā i maxima

re feci.& fundamenta ieci falutiſ tue.Tu fac hoc
bono aimo magnoq; ſiſ.meq; tibi nulla re defu/
turum eſſe confidaſ.Pridie nonaſ quitileſ.Vale.

Galba Ciceroni S·D·

DEcimoſeptimo kalendā maii quo die Panſa
in caſtriſ.& Hirtiuſ erat futuruſ.cū quo ego erā.
nam & obuiam proceſſeram:milia paſſuum cētū.
quo maturiuſ ueniret.Antoniuſ legioneſ eduxit
duaſ.ſecundam & quintam trigeſimā.& cohorteſ
pretoriaſ duaſ.unā ſuā. alterā Sillani euocatoꝗ
partem. Ita obuiam uenit nobiſ. ꝙ noſ quatuor
legióeſ Tironum habere ſolum arbitrabaꝶ. Sed
noctu quo tutiuſ uenire in caſtra poſſemuſ:legi/
onē martiā cui ego p̄eſſe ſolebā:& duaſ cohorteſ
p̃toriaſ miſerat Hirtiuſ nobiſ.Cum equiteſ An/
tonii apparuiſſēt:cōtineri neq; legio martia:neq;
cohorteſ pretorie potuerunt. quaſ ſequi cepimuſ
coacti.quādo eaſ retinere non poteramuſ.Anto/
niuſ ad forum gallorum ſuaſ copiaſ cōtinebat.
Neq; ſciri uolebat ſe legióeſ habere tātū ē qtatū
& leuem armaturam oſtēdebat. Poſteāꝗ uidit ſe
inuito legionem ire.Panſa ſequi:ſe duaſ legióeſ
iuſſit Tironum.poſteāꝗ anguſtiaſ paludiſ & ſil/
uāꝗ tranſimuſ: atieſ eſt iſtructa a nobiſ duodeci
cohortum.Nōdum uenerant legióeſ due.repēte
Antoniuſ in atiem ſuaſ copiaſ de uico p̄duxit: &
ſine mora cucurrit. Primo ita pugnatū ē:ut acriuſ
nó poſſet ex utraq; parte pugnari.Et ſi dexteri/
uſ cornu i quo ego erā:cum martie legióibuſ co/
hortibuſ octo: impetu primo fugauerat legionē
trigeſimāquintā Antonii:ut ampliuſ paſſuſ ultra

atiē:quo loco steterat processerit. Itaq; cū eqtes
nostrum cornu circuire uellēt:recipere me cepi &
leuem armaturam opponere maurorum eqtibus:
ne auersos nostros aggrederentur. Interim uideo
me eē inter antonianos:Antoniumq; post me eē.
aliqͧto repente equum ímisi ad eam legionē Ti/
ronum que ueniebat ex castris scuto reiecto.an/
toniani me insequi:nostri Pila coicere uelle. Ita
nescio quo Fato sum seruatus. q̇ sum cito a nostris
cognitus. In ipsa emilia ubi cohors Cesaris p̄toria
erat diu pugnatum est. Cornu sinistrius qd̄ erat
infirmius.ubi martie legiones due cohortes erant
& cohors pretoria pedē referre ceperūt. q̇ ab eq/
tatu circuiebāt quo uel plurimū ualetAntonius.
cum omnes se recepissent nostri ordines:recipe me
nouissimus cepi ad castra.Antonius tanǧ uictor
castra putauit se posse capere. Quo cū uenit:cō/
plures sibi amisit:nec egit quicǧ.Audita re Hir/
tius tū cohortibus uigīti ueterāis redeūti Antōio:
in sua castra occurrit.copiasq; omnes eius deleuit.
fugauitq; eodem loco:ubi erat pugnatum ad fo₂ͬ
gallorum. Antonius cum equitibus bora noctis
quarta se in castris ad mutinam recepit.Hirtius
in ea castra reduit:unde Pansa exierat.ubi duas
legiones reliquerat:que ab Antōio erāt oppug/
nate. Sic p̄tē maiorē suaⱬ copiaⱬ Antōius amisit
ueteranarū.Nec id tamē sine aliqua iactura co/
hortum pretoriarum nostrarum & legiōis martie
fieri potuit.Aquile due signa sexagīta sūt relata.
Antōii res bene gesta est.Ad.xii.kalend̄ maii ex
castris.Vale.

M Caſſiniuſ pollio Ciceroni· Sbň d·

Inime mirū tibi debet uideri: nibil me ſcrip/
ſiſſe de repub. poſteaǫ itū eſt ad arma. Nā ſaltuſ
caſtriloneſiſ qui ſemper teuit noſtroſ tabellarioſ.
& ſi nūc frequētioribuſ latrociniuſ ifeſtior factuſ
eſt: tamen nequaǫ tanta in mora eſt: ǫta ǫ lociſ
omnibuſ diſpoſitiſ ab utraǫ parte ſcrutantur ta/
bellionarioſ & retinent. Itaǫ niſi naue ꝓbate li/
tere eſſent: omnino neſcirē quid iſtic fieret. nunc
uero nactuſ occaſionem. Poſteaǫ nauigari ceptū
eſt: cupediſſime & ǫcreberrime potero ſcribam ad
te. ne moneare eiuſ ſermóibuſ. quē tā & ſi nemo
eſt qui uidere uelit: tamen nequaǫ ꝓinde ac dig/
nuſ eſt. oderunt bomieſ· periculum non eſt. Adeo
eſt enim inuiſuſ mibi: ut nibil nó acerbum putē:
quod cómune cum illo ſit. Natura autem mea &
ſtudia: trabút me ad paciſ & libertatiſ cupiditatē.
Itaǫ illud initium ciuiliſ belli ſepe defleui. Tum
uero nó liceret mibi nulliuſ partiſ eē: qa utrobiǫ
magnoſ inimicoſ babebam: ea caſtra fugi in qbuſ
plane tutum me ab inſidiiſ inimici ſciebā non fu/
turum. Complexuſ eo quo minime uolebā ne in
extremiſ eſſem. plane pericula nó dubitáter adii.
Ceſarem uero ǫ me in tanta fortuna mó cognitū
uetuſtiſſimorum familiorum loco babuit· dilexi
ſúma cum pietate & fide. quæ mea ſētētia gerere
mibi licuit. ita feci ut optimuſ qſǫ maxíe ꝓbarit.
quod iuſſuſ ſú eo tempore. atǫ ita feci ut appa/
reret inuito impatum eſſe. Cuiuſ facti intuſtiſſia
inuidia erudire me potuit: ǫiocunda libertaſ: & ǫ
miſera ſub dominatione uita eēt. Ita ſi id agitur:

ut rurſuſ in poteſtate omnia uniuſ ſint. quicũq̃
iſ eſt: et me profiteor inimicum. Nec periculũeſt
ullum quod pro libertate aut refugiam: aut de/
precer. Sed cõſuleſ neq̃ ſẽatuſcõſulto: neq̃ literiſ
ſuiſ preceperãt. mihi quid facerem. Vnaſ.n.poſt
iduſ martiaſ: demum a Panſa literaſ accepi. in qui/
buſ hortatur me ut ſẽatui ſcribam: me & exercitũ
i poteſtate eiuſ futurum. qd̃ cum Lepiduſ cõtio/
naretur atq̃ omnibuſ ſcriberet ſe conſentire: cum
Antonio: maxime contrarium fuit. Nam quibuſ
cõmeatibuſ iuito illo per illiuſ prouítiam legio/
neſ ducerem: aut ſi cetera tranſiſſem: nũ etiã alpeſ
poteram tranſuolare: que preſidio illiuſ tenent ?
Adde huc q̃ perferri litere nulla cõditione potu/
erunt. Sexcentiſ enim lociſ excutiuntur. deinde
etiã retinẽt a Lepido tabellarii. Illud me cordu/
be p contióe dixiſſe ne uocabat in dubiũ. puitiã
me nulli niſi q̃ a ſẽatu miſſuſ ueniſſet traditurũ.
Nam de legione trigeſſa tradenda q̃taſ habueri
contioneſ: quid ego ſcribam. Qua traditaq̃nto p
republica infirmior futuruſ fuerim: quiſ ignorat?
Hac enim legióe noli acriuſ aut pugnatiuſ qcq̃
putare eſſe. Quare me eũ exiſtima eſſe: qui p̃mũ
paciſ cupidiſſimiſ ſim. Omneſ enim ciueſ plan e
ſtudio eſſe ſaluoſ. Deinde qui & me & rempublicã
uindicare i libertatem paratuſ ſim. Quod fami/
liarem meum tuorum numero habeſ: opinióe tua
mihi gratiuſ eſt. Inuideo illi tamen: q̃ ambulat &
iocatur totum. Quaſ reſ quãti exiſtimẽ ſi unquã
licuerit: uiuere in otio experienſ. Nullum enim
ueſtigium abſ te diſceſſuruſ ſum. Illud uehementer

admiror nó ſcripſiſſe mihi te manendo í puítia:
an ducendo exercitum in italiam reipubli. magiſ
ſatiſfacere poſſim. Ego quidem & ſi mihi tutiuſac
minuſ laborioſum eſt manere: tamen quia uideo
tali tempore multo magiſ legionibuſ opuſ eſſe: q̃
prouintiiſ: que preſertim recuperari nullo nego/
tio poſſút. cóſtitui ut nunc eſt cum exercitu p/
ficiſci. Deinde ex literiſ quaſ Panſa mihi miſit:
cognoſceſ omnia. nam earum tibi exemplar miſi
.xuii.kalend́ apriliſ cordube.

Caiſ iniuſ polio. Ciceroni. ſ. D.
B Albuſ queſtor magna numerata pecunia:
magno pódere auri maiore argéti coacto de
publiciſ exactióibuſ: ne ſtipédio quidé militibuſ
reddite duxit ſe a gadibuſ. & triduú tempeſtate
retentuſ: ad calpem kalend́ iuniiſ traiecit ſeſe in
regnum bogutiſ. plane beneq; peculiatuſ. Hiſ ru/
moribuſ ut q̃ gadiſ referatur an romá. Ad ſiguloſ
enim nuntioſ turpiſſime conſilia mutat. nondum
ſcio. Sed preter furta & rapinaſ & uirgiſ ceſoſ ſo/
tioſ. hec quoq; fecit: ut ipſe gloriari ſolet. Eadéq;
G. Ceſar ludiſ quoſ gadibuſ fecit: Heréniú Gallú
hiſtrioné ſummo ludorum die annulo aureo do/
natum í quartumdecimum ſeſſum deduxit. Tot
ení fecerat ordineſ equeſtriſ loci. quatuor iuratú
ſibi prorogauit. comitia biénii biduo habuit. hoc
eſt renuntiauit quoſ ei uiſum eſt. exuleſ reduxit
nó horum temporum: ſed illorum quibuſ a ſedi/
tioſiſ ſenatuſ trucidatuſ aut expulſuſ eſt. Sexto
Varro proconſule. Illa uero iam ne Ceſariſ qdé
exemplo q̃ ludiſ pretextam de ſuo itinere ad. L.

Lētulum procōsulē folicitandū pofuit. Et qdē
cum ageretur fleuit memoria rerum geftarum cō/
motuf. Gladiatoribuf autem Fadium quēdam
militem Pompeiāum: quia cum depreffuſi ludū
biſ gratiſ depugnaffet auctore fefe uolebat: & ad
populum cōfugerat. Primum galloſ equiteſ im/
mific in populum. Collecti enī funt lapideſ in eū:
cum arriperetur Fadiuf. Deinde abſtractū defo/
dit ī ludo: & uiuum cōbuffit. Cum quidem prāſiſ
nudiſ pedibuſ: tunica foluta: manibuſ ad tergum
reiectiſ inambularet. & illi mifero queritāti ciuiſ
romanuf natuſ ſum refponderet. abi nūc populi
fidem implora. beſtiiſ uero ciueſ romanoſ in biſ
circumlatorem quendam actionum notiffimum
hominem hiſpali quia notiffimuſ erat obiecit. Cū
huiuſmodi portentoreſ mihi fuit. Sed de illo plu/
ra coram. Nūc qđ preſtat: qd me uelitiſ facere cō/
ſtituite. Treſ legiōeſ firmaſ habeo .quarum unā
uigeſimamoctauam: cum ad ſe initio belli accer/
ſiffet. Antōiuſ hac pollicitatiōe quo die in caſtta
ueniffet denarioſ quingētoſ ſinguliſ militibuſ da/
turum . In uictoria uero eadem premia quæ ſuiſ
legionibuſ. quorum quiſ ullam fidem aut modū
futurum putauit: icitatiffimam retinui. Egre me
hercule nec retinuiffem ſi uno loco habuiffē: ut /
puta cum ſingule cohorteſ quedam feditionē fe/
cerint. Reliquaſ quoq; legioneſ nō deſtitit lite/
riſ: atq; infinitiſ pollicitationibuſ incitare. Nec
uero mſuſ Lepiduſ urſit me: & ſuiſ & Antonii li/
teriſ: ut legionem trigeſimā micterem ſibi. Itaq;
quē exercitum: neq; uendere ulliſ premiiſ uolui.

nec eorum periculorū metu:quæ uictoribusillis
protendebantur diminuere: debetis exiftimare
retentum & conferuatum reipublice effe.Atq; ita
credere quodcūq; imperaffetis facturum fuiffe:ft
quod iuffiftisfeci.Nam & prouinciam in otio et
exercitum in mea poteftate tenui.finibus mee p/
uitie nufq excefti.Militem nó modo legionariū:
fed ne auxiliarium quidem ullum quoq; mifi.Et
fi quos equites decedentes nactuffū:fupplitio af/
feci.Quarum rerum fructum fatis magnum repu.
falua tuliffe me putabo. Sed refpublica fi me fa/
tis nouiffet:& maior pars fenatus maiores ex me
fructus tuliffet.Epiftolam quam Balbo cū etiam
nunc in prouintia effet fcripfi legēdam tibi mifi.
Etiam pretextam fi uoleslegere:Gallum Corne/
lium familiarē meum pofcito. Sextus idus iuni/
as cordube.Vale.
Opolio Ciceroni S D.
Qvo tardiuscertior fierē de prelus apud mu/
tinam factis:Lepidus effecit.qui meas tabella/
rios nouem dies retinuit.Tam & fi tantam cala/
mitatem reipublice q tardiffime audire optandū
eft.Sed illisqui prodeffe nihil poffunt:nequeo
mederi.Atq; utinam eodem fenatufconfulto quo
Plancum & Lepidum in italiam accerfiftis:me
quoq; iuffiffetis uenire:profecto non accepiffet
refpublica hoc uulnus.quo fi qui letantur in pre/
fentia quia uidentur ut duces.& ueterani milites
Cæfaris partium interuffe:tamē poftmodum ne/
ceffe eft doleant:cum uaftitatē italie refpexerit.
Nā & robur & fobolesmilitum interit.fiquidem

que nuntiant:ulla exparte uera sunt. Neq; ego
non uidebam q̃to usui reipublice essem futurus:
si ad Lepidum ueissem. Omnem enim cūctatio/
nem eius discussissem: presertim adiutore Plāco.
Sed scribenti ad me eiusmodi literas:quas leges &
contionibus uidelicet quas narbone habuisse di/
citur simul palmarer necesse erat.si uellem cōme/
atum per prouintiā eius iter faciens habere. Pre/
terea uerebar ne si anteq̃ ego incepta perficerem.
prelium confectum esset. pium meum consilium
raperent in cōtrariam partem obtrectatores mei
propter amicitiam. quæ mihi cum Antonio non
maior:tamē q̃ Planco fuit. Itaq; a gadibus mē/
se aprilis binos tabellarios in duas naues iposui. &
tibi & cōsulibus & Octauiano scripsi: ut me face/
retis certiorem:quo nam modo plurimum possem
prodesse reipublice. Sed ut rationem i eo quo die
prelium Pansa commisit:eodem a gadibus naues
profecte sūt. Nulla enim post hyemem fuit āte
eam diem nauigatio. Et hercules longe remotus
ab omni suspitiōe futuri ciuilis tumultus pēritus:
in lusitania legiones:in hibernis colocaram. Itaq;
porro festinauit uterq; confligere tanq̃ nihil pe/
ius timerent:q̃ ne sine maximo reipublice detri/
mento bellum cōponeretur. Sed si properandum
fuit:nihil nō summi ducis cōsilio gessisse Hirtiū
uideo. Nam hec mihi scribūtur ex gallia Lepidi
& nuntiantur. Panse exercitum cōcissū esse. Pāsā
ex uulneribus mortuūm. eodem prelio martiam
legionem interiisse. & .L. Fabatum. & .G. Pedu/
ceum. & .D. carsulenum. Hircino autem prelio &

quartam legionem:& omnef pereq; Antonii effe
cefaf. Item Hirtii quartam cum caftra quoq; An/
tonii cepiffet a quinta legione confcifam effe. Ibi
Hirtium quoq; periffe.& Pontium Aquilam dici
etiam Octauianum cecidiffe. Que fi quod dii p/
hibent uera funt:nó mediocriter doleo. Antoniú
turpiter mutine obfeffioné reliquiffe: fed habere
equitú legionef fub fignif armataf tref.& pupilli
bagieni unam.inarmef bene multof. Ventidium
quoq; fe cum legione feptima.octaua.nona con/
iunxiffe. Si nihil in Lepido fpei fit defcenfurum
ad extrema.& non modo nationef:fed etiam fer/
uitia concitaturum. parmam direptam. Lucium
Antóiú alpef occupaffe. Que fi uera funt:nemini
noftrum ceffandum eft.nec expectandum eft qd
decernat fenatuf.Ref enim cogit huic tanto in/
cendio fuccurrere. Omnef qui aut imperium aut
nomen deniq; populum romanum faluum uolút
effe: Brutum enim decemfeptem cohortef & duaf
non frequentef Tyronum legionef.quaf cófcrip/
fcripferat Antoniuf habere audio . Neq; tamen
dubito quin omnef qui fuperfint de Hirtii exer/
citu:cófluant ad eum. Nam indelictu nó multú
fpei puto effe:prefertim cum nihil fit periculofiuf
q̃ fpatium confirmandi fefe Antonio dari . Anni
aút tẽpuf libertaté maioré mihi dat. ppterea qa
frumẽta aut in agrif:aut i uillif fút. Itaq; pximif
literif cófiliú meú expediet. Ná neq; deeffe:neq;
fupereffe reipu.uolo. Maxie tamé doleo adeo &
lógo & infefto itinere ad me uẽiri:ut die.xl.poft
aut ultra etiã q̃ facta funt:omnia núrientur.

Lepiduſ ĵmpe̅ æ̅ te̅ruelite̅m po̅ntifex
S̅lm̅ D̅ marco Ciceroni

SI ualeaſ bene eſt ego ualeo. Cum audiſſem
Antoiu̅ cum ſuiſ copiiſ premiſſo Lutio Antonio
cum per te equitatuſ in prouintiam meam uenire
cum exercitu meo a confluente R.hodano caſtra
moui. ac contra eoſ uenire inſtitui . Itaq; conti/
nuiſ itineribuſ ad forum uocontium ueni. & ul/
tra. caſtra ad flumen argenteum co̅tra Antonioſ
feci. Publiuſ Ventidiuſ ſuaſ legioneſ triſ co̅iu̅xit
tum eo & ultra me caſtra poſuit. Habebat a̅tea
legionem ſecundam .& ex reliquiſ legionibuſ ma/
gnam multitudinem : ſed inermium equitatum
babet magnum. Nam omniſ ex prelio integer
diſceſſit. ita ut ſint ampliuſ equitu̅   milia.
Itaq; ad me co̅plureſ militeſ & equiteſ ab eo tra̅ſ/
ierunt. & in dieſ ſinguloſ eiuſ copie minuuntur.
Sillanuſ & Culleo ab eo diſceſſerunt . Noſ & ſi
grauiter ab biſ leſi eramuſ. φ co̅tra noſtram uo/
luntatem ad Antonium ierant: tame̅ noſtre bu/
ma̅itatiſ & neceſſitudiniſ cauſa eorum ſalutiſ ra/
tione̅ babuimuſ. Nec tamen eoru̅ opera utimur.
neq; in caſtriſ babemuſ. neq; ulli negotio prefe/
cimuſ. quod ad bellum actinet. neq; ſenatui nec
reipublicæ deerimuſ . que poſtea egerimuſ : facia̅
te certiorem. Et ſi omni tempore ſumma ſtudia.
offitia. mutuo inter noſ certatim conſtiterunt pro
noſtra inter noſ familiaritate. & proide diligēter
ab utroq; conſeruata ſunt: tamen non dubito in
tanto & tam repentino motu reipublice: quin no̅
nulla de me falſiſ rumoribuſ a meiſ obtrectato/

ribuſ me indigna ad te delata ſunt· que tuũ aĩmũ
magnopere mouerunt pro tuo amore in rempu.
Ea te moderate accepiſſe neq; temere credendum
iudicaſſe a meiſ procuratoribuſ certior ſũ factuſ.
quæ ut debent gratiſſima ſunt. Memini enim et
illa ſuperiora que abſ tua uolũtate profecta ſũt:
ad meam dignitatem augẽdam & ornandam. que
perpetuo animo meo fixa manebunt· Abſ te mi
Cicero magnopere peto: ſi meam uitam & ſtudiũ
diligentiſſime ſuperioribuſ temporibuſ in repub.
adminiſtranda· que Lepido digna ſũt perſpecta
habeſ: ut parta aut eo ampliora reliquo tempore
expecteſ· Et proinde tũa auctoritate me tuendũ
exiſtieſ: quo tibi plura tuo merito debeo. Vale.
Duodetioſ kalẽd iũiaſ ex caſtriſ ex põte argẽteo.

D Eoſ homineſq; teſtor patreſ conſcripti. qua
  mẽte & quo aĩmo ſeper i rempublicã fuerim
& q̃ nihil antiquiuſ communi ſalute ac libertate
iudicari· qd̄ uobiſ breui pbaſſẽ: niſi mihi fortũa
ppriũ cõſiliũ extorſiſſet. Nã exercituſ cũctuſ cõ/
ſuetudinẽ ſuam in ciuibuſ obſeruandiſ: cõiq; pace
ſeditiõe facta retinuit. meq; tãte multitudiſ ciuiũ
ro. ſalutiſ atq; icolumitatiſ cauſã ſuſcipe: ut uere
dicã coegit. In qua re ego uoſ patreſ cõſcripti oro
atq; obſecro: ut puatiſ offẽſiõibuſ omiſſiſ: ſumme
reipu. cõſulatuſ. neue miſericordiã noſtrã exerci/
tuſq; noſtri in ciuili diſſẽſiõe ſceleriſ loco ponatiſ.
Quod ſi ſalutiſ oĩm ac dignitatiſ rationem habu/
eritiſ: meliuſ & uobiſ & reipublice cõſuletiſ. Data
quarta kalendaſ apriliſ a ponte argenteo. Vale.

Vo̅t ſtatu ſimuſ cognoſcite. heri
ueſperi apud me Hirtiuſ fuit. q̃
mente eet Anthoniuſ demõſtra/
uit: peſſima ſcilicet & iſidelaſſima.
Nã ſe neq̃ mihi puitiam aiebat
dare poſſe. neq̃ arbitrari tuto in
urbe eſſe quenq̃ noſtrũ: adeo ee militũ cõcitatoſ
animoſ: & plebiſ. Quo4 utrunq̃ eſſe falſum puto
uoſ aſaduertere: atq̃ illud eſſe uerũ qd̃ Hirtiuſ
demõſtrabat timere eũ: ne ſi mediocre auxilium
dignitatiſ noſtræ habuiſſemuſ: nullæ parteſ hiſ
in repub. reliquerent: cũ in hiſ anguſtiiſ uerſarer:
placitũ eſt mihi: ut poſtularé legatónem liberã
mihi reliqſq̃ noſtriſ: ut aliqua cauſa proficiſcẽdi
hóeſta quæreret. Hæc ſe impetraturq̃ pollicituſ
eſt: nec tamẽ impetraturum confido. Tanta eſt
hominũ inſolẽtia: & noſtri iſectatio: ac ſi dederit
quod petimuſ: tamẽ paulopoſt futurum puto: ut
hoſteſ iudicemur: aut aqua & igni interdicamur.
Quid ergo eſt inquiſ: tui cõſilii danduſ eſt locuſ?
Fortunæ cedendum: ex italia migrãdum rhodũ:
aut aliquo terrarũ arbitror: ſi melior caſuſ fuerit
reuertemur romã: ſi mediocriſ in exilio uiuemuſ:
ſi peſſimuſ: ad nouiſſia auxilia deſcẽdemuſ. Suc/
curret fortaſſe hoc loco alicui ueſtq̃: cur nouiſſi/
mũ tẽpuſ expectamuſ potiuſ: q̃ nũc miſericordie
aliqd̃ moliamur. qa ubi cõſiſtamuſ: nõ habemuſ
præter Sextũ Pompeiũ et Baſſũ Celiũ: qui mihi
uidentur hoc nuntio de Cæſare allato: firmioreſ

futuri satis t̄pre ad eof accedemuf: ubi q̄d ualeant
ſcierimuſ. Pro Caſſio & te: ſi quid uelitiſ me recipe
recipiā. Poſtulat eí hoc Hirtiuſ ut facia. Rogo
uoſ q̃primū mihi reſcribatiſ. nā nó dubito: quí hiſ
rebuſ ā te horam quartā Hirtiuſ me certiorem ſit
facturuſ. quē in locū cóuenire poſſimuſ. quo me
uelitiſ uenire reſcribite. Poſt nouiſſimum Hirtii
ſermoné placitū eſt mihi poſtulare: ut licet nobiſ
eſſe rom.æ publico preſidio. quod illoſ nobiſ con/
ceſſuroſ ꝯon puto. Magnam enim inuidiā unq̃ hiſ
facieemuſ: nihil tamē non poſtulandū putaui: qd̄
æquum eſſe ſtatuerem.

D̄ E tua fide et beniuolétia in noſ: niſi pſuaſū
eſſet nobiſ: nó conſcripſiſſemuſ. Hæc tibi quæ ꝑ/
fecto quādo iſtū animū habeſ: in optimam ptem
accipieſ. Scribit nobiſ magnā ueteranoꝛ multi/
tudinem romam cóueniſſe iam: et ad kal. Iuniaſ
futuram multo maiorem. De te ſi dubitemuſ: aut
uereamur ſimul noſtri diffideremuſ. Sed certe cū
ipſi í tua poteſtate fuerimuſ: tuoq; adducti conſi/
lio dimiſerimuſ: ex municipiiſ noſtroſ neceſſarioſ.
Neq; ſolū edicto: ſed etiā lriſid fecerimuſ. Digni
ſumuſ: quoſ habeaſ tui cóſilii pticipeſ í ea pſertim
re: quæ ad noſ ptinet. Quare petimuſ a te: faciaſ
noſ certioreſ tuæ uoluntatiſ in noſ. Puteſ ne noſ
tutoſ fore in tanta frequétia militū ueteranorū:
quoſ etiā de reponenda ara cogitare audimuſ. qd̄
uelle probare uix quiſq̃ credere poſſe uidetur. qui
noſ ſaluoſ & hóeſtoſ uelit. noſ ab initio ſpectaſſe
otium nec quicq̃ aliud libertáte cómuni quæſiſſe

exituſ declarat? Fallere nemo noſ poteſt: niſi tu.
quod certe abē a uirtute tua & fide. ſed aliuſ nēo
facultatē habet decipiēdi noſ. Tibi enim uni cre/
dimuſ: & credituri ſumuſ. maxio timore de nobiſ
afficiūt amici noſtri: quibuſ & ſi tua fideſ explo/
rata eſt: tamen illud in mentē uenit: multitudinē
ueteranorū faciliuſ impelli ab alio quolibet: q̃ a
te retineri poſſe. Reſcribaſ nobiſ ad oía rogamuſ.
nā illđ ualde leue ē: ac nugatoriū ea re denū ti/
atū eſſe ueteraniſ: q̃ de cōmodiſ eorū mēſe iunio
laturuſ eſſeſ. Quem enim ípedimēto futurꝫ putaſ:
cum de nobiſ certū ſit noſ q̃turoſ. Non debemuſ
cuiq̃ uideri nimiū uite cupidi: cum accidere nobiſ
nihil poſſit: ſine pnitie & cōfuſione omniū rerū.

Lbrutuſ et caſſiuſ ꝓroreſ. p. iu. cōn
Iteraſ tuaſ legimuſ ſimiliaſ: edicti tui con/
tumelioſaſ: minaceſ: míme dignaſ. quæ a te nobiſ
micterēt. Noſ Antoni te nulla laceſſimuſ iuria:
neq̃ miraturū credimuſ ſi pretoreſ & ea dignitate
homieſ: aliqd edicto poſtulaſſemuſ a cōſulibuſ.
Quod ſi ídignariſ auſoſ eē id facere: cocede nobiſ
ut non debeamuſ: ne hoc quidem abſ te Bruto &
Caſſio tribui. Nā de delectibuſ hítiſ: et p̃cuniſ
impatiſ: exercitibuſ ſolicitatiſ: & nūtiiſ trāſmare
miſſiſ: quod te queſtū eſſe negaſ. Noſ tibi qdem
credimuſ: optimo animo te feciſſe: ſed tamen neq̃
agnoſcimuſ quicq̃ eorum: & te miramur cum hæc
reticueriſ: non potuiſſe continere iracūdiam tuā:
quin nobiſ de morte Cæſariſ obiceref. Illud uero
quēadmodum ferendum ſit tute cogita: nō licere
pretoribuſ cōcordiæ ac libertatiſ cauſa: ꝑ edictū

de suo iure decedere. quãdo cõsul arma minetur,
quorũ fiducia nihil est ꝙ nos terreas. Neq; enim
decet aut cõueit nobis periculo nulli submictere
animũ nostrũ. Neq; est Antonio postulandũ: ut
bis imperet quorũ opera liber ē. Nossi alia hor/
tarent: ut bellum ciuile suscitare uellemus: litere
tue nõ proficerēt. Nulla eni minãtis auctoritas
apud liberos esse debet: sed pulcre intelligis non
posse nos quoq; impelli: & fortassis ea re miaciter
agis: ut iuditiũ nostrũ moetus uideatur. Nos in
hac sentētia sumus: ut te cupiamus etiam i libera
repub. magnum atq; bonestũ eē. Vocemus te ad
nullas inimicitias: sed tamē pluris nrãm libertatē
ꝙ tuam amicitiã extimemus. Tu etiam atq; etiã
uide quid suscipias. qd sustiere possis. neq; ꝙ diu
uixerit Cæsar: sed ꝙ non diu regnarit fac cogites.
Deos quesumus cõsilia tua reipub. salutaria sint.
atq; tibi si minus: ut salua atq; bõ esta repub. tibi
ꝙ minimũ noceant optamus. Pridie no. Sex.

Sibra im con desi ꝱ p. Ciceroni

SI de tua in me uolũtate dubitarem: multis a
te uerbis peterem: ut dignitatem meã tuerem. sed
profecto est ita: ut mihi psuasi: me tibi esse cure.
Progressus sũ ad transalpinos cũ exercitu: non tã
nomē captãs Impatoriũ ꝙ cupiēs militibus satis/
facere: firmosq; eos ad tuendas nrãs res efficere: qd
mihi uideor cõsecutus. Nã & liberalitatē nostrã:
& aim sũt expti cũ oim bellicosissimis bellũ gessi:
multa castella cepi multaq; uastaui. Non sine cã
ad senatũ lrãs misi. Adiuua nos tua sētētia. qd cũ
faties ex magna p te cõmuni cõmodo inseruiens·

Vpuſ familiariſ noſter cum ad te ueniſſet:
cũq; romæ quoſdam dieſ cómoraretur:ego eram
in hiſ lociſ í qbuſ maxíe me tuto eſſe arbitrabar.
Eo factum eſt:ut ad te Lupuſ ſine meiſ literiſ re/
diret:cum tamen curaſſet tuaſ ad me perferendaſ.
Romã autem ueni ad.u.iduſ decẽbriſ:nec habui
quicq̃ antiquiuſ:q̃ ut panſam ſtatim conuẽirem.
exquo ea de te cognoui:quæ maxime hortabar.
Quare hortatione tu quidem non egeſ.ſine illa
quidem re quæ a te geſta eſt: poſt hoím mẽoriã
maximam hortatorem deſideraſti. Illud tamen
breuiter ſignificandum uidetur:populũ romanũ
omnia a te expectare:atq́ í te aliquando recu/
perandæ libertatiſ omnẽ ſpem ponere. Tu ſi dieſ
nocteſq; memineriſ:qđ te facere certe ſcio:q̃ntã
rem geſſeriſ:non obliuiſcere profecto:etiã quãte
tibi nũc gerendæ ſint. Si ení iſte puintiã nactuſ
erit:cui quidem ego ſemper amicuſ fui:ãteq̃ illũ
intellexi:non modo aperte:ſed etiam libẽter cũ
repub.bellum gerere:ſpem reliquã nullam uideo
ſalutiſ. Quãobrẽ te obſecro iiſdem precibuſ:qbuſ
ſenatuſ po. q; ro.ut in ppetuũ rempub.dominatu
regio libereſ:ut principiiſ cóſentiãt exituſ.Tuũ
eſt hoc munuſ:tuæ parteſ:a te hoc ciuitaſ uel oẽſ
potiuſ gẽteſ:nó expectãt ſolũ:ſed etiã poſtulãt.
q̃q̃ cum hortatióe non egeaſ:ut ſupra ſcripſi nó
utor ea pluribuſ uerbiſ:fatiam illud quod meum
eſt:ut tibi omía mea offitia:ſtudia:curaſ:cogi/
tatóneſ pollicear:que ad tuã laudem & gloriam
pertinebũt. Quamobrem uelim:tibi perſuadeaſ:

me tum reipublicæ caufa: quæ mihi uita mea eſt
carior: tum ꝙ tibiipſi faueam: tuáꝗ dignitatem
amplificari uelim: me tuiſ optimiſ conſiliuſ: am/
plitudini gloriæ: nullo loco defuturum.

LVpuſnoſter cum romam ſexto die mutina
ueniſſet: poſtridie me mane conuenit. tuáꝗ mihi
mãdata diligentiſſie expoſuit. & literaſ reddidit.
Quid mihi tuã dignitatẽ cõmendaſ: eo dẽ tẽpore
exiſtimo te mihi meam dignitatem cõmendare:
quam me hercule non habeo tua cariorẽ? Quare
mihi gratiſſimú fatieſ: ſi exploratú habebiſ tuiſ
laudibuſnullo loco: nec conſiliú: nec ſtudiú meú
defuturum. cum tribuni plebiſ edixiſſẽt: ſenatuſ
adeſſet ad. xiiii. kal. ianuariaſ nõ uenire: brẽntꝗ
in animo de preſidio conſulú deſignatoꝗ referre.
ꝙꝙ ſtatueram in ſenatú ante kal. ianũariaſ non
uenire: tamẽ cum eo die ipſo edictú tuú ꝑpoſitú
eſſet: nefaſ eſſe duxi. aut ita haberi ſenatú: ut de
tuiſ diuiniſ in rẽpub. meritiſ ſileretur. quod factú
eẽt niſi ego ueniſſem: aut etiã ſi quid honorifice
de te diceret me nõ adeſſe. Itaꝗ in ſenatum ueni
mane. qd cum eſſet animaduerſum frequẽtiſſimi
ſenatoreſ cõuenerút. quæ de te in ſenatu egerim:
quæ in contiõe maxima dixerim: alioꝗ te literiſ
malo cognoſcere. Illud tibi perſuadeaſ uelim. me
omía quæ ad tuam dignitatẽ augenda ꝑtiebút.
quæ eſt per ſe ampliſſima ſummo ſemper ſtudio
ſuſcepturum & defenſurum. quod ꝙꝙ intelligo me
cum multiſ eſſe facturum: tamẽ appetã huiuſrei
principatú.

CVm adhibuisset domi mee Lupus me: & Li/
bone & Seruiú consobrinú tuum. quæ mea
fuerit sentétia cognoscere te ex. M. scio arbitror.
qui nostro sermoni interfuit. Reliqua q̃q̃ Seiú
Greceiuf est subsecutuf: tamé ex Greceio poterif
cognoscere. Caput aút est hoc qd̃ te diligétissime
percipere & meminisse uelim : ut ne in libertate. &
salute po. ro. conseruanda auctoritatem senatuf
expectef: nondum liberi ne et tuú factum con/
demnef nullo enim pub. consilio rempub. liberasti.
í quo illa & ref etiá maior et clarior & adolescété
uel potiuf puerú Cæsarem iudicef temere fecisse:
qui tantam causam pub. priuato cósilio suscepit.
Deniq; boief rusticof fed fortissimof uirof: ciuefq;
optimof dementef fuisse iudicef. primum militef
ueteranof cómilitonef tuof. Deinde legationem
martiam: legionem quartam: quæ suú consulem
hostem iudicauerút: feq; ad falucé reipub. defen/
dendá cótulerút. Volútaf senatuf p auctoritate
haberi debet: cú auctoritaf ípedit metu. Postréo
suscepta tibi causa: iam bif est: ut non fit integrú
primú iduf martiif. Deinde pxime exercitú nouo
et copiif cóparuif. Quáobrem ad omnia ita patuf:
seu aiatuf esse debef: nó ut nihil fatiaf nisi iussuf:
fed ut ea geraf quæ ab oíbuf súma cú admiratóe
laudentur. d) C. De ao bruto· in· con· de· s· D.

EO tempore Polla tua misit ad me: ut ad te
fi quid uellem dare literaȝ: cú quid scriberé
non habebam. Omnia enim erant suspéfa ppter
expectatónem legatoȝ: qui quid egissent: nihil
denútiabatur. Hæc tamen scribenda existimaui.

Primũ senatũ po.q̃ ro. de te laborare nõ solum
salutisſuæcã:ſed etiã dignitatiſ tuæ. Admirabiliſ
eſt enim quedam tui nominiſcaritaſ:amorq̃ i te
ſingulariſoĩm ciuiũ. Ita enĩ ſperãt atq̃ cõfidũt:
ut ante a rege ſic hoc tempore regno te rempub.
liberaturũ:romæ delectuſhabet:in totaq̃ italia
ſi hic delectuſappellanduſ eſt:cũ ultro ſe offerũt
oẽſ. Tãtuſardor aĩmoſhoĩm occupauit deſiderio
libertatiſ:odioq̃ diuturnæ ſeruitutiſ. De reliquiſ
rebuſa te iam expectare literaſ debemuſ:q̃d ipe
agaſ:quid noſter Hirtiuſ:quid Cæſar meuſ:quoſ
ſpero breui tẽpore ſocietate uictoriæ tecũ copu/
latoſfore. Reliquũ eſt: ut de me id ſcribã:quod
te ex tuorũ literiſ& ſpero & malo cognoſcere. me
neq̃ deeſſe ulla i re:neq̃ unq̃ defuturum digni/
tati tuæ. Fac ut ualeaſ.

P Deauſ brutuſ im· dci· ꝫ· p· ꝗ· ꝯ
Anſa amiſſo q̃ntũ detrimẽti reſpub. accepit.
non te preterit nunc auctoritate & prudẽtia tua
proſpitiaſoportet:ne iimici noſtri cõſulibuſſub/
latiſſperẽt ſe cõualeſcere poſſe. Ego ne cõſiſtere
poſſit in italia Anthoniuſ dabo operam. ſequar
eum confeſtim. utrúq̃ me præſtaturum ſpero ne
aut Ventidiuſ elabatur aut Anthoniuſ in italia
moretur. In primiſ rogo te ad hominem uento/
ſiſſimũ Lepidum mictaſ:ne bellum nobiſreite/
grare poſſit: Anthonio ſibi coniuncto. Nam de
Polliõe Aſinio puto te ꝑſpicere:quid ſit fcúruſ.
Multe & bonæ et firmæ ſunt legiõeſ Lepidi et
Aſinii. neq̃ hæc idcirco tibi ſcribo:ꝙ te non eadẽ
animaduertere ſciam:ſed ꝙ mihi perſuaſiſſimũ ẽ

Lepidum recte facturum nunq̃: si forte uobis id
de hoc dubiũ est: Plancum quoq; cõfirmetis foro:
quẽ spero Pulso Anthonio reipub. non defutur̃.
Si se alpes Anthonius constitui traiecerit p̃sidiũ
in alpibus collocare: & te de omni re facere certi/
orem. iii. kal. maias ex castris regis.

N
De anus bru. im. S. D. M. Ci.
On mihi rempub. plus debere arbitror: q̃ me
tibi gratiorẽ me esse i te posse: q̃ isti peruersi sint
in me exploratum habes. Sin autem hoc tempore
hi sui deant dici causa simulato nis: mallẽ me tuũ
iuditiũ q̃ ex altera parte omniũ istorũ. Tu uero
a certo sesu et uero iudicas de nobis: quod isti ne
faciant sũma maliuolentia & liuore impediunt.
Interpellẽt me quo minus honoratus sim: dũ ne
interpellẽt: quo minus respublica a me commode
administrari possit. Que quanto sit in periculo:
q̃potero breuissime exponam. Primũ oĩm quãtã
perturbationem rerum urbanarũ afferat obitus
consulum: quantãq; cupiditatẽ hominibus itiat
tua rerum nouitas: non te fugit: satis me multa
scripsisse quæ literis cõmẽdari possunt arbitror.
Scio enĩ cui scribã. Reuertor nũc ad Anthoniũ
qui ex fuga cum puulam manũ militũm haberet
inermiũ: ergastula soluẽdo: omneq; genus hoĩm
arripiendo: satis magnũ numer̃ uidetur effecisse.
huc accessit manus Ventidii que trans appẽninũ
itinere facto difficillimo ad uada prouenit: atq;
se ibi cum Anthõio coniunxit. Est numerus ue/
teranorum & armator̃ satis frequẽs. Cũ Vẽtidio
cõsilia Anthonii hec sit necesse ẽ: aut ad Lepidũ

ut se conferat si recipit: aut appennino alpibusq;
se teneat: et decursionibus per equites quos habet
multos uastet ea loca quæ incurret: aut rursus se
in etruriam referat. ꝙ ea pars italiæ sine exercitu
est. Quod si me Cæsar audisset atꝗ in appēninū
trāsisset: in tātas āgustias Antoniū cōpulisset: ut
inopia potius ꝙ ferro cōficeret. Sed neꝗ Cæsari
imperari potest: nec Cæsar suo exercitui: quod
utrūꝗ pessimū est. Cū hæc talia sint: quo minus
qd ad me pertinebit homines interpellēt ut supra
scripsi non impedio. Hæc quēadmodū explicari
possint: aut a te cū explicabuntur ne impediant
timeo. Alere iā milites non possum. Cū ad rēpub.
liberandam accessissem: mihi fuit pecuniæ.cccc.
āplius. Tantū abest: ut meæ rei familiaris libez
sit quicquā: ut omnes iam meos amicos ære alieo
obstrinxerim. Septenū numez legionū alo: qua
difficultate tu arbitrare. Nō si Varrōis thesauros
haberem: substinere sumptū possem. Cū primū de
Antonio exploratū habuero: faciā te certiorem.
Tu me amabis ita si hoc idem in te facere sēseris.
.iii. nonas ex castris de rthoma.

E De. bru. sm. Ɔ. D. marcō Ci.
Odem exemplo litere a te mihi reddite sūt.
quo pueri mei actulerunt. Tantū me tibi debere
existio: quātū psoluere difficile est. Scripsi tibi
quæ hic gererentur. in itinere est Antonius: ad
Lepidum proficiscitur. ne de Plāco qdem spem
adhuc abiecit: ut ex libellis suis aiaduerti: qui in
me inciderunt. In quibus quos ad Asiniū: quos ad
Lepidū: quos ad Plācū micteret scribebat. Ego

tamen non habui ambiguū et ſtatim ad Plancū
miſi:& biduo ab allobrogibus et totius gallie le/
gatoſ expecto. quoſ confirmatoſ domū remicta.
Tu que iſtic opus erunt:adminiſtrari proſpicies:
ut ex tua uoluntate reiq; publice cōmodo fiant.
Maliuolentiæ hominū in me ſi poteris occurres:
ſi non potueriſ hoc cōſolabere: ꝗ me de ſtatu meo
nulliſ contumeliiſ deterrere poſſūt. Pridie nonaſ
maii ex caſtriſ finibuſ ſtatiellenſium.

T AD C BRVTO ſnipē S D.
 REſ uno die a te accepi epiſtolaſ.unā breuē
quam Flacco Voluminio dederaſ:duaſ plētoreſ:
quarū alterā tabellariuſ.T.Iubii actulit:alterā
ad me miſit Lupuſ.Fx tuiſ literiſ et ex Grecei
oratione non modo non reſtinctum bellum: ſed
etiam inflāmatum uideť.Nó dubito autem pro
tua ſingulari prudentia: quin inſpiciaſ ſi aliquid
firmitatiſ nactuſ ſit Antoniuſ.oſa illa tua ꝑclara
in rempub.merita ad nihilū eſſe uetura.Ita enim
romam erat nūtiatum: ita pſuaſum omnibuſ cū
paucis inermibuſ proterritiſ metu fracto animo
fugiſſe Antonium.Qui ſi ita ſe habet:ut quẽ ad/
modum audiebā de Greceio confligi cum eo ſine
periculo non poſſit.nó ille mihi fugiſſe a mutina
uideť:ſed locū belli gerendi mutaſſe.Itaq; homi/
neſ alii facti ſunt:nonnulli etiam quæruntur: ꝗ
perſecuti non ſitiſ.Opprimi potuiſſe ſi celeritaſ
adhibita eſſet extimatur.Omnino eſt hoc populi
maximeq; noſtri:in eo potiſſimū abuti libertate
per quem eam conſecutuſ ſit:ſed tamen ꝓuidẽdū
ſit:ne ꝗ̃ iuſta querela eẽ poſſit.Reſ ſe ſic habet.

ſſ bellū cōfecerit:qui Antoniū oppreſſerit.Hoc
quam babeat uim te exiſtíare malo:q̃ me aptiuſ
ſcribere. Deuuſ bru Impe ſ. D. ꝳ. Ci.

Am non ago tibi gratiaſ.Cui enim re uix re/
ferre poſſum:buic uerbiſ nó patitur reſ ſatiſſieri.
Actendere te uolo quæ in manibuſ ſunt:qua eni
prudentia eſ. nibil te fugiet:ſi meaſ lraſ diligēter
legeriſ:ſeq cōfeſtí Antoniū biſ de cauſiſ Cicero
non potueram:ſine eqtibuſ:ſine iumētiſ:Hirtiū
periſſe neſciebam: Cæſari non credebam priuſ q̃
cōueniſſem & locutuſ eſſem.Hic dieſ boc modo
abiit.Poſtero die mane ad Panſā ſum accerſituſ
bononiam.Cum in itinere eſſem:nuntiatū eſt eū
mibi mortuū eē. Recurri ad meaſ copiolaſ:ſic.n.
uere eaſ appellare poſſum. Sunt extenuatiſſime
et inopia omniū rerū peſſime acceptæ.bi duo me
Antoniuſ āteceſſit:itinera multo maiora fugiēſ:
q̃ ego ſequēſ. Ille enim ut paſſim ego ordinatim
q̃cūq; ut ergaſtula ſoluit:boieſ arripuit. cōſtitit
nuſq̃ priuſ q̃ ad uada uenit.Quē locum uolo tibi
eſſe notum.Iacet inter appēninū & alpeſ:impe/
ditiſſimuſ ad iter faciendum.Cum abeſſem ab eo
milia paſſuū trigíta:& ſe iā Vētidiuſ cōiūxiſſet:
contio eiuſ ad me eſt allata:in qua petere cepit a
militibuſ ut ſe tranſ alpeſ ſequerēt.ſibi cum.M.
Lepido conuenire ſucclamatum eſt et frequēter
a militibnſ uentidianiſ:nam ſuoſ ualde q̃paucoſ
babet. Sibi aut í italia pereūdū eſſe: aut uiſcēdū:
& orare ceperūt ut pollētiā facerent:cū ſuſtinere
eoſ non poſſet in poſterum diem iter ſuū cōtulit.
Hac re mibi nūtiata:ſtatí qnq; cohorteſ pollētiā

premisi:meumq; iter eo contuli hora ante psidiū
meum pollentiā uenit: q̃ Trebellius cū equitibus
sane q̃ sum gauisus. In hoc enim uictoriam puto
consistere. In spem uenerāt q̃ neq; Planci q̃tuor
legiones omnibus suis copiis pares arbitrabātur:
neq; ex italia tam celeriter exercitū traici posse
credebant. Quos ipsi adhuc satis arroganter allo/
broges equitatusq; omnis qui eo premissus erat: a
nobis sustiebāt. nostroq; aduētu sustiem faciliuſ
posse confidimus. Tamē si quo etiam casu hysarā
se traiecerint:ne quid detrimenti repub. iniūgāt:
sūma a nobis dabit opera. Vos magnū animum
optimāq; spem de sūma repub.habere uolumus:
cū & nos et exercitus nostros singulari concordia
coniunctos ad omnia pro uobis uideatis paratos.
Sed tamen nihil de diligētia remictere debetis:
dareq; operam:ut q̃paratissimi & ab exerci tu re/
liqsq; rebus pro uestra salute:cōtra sceleratissimā
conspirationem hostiū confligamus:qui quidem
eas copias quas diu simulatiōne reipub. cōpabāt:
subito ad patriæ periculū cōuerterunt

Mirabiliter mi Brutē lætor mea cōsilia:me/
asq; sētētias a te pbari de dece uiris: de adornādo
adolescēte. Sed quid refert:mihi crede homini nō
glorioso.plane iam Brute frigeo. Opta nō enim
iam id erat meū senatus:iam id e dissolutū. Tātā
spē actulerat explorata tua.uictoria:tua pclara
mutine eruptio:fuga Antonii conciso q exercitu
ut omniū animi relaxati sit mee q ille uehemētes
contentiones:tanq̃ scientia achale esse uideātur.

Sed ut ad rem redeam: legionē martiam & q̄rtā
negant q illas̄ nōrānt ulla cōditione ad te posse
perduci. Pecūnie quā desideras̄ ratio pōt haberi:
eaq̄ habebitur. De Bruto accersendo Cæsareq̄ ad
italiæ presidiū tenendo, unde tibi assentior. Sed
ut scribis̄ habes̄ obtrectatores̄ quos̄ equidē facillie
sustineo: sed impedtunt tamen, ex africa legiōes̄
expectantur. Sed bellum istuc renatū mirantur
homies̄: nihil tam preter spem unq̄. Nam die tuo
natali uictoria nūtiatā in multa sæcula uideba/
mus̄ rempub. liberatam. Noui timores̄ retexunt
superiora. Scripsisti autem ad me iis̄ quas̄ idibus̄
maiis̄ dedisti modo te accepisse a Planco literas̄:
non recepi a Lepido Antonium. Id si ita ē: omia
faciliora. sin aliter magnum negotiū cuius̄ exitū
non extimesco: tuæ partes̄ sunt. Ego plus̄q̄ feci
facere non possum. Te tamen id quod spero oim̄
maximū & clarissimū uidere cupio.

E T si mihi tuæ literæ iocundissime sūt: tamē
iocundius̄ fuit q̄ in sūma occupatione tua Plāco
collegæ mandasti: ut te mihi p literas̄ excusaret:
qd̄ fecit ille diligenter. Mihi aūt nihil amabilius̄
offitio tuo & diligēta. Cōiūctio tua cū collega
tuo cōcordiaq̄ uestra quæ literis̄ omnibus̄ decla/
rata est̄ senatūi populoq̄ romāo gratissīa accidit.
Quod superest: perge mi Brute & iam nō cū aliis̄:
sed tecum ipse certa. Plura scribere non debeo:
presertim ad te quo magistro breuitatis̄ uti cogi/
to. Literas̄ tuas̄ uehementer expecto: equidem
tales̄ quales̄ maxime opto.

GErmagni ítereſt quo tibi hæc tp̄re epiſtola
tradita ſit: utrū cū ſolicitudiniſ aliqd haberes: an
cū ab omni moleſtia uacuuſ eſſeſ. Itaq; ei precepi
quē ad te miſi ut tēpuſ obſeruaret æpiſtolæ tibi
reddendæ. Nã quemadmodum coram qui ad noſ
intēpeſtiue adeunt: moleſti ſæpe ſūt: ſic æpiſtole
offendunt: nō loco reddite. Si aūt ut ſpero nihil
te pturbat: nihil impedit. & ille cui mādaui ſatiſ
ſite & cō mode tempuſ ad te cepit adeūdi: cōfido
me qđ uelim ad te facile impetraturū. L. Lamia
preturam petit. hoc ego utor uno oím plurimū.
Magna uetuſtaſ: magna conſuetudo intercedit.
quodq; plurimū ualet: nihil mihi eiuſ fātliaritate
iocūdiuſ. Magno pterea benefitio eiuſ: magnoq;
merito ſum obligatuſ. Nam clodianiſ tēporibuſ
cū equeſtriſ ordiniſ priceps eſſet: proq; mea ſalute
acerrime ppugnaret: a Gabinio cōſulari ligatuſ
eſt: q̄ ante id tempuſ ciui romano. romæ contigit
nemini. Hoc cum pop. ro. meminit meipſum non
memiſſe turpiſſimū eſt. Quapropter pſuade tibi
mi Brute me petere preturam. Quáq; eni Lamia
ſūmo ſplēdore ſumma gratia ē: magnificētiſſimo
munere edilitio: tamē quaſi ea ita non eſſēt ego
ſuſcepi totum negotium. Nunc ſi me tanti faciſ
quanti certe faciſ: quando equitū cēturiaſ teneſ:
in quibuſ regnaſ: micte ad Lupum noſtrū ut iſ
nobiſ eaſ cēturiaſ cōfitiat. Nō tenebo te pluribuſ.
Ponam in extremo quód ſētio. Nihil eſt Brute
cum omnia a te expectē: qđ mihi gratiuſ facere
poſſiſ. A). C. decio bruto Con. deſi. S. D.

F Amia uno oíum fáiliariſſime utor. Magna
eiuſin me nó dico offitia:ſed merita:eaq; ſút po.
romano notiſſima. Iſ magnificentiſſimo munere
edilitatiſ perfunctuſ :petit preturam. Omneſ q;
intelligút nec dignitaté ei deeſſe nec grám. Sed
iſ ambituſ extare uidetur ut ego oía ptimeſcam:
totáq; petitioné Lamiæ mihi ſuſtinédã putem.
In ea re quátú me poſſiſ adiuuare facile pſpitio:
nec uero quantum mea cauſa ueliſ dubito. Velim
igitur mi Brute tibi perſuadeaſ: nihil me maiore
ſtudio a te petere:nihil te mihi gratiuſ facere poſ/
ſe: ǵ ſi omnibuſ tuiſ opibuſ :omni ſtudio Lamiã
in petióe iuueriſ. qđ ut fatiaſ uehemétter rogo.

.h. C. de bru. con. peſſ. S. D.

E T ſi ex mãdatiſ quæ Galbæ Voluminioq;
ad ſenatú dediſti:quid timédú ſuſpicãdúq;
putareſ :ſuſpicabamur: tamen timidiora mãdata
uidebátur ǵ erat dignum tua po. q; ro .uictoria.
Séatuſ autem mi Brute fortiſ eſt & habet forteſ
duceſ. Itaq; moleſte ferebat ſe a te quem omniú
quicúq; fuiſſent fortiſſimú iudicaret:timidú atq;
ignauú iudicari. Et tum te incluſo ſpé maximam
omneſ habuiſſent:in tua uirtute floréte Antóio:
qſ erat q quicq̃ timeret: pfligato illo te liberato.
nec uero Lepidum timebamuſ? Quiſ enim eſſet
qui illum tã furioſú arbitraret:ut qui in maxío
bello pacé uelle ſe dixiſſet:iſ in optatiſſima pace
bellum reipub.indiceret. Nec dubito quin tu pluſ
prouideaſ. Sed tamen tam recenti gratulatione
quá tuo nomine ad omnia deorú templa fecimuſ.

renouatio timoris magnam moleſtiã afferebat.
Quare uelim equidẽ id quod ſpero ut plane ab/
iectuſ & fractuſ ſit Antõiuſ. Sin aliquid uirium
forte collegerit: ſentiet nec ſenatui conſiliũ: nec
populo romano uirtutẽ deeſſe: nec reipublice te
uiuo Imperatorem. xiiii. kal. iunii.

A Deciuſ bru. Con deſi. S. D. 27. Ci
D ſenatum quaſ literaſ miſi: uelim priuſ p/
legaſ: & ſi qua tibi uidebũt cõmuteſ. Neceſſario
me ſcripſiſſe ipſe aiaduerteſ. Nã cũ putarẽ q̃rtã
& martiam legiõeſ mecũ futuraſ: ut Druſo Pau/
loq; placuerat uobiſ aſſentiẽtibuſ minuſ de rebuſ
reliquiſ laborandum exiſtimaui. Nũc uero cum
ſim cum tirõmbuſ egentiſſimiſ ualde & meam et
ueſtram uicem timeam neceſſe eſt. Vicentini me
& Marcum Brutũ precipue obſeruãt. Hiſ ne q̃q̃
patiare iniuriam fieri in ſenatu uernarum cauſa
a te peto. Cauſam babent optimam: offitiũ í rep.
ſummũ genuſ hominũ aduerſariorum ſeditõſum
& inertiſſimũ. xii. kal. iunii Vercelliſ.

Q Deciuſ brutuſ. S. D marcũ Ciceroi
Vod pro me nõ fatio: id p te facere meuſ in
te amõr tuaq; offitia cogũt ut timeam. Sepe eni
mihi cum eſſet dictum neq; a me contemptũ no/
uiſſie labeo Seguliuſ homo ſui ſimillimuſ narrat
mihi apud Cæſarem ſe fuiſſe: multumq; ſermõnẽ
de te habitũ eẽ. Ipſum Cæſarem nihil ſane de te
queſtũ: niſi dictũ q̃d diceret te dixiſſe laudãdũ
adoleſcentem: ornandum: tollendum: ſe non eſſe
cõmiſſurum ut tolli poſſit. Hoc ego Labeonem
credo illi retuliſſe: aut finxiſſe dictum. Non ab

adolescente prolatum. Veteranos uero pessime
lo q uolebat Labeo me credere:& tibi ab iis istare
periculum:maximeq; indignari q̃ in decem uiris
neq; Cæsar neq; ego habiti essemus:atq; omnia
ad nostrú arbitriú essẽt collata. Hæc cú audisse
& iam in itinere essem:cómictendú nódú putaui
priusut alpes transgrederer q̃ quid istic ageretur
scirem. Nam de tuo periculo crede mihi iactatóe
uerborum et denútiatione periculi sperare eos te
pertimefacto. adolescente impulso posse magna
consequi premia:& totam istá cantilená ex hoc
pendere:ut q̃plurimú lucrifaciát. Neq; tamẽ nó
te cautum esse uolo:& insidias uitátem. Nihil.n.
tua uita potest mihi eẽ iocúdius neq; carius.Illd
uide ne timendò magis timere cogare.Et quibus
rebus potest occurri ueteranis occurras. Primum
quod desiderant de decem uiris facias:deinde de
premiis. Si tibi uidetur agros militum eorum:qui
cum Antonio ueterani fuerút bis dandos sentias.
Ab utrisq; nobis de minimis lente ac ratione bita
pecuniæ senatum de ea re constituturú quatuor
legionibus bis qbus agros dandos censuistis:uideo
facultatẽ fore ex agris sillanis:& ex agro cápáo.
E q̃liter aut forte agros legióibus assignari puto
oportere.Hec me tibi scribere non prudẽtia hor/
tatur:sed amor in te & cupiditas otii:quod sine te
cósistere nó pót.Ego nisi ualde necesse fuerit:ex
italia non excedam.legió es armo:paro:spero me
non pessimú exercitum habiturú ad omnes casus
& impetus boium.De exercitu quẽ Pansa habuit
legióem mihi Cæsar non remictit.Ad bas literas

statim mihi rescribe: tuorum q̃ aliquē micte: si q̃d
recoditū magis erit: meq; scire opus esse putaris.
septimo kal. iunias e poredia.

M. Ci. S. D. Detio bruto ꝛ

Ii isti Segulio malefaciāt: homini neqssio
omniū qui sunt: qui fuerūt qui futuri sunt. Quid
tu illum tecum solum: aut cū Cæsare qui neminē
pretermisit: qui cum loqui potuerit cui non eadē
ista dixerit. Te tamē mi Brute sic amo ut debeo.
Quod istud quidquid eēt nugarum me scire uo/
luisti. Signū. n. magnū amoris dedisti. Nā q̃ idē
Segulius ueteranos queri: quod tu & Cæsar in. x.
uiris non essetis: utinā ne ego quidē essem. Quid
enim molestius? Sed tamen cum ego sensissem de
his qui exercitus haberent: sententiā ferri opor/
tere: idē illi qui solent reclamarūt. Itaq; excepti
etiam estis me uehementer repugnāte. Quocirca
Seguliū negligamus: qui res nouas querit: nō q̃
ueterem cōmederit: nullam enim habuit: sed hāc
ipsam recentem nouam deuorauit. Quod autem
scribis te quod pro teipso non facias: id pro me ut
de me timeas aliquid omni te uir optime: mihiq;
carissime Brute de me metu libero. Ego enim que
prouideri poterūt nō fallar: in his quæ cautionē
non habebunt: de his nōn ita ualde laboro. Sim
etenim impudens si plus postulē: q̃ homini a reꝝ
natura tribui potest. Quod mihi p̃cipis ut caueā:
ne timendo magis timere cogar: & sapienter & a/
micissime precipis. Sed uelim tibi persuadeas cū
te constet excellere hoc genere uirtutis: ut nunꝗ
extimescas: nunꝗ perturbere: me huic tuæ uirtuti

proxime accedere. Quãobrem neq; metuã quicq̃:
fed cauebo omnia. Sed uide ne tua iam mi Brute
culpa futura fit: ego fi quicq̃ timeam. Tuif enim
opibuf & confulatu tuo: etiam fi timidi effemuf:
tamen omnem timorem abiceremuf. prefertim cũ
perfuafum omnibuf effet mihiq; maxime: nof a te
unice diligi. Confiliuf tuif quæ fcribif de quatuor
legionibuf: deq; agrif affignãdif ab utrifq; noftrũ
uehemēter affetior. Itaq; cũ quidam de collegif
noftrif agrariã curatónem ligurirent: difturbaui
rem: totáq; nobif integrã referuaui. Si quid erit
occultiuf & ut fcribif reconditum: meoₓ aliquem
mictam: quo fideliuf ad te litere pferant. Pridie
nonaf iunii. .D. c. S. D. bruto:
Vm Appio Claudio. C. F. fumma mihi ne/
ceffitudo eft: multif eiuf offitiif & meif mu/
tuif conftituta. Peto a te maiorem in modum uel
humanitatif tuæ uel meæ caufa: ut cũ auctori/
tate tua quæ plurimum ualet conferuatum uelif
Volo te cum fortiffimuf uir cognituf fif: etiam
clemētiffimũ exiftimari. Magno tibi erit orna/
mento nobiliffimũ adolefcentem beneficio tuo eẽ
faluũ: cuiuf quidẽ caufa hoc melior debet eẽ: quo
pietate adductuf: propter patrif reftitutionẽ me
cum Antonio coniũxit. Quare & fi minuf ueram
caufam habebif: tamen uel probabilem aliquam
poterif iducere. Nutuf tuuf poterit hominẽ fũmo
loco natũ: fummo igenio: fumma uirtute: offiti/
ofiffimũ pterea & gratiffimũ incolumẽ i ciuitate
retinere. Quod ut faciaf ita a te peto: ut maiore
ftudio magif ue ex animo petere non poffim.

Deaus brutus S · D · ij · Ci

Nos hic ualemus recte. & quo melius ualeaus
operam dabimus. Lepidus cómode de nobis sétire
uidet: omi timore deposito debemus libere reip.
cósulere. Quodsi omnia eént aliena: tamé tribus
tátis exercitibus ppris reipub. ualétibus: magnú
animú habere debebas: quem & semper habuisti:
& núc fortuna adiuuante augere potes. Que tibi
superioribus literis mea manu scripsi: terrendi tui
causa homines loquuntur. Si frenum momorderis
pereamsi te omnes quot sunt conantem loq ferre
poterunt. Ego tibi ut átea scripsi: dum mihi a te
litere ueniát: in italia morabor. octauo. kl. iunias

Ne poredia. ij · Ci · Slm · D · Deao bruto :-
Narro tibi antea subirascebar breuitati tuarum
literarú: nunc mihi loquax esse uideor. te igitur
imitabor q̃ multa q̃paucis: te recte ualere operáq;
dare ut quotidie melius: Lepidú cómode sentire.
Tribus exercitibus q uis nos oportere confidere:
si timidus essem tamen ista æpistola omné mihi
metú absterfisses. Sed ut mones frenú momordi:
etenim qui te incluso omné spem habuerim i te:
quid nunc putas? Cupio iam uigiliam meá Brute
tibi tradere: sed ita ut nó desim cóstantiæ meæ.
Quod scribis in italia te moraturum dú tibi litere
mee ueniant: si per hosté licet nó erraris. Multa
enim romæ. Si in aduentu tuo bellú confici pót
nihil sit antiqus. pecunia expeditissía quæ erat
tibi decreta est. Habes amantissimum Seruium
nos non desumus. octaua idus iunias.

ij · Cicero · S · D · Deao bruto :-

Xpectanti mihi tuaſ quotidie lraſ. Lupuſ
noſter ſubito denuntiauit:ut ad te ſcriberē
ſi qd uellē. Ego aūt & ſi qd ſcriberē nō habebā:
acta enim ad te micti ſciebā:ianem aūt ſermonē
literarū tibi iniocundum eſſe audiebā: breuitatē
ſecutuſ ſū te magiſtro. Scito igitur in te & ī col/
legiſ ſpem omnē eſſe. De Bruto autē nihil adhuc
certi:quem ego quemadmodum precipiſ priuatiſ
literiſ ad bellū commune uocare non deſino.qui
utinam iam adeſſet. Inteſtinū urbiſ malū qd eſt
non mediocre minuſ timeremuſ. Sed quid ago nó
imitor.   tuum
altera iam pagella procedit. Vince et uale.xiiii.

Mkl.qn. De bru ſ·D· a). Ciceroni

Aximo meo dolore hoc ſolatio utor: quod
intelligūt homieſ nō ſine cā me timuiſſe iſta que
acciderūt. Deliberēt uiꝝ traitiāt legiōeſ ex africa
nec ne: et ex ſardinia et Brutū arceſſāt nec ne:&
ſ ſtipēdiū dēt: an nó decernāt. Ad ſēatū lraſ miſi.
Crede mihi niſi omīa iſta ita fuerīt quēadmodū
ſcribo:magnū noſ omneſ adituroſ piculū. Rogo
te uidete quibuſ hominibuſ negotiū detiſ qui ad
me legioneſ adducāt:& fide opuſ eſt & celeritate.
.iii.nonaſ iuniaſ ex caſtriſ·

Manuſ marco Ciceroni·ſ·D·

Agnam uoluptatē ex tuiſ literiſ cepi:ꝗ quā
ſperaram atꝗ optaram habere te de me opíonē:
cognoui.De qua & ſi non dubitabam:tamē quia
maximi exiſtimabam ut īcorrupta maneret la/
borabam. Conſciuſ autem mihi eram nihil a me
cō miſſum eſſe:qd boni cuiuſꝗ oſſēderet animū.

Eo minuſ credebam plurimiſ atq; optimiſ artibuſ
ornato tibi temere quicq̃ pſuaderi potuiſſe. pſertí
in quẽ mea propenſa & perpetua fuiſſet atq; eẽt
beniuolentia. Quod quando ut uolui ſcio eſſe.
Reſpondebo criminibuſ quibuſ tu pro me ut par
erat tua ſingulari bóitate:& amicitia noſtra ſepe
reſtitiſti. Nota enim mihi ſunt quæ in me poſt
Cæſariſ mortem contulerint. Victo mihi dant q̃
mortem hominiſ neceſſarii grauiter fero: atq; eũ
quem dilexi periiſſe indignor. Aiút enim patrie
amicitiã ppɔnẽdã eẽ: pinde ac ſi iã uicerint obitũ
eiuſ reipub. fuiſſe utilem. Sed non agam aſtute.
Fateor me ad iſtũ gradum ſapiẽtie nó puenniſſe.
Neq; enim Cæſarẽ in diſcẽſione ciuili ſũ ſecutuſ:
ſed amicũ q̃q̃ re offendebar: tamen non deſerui:
neq; bellũ unq̃ ciuile: aut etiã cauſam diſcenſióiſ
probaui. quam etiam naſcentem extingui ſumme
ſtudui. Itaq; in uictoriã hominiſ neceſſarii neq;
honoriſ: neq; pecúiæ dulcedíe ſũ captuſ. Quibuſ
premiiſ reliqui minuſ apud eum: q̃ ego cũ poſſem
immoderate ſunt abuſi. Atq; etiam reſ familiariſ
in ea lege Cæſariſ diminuta eſt. Cuiuſ benefitio
plæriq; qui Cæſariſ morte lætantur: remãſerunt
í ciuitate. ciuibuſ uictiſ ut parceretur æque ac p
mea ſalute laboraui. Poſſũ igit̃ q̃ omneſ uolueri
incolumeſ eum a quo id impetratũ ẽ periiſſe nó
indignari. cũ preſertí iidem homineſ illi & íuidie
& exitio fueríć. Plecteriſ ergo inquiunt: quãdo
factum noſtrum improbare audeſ. O ſuperbiam
inauditã: alioſ in factore gloriari: aliiſ ne dolorẽ
quidem impune licere. At hæc etiam ſeruiſ ſemp

libera fuerunt: timerent: gauderent: dolerēt: suo
potiuſ q̃ alteriuſ arbitrio. Que nunc ut quidē iſti
dictitant libertatiſ auctoreſ metu nobiſ extor/
quere conantur. Sed nihil agunt. Nulliuſ unq̃m
piculi terroribuſ: ab offitio aut ab hūanitate de/
ſiſtam. Nunq̃ enim boneſtā mortem fugiēdam:
ſæpe etiam appetendam putaui. Sed quid mihi
ſuccēſēt: ſi id opto ut poeniteat eoſ ſui facti. Cu/
pio enim Cæſariſ mortem omnibuſ eſſe acerbam.
At debeo pro ciuili parte rēpub. uelle ſaluam. Id
quidem me cupere: niſi & áte acta uita & reliqua
mea ſpeſ tacente me probat: dicendo uincere non
poſtulo. Quare maiorem in modū te rogo: ut rē
potiorē oratione ducaſ: mihiq̃ ſi ſentiſ expedire
recte fieri credaſ: nullā cōmunionem cū impbiſ
eſſe poſſe. An q̃ adoleſcenſ preſtitiſti: tum etiam
errare cum excuſatione poſſem: id nunc ætate p̃/
cipitata commutem: ac me ipſe retexā. Nó fatiā
neq̃ quod diſpliceat committam: preter q̃ q̃ hoīſ
mihi cōiūctiſſimi ac uiri ampliſſimi doleo grauē
caſum. Quod ſi aliter eſſem aímatuſ: nunq̃ quod
facerem negarem. ne & in peccando improbuſ: &
in diſſimulādo timiduſ ac uanuſ exiſtimarer. At
ludoſ quoſ Cæſariſ uictorie Cæſar adoleſcēſ fecit
curaui. At id ad priuatum offitium: non ad ſtatū
reipub. pertinet. Quod tamen munuſ & hominiſ
aíciſſimi mēorie ac honoribuſ p̃ſtare etiā mortuo
debui: & optimæ ſpei adoleſcēti ac digniſſío Ce/
ſari repetenti negare non potui. Veni etiam. con.
Antonii ſæpe domū ſalutandi cauſa: ad quē qui
me parú patriæ amantē eſſe exiſtimant: rogādi

quidem aliquid aut auferendi causa frequentes
uentitare reperies. Sed que hæc est arrogantia:
ꝙ Cæsar nunꝗ interpellauit qui quibus uellem:
atꝗ etiã quos ipse nõ diligebat:tamen his uterer
eos qui mihi amicũ eripuerũt:carpẽdo me efficere
conari:ne quos uelim diligã. Sed non uereor ne
aut meæ uitæ modestia paꝝ ualitura sit in pos/
terum contra falsos rumores:aut ne & iam hi qui
me non amant propter meã in Cesarẽ cõstantiã:
non maluit mei ꝗ sui similes amicos habere. Mihi
quidem si optata cõtingeret:quod reliquũ ẽ uite
in otio rhodi degã. Sin casus aliꝗd interpellarit:
ita ero romæ ut recte fieri semp cupiã. Trebatio
nostro magnas gratias ago:ꝙ tuũ erga me aĩum
simplicem atꝗ amicum aperuit:& ꝙ eũ quẽ semp
dilexi libenter:quo magis iure colere atꝗ obser/
uare deberem fecit. Bene uale et me dilige.

N ꝑ. Cicero matio ꞩ. D.
Ondum satis constitui molestiæ:ne plus an
uoluptatis actulerit mihi Trebatius noster homo
tum plenus offitii:tũ utriusꝗ nostrũ amãtissimus.
Nam cũ in tusculanũ uesperi uenissem:postridie
ille ad me nondũ satis firmo corpore cũ eẽt mane
uenit. Quem cum obiurgarem:ꝙ parũ ualitudini
parceret.tũ ille nihil sibi fuisset longius:ꝗ ut me
uideret: Num quidnam inꝗ noui. Detulit ad me
querelam tuam: de qua prius ꝗ respondeã pauca
ꝓponã. Quãtũ mẽoria repetere ꝑterita possũ. neꝯ
est mihi te amicus antiquior: sed uetustas habet
aliquid cõmune cũ multis:amor non habet. Di/
lexi te quo die cognoui meꝗ a te diligi iudicaui.

Tuuſ deíde diſceſſuſ: iſq; diuturnuſ: ābitio noſtra
& uitæ diſſimilitudo nó eſt paſſa uolūtateſ nrāſ
conſuetudine conglutinari. Tuū tamen erga me
animū agnoui multiſ anniſ ante bellum ciuile: cū
Cæſar eſſet in gallia. Quod ení uehementer mihi
utile eſſe putabaſ: nec inutile iṗi Cæſari ꝓfeciſti:
ut ille me diligeret: coleret: haberet í ſuiſ. Multa
ꝓtereo quæ tēporibuſ illiſ iter noſ familiariſſime
dicta: ſcripta: communicata ſunt: grauiora enim
ſunt cóſecuta: & initio belli ciuiliſ: cum brūduſiū
uerſuſ ireſ ad Cæſarē: ueniſti ad me í formianum
primum. hoc ipſum quāti. preſertim temporibuſ
illiſ. Déíde oblitum me putaſ cóſilii ſermóiſ: hu/
māitatiſ tuæ. qbuſ rebuſ itereſſe memí Trebatiū.
Nec uero obli tuſ ſum literarum tuarum: quaſ ad
me miſiſti cum Cæſari obuiam uēiſſeſ in agro ut
arbitror trebulāo. Secutum illud tempuſ eſt: cū
me ad Pompeiū ꝓficiſci: ſiue pudor meuſ coegit
ſiue offitium: ſiue fortuna. quod offitiū tuū. qđ
ſtudium uel in abſētem me: uel in præſenteſ meoſ
defuit. quem porro omneſ & mihi & ſibi te ami/
citiorem iudicauerunt. Veni brunduſium: oblitū
ne me putaſ q̃ celeritate ut primū audieriſ ad me
tarento aduolariſ: quæ tua fuerit aſſeſſio. oratio.
confirmatio animi mei fracti cómuniū miſeriaꝗ
metu. Tandem aliquando romæ eſſe cepimuſ. qd
defuit noſtre familiaritati in maximiſ rebuſ. quo
nam modo me gererē aduerſuſ Cæſarem uſuſ tuo
conſilio ſū. In reliquiſ offitiiſ: cui tu tribuiſti ex/
cepto Cæſare ṗter me ut domū uētitareſ. horaſꝗ
multaſ ſæpe ſuauiſſimo ſermone conſumereſ: tum

cū etiā si memisti ut hæc philosophi en ascriberē:
tu me impulisti. Post Cæsaris reditum quid tibi
maiori cure fuit:ꝗ ut essē ego illi ꝗ̊ familiarissimus
quod effeceras.quorsum igitur hæc ratio lōgior
ꝗ putaram:quia sum admiratus te qui hæc nosse
deberes:quicꝗ a me cōmissum quod esset alienū
nostra amicitia credidisse. Nam preter hæc quæ
cōmemoraui:quæ testata sunt & illustria.habeo
multa occultiora.quæ uix uerbis exequi possū.
Omnia me tua delectant:sed maxime maxima:
cum fides in amicitia:consiliū:grauitas:cō stātia:
tū lepos:hūanitas litere. Quapropter redeo nunc
ad querelam. Ego te suffragiū tulisse i illa lege
primum non credidi.Deíde si credidissem: nunꝗ
id sine aliꝗ iusta causa extimarā te fecisse. Dig/
nitas tua facit:ut aimaduertaṫ quidquid fatias.
Maliuolentia autem facit hominū:ut nonnulla
durius ꝗ a te facta sint proferantur.Ea si tu non
audis quid dicam nescio. Equidem siquādo audio
tam defendo:ꝗ me scio a te contra iniquos meos
solere defendi.Defensio autem ē duplex.alia sūt
quæ aliquādo negare soleam ut de isto ipo suf/
fragio.Alia quæ defēdam a te pie fieri & hūane
ut de curatō e ludoꝝ. Sed te hominē do ctissimū
non fugit:si Cæsar Rex fuerit:quod mihi quidē
uidetur in utranꝗ partē de tuo offitio disputari
posse:uel in eam qua ego uti soleo laudandā esse
fidem et humanitatem tuam: qui amicum etiam
mortuū diligas:uel in eam qua nōnulli utuntur:
libertatē patriæ:uite amici anteponēdā. Ex his
sermóibus utinā essent delate ad te disputationes

meæ. Illa uero duo quæ maxía sút laudú tuarú:
quis aut libentius q̃ ego cómemorat: aut sæpius.
te & nó suscipiédi belli ciuilis grauissím auctorẽ
fuisse & moderádæ uictoriæ .in quo qui mihi nó
assentiretur. inueni neminẽ. Quare habeo grãm
Trebatio familiari nostro: qui mihi dedit causã
harum literarum: quibus nisi credideris me omnis
offitii & humanitatis expertẽ iudicaris: quo nec
mihi grauius quicq̃ potest esse nec a te alieniuf.

D M·T· C·—Appio· S· D·
Vbitanti mihi qd sit Acticus noster de hoc
toto consilio profectióis: q̃ in utranq; partem in
mentem multa ueniebant: magnú pó dus accessit
ad tollendam dubitationem iuditium et cósiliú
tuum. Nam & scripsisti aperte quid tibi uideret:
& Acticus ad me sermonem tuú pertulit. Semp
iudicaui in te et in capiendo consilio prudẽtiam
súmã esse:& in dando fidẽ. Maximeq; sú exptus
cum initio ciuilis belli per literas te consuluissem:
quid mihi faciendum esse censeres: eúdum ne ad
Pompeium an manendum in italia. Suasisti ut
consulerem dignitati meæ: exquo quid sentires
intellexi. Et sum admiratus fidẽ tuã:& in cósilio
dádo religionẽ. Quod cum aliud malle aícissimú
tuú putares: antiquius tibi offitiú meum q̃ illius
uoluntas fuit. E qdem & ante hoc tẽpus te dilexi
& semper me a te diligi sensi. et cum abessem & in
magnis piculis essem:& me absentẽ & meos p̃tes
a te cultos & defensos esse memini. Et post meum
reditum q̃ familiariter mecum uixeris: quæq; ego
de te & senserim:& predicarim: omnes qui solent

hæc animaduertere testes habemus. Grauissimũ
uero iuditiũ de mea fide & constantia fecisti: cũ
post mortem Cæsaris totum te ad amicitiã meam
contulisti. Quod tuum iuditium nisi mea summa
beniuolẽtia erga te omnibusq; meritis cõpbaro:
ipse me hominem non putabo. Tu mi Appi con/
seruabis amorem tuum :& si amore magis hoc q dẽ
scribo q̃ quo te admonẽdum putem: meaq; omĩa
tuebere: quæ tibi ne ícognita essent: Actico mã/
daui. A me autem cum paulum oti nacti erimus:
uberiores literas expectato. Da operã ut ualeas.
hoc mihi gratius facere nihil potes.
ɔ·T·c·ephtg̃s fr̃ liber· aj· ex· ínapit· xij·
II· Cicero Cassio Slm̄· Dicit·

Inem nullum fatiam mihi crede
Cassi de te & de Bruto nostro: et
de tota repub. cogitãdi. cuius oĩs
spes in nobis ẽ: & in Detio Bruto.
Quãquidẽ iã habeo ipe meliorẽ
repub. A dolobella meo p̃clarissie
gesta. Manebat. n. illud malum urbanum: et ita
corroborabatur quotidie: ut ego quidem et urbi
& otio diffiderem urbano. Sed ita cõpressa est: ut
uideamur omne iam ad tempus ab illo dũtaxat
sordidissio periculo tute futuri. Reliqua magna
sũt & multa: sed posita oĩa sunt in nobis. q̃ q̃ p̃mũ
quæq; explicemus. Nam ut adhuc quidem actũ
est non regno sed rege libertati uidemur. Inter/
fecto eñ rege: regios omnes nutus tuemur. Neq;
uero id solum sed etiã quæ ipse ille si uiueret nõ
faceret: ea nos quasi cogitata ab illo p̃bamus: nec

eiuſ quidem rei finem uideo. Tabulæ figuntur:
immũitateſ dant̃: pecuniæ maxíæ diſtribuunt̃:
exuleſreducunt̃.ſenatuſconſulta falſa referunt̃:
ut tãtũmodo odium illud hominiſimpuri & ſer/
uituriſ dolor depulſuſeē uideatur. Reſpub.iacet
in hiſperturbatõnibuſin quaſeam ille coniecit.
Hec oía a nobiſſũt expediẽda: nec hoc cogitãdũ
ſatiſiam habere rempub. a nobiſ.Habet illa qdẽ
tantũ:quantũ nunq̃ mihi í mentē uenit optare.
Sed contenta nõ ē:& pro magnitudine & aími &
beneficii ueſtri a nobiſmagna deſiderat. Adhuc
ultra ſuaſiniuriaſeſt p noſinteritu tiranni nihil
ampliuſ.Ornamẽta uero ſua quæ recupauit. an
q̃ ei mortuo paret:quem uiuũ ferre non poterat:
cũ eiuſ æra refigere debebamuſ :eiuſetiã cirogra/
pha defendimuſ.At enim ita decreuimuſ:fecimuſ
id quidem tẽporibuſcedenteſ:quæ ualent in rep.
plurimũ. Sed immoderate qdẽ & ingrate noſtra
facultate abutuntur. Verum hæc prope diem:&
multa alia corã. Interim uelim ſic tibi pſuadeaſ
mihi tum reipu. quam ſemper habui cariſſimam:
tum amoriſ noſtri cauſa maximæ cure eſſe tuam
dignitatem.Da operam ut ualeaſ.Vale.

AD Cicero Caſſio. S. D.

Ebementer lætor tibi probari ſentẽtiam &
oratióem meam:quaſi ſæpiuſuti liceret:nihil eē
negotii libertatem & rempublicã recuperare. Sed
homo amenſ& pdituſmultoq; nequior q̃ ille ipe
quē tu neqſſimũ occiſum eſſe dixiſti: cediſ initiũ
querit. Nullamq; aliam ob cauſam me auctorem
fuiſſe Cæſariſ interficiendi crimíatur: niſi ut í me

ueteranı incitétur. Quod ego periculum nó ex/
timefco:modo ueftri facti gloriā cūm mea laude
communicem. Ita nec Pifoni qui in eum primuf
inuectuf eft nullo affentiéte:nec mihi qui idem
tricefimo poft die feci: nec Publio Seruilio qui
me eft cófecutuf tuto in fenatū uenire licet. Cede
enim gladiator querit: eiufq; initiū ad xiii. kal.
octobrif a me fe facturz putauit. Ad quem patuf
fuerat cū i uilla Metelli cópluref dief cómétatuf
effet. Que autem in luftrif & in uino commétatio
potuit effe. Itaq; omnibuf eft uifuf:ut ad te ātea
fcripfi uomeref uomere nó dicere. Quare qd fcribif
te confidere auctoritate & eloquentia noftra a/
liquid profici poffe: non nihil ut in tantif malif
eft profectum. Intelligit enim populuf romanuf
tref effe confularef: qui quia de rep. bene féferint
libere locuti funt:tuto i fenatu uenire nó poffūt.
Nec eft preterea φ quicq̃ expectef. Tuuf enim
neceffariuf affinitate noua delectatur. Itaq; iam
nó é ftudiofuf ludoz: infinitoq; fratriftui plaufu
dirumpitur. Alter item affinif nouif commétariuf
Cæfarif delinituf eft. Sed bæc tolerabilia. illud
nó feredum. quod eft qui noftro anno confulem
filium fuum futurum putet: ob eamq; caufam fe
huic latrói pre fe deferuire ferat. Nam. L. Cocta
familiarif meuffatali quadam defperatóe ut ait:
minuf in fenatum uéit. L. Cæfar optimuf & for/
tiffimuf ciuif:ualitudi e ípedit. Seruiuf Sulpitiuf
& fumma auctoritate & optie fentienf nó adeft.
Reliquof exceptif defignatifignofce mihi :fed nó
numero cófularef. Habef auctoref cófilii publici

qui numerus etiam bonis rebus exiguus eēt. quid
cenſes perditis. Quare ſpes eſt omnis in uobis qui
ſi idcirco abeſtis: ut ſcitis in tuto ne i uobis q̄ dē.
Sin aliquid dignū noſtra gloria cogitatis uelim
ſaluis nobis. Sin id minuſ .res tamē publica p uos
breui tempore ius ſuum recuperabit. Sed ego tuis
neq; deſum neq; deero: qui ſi ne ad me referrent:
mea ubi tamē beniuolētia fideſq; teſtabit. Vale.

Ad Cicero Caſſio. olim Diat

Vget tuuſ amicus furorē i dies. p̄mū i ſtatua
quā poſuit i roſtris inſcripſit parēti optie merito:
ut nó modo ſiccarii: ſed etiam parricide iudicemi.
Quid dico iudicemini? Iudicemur potiuſ. Veſtri
eni pulcerrimi fa cti ille furioſuſ me pricipē fuiſſe.
Vtinam quidem fuiſſem: mole ſtuſ nobiſ non eēt:
ſed hoc ueſtrū eſt q̄ q̄ndo preterit utinā haberē
quid uobiſ darem conſilii. Sed ne mihi quidē ipſi
reperio quid faciendū ſit. Quid enim eſt q̄ cōtra
uim ſine ui fieri poſſit. Conſilium omne aut hoc
eſt illorum: ut mortē Cæſaris perſequant. Itaq;
ante diem ſex. no. octobris productuſ in contó nē
a Canutio turpiſſime ille q̄dē deceſſit. Sed tamē
ea dixit de conſeruatoribus patriæ: quæ dici de/
berent de p̄ditoribuſ. De me quidem nó dubitāt:
qui oīa de meo cōſilio & uos feciſſetis & Canutiuſ
faceret. Cetera cuiuſmodi ſit ex hoc iudica: q̄ le/
gato tuo uiaticum rapuerūt. Quid eoſ iterp̄tari
putaſ cum hoc faciūt. ad hoſtem. S. portari. O rē
miſeram dominū ferre non potuimuſ: conſeruo
ſeruimuſ: & tamen me quidem fauente magiſ q̄m
ſperante: etiā nūc reſidet ſpeſ in uirtute tua. Sed

ubi sũt copiæ. De reliquo malo teipfum tecũ loq
q̃ noftra dicta cognofcere. Vale.

M. Cicero Caffio. S. D.

VEllem idibuf martiif me ad cenam íuitaffef
reliquiarũ nibil fuiffet. Nunc me reliquiæ ueftre
exercēt: & quidē præter cæterof me q̃q̃ egregiof
cõfulef habemuf: fed turpiffimof cõfularef: fenatũ
fortē: fed ífimo queq; honore fortiffimũ: populo
uero nibil fortiuf: nibil meliuf: italiaq; uniuerfa.
Nihil autem fediuf Philippo & Pifone legatif:
nibil flagitiofiuf: qui cũ effent miffi ut Antonio
ex fenatuf fentētia certaf ref nuntiarent: cum ille
earum rerum nulli paruiffet: Vltro ab illo ad nof
intolerabilia poftulata retulerunt. Itaq; ad nof
concurritur: factiq; iam in re falutari popularef
fumuf. Sed tu quid ageref: qd acturuf: ubi deniq;
effef nefciebam. Fama nuntiabat te effe in fyria.
auctor erat nemo. De Bruto quo propiuf eft: eo
firmiora uidẽtur effe quæ nuntiãtur. Dolobella
ualde uitupabaꞇ ab homibuf non infulfif: q̃ tibi
tam cito fuccederet: cum tu uix dum trigita dief
in fyria fuiffef. Itaq; conftabat eum recipi í fyria
non oportere. Summa lauf eꞇ tui et Bruti eft: q̃
exercitum preter fpẽ exiftimamini comparaffe.
Scriberem plura fi rem caufamq; noffem. Nunc
quæ fcribo: fcribo ex opiniõe hominũ atq; fama.
Tuaf literaf auide expecto. Vale.

HYemem credo adhuc prohibuiffe quo minuf
de te certum haberemuf. Quid ageref maximeq;
ubi effe loquebanꞇ oẽf. Tamē credo q̃ nolebant

in ſyria te eſſe: babere copiaſ. Id autē eo faciliuſ
credebatur: quia ſimile uero uidebat. Brutuſ q̄dē
noſter egregiam laudem eſt conſecutuſ. Reſ.n.
tantaſ geſſit: tanq̄ inopiataſ ut ee tū per ſe grate
eſſēt: tamen ornatioreſ propter celeritatē. Quod
ſi tu ea teneſ quæ putamuſ magniſ ſubſidiiſ fulta
reſpub. eſt. A p̄ma enī ora grætiæ uſq̄ ad egiptū
optimorum ciuiū: imperiiſ mūlti erimuſ & copiiſ.
Quanq̄ niſi me fallebat reſ ſic ſe b̄ebat: ut totiuſ
belli omne diſcrimē in Detio Bruto poſitū uide/
retur. Qui ſi ut ſp̄abamuſ erupiſſet mutina: nihil
belli reliqui fore uidebatur. Paruiſ omnino iam
copiiſ obſidebatur: q̄ magno preſidio bononiam
tenebat Antoniuſ. Erat autem claternæ noſter
Hirtiuſ: ad forum Cornelium Cæſar: uterq̄ cum
firmo exercitu: Nagnaſq̄ romæ Panſa copiaſ ex
delectu italie compararat. Hyemſ adhuc rē geri
p̄hibuerat. Hirtiuſ nihil niſi cōſiderate: ut mihi
crebriſ literiſ ſignificat: acturuſ uidebatur: preter
bononiam regium Lepidi parmā totam galliam
tenebamuſ. ſtudioſiſſimam reipublicæ. Tuoſ etiā
clienteſ tranſpadanoſ mirifice conúctoſ cū cauſa
babebamuſ. Erat firmiſſimuſ ſēatuſ exceptiſ cō/
ſularibuſ: ex quibuſ unuſ. L. Cæſar firmuſ eſt &
rectuſ. Seruii Sulpitii morte magnum præſidiū
amiſimuſ. Reliqui partim inerteſ: p̄tim improbi:
nō nulli inuident eorum laudi quoſ in republica
p̄bari uidēt. Populi uero romani totiuſq̄ italiæ
mira conſenſio eſt. Hæc erant fere que tibi nota
eſſe uellem. Nunc autem opto: ut ab iſtiſ orietiſ
partibuſ uirtutiſ tuæ lumen eluceat. Vale.

QVi ſtatuſ rerum fuerit: tum cum haſ literaſ
dedi: ſcire poteriſ ex. C. Tidio Strabó e uiro bono
& optime de republ. ſentiente. Nam quid dicam
cupidiſſimo tui: qui domo & fortuíſ relictíſ ad te
potiſſimú profectuſ eſt. Itaq; eú tibi ne cómeḍo
quidem. aduentuſ ipſiuſ ad te ſatiſ eú cómeḍauit.
Tu uelim ſic exiſtimeſ: tibiq; perſuadeaſ: omne
perfugiú bonorum i te & in Bruto eſſe poſitum.
Si quod nolim aduerſi quid euenerit. Reſ cum
hæc ſcribebam erat i extremú deducta diſcrimē.
Brut. n. mutiæ uix iá ſuſtiebat. Qui ſi cóſeruatuſ
erit uicimuſ. S in qd̄ diu omen auertant: oíſ hoím
curſuſ eſt ad uoſ. Proíde fac tantum aím habeaſ:
tátumq; apparatú: quantú opuſ eſt ad uniuerſā
rempublicam recuperandam. Vale.

QVanto ſtudio dignitatem tuam & i ſenatu:
& ad populum defenderim: ex tuiſ te malo q̄ ex
me cognoſcere. Que mea ſententia in ſenatu facile
ualuiſſet: niſi Panſa uehementer obſtitiſſet: Ea
ſententia dicta productuſ ſú in contionem a tri.
plebiſ. M. Seruilio. Dixi de te quæ potui: tanta
contentione quantum forum eſt: tanto clamore
cóſenſuq; populi: ut nihil unq̄ ſimile uiderim. Id
uelim mihi ignoſcaſ: ꝙ muita ſocru tua fecerim.
Mulier timida uerebatur: ne Panſæ animuſ of/
fenderetur. In contione qdē Panſa dixit: matrē
quoq; tuá et fratrē illam a me ſententiá noluiſſe
dici: Sed me hæc non mouebant. Alia malebam.
Fauebam et reipub. cui ſemper faui: & dignitati

ac gloriæ tuæ. Quod autem & in senatu pluribus
uerbis differui: dixi in contione. In eo uelim fidé
meam liberes. Promisi enim & prope cófirmaui:
te non expectasse: nec expectaturú esse decreta
nostra: sed teipsum tuo more rempub. defensurú:
& q̃q̃ nihil dum audieramus: nec ubi esses: nec q̃s
copias haberes: tamen sic statuebam: omnes quæ
in istis partibus essent opes: copiæq; tuas esse: per
teq; asiam prouintiam cófidebam iam reipublice
recuperatam. Tu fac in augenda gloria teipsum
uincas. Vale. ᴅ. Cicero Cassio. S. D.

ACelus affinis tui Lepidi: fummáq; leuitaté et
inconstantiã ex actis que ad te micti certo
scio: cognosse te arbitror. Itaq; nos cófecto bello
ut arbitrabamur: renouatú bellum gerimus: speq;
oém in Detio Bruto & Planco habemus. Si uerú
queris in te & in meo Bruto: non solum ad presens
perfugium: si quod nolim aduersi quid acciderit:
sed etiam ad confirmationem ppetuæ libertatis.
Nos hic de Dolobella audiebamus que uellemus:
sed certos auctores nó bébamus. Te q̃dé magnú
hominem et presenti iuditio: et reliqui temporis
expectatione scito eé. Hoc tibi proposito fac ut
ad summã contendas. Nihil est tantú quod non
po.ro. a te pfici atq; obtineri posse iudicet. Vale.
ᴅ. Cicero Attico olim D.

BReuitas tuarum literarú me quoq; breuioré
in scribendo facit: & uere ut dicã nó satis occurrit
quid scribam. Nostras enim res in actis pferri ad
te certo scio. tuas autem ignoramus. Tanq̃ eni sit
clausa asia: sic nihil pferé ad nos preter rumores

de oppſſo Dolobella:ſatiſ illoſ quidē conſtanteſ:
ſed adhuc ſine auctore. Noſ cōfectum bellum cū
putaremuſ:repéte a Lepido tuo ſ ſūmā ſolicitu/
dinē adducti ſumuſ. Itaq; perſuade tibi maxiam
reipub. ſpem:in te & in tuiſ copuſ eſſe. Firmoſ oſo
exercituſ habemuſ:ſed tamen ut omnia ut ſpero
pſpere procedāt: multū ítereſt te uēire. Exigua
eſt enim ſpeſ reipublice:nā nullā nó libet dicere:
ſed quæcunq; eſt ea reſpondet āno cóſulatuſ tui.
Vale. Caiſtuſ procon: S. D. iŋ. Ci·
Epiduſ tuuſ affiniſ meuſ familiariſ pridie
kal.quintiliſ ſententiuſ omnibuſ:hoſtiſ a ſenatu
iudicatuſ eſt. Cæteriq; qui uña cum illo a repubł.
defecerunt. Quibuſ tamen ad ſanitatem redeūdi
ante kl. ſeptembriſ poteſtaſ facta eſt:Fortiſ ſane
ſenatuſ: ſed maxima ſpeſ ſubſidit tui:bellū quidē
cum hæc ſcribebam ſane magnum erat ſcelere et
leuitate Lepidi. Noſ de Dolobella quotidie que
uolumuſ audimuſ:ſed adhuc ſine capite:ſine auc/
tore:rumore:nuntio. Quod ita cum eſſet: tamen
literiſ tuiſ: qſ no. maiiſ ex caſtriſ dataſ accepamuſ:
ita perſuaſum erat ciuitáti: ut illum iam oppſſū
omneſ arbitrarentur. Te autem in italiam uenire
cū exercitu:ut ſi hæc ex ſentētia confecta eſſét:
conſilio atq; auctoritate tua roborarétur:ſin qd
forte titubatū eſt ut fit in bello exercitu tuo mi/
teremur:quem quidem ego exercitum qbuſcunq;
potero rebuſ ornabo. Cuiuſ rei tum tēpuſ erit cū
quid opiſ reipub. laturuſ exercituſ ſit:aut quid ia
tulerit uotū eē ceperit. Iam adhuc tātū conatuſ
audiūtur:optimi quidem & illi præclariſſimi. ſed

gesta res expectatur. Quam quidem aut iam esse
aliquam: aut appropinq̃re confido. Tua uirtute
magnitudini aĩmi nihil ē nobilius. Itaq; optãus:
ut q̃primũ te in italia uideamus: rempublicã nos
bére arbitramur: si uos bébimus. Preclare uicera/
mus nisi spoliatum inermem fugientem Lepidus
recepisset Antoniũ. Itaq; nũq̃ táto odio ciuitati
Antonius fuit: quáto est Lepidus. Ille enim ex
turbulenta repub: bic ex pace & uictoria bellum
excitauit. Huic oppositos cõsules designatos ba/
bemus: in quibus ē st magna quidem spes illa: sed
anceps cura ꝓpter ícertos exitus ꝓlio26. Persuade
tibi igitur in te & í Bruto tuo esse omnia uos ex/
pectaui: Brutũ quidẽ iam iamq;. Quod si ut spero
uictis hostibus nris ueneritis: tamen auctoritate
uestra resp. exurget: & in aliquo statu tolerabili
cõsistet. Sũt enim per multa quibus erit medẽdũ.
etiam si respublica satis esse uidebitur sceleribus
bostium liberata. Vale.

S Cassius proconsul. S. D. aȷ Cı
I uales bene est ego quoq; ualeo. In syriã
me profectũ eē scito: ad. L. Murcũ &. Q. Crispũ
Imperatores: uiri fortes optimiq; ciues: posteaq̃
audierunt quæ romæ gererentur: exercitus mihi
tradiderunt: ipsiq; mecum una fortissimo animo
rempub. administrãt. Item legionem quam. Q.
Cecilius Bassus babuit ad me uēisse scito. Quatu/
orq; legiones quas. A. Allienus ex egipto eduxit
traditas ab eo mihi eē scito. Nunc te cobortatõe
non puto indigere: ut nos absentes rēq; pub. quãtũ
opus est defẽdas. Scire te uolo firma ꝑsidia uobis

senatuiq; nõ deeſſe ut optima ſpe & maximo aſo
rempub. defēdaſ. Reliqua te cũ agec. L. Carteiuſ
familiariſ meuſ ualde. Data no. martiiſ excaſtriſ
taricheiſ.   C. aſſiuſ procon̄· σ· D· ⁊· Cⱼ·

SI ualeſ bene eſt ego quidem ualeo. Legi
tuaſ literaſ in quibuſ mirificum tuum erga
me amorem recognoui. Videbariſ enim non ſolũ
fauere nobiſ id quod & noſtri & reip. cauſa ſemp
feciſti: ſed etiã grauē curã ſuſcepiſſe uehemēterq;
eē de nobiſ ſolicituſ. Itaq; qd̄ te primũ exiſtiare
putabam noſ expreſſa repub. quieſcere non poſſe:
deinde tum ſuſpicarer noſ moliri ꝗ te ſolicitũ eſſe
et de ſalute noſtra & de rerum euentu putabam:
ſimul ac legioneſ accepi: ꝗſ. A. Allienuſ eduxerat
ex egypto: ſcripſi ad te ac tabellarioſ complureſ
romam miſi. Scripſi etiam ad ſenatũ literaſ quaſ
reddi uetui priuſꝗ tibi recitãte eſſent: ſi forte mei
obtemperare mihi uoluerũt. Quod ſi litere plate
non ſunt: nõ dubito quin Dolobella qui nefarie
Trebonio occiſo aſiã occupauit: tabellarioſ nr̄oſ
deprehenderit: literaſq; intercepit. Exercituſ o eſ
qui in ſyria fuere teneo. Habui paululũ more dũ
pmiſſa militibuſ pſoluo. Nũc iam ſũ expedituſ.
A te peto: ut dignitatem meam tibi commēdatã
habeaſ: ſi me intelligiſ nullum neq; periculũ neq;
laborē patriæ denegaſſe. Si cõtra inoportũiſſioſ
latroneſ arma cepi te hortante & auctore: ſi non
ſolum exercitũ ad rempu. libertateq; defēdēdam
comparaui: ſed etiam crudeliſſimiſ tirãniſ eripui.
Quoſ ſi occupaſſet Dolobella: nõ ſolum aduētu:
ſed etiam opinione & expectatõne exercituſ ſui

Antoniū confirmaffet· Quaſ ob reſ militeſ tuere:
ſi eoſ mirifice de repub. meritoſ effe aīaduertiſ:
& effice ne quē poeniteat rempub. q̃ ſpem predæ
& rapinarū ſequi maluiffe. Item Murci & Criſpi
Impatorum dignitatem quantum eſt ī te tuere.
Nam Baffuſ miſere noluit mibi legióem tradere.
Quod niſi militeſ iuito eo legatoſ ad me miſiffet:
clauſam apameā tenuiffet quoad ui effet expug/
nata. Hæc a te peto non ſolum reipub. quæ tibi
ſemper fuit cariſſima: ſed & amicitie mee nomīe:
quam confido apūd te plurimū poffe. Crede mibi
bunc exercitum quē babeo: ſenatuſ atq; optimi
cuiuſq; effe:maximeq; tuum. De cuiuſ uoluntate
affidue audiēdo mirifice te diligit:carúq; babet.
Qui ſi intellexerit cómoda ſua cure tibi effe: de/
bere etiam ſe tibi omnia putabit. Literiſ ſcriptiſ:
audiui Dolobellam ī ciliciā uēiffe cum ſuiſ copiis.
proficiſcar in ciliciā:quid egerim celeriter ut ſciaſ
dabo opam. Ac uelim ut meremur. de republi.ſic
foeliceſ ſumuſ. Fac ualeaſ :meq; ameſ. No.maiiſ
ex caſtriſ. Caſſiuſ Q. S. D. M. Ci·

S I ualeſ bene eſt ego quoq; ualeo.Cū reip.
uel ſalute uel uictoria gaudeāuſ:tū īſtaurat óne
tuarum laudum: q̃ maximuſ conſulariſ maximū
conſulem teipſum uiciſti & lætamur & mirari nō
ſatiſ poffumuſ. Facile neſcio qd tue uirtuti datū:
idq; iam ſepe experti ſumuſ. E ſt enim tua toga
omnium armiſ foelicior: quæ nunc quoq; nobiſ
pene uictam rempub.ex manibuſ boſtiū eripuit
ac reddidit. Nunc ergo uiuemuſ liberi. Nunc te
omnium maxime ciuiſ & mibi cariſſime. id quod

maxime reipubli. tenebarif comparafti. Nunc te
habebimuf teftem noftri: & i te & i cõiũctiffimã
tibi rempub. amorif: & quæ fæpe pollicituf ef: te
& taciturum dum ferui effemuf: & dicturũ de me
tũc cum mihi profutura effent. Nunc illa nõ ego
quidẽ dici tãtopere defiderabo: q̃ fentiri a teipo.
Neq; enim oím iuditio malim me a te cõmẽdari:
q̃ ipfe tuo iuditio digne ac mereor commendatuf
effe. ut hec nouiffima noftra facta nõ fubita nec
cõuenientia: fed fimilia illif cogitationibuf quaɻ
tu teftif ef: fuiffe iudicef: meq; ad optimam fpem
patriæ nõ minimũ tibiipfi producendum putef.
Sunt tibi Marce Tulli liberi propinquiq; digni
quidem te & merito tibi cariffimi. effe etiã debẽt
in repu. proxime hof cari qui ftudiorum tuorum
funt æmuli: quoɻ effe cupio tibi copiã. Sed tamẽ
nõ maxía me turba puto excludi quo minuf tibi
uacet me excipere: & ad omnia quæ uelif & pbef
producere. Aímũ tibi noftrũ fortaffe pbabimuf.
Ingeniú diutina feruituf certe q̃ lecunq; ẽ minuf
tamẽ q̃ erat paffa ẽ uideri. Nof ex ora maritima
afiæ prouítiæ: & ex infulif quaf potuimuf ñauef
deduximuf. Delectum remigũ magna contũatia
ciuitatum: tamen fatif celeriter habuimuf. Secuti
fumuf claffem Dolobellæ: cui Luciliuf p̃erat: qui
fpem fæpe tranfitionif præbendo: neq; unq̃ non
decedendo: nouiffie corinthũ fe cõtulit: & claufo
portu fe tenere cepit. Nof illa relicta: q; & í caftra
peruẽire fatiuf eẽ putabamuf: & fequebat̃ claffif
altera quã áno p̃ore in bithinia Tulliuf Cymber
cõpararat: cui Turuliuf Queftor præerat cyprũ

petimuſ. Ibiq; cognouimuſ ſcribere ad uoſ q̃cele/
riter uoluimuſ. Dolobellam ut tarcenſeſ peſſimi
ſo tii: ita laodiceni multo amētioreſ ultro accerſi/
erūt: ex quibuſ utriſq; ciuitatibuſ græcoꝝ militū
numero ſpetiē exercituſ effecit. Caſtra babet āte
opidū laodiceā poſita:& partem muri demolituſ
eſt:& caſtra opido cōiunxit. Caſſiuſ noſter cum
decē legionibuſ & cobortibuſ uiginti: auxiliariſ:
et quatuor milium equitatu: a milibuſ paſſuum
uiginti caſtra babet poſita.

& exiſtimat ſe ſine prælio poſſe uincere. Nã iam
terniſ tetraciſbniſ triticum peneſ Dolobellam eſt:
niſi quid nauibuſ laodicenorum ſupportarit: cito
fame pereat neceſſe eſt. Ne ſupportare poſſet &
Caſſii claſſiſ bene magna cui p̃eſt Sextili. Rufuſ
et treſ quaſ ad noſ adduximuſ ego: et Turuliuſ
Patiſcuſ facile preſtabūt. & uolo bene ſperare et
rēpub: ut & uoſ iſtic expediſtiſ: ita p noſtra pte
celeriter iter uobiſ expediri poſſe cōfidere. Vale.
Data idibuſ iuniı cypro acromani iacride.

C lentuluſ Ciceroni S. D.
  Vm Brutū noſtrū cōueniſſem: eūq; tardiuſ
in aſiam uenturum aſmaduerterem in aſıa redıı:
ut reliqaſ mei laboriſ colligerē: & pecuniā q̃p mū
romam micterem. Interim cognoui in cilitia eſſe
claſſē Dolobellæ: ãpliuſ q̃ centū naueſ onerariaſ
in q̃ſ exercituſ eiuſ iponi poſſet. Idq; Dolobellā
ea mente cōparaſſe: ut ſi ſyriæ ſpeſ eum fruſtrata
eſſet: conſcēderet in naueſ: & italiam peteret: ſeq;
cum antoniiſ & reliquiſ latronibuſ coniungeret.
Cuiuſ rei tāto i timore fui: ut oībuſ rebuſ relictiſ:

tum pautioribuſ & minoribuſ nauibuſ ad illaſ ire
conatuſ ſim. Que reſ ſi a rhoduſ non interpellatuſ
eſſem: fortaſſe tota ſublata eēt: tamē magna ex
parte pfligata eſt. Quandoquidē claſſiſ diſſipata
eſt: aduētuſ noſtri timore: militeſ duceſq; effuge/
runt: onerarie omneſ ad unã a nobiſ ſūt excepte.
Certe quod maxime timui uideor conſecutuſ: ut
non poſſit Dolobella in italiã peruenire nec ſuiſ
ſotiiſ firmatuſ duriuſ nobiſ efficere negotium.
Rhodii noſ & rempub. q̃ ualde deſperauerint ex
literiſ quaſ publice miſi cognoſceſ. Equidē multo
partiuſ ſcripſi: mirari noli. mira eſt eoꝛ amentia:
nec me mee ullæ p̃ uati iniuriæ unq̃ maluſ aimuſ
eorum in noſtra ſalute cupiditaſ partium aliarũ:
perſeuerãtiæ in cõtentõ ne optimi cuiuſq; fereda
mihi non fuit: nec tamē omneſ perditoſ eē puto.
Si iidem illi qui tum fugientem patrem meũ: qui
.L. Lentulum qui Pompeium qui cæteroſ uiroſ
clariſſimoſ nõ receperint iidem tanq̃ aliquo fato
& nunc aut magiſtratũ gerunt: aut eoſ qui ſūt in
magiſtratu in ſua habent poteſtate. Itaq; eadem
ſuperbia in prauitate utútur. Quorũ im pbitatē
aliquãdo retũdi: & nõ putari impunitate augeri:
nõ ſolũ utile eſt reip. noſtræ ſed etiã neceſſariũ.
De noſtra dignitate uelim tibi ut ſemp cure ſit:
et quocunq; tempore occaſionem habueriſ: et in
ſenatu & in cæteriſ rebuſ laudi noſtre ſuffragere.
Quãdo conſulibuſ decreta eſt aſia et permiſſum
eſt hiſ ut dũ ipi uenirēt: darent negotiũ q aſiam
obtineãt: rogo te petaſ ab hiſ ut hanc dignitatem
potiſſimũ nobiſ tribuant: & mihi dent negotium

ut aſiam obtineam: dum ipſorum alteruter ueit.
Nam ꝗ huc properet in magiſtratu uenire: aut
exercitu mictere cauſam non habent. Dolobella
eni in ſyria e: & ut tu diuina tua mente pſpexiſti
& pdicaſti: du iſti ueiet Caſſiuſ eu opprimet. Ex/
cluſuſ. n. ab athiochia Dolobella: & in oppugnado
male acceptuſ: nulla alia cõfiſuſ urbe: laodicea
quæ eſt in ſyria ad mare ſe cõtulit: ibi ſpero ce/
leriter eum penaſ datu ꝗ. Nam neꝗ quo refugiat
habet neꝗ diutiuſ ibi poterit tantum exercitum
Caſſii ſuſtinere. Spero etiam confectu eſſe iam &
oppreſſum Dolobellam. Quare non puto Panſa
& Hirtiu in conſulatu properaturoſ in puintiaſ
exire: ſed romæ acturoſ conſulatu. Itaꝗ ſi ab hiſ
petieriſ ut interea nobiſ procuratiõe aſiæ dent:
ſpero te poſſe impetrare. Preterea mihi pmiſerut
Panſa & Hirtiuſ coram: & abſenti mihi ſcpſerut
Panſa & Hirtiuſ. Verrioꝗ noſtro Panſa affir/
mauit ſe daturu operam: ne in ſuo cõſulatu mihi
ſuccedat. Ego porro non mediuſſidiuſ cupiditate
prouintie produci longiuſſpatiu mihi uolo: nam
mihi fuit iſta puintia plena laboriſ: periculi: de/
trimeti: quæ ego ne fruſtra ſubierim: neue puſꝗ
reliqaſ mee diligentiæ cõſequar: decedere cogar:
ualde laboro: nam ſi potuiſſem quam exegeram
pecuniã uniuerſam mictere poſtularem: ut mihi
ſuccederet. Nunc quod Caſſio dedi: qđ Trebonii
morte amiſimuſ: qđ etiam crudelitate Dolobelle:
aut perfidia eorum qui mihi fidem reiꝗ publice
non preſtiterunt: id cõſeq & reficere uolo. Quod
aliter nõ poteſt fieri niſi ſpatium habuero. id ut

per te confequar uelim ut folet tibi cure fit. Ego
me de repub. puto effe meritum ut non prouitiæ
iftiuf benefitium expectare debeam: fed tantum
quantum Caffiuf et Bruti: non folum illiuf facti
periculiq; focietate: fed etia huiuf temporif ftudio
et uirtute. Primuf.n. legef antonianaf fregi: pmuf
equitatu Dolobellæ ad rempu. traduxi: Caffioq;
tradidi: primuf delectuf habui pro falute omnium
contra coiurationem fceleratiffimã. Soluf Caffio
& reipub. fyriã exercituſq; qui ibi erant coiunxi.
Nam nifi ego tantam pecuniam: tantaq; pfidia:
& tam celeriter Caffio dediffem ne aufuf quidem
effet ire in fyriam: & nunc non minora pericula
reipub. a Dolobella inftarent q̃ ab Antonio. Atq;
hec oia if feci q fodalif & familiariffimuf Dolobelle
eram: coniunctiffimuf fanguine antoniuf: puitiã
illorum quoq; benefitio habebam fed.

omnibuf meif bellum primuf
indixi. Hec & fi adhuc nõ magnope mihi tuliffe
fructum animaduerto: tamen non defpero: nec
defatigabor pmanere: nõ folũ i ftudio libertatif:
fed etiam in labore & periculif. Ac tamen fi etiam
aliqua gloria iufta & merita puocabimur featuf
& optimi cuiufq; offitiif maiore cum auctoritate
apud cæterof erimuf: & eo pluf prodeffe reipubl.
poterimuf. Filium tuũ ad Brutũ cũ ueni: uidere
non potui: ideo q iam in hiberna cum equitibuf
erat pfectuf. Sed mediuffidiuf ea eẽ cũ opinióe
& tua & ipfiuf & in pmif mea caufa gaudeo. Frif
enim loco mihi eft: q ex te natuf teq; dignuf eft.
Vale. Data.iiii.kalend. iunii perge.

P. Lentulus p̄ ss̄ proquestor po. Ro. Ꝯ. ꝑ. Cōm
ꝓptō. trī. pleb̄ senꝰ. po. plebiꝗ. Ro. Ꝯ. D.

SI ualetis liberiꝗ; ueſtri ualent bene eſt ego
ualeo. Scelere Dolobelle oppreſſa aſia in ꝓximā
prouintiam macedoniam preſidiaꝗ; reipubl. quæ
.M. Brutuſ ueſter cōſul tenebat me cōtuli: & id
egi ut p quoſ celerrime poſſet aſia ꝓuītia: uecti/
galiaꝗ; in ueſtram poteſtatem redigerent̄. Quod
cū ꝑtimuiſſet Dolobella uaſtata ꝓuītia correctiſ
uectigalibuſ precipue ciuibuſ romaniſ omnibuſ
crudeliſſie denudatiſ: ac diuenditiſ: celeriuſꝗ; aſia
exceſſiſſet: q̄ eo preſidiū adduci potuiſſet: diutiuſ
morari aut expectare preſidiū nō neceſſe habui:
& q̄primum ad meum offitium reuertēdum mihi
eē exiſtimaui: & ut reliqua uectigalia exigerem:
& quam depoſui pecuniam colligerem: quidquid
ex ea correptum eēt: aut quoꝗ id culpa accidiſſet:
ſed cognoſcerem q̄primū & uoſ de omni re facerē
certioreſ. Interim cum per inſulaſ i aſiā nauigāti
mihi nūtiatū eēt: claſſem Dolobellæ in litia eē:
rhodioſꝗ; naueſ complureſ inſtructaſ & parataſ
in aqua habere: cum hiſ nauibuſ quaſ āte mecum
adduxeram aut cōparauerat Patiſcuſ ꝓqueſtor
homo mihi cum familiaritate. tum etiam ſēſibuſ
in repub.cōiunctiſſimuſ rhodum reuerti: cōfiſuſ
auctoritate ueſtra ſenatuſꝗ; conſulto quo hoſtē
Dolobellam iudicaratiſ: federe quoꝗ; quod cum
hiſ.M. Marcello Seruio Sulpitio renouatū erat:
quo iurauerāt rhodii eoſdem ſe hoſteſ ſe hituroſ:
quoſ. S. P. Q. R. quæ reſ noſ uehemēter fefellit.
Tantum.n. abfuit: ut illorum præſidio noſtram

firmaremuſ claſſem: ut etiã a rhoduſ urbe: portu:
ſtatóne: quæ extra urbé eſt: cómeatu aq̃ deniq;
prohiberētur noſtri militeſ. noſ uix ipſi ſinguliſ
cum nauigioliſ reciperemur. Quam indignitatem
diminutionéq; maieſtatiſ: non ſolum uiriſ noſtri
ſed etiam imperii populiq; ro. idcirco tulimuſ q̃
ſterceptiſ lrīſ cognoramuſ Dolobellã ſi deſpaſſet
de ſyria egyptoq; q̃d neceſſe erat fieri: in naueſ
cum omnibuſ ſuiſ latronibuſ atq; omni pecunia
conſcendere eſſe paratum: italiãq; petere. Idcirco
etiam naueſ onerariaſ quarum minor nulla erat
duú milium amphoraⱷ cótractaſ in litia a claſſe
eiuſ obſideri. Huiuſ rei timore patreſ conſcripti
parcituſ iniuriaſ p̃peti: & contumelia etiã noſtra
oía priuſ experiri malui. Itaq; ad illoⱷ uolútaté
introductuſ in urbem: & in ſenatum eorum quam
diligentiſſime potui cauſã reipub. egi. periculúq;
omne quod inſtaret ſi ille latro cum omĩbuſ ſuiſ
naueſ conſcendiſſet expoſui. Rhodioſ aute tãta
in prauitate aſaduerti: ut omeſ firmioreſ putarēt
q̃ bonoſ: ut hanc concordiam & conſpirationem
oím ordinũ ad defendendã libertate propenſe nó
crederent eſſe factã: ut patiētiã ſenatuſ & optimi
cuiuſq; manere etiã nunc cófideret: nec potuiſſe
audere quenq̃m Dolobellam hoſtem iudicare: ut
deniq; omnia quæ improbi fingebãt: magiſ uera
exiſtimarent: q̃ quæ uere facta erant: & a uobiſ
dicebantur. Qua méte etiã ante noſtrú aduentú
poſt Trebonii indigniſſimam cedem: ceteraq; tot
tanq̃m nefaria facinora: bine profecte erant ad
Dolobellam legationeſ eorum: et quidem nouo

exemplo contra legeſ ipſorum: prohibentibuſ hiſ
qui tum magiſtratuſ gerebant. Hæc ſiue timor
ut dictitant de agriſ quoſ in continenti habent:
ſiue furor: ſiue patiētia paucorū: qui & ante pari
contuelia uiroſ clariſſioſ affecerāt: & nūc maxioſ
magiſtratuſ gerenteſ: nullo exemplo neq; noſtra
ex parte: neq; noſtro preſentium: neq; imminēti
italie urbiq; noſtre periculo: ſi ille parricida cum
ſuiſ latronibuſ nauibuſ ex aſia ſyriaq; expulſuſ
italiā petiſſet: mederi cū facile poſſent noluerūt.
Nonnulliſ etiam ipſi magiſtratuſ ueniebant in
ſuſpitionē detinuiſſe noſ: et demorati eſſe dum
claſſiſ Dolobelle certior fieret de aduētu noſtro.
Quā ſuſpitionem conſecute reſ aliquot auxerūt.
maxime q̃ ſubito ex litia. S. Mariuſ &. C. Titiuſ
legati Dolobelle a claſſe diſceſſerūt: nauiq; lóga
profugerunt: onerariſ relictiſ. in qbuſ colligēdiſ
non minimū temporiſ laboriſq; conſumpſerunt.
Itaq; cum a rhodo cū quaſ habueramuſ nauibuſ
in litiam ueniſſemuſ: naueſ onerariaſ recepimuſ
dominiſq; reſtituimuſ. Idemq; quod maxime ue/
rebamur: ne poſſet Dolobella cum ſuiſ latróibuſ
in italiam uēire timere deſiimuſ. claſſem fugiētē
perſecuti ſumuſ uſq; i ſydā: que extra mare regio
eſt prouintiæ mee. Ibi cognoui partem nauium
Dolobellæ diffugiſſe: reliquaſ ſyriam egyptumq;
petiſſe. Quibuſ diſiectiſ cū ſcirem. C. Caſſii ſingu/
lariſ ciuiſ & duciſ claſſem maximam fore preſto i
ſyriā ad meum offitium reuerti. daboq; operā ut
meum ſtudiū diligentiam uobiſ patreſ conſcripti
reiq; pub. preſtem: pecuniamq; q̃ maximā potero

& ǧ celerrime cogā: omnibufǫ; rationibuf ad uof
mictam. Si percurrero prouīciam & cognouero
qui uobif & reipub.fidem preſtiterunt:coſeruāda
pecunia a me depoſita:qq; ſcelere ultro deferētef
pecuniam pub. hoc munere ſocietatē facinorum
cum Dolobella inierunt:faciam uof certioref.De
quibuſ ſi uobif uidebit ſi ut meriti ſunt grauiter
coſtitueritiſ:noſǫ; ueſtra auctoritate firmaue/
ritiſ:faciliuſ & reliǧ exigere uectigalia & exacta
ſeruare poterimuſ. Interea quo cōmodiuſ uecti/
galia tueri ꝓuintiāǫ; ab iiuria defendere poſſim:
preſidium neceſſariū uolūtariūǫ; compaui.Hiſ
literiſ ſcꝑtiſ militeſcirciter.xxx. quoſ Dolobella
ex aſia coſcripſerat e ſyria fugiētef í pamphiliā
uenerunt.bi nunciauerunt Dolobellā antiochiā
quæ in ſyria eſt ueniſſe:non receptum:conatum
eſſe aliquotienſ ut introire:repulſum ſemper eſſe
cum magno ſuo detrimento. Itaǫ; centum circiter
amiſſiſ: ægriſ relictiſ noctu antiochia profugiſſe
laoditeam uerſuſ. Ea nocte omneſ fere aſiaticoſ
militeſ ab eo diſceſſiſſe. et ex biſ ad octingentoſ
antiochiā rediſſe: & ſe biſ tradidiſſe:qui a Caſſio
relicti urbi illi preerant. Cæteroſ per amanum in
ciliciam deſcendiſſe:quo ex numero ſe quoǫ; eſſe
dicebant.Caſſium autem cum ſuiſ omnibuſ copiſ
nunciatum eē quadridui iter laoditea affuiſſe:tū
cū Dolobella eo tenderet. Quāobrē opione cele/
riuſ cōfido ſceleratiſſimū latronē poenaſ daturū.
.iiii.no.iuniaſ pergæ. Trebonius ꝑ Ci. S. D.
SI ualeſ bene eſt ego quidem ualeo. Athēaſ
ueni ad.xi.kalend iunii:atǫ; ibi qđ maxíe

optabam:uidi filium tuū deditū optimis studiis:
summaq; modestie fama. Qua ex re q̃ntā uolup/
tatem ceperim:scire potes etiam me tacente. Non
.n. nescis quāti te fatiam:& q̃ p nostro ueterrimo
uerissimoq; amore:omnibus tuis etiam minimis
commodis non modo tāto bono gaudeam. Noli
putare mi Cicero me hoc auribus tuis dare. Nihil
adolescēte tuo atq; adeo nostro:nihil enim mihi
a te potest esse seiunctum:aut amabilius omibus
his qui athenis sunt. Est autem studiosius earum
artium quas tu maxime amas:hoc est optimarum.
Itaq; tibi quod uere facere possum:libēter quoq;
gratulor:nec minus etiā nobis q̃ eum quē necesse
erat diligere:qualiscunq; esset:talem habemus ut
libenter quoq; diligamus. Qui cū mihi in sermōe
inieciseet se uelle asiam uisere nō modo suitatus:
sed etiam rogatus est a me ut id potissimū nobis
obtinētibus prouintiā faceret. Cui nos & caritate
& amore tuum offitium præstaturos:non debes
dubitare. Illd̃ quoq; erit nobis cure:ut Cracippus
una cum eo sit:ne putes i asia feriatum illum ab
his studiis in quæ tua cohortatióe incitat̃ futuꝝ.
Nam illum paratum ut uideo et ingressū pleno
gradu cohortari non intermictemus. quo indies
longius discēdo exercendoq; se procedat. Vos qd
egeritis in repub.cum has literas dabā non sciebā.
Audiebam quædā turbulenta:quæ scilicet cupio
esse falsa. ut aliquādo otiosa libertate fruamur.
quod uel minime adhuc mihi cōtingit. Ego tamē
nactus in nauigatione nostra pusillum laxamēti
concinaui tibi munusculum ex instituto meo: et

dictū cū magno noſtro honore a te dictum con/
cluſi:& tibi infra ſubſcripſi. In quibuſ uerſiculiſ ſi
tibi quibuſdam uerbiſ.

uidebor turpitudo perſone eiuſ in quam liberiuſ
inuehimur noſ uindicabit. Ignoſceſ etiā iracūdiæ
noſtre:quæ iuſta eſt in eiuſmodi & hoieſ & ciueſ.
Deide quid magiſ hoc Lucilio licuerit aſſumere
libertatiſ q̃ nobiſ. cum etiam ſi odio par fuerit in
eoſ quoſ leſit:tamē certe nó magiſ dignoſ habuit
in quoſ tāta libertate uerboꝜ icurreret. Tu ſicut
mihi pollicituſ eſ:adiungeſ me q̃primum ad tuoſ
ſermoneſ. Nanꝗ illud nó dubito cum ſi quid de
interitu Cæſariſ ſcribaſ:nó patiariſ me minimam
partem et rei & amoriſ tui ferre. Vale et matrem
meoſꝗ tibi commēdatoſ habe. Data octaua kal.
iuniaſ atheniſ.   .Ӎ· Cicero· Slin· D· Cornificio

G Rata mihi eſt uehemēter memoria noſtri
tua:quā ſignificaſti literiſ :quā ut cóſerueſ
non q̃ de tua conſtantia dubitē:ſed quia moſ eſt
ita rogandi :rogo. Ex ſyria nobiſ tumultuoſiora
quædam nūtiata ſunt: quæ qa tibi ſunt ꝓpiora
q̃ nobiſ:tua me cauſa magiſ mouēt q̃ mea. Rome
ſummū otium ē: ſed ita ut maliſ ſalubre aliquod
& honeſtū negotium: quod ſpero fore qa uideo
id curæ eſſe Cæſari. Me ſcito dum tu abſiſ quaſi
occaſionem quandam & licentiā nactum ſcribere
audatiuſ:& cetera quidam fortaſſe quæ etiam tu
cócedereſ. Sed proxime ſcripſi de optimo genere
dicēdi i quo ſepe ſuſpicatuſ ſū te a iuditio noſtro
ſic.ſ. ut doctum hominē ab non indocto paulum
diſſidere. Huic tu libro maxime uelim ex animo

ſi minuſ gratiæ cauſa ſuffragere. Dicam tuiſ ut eū
ſi uelint deſcribant ad teq; mictant. Puto etiam
enim ſi rē minuſ pbabiſ:tamē in iſta ſolicitudine
quidquid a me profectum ſit iocūdum tibi fore.
Quod mihi exiſtimatione tuam dignitatēq; có/
mendaſ:faciſ tu quidem omniú more. Sed uelim
ſic exiſtimeſ me cum amori quem íter noſ mutuú
eſſe intelligam plurimum tribuam:tum de ſúmo
ingenio & de ſummiſ optimiſ tuiſ ſtudiiſ & de ſpe
ampliſſimæ dignitatiſ:ita iudicare:ut neminem
tibi anteponam comparem paucoſ.

Q. D. C. Cornificio collegę

Vod extremú fuit in ea epiſtola:quam a te
pxíe accepi ad id pmú reſpó debo. Aíaduerti ení
hoc uoſ magnoſ oratoreſ facere nonnunq̃. epiſ/
tolaſ requiriſ meaſ. Ego autem nunq̃m cum mihi
denútiatú eſſet a tuiſ ire aliquem nó dedi. Quod
mihi uideor & tuiſ literiſ ítelligere:te nihil com/
miſſurum eſſe temere. Nec anteq̃ ſciſſeſ quo iſte
neſcio qui Cæciliuſ Baſſuſ erúperet:quicq̃m certi
conſtiturum. id ego ſperará prudētia tua fretuſ:
& ut cófideré fecerút tuæ gratiſſime mihi literæ.
Idq; ut fatiaſ q̃ſæpiſſime & ut quid tu agaſ & qd
agatur ſcire poſſim: & etiá quid acturuſ ſiſ ualde
te rogo. Et ſi periniquo patiebar animo te a me
digredi:tamen eo tempore me conſolabar:q̃ & in
ſummú etiam otiú te ire arbitrabar. & ab impe/
dentibuſ magniſ negotiiſ diſcedere. Vtrúq; cótra
accidit. Iſtic enim bellum ē exortum:hic pax eſt
cóſecuta:ſed tamē huiuſmodi pax:i q̃ ſi adeſſeſ:
multa te non delectarent. ea tamen quæ ne ipſú

Cæſarem quidem delectãt.bellorum.n. ciuilium
hi ſemper exituſ ſunt:ut nõ ea ſolum fiant quæ
uelit uictor: ſed etiã ut hiſ moſ gerenduſ ſit: qbuſ
adiutoribuſ parta ſit uictoria. Equidem ſic iam
obduruit ut ludoſ Cæſariſ noſtri æquiſſimo aĩmo
uiderẽ. T. Plãcum audirẽ. L. & Publii poemata.
Nihil mihi tã deeſſe ſcito q̃ qui cũ hec fãiliariter
docteq; rideam. Iſ tu eriſ ſi q̃primũ ueneriſ. Quod
ut fatiaſ nõ mea ſolũ: ſed etiã tua ítereẽ arbitror.

L Ibentiſſime legi tuaſ literaſ: í quibuſ iocũ/
diſſimum mihi fuit q̃ cognoui meaſ tibi redditaſ
eſſe. Non.n. dubitabã quin eaſ libenter lecturuſ
eſſeſ: uerebar ut redderentur. Bellum quod eſt in
ſyria: ſyriamq; puintiã tibi tributã eſſe a Ceſare
ex tuiſ literiſ cognoui. eãdem rem tibi uolo bene
& feliciter euenire. Quod ita fore cõfido fretuſ &
induſtria et prudentia tua. Sed de parthici belli
ſuſpitióe quodſcribiſ ſane me commouit. Quãtũ
copiarum habéreſ cum ipſe coniectura conſequi
poterã: tum ex tuiſ literiſ cognoui. Itaq; opto ne
ſe illa genſ moueãt. hoc tẽpore dum ad te legió eſ
ee perducant q̃ſ audeo duci. Quod ſi pareſ copiaſ
ad confligendum non habebiſ: non te fugiet uti
conſilio. M. Bibuli: qui ſe opido munitiſſimo et
copioſiſſimo tam diu tenuit: q̃ndiu in prouintia
Parthi fuerunt. Sed hoc meliuſ ex re & ex tpre
conſtitueſ. Mibi quidem uſq; curæ erit qd agaſ
dũ qd egeriſ ſciero. Literaſ nunq̃ ad te hábui cui
darẽ qn dederim. A te ut idẽ fatiaſ peto. In p̃miſ
ita ut ad tuoſ ſcribaſ: ut me tuũ ſciant eſſe.

M· C· Cornificio· S· D·

GRate mihi tuæ literæ: nisi ꝙ ſinuerſarium
diuerſiolum contempſiſti. Quam quidẽ cõ tũeliã
uilla puſilla iniquo aĩmo ferret niſi in cumano &
pompeiano reddideriſ.
Sic igiť fatieſ: meꝗ amabiſ: & ſcripto aliquo la/
ceſſeſ. Ego. n. reſpõdere faciliuſ poſſẽ ꝗ ꝓuocare.
Quod ſi ut eſceſſabiſ laceſſã: nec tua ignauia etiã
inertiam afferret plura otioſiuſ. Hæc cũ eſſem in
ſenatu exaraui.   M· C· Cornificio· S· D·

Caiuſ Anitiuſ familiariſ meuſ uir oĩbuſ rebuſ
ornatuſ: negotõrum ſuoꝗ cauſa legatuſ eſt
in africã legatione libera. Eũ uelim rebuſ oĩbuſ
adiuueſ: operãꝗ deſ ut ꝗ́ comodiſſíe ſua negotia
confitiat. In primiſꝗ ꝗ ei cariſſimũ ẽ dignitatẽ
eiuſ tibi cõmendo. Idꝗ a te peto ꝙ ipſe in ꝓuitia
facere ſum ſolituſ non rogatuſ: ut omnibuſ ſena/
toribuſ lictoreſ darẽ: quod idem acceperam et id
cognoueram a ſũmiſ uiriſ factitatum. Hoc igiť
mi Cornifici fatieſ: cæteriſꝗ rebuſ omnibuſ: eiuſ
dignitati reiꝗ ſi me amaſ conſuleſ: erit mihi gra/
tiſſimum. Da operam ut ualeaſ.

        M· C· Cornificio· S· D·

NOſ hic cum homine gladiatore oím neqſſío
collega noſtro Antonio bellum gerimuſ: ſed non
pari conditione: contra arma uerbiſ. At etiam de
te contõnatur: nec impune: nam ſentiet quoſ la/
ceſſierit. Ego aũt acta ad te oía arbitror pſcribi
ab aliiſ. A me futura debeſ cognoſcere: quoꝗ ꝗdẽ
non eſt difficiliſ coniectura. Oppreſſa omnia ſũt
nec habent ducẽ boni: noſtriꝗ tiranno toni lõge

gentiũ abſũt. Pãſa & ſentit bene & loq̃ fortiter.
Hirtiuſ noſter tardiuſ cõualeſcit. Quid futurum
ſit plane neſcio. Speſ tamẽ eſt una aliquãdo po.
ro.maiorum ſimilem fore. Ego certe reipub. non
deero:& quidq̃d acciderit a quo mea culpa abſit:
animo forti feram. Illud profecto quoad potero
tuam famam & dignitatem tuebor. Ad.xiii kalẽ.
ianuariaſ ſenatuſ autem frequenſ mihi ẽ aſſenſuſ:
tum de ceteriſ rebuſ magniſ & neceſſariſ:tum de
puintiiſ ab hiſ q̃ obtinerent retinendiſ:neq; cuiq̃
tradẽdiſ niſi qui ex ſenatuſ conſulto ſucceſſiſſet.
Hæc ego tum reipub. cauſa cenſui:tũ me hercule
in primiſ retinendæ dignitatiſ tuæ. Quãobrem te
amoriſ noſtri cauſa rogo:reipub. cauſa hortor ut
ne cui qnicq̃m iuriſ in tua prouintia eſſe patiare.
Atq; ut omnia referaſ ad dignitatẽ qua nihil põt
eſſe preſtantiuſ. Vere tecum agã ut neceſſitudo
noſtra poſtulat. In ſempronio ſi meiſ lriſ obtẽ/
peraſſeſ:maximã ab omibuſ laudem adeptuſ eẽſ.
Sed illud & p̃teriit:& leuiuſ eſt. Hæc magna reſ
eſt. Fac ut puintiã retineaſ in poteſtate reipub.
Plura ſcripſiſſẽ niſi tui feſtiarẽt. Itaq; Cherippo
noſtro me uelim excuſeſ. .ḣ. C. Cornıfıno. Ṡ. Ḋ.
Mnem cõditionẽ imperii tui:ſtatũq; puin/
tiæ mihi demonſtrauit Tratoriuſ. O multa
intolerabilia lociſ omnibuſ. Sed quo tua maior
dignitaſ eo que tibi acciderũt minuſ ferẽda. Neq;
enim quæ tu propter magnitudinẽ aími & igenii
moderate ferſ:a te non ulciſcenda ſunt.etiã ſi nõ
ſint dolenda. Sed hæc poſteriuſ.
.ḣ. C. Cornıfıno. Ṡ. Diot.

RErum urbanarum acta tibi micti certo ſcio,
qđ ni ita putarē ipſe perſcriberē. In p̄miſq̃
Ceſariſ Octauiāi conatū: de quo multidini fi ctū
ab Antonio crimē uidet̄: ut i pecunia adoleſcētiſ
impetum faceret. Prudenteſ autem & boni uiri &
credunt factum & probant. Quid queriſ. magna
ſpeſ eſt i eo: nihil eſt quod non exiſtimet̄ laudiſ
& gloriæ cauſa facturuſ. Antoniuſ autem noſter
familiariſ tanto ſe odio eſſe intelligit: ut eū iter/
fectoreſ ſuoſ domi comprehenderit rem proferre
non audeat. Ad ſepti. iduſ octobriſ brunduſium
uenerat: profectuſ obuiam legionibuſ macedoniſ
quatuor: quaſ ſibi conciliare pecunia cogitabat:
eaſq; ad urbem adducere: & in ceruicibuſ noſtriſ
collocare. Habeſ formā reipub. ſi in caſtriſ poteſt
eſſe reſpub. In qua tuā uicem ſepe doleo: ꝗ nullā
partem per etatem ſane & ſalua reipubli. guſtare
potuiſti. Atq; ante in hac quidem ſperare ſaltem
licebar: nūc etiam illud ereptum eſt. Que enim ē
ſpeſ cū in contione dicere auſuſ ſit Antoniuſ: Ca/
nutiū apud eoſ ſibi locū querere: quibuſ ſe ſaluo
locuſ in ciuitate eſſe non poſſet. Equidem & hæc
& omnia que homini accidere poſſunt: ſic fero ut
philoſophie habeam magnam gratiam: quæ non
modo me a ſolicitudie abducit: ſed etiam contra
omneſ fortune impetuſ armat. tibiq; idem cenſeo
faciendū: nec a quo culpa abſit quicꝗm in maliſ
numerandū. Sed hec tu meliuſ. T̄ratoriū noſtrū
tū ſemp̄ pbaſſem: tū maxime i tuiſ rebuſ ſūmam
eiuſ fidē: diligētiā: prudētiāq; cognoui. Da op̄am
ut ualeaſ. hoc mihi gratiuſ facere nihil poteſ.

Go nullum locũ pretermicto :nec. n. debeo
non modo laudandi tui: fed ne ornãdi quidẽ. Sed
mea ſtudia erga te et offitia malo tibi ex tuorũ
literiſ q̃ ex meiſ eẽ nota. Te tamẽ hortor ut omí
cura in rempub. incumbaſ. Hoc eſt animi hoc eſt
ingenii tui: hoc eiuſ ſpei quã habere debeſ ampli/
ficandæ dignitatiſ tuæ. Sed hac de re aliaſ ad te
pluribuſ. cum enim hæc ſcribebã in expectatione
erãt omnia. Nondũ legati redierant: quoſ ſeatuſ
non ad pacem deprecãdã: ſed ad bellũ denũtiãdũ
miſerat: niſi legatoꝛ nũtio paruiſſet. Ego tamẽ
ut primũ occaſio data eſt meo priſtino more rẽp.
defendi: me principem ſenatui po. q̃ ro. profeſſuſ
ſum: neq̃ poſtea q̃ ſuſcepi cauſam libertatiſ mí mũ
tempuſ amiſi tuende ſalutiſ libertatiſq̃ cõmuniſ.
Sed hec quoq̃ te ex aliiſ malo Titum Pinarium
familiariſſimũ meum: tanto tibi ſtudio cõmẽdo:
ut maiore nõ poſſim. Cui tũ propter oẽſ uirtuteſ:
tum etiã propter ſtudia cõmunia ſũ amiciſſimuſ.
Iſ pcurat rationeſ negotiaq̃ Dioniſii noſtri: quẽ
& tu multũ amaſ & ego omniũ plurimũ. Ea tibi
ego non debeo cõmendare: ſed commẽdo tamen.
Faciſ igitur ut ex Piarii gratiſſimi hominiſ lríſ
tuũ & erga illũ & erga Dióiſiũ ſtudiũ pſpitiãuſ.

.Iberaliuſ literaſ accepi tuaſ quaſ mihi Cor/
nifitiuſ alter cui cẽſum hodie ut dicebat reddidit.
Eo die nõ fuit ſeatuſ neq̃ poſtero. Quinq̃ tribuſ
frequẽti ſenatu cauſã tuã egi: nõ iuita Minerua.
Etenim eo ipſo die ſenatuſ decreuit ut Minerua

noſtra cuſtoſ urbiſ:quã turbo deiecerat reſtitue/
retur. Pãſa tuaſ literaſ recitauit. Magna ſenatuſ
approbatio conſecuta eſt:cum ſummo gaudio &
offenſione minotauri id eſt clauiſ & tauri factũ
de te ſenatuſconſultum honorificum:poſtulabat
autẽ etiam ut illi notarent.ſed Panſa clemẽtior.
Ego mi Cornifici quo die primũ libertatiſ i ſpẽ
ingreſſuſ ſum:& cunctantibuſ cæteriſ ad.xiii. kl.
ianuariaſ fundamenta reip.ieci.eoipſo die ꝓuidi
multum:atꝗ habui rationẽ dignitatiſ tue.Mihi
enim eſt aſſenſuſ ſenatuſ de obtinendiſ prouitiiſ.
Nec uero poſtea deſtiti labefactare eũ:ꝗ ſũma
cum tua iniuria contumeliaꝗ reipub.prouintiam
abſenſ obtiiebat.Itaꝗ crebraſuel potiuſquotidi/
anaſcompellationeſ meaſ non tulit:ſeꝗ i urbem
recepit inuituſ.neꝗ ſolum ſpe ſed certa re iam et
poſſeſſióe deturbatuſ eſt.Meo iuſtiſſimo hóeſ/
tiſſimoꝗ conuicio te tuam dignitatem:ſũma tua
uirtute tenuiſſe:prouitiæꝗ honoribuſ ãpliſſimiſ
affectum uehementer gaudeo.Quod te mihi de
Sempronio purgaſ:accipio excuſatióem.fuit.n.
illud quoddam græcũ tẽpuſ ſeruitutiſ.Ego tuoꝗ
cóſilioꝗ auctor dignitatiſꝗ fautor:iratuſ tem/
poribuſ i grætiã deſperata libertate rapiebar:cũ
me epheſie quaſi boni ciueſ relinquẽtẽ rẽ ꝓſequi
noluerũt:auſter ꝗ aduerſuſ maximo flatu me ad
tribuloſ tuoſ regium retulit.atꝗ ide uẽtiſ remiſꝗ
in patriã omni feſtinatóe properaui.poſtridieꝗ
i ſumma reliquorum ſeruitute liber unuſ fui. Sic
ſũ in Antoniũ inuectuſ:ut ille nó ferret omnẽꝗ
ſuũ uiolẽtum furorẽ in me unũ effunderet:meꝗ

cū elicere uellet ad cedīſ cauſā tū temptare īſidiīſ:
quem ego ructantē & nauſeantē cōfeci ī Ceſarīſ
Octauiani plagaſ. Puer enim egregiuſ præſidiū
ſibi primū & nobīſ deinde ſūme reipu. cōparauit.
Qui niſi fuiſſet Antonii reditūſ a brū duſio:peſtīſ
patrie fuiſſet. Quæ deinceſ acta ſunt ſcire te ar/
bitror. Sed redeamuſ ad illud unde diuertimuſ.
Accipio excuſatōnem tuam de Sempronio. neq;
enim ſtatuti quid in tanta perturbatione habere
potuiſti. Nūc hic dieſ aliā uitā defert alioſ moreſ
poſtulat:ut ait Terentiuſ. Quāobrem mi Quite
conſcende nobiſcum & quidem ad puppim. Vna
nauiſ eſt iam bonorum omniū: quā quidem noſ
damuſ operam ut rectā teneamuſ. utinā ṗſpero
curſu. Sed quicunq; uenti erunt: :arſ noſtra qppe
non aberit. Quid enim preſtare aliud uirtuſ pōt.
Tu fac ut aio magno ſiſ & excelſo:cogiteſq; oēm
dignitatem tuā cum repub.cōiunctā eſſe debere.
Publiū Luciū mihi meū cōmēdaſ:quē qbuſcūq;
in rebuſ potero diligenter tuebor. Hirtiū quidem
& Panſam collegaſ noſtroſ homineſ in conſulatu
reipubl. ſalutareſ alieno ſane tempore amiſimuſ.
Republ. antoniano quidem latrocinio liberata:
ſed nondum omnino explicata: quā noſſi licebit
more noſtro tuebimur: q̄q̄ admodum ſumuſ iam
defatigati. Sed nulla laſſitudo impedire officium
& fidem debet. uerū hæc hactenuſ. Ab aliīſ te de
me q̄ a meipſo malo cognoſcere. De te audiebāuſ
ea que maxime uellemuſ. De. Gn. Minutio quē
tu laudibuſ quibuſdam literīſ ad celum extuliſti:
rumoreſ durioreſ erāt. Id quale ſit ominoq; quid

iftic agatur fatiaſ me uelim certiorem. Q. T. qui
in africa negotiatuſeſt: uir bonuſ & boneſtuſ he/
redeſ fecit fimileſ fui. Gn. Saturniu Sex. Aufidiu
.C. Anneum. Q. Corfidiu Gallu Lutiu Seruiliu
Poftumium. G. Rubellium ex eorum oratione
intellexi gratiarum actione eoſ magiſ egere q̃m
cõmendatione: tãta enim liberalitate ſe tua noſ
predicant: ut hiſ pluſ a te tributũ intelligerem: q̃
ego auderem te rogare. audebo tamẽ. Scio enim
quantum mea ponderiſ cõmendatio ſit habitura.
Quare a te peto ut ad eam liberalitatẽ qua ſine
meiſ literiſ uſuſ eſ: q̃ maximuſ hiſ literiſ cumuluſ
accedat. Caput autem eſt meæ cõmendationiſ ne
patiare Erotenturũ. Q. Turii Libertũ ut adhuc
fecit hereditatẽ turianã auertere: cæteriſq̃ oĩbuſ
rebuſ habeaſ eoſ a me cõmendatiſſimoſ. Magnam
ex eoꝝ ſplendore & obſeruãtia capieſ uoluptatẽ.
Quod ut ueliſ te uehementer etiã atq̃; etiã rogo.

A. C. Cornitio. S. D.

Extuſ Aufidiuſ & obſeruantia qua me colit
accedit ad proximoſ: & ſplẽdore equitiſ ro. nemi
cedit. Eſt aũt ita tẽperatiſ moderatiſq̃; moribuſ
ut ſumma ſeueritaſ ſũma cũ humanitate iungat.
Cuiuſ tibi negotia quæ ſunt in africa ita tibi cõ/
mẽdo: ut maiore ſtudio magiſue ex aĩo cõmẽdare
nõ poſſim. Pergratũ mihi feceriſ: ſi deriſ opam
ut iſ intelligat meaſ apud te literaſ maxim põ duſ
habuiſſe. Hoc te uehementer mi Cornifici rogo.

A. C. Cornifino. S. D.

Sſẽtior tibi eoſ quoſ ſcribiſ Lilibeo minari
iſtic poenaſ dare debuiſſe. Sed metuiſti ut aiſ ne

minuſ liber in ulciſcendo uiderere. Metuiſti igit̃
ne grauiſ ciuiſ: ne miuſ fortiſ: ne minuſ te dignuſ
uiderère. Quod ſotietatem reipu. conſeruãde tibi
mecum a patre acceptam renouaſ :gratũ eſt:quæ
ſotietaſ inter noſ ſẽp mi Cornifici mãebit. Gratũ
etiam illud ǫ tuo noïe gratiaſ agendaſ nõ putaſ:
nec. n. inter noſ id facere debemuſ. Sẽatuſ ſepiuſ
pro dignitate tua appellaret ſi abſentibuſ cõſuli/
buſ unǫ̃ niſi ad rem nouam cogeretur. Itaǫ nec
de. SS. xx: nec de. SS. decem quicǫ̃ agi nũc per
ſenatum poteſt. Tibi autem ex ſenatuſconſulto
imperandum mutuũ ǫ̃ ſumendum cenſeo. In rep.
quid agatur credo te ex eorum literiſ cognoſcere:
ǫ ad te acta debẽt perſcribere. Ego ſũ ſpe bona:
conſilio :cura: labore non deſum. omnibuſ iïmiciſ
reipub. eſſe acerrimũ hoſtẽ pre me fero. Reſ neǫ
nunc difficili loco mihi uidetur eſſe :& fuiſſet fa/
cillima ſi culpa a quibuſdam abfuiſſet.

.i) C. Cornificio. S. D.

On modo tibi cui oïa noſtra notiſſima ſũt:
ſed neminem in po.ro. arbitror eſſe :cui ſit ignota
ea familiaritaſ: quæ mihi cũ. L. Lamia eſt: etení
magno theatro ſpectata eſt: tum cum ẽ ab Aulo
Gabinio cõſule legatuſǫ libere et fortiter ſalutẽ
meã defendiſſet. Nec ex eo amor inter noſ natuſ
eſt: ſed ǫ erat uetuſ & magnuſ: propterea nullum
periculũ pro me adire dubitauit. Ad hæc offitia
uel merita potiuſ iocũdiſſima cõſuetudo accedit:
ut nullo prorſuſ pluſ homine delecter. Non puto
te iã expectare quibuſ eũ tibi uerbiſ cõmendarẽ.
Cauſam enim tantí amoriſ intelligiſ: quæ uerba

deſideret.Hiſ me omnibuſ uſum putabo.Tantũ
uelim exiſtimeſſi negotia Lamiæ procuratoreſ
liberoſ:familiam quibuſcunq; rebuſ opuſ erit de/
fēderiſ:grātiuſ mihi futuɹ̨ q̃ ſi ea tua liberalitaſ
pertinuiſſet ad remfamiliarem meã.Nec dubito
quin ſine mea cõmendatione q̃ tuum eſt iudiciũ
de hominibuſ uſum putato.Tãtum uelim:ipſiuſ
Lamiæ cauſa ſtudioſe omnia facturuſ ſiſ.Quãq̃
erat nobiſ dictũ te exiſtiare alicui ſēatuſcõſulto:
quod cõtra dignitatē tuã fieret ſcribēdo:Lamiã
affuiſſe:qui omnino conſulibuſ illiſ nunq̃ fuit ad
ſcribendum.Deinde omnia tum falſa ſenatuſ de/
ferebant.Niſi forte illo ſēpronião ſēatuſcõſulto
me cenſeſ affuiſſe:q̃ ne romæ quidem fui:ut tũ de
eo ad te ſcripſi re recenti.Sed hæc hactenuſ.Te
mi Cornifici etiam atq; etiã rogo ut oĩa Lamiæ
negotia mea puteſ eſſe:cureſq; ut intelligat hanc
cõmendatónē maximo ſibi uſui fuiſſe.Hoc mihi
grātiuſ facere nihil poteſ.Cura ut ualeaſ.

ꝰꝉ· C·Cornificio·Sm̃·D·

ITa ne preter litigatoreſ nemo ad te meaſ lrãſ.
multe iſte quidem.Tu enim perfeciſti ut nemo
ſine literiſ meiſ tibi ſe commēdatum putaret.Sed
quiſ unq̃ tuorum mihi dixit eſſe cui darem:quin
dederim.aut quid mihi iocũdiuſ q̃ cum corã tecũ
loqui nó poſſũ:aut ſcribere ad te:aut tuaſ legere
literaſ.Illud magiſ mihi ſolet eſſe moleſtũ:tãtiſ
me impediri occupatióibuſ ut ad te ſcribēdi meo
arbitratu facultaſ nulla deē.Non.n.te epiſtoliſ
ſed uoluminibuſ laceſſerem:quibuſ quidem a me
te ꝓuocari oporteret.Quãuiſ enim occupatuſ ſiſ:

oti tamen plufbabef. Aut fiue quidem tu uacaf:
noli impudéf effe: nec mibi moleftiam exbibere:
& a me literaf crebrioref: cum tu mibi raro mictaf
flagitare. Nam cú antea deftinebar maximif oc/
cupatónibuf: propterea q̃ omnibuf tuif curif mibi
rempub. tuendam putabã. tú boc tempore multo
deftineor uebemétiuf. Vt enim grauiuf egrotãt:
bi qui cum leuati morbo uidentur: i eú de ítegro
inciderút: fic uebementiuf nof laboramuf q̃ pro/
fligato bello ac pene fublato renóuatum bellum
gerere conamur. Sed bæc bactenuf. Tu tibi mi
Cornifici fac ut pfuadeaf nó effe me tã imbecillo
animo ne dicam inbumano: ut a te uinci poffim:
aut offitiuf aut amore. Nó dubitabam equidem.
Verútamen multo mibi notiorem amorem tuum
efficit Cerippuf. O bominem femper illú quidem
mibi aptum: núc uero etiam fuauem. Vultuf me
bercule tuof mibi expreffit oméf: nó folú animú
ac uerba pertulit. Itaq̃ noli uereri ne tibi succé/
fuerim: q̃ eodem exemplo ad me quo ad cæterof.
Requifiui equidem propriaf ad me unú literaf:
fed neq̃ uebementer & amanter. De fumptu qué
te í rem militaré facere & feciffe dicif: nibil fane
poffi tibi opitulari: propterea q̃ & orbuf fenatuf
confulibuf amiffif & incredibilef anguftiæ pecu/
niæ publicæ: quæ conquiritur undiq̃: ut optime
meritif militibuf promiffa foluátur. Quod quidé
fieri fine tributu poffe non arbitror. De Actio
Dionifio nibil puto eé: qnoniã mibi nibil dixit
Tratoriuf. De Publio Luceio nibil tibi concedo
quo ftudiofior eiuf fif q̃ ego fim. Eft enim uobif

neceſſariuſ. Sed a magiſtriſcum contenderem de
proferendo die: probauerūt mibi ſeſe quo minuſ
id facerēt & compromiſſo & iureiurando ípediri.
Quare ueniendū arbitror Luceio. quanǧ ſi meiſ
literiſ obtemperauit cum tu boc legeſ: illum rome
eſſe oportebit. Cæteriſ de rebuſ maximeǫ; de pe/
cunia cum Panſæ mortem ignorareſ ſcpſiſti. que
per noſ ab eo conſequi te poſſe arbitrarere: que te
non fefelliſſent ſi uiueret. nam te diligebat. poſt
mortē aūt eiuſ ǫd fieri poſſet nó uidebamuſ. De
uenulico latino boratio ualde laudo. Illud non
minimū probo quod ſcribiſ: quo illi animo eǫore
ferrent te tuiſ etiã legatiſ lictoreſ ademiſſe. Ho/
nore enim cú ignominia digniſ nó erāt cópandi:
eoſǫ; ex ſenatuſconſulto ſi nó decedunt: cogēdoſ
ut decedant exiſtimo. Hæc fere ad eaſ literaſ ǧſ
eodē exēplo binaſ accepi. De reliquo uelim tibi
pſuadeaſnó eē mibi meã dignitatē tua cariorē.
·ɧ·T·C· epſlaꝶ fa·li· xij· ex Jnapit· xiij·
ꝶ· c· ſim biat memnto ꞉
T ſi ſcitiſ mibi nó conſtiterat: cú
aliǧ ne aimi mei moleſtia potiuſ
libenter te atheniſ uiſuruſ eſſem:
ǫ iiuria quã recepiſti dolore me
afficeret ſapia tua qua ferſ iiuriã
lætitia: tamen uidiſſe te mallem.
Nam quod eſt moleſtiæ: non ſane multo leuiuſ
eſt cú te nó uideo. Quod eſſe potuit uoluptatiſ꞉
certe ſi uidiſſem te pluſ fuiſſet. Itaǫ; non dubitabo
dare operam ut te uideã: cú id etiã ſatiſ commode
facere potero. Interea quod p literaſ & agi tecum

& ut arbitror confici poteſt:agã.Nûc ad te illud
primû rogabo:ne quid inuituſ mea cauſa fatiaſ:
ſed id qđ mea intelligeſ tua nullã in partẽ multû
intereſſe:ita mihi deſ:ſi tibi ut id libenter fatiaſ:
ante perſuaſeriſ.Cum Patrone epicureo mihi oía
ſût:niſi ꝗ in phía uehemẽter ab eo diſſentio. Sed
&initio romæ cû te quoꝗ & tuoſ oẽſ obſeruabat:
me coluit in primiſ.& nup cum ea quæ uoluit:de
ſuiſ cõmodiſ & premiiſ conſecutuſ ẽ:meme habuit
ſotiorum defenſorem: & amicorú fere principem:
& iam a Phedro qui nobiſcû pueri eſſemuſ anteꝗ̃
Philonẽ cognouiuſ:ualde ut phûſ:poſtea tamẽ
ut uir bonuſ & ſuauiſ & offitioſuſ ꝓbať: tradituſ
mihiꝗ cõmẽdatuſ eſt.Iſigitur Patro cum ad me
romã literaſ miſiſſet:uti te ſibi placarem:petereꝗ
ut neſcio qd illđ epicuri parietiaꝛ ſibi cõcedereſ.
Nihil ſcripſi ad te ob eam rem ꝗ ædificatóiſ tuæ
conſiliũ:mea commendatióe uolebam impediri.
Eidem ut ueni athenaſ.Cum idem ad te ſcriberẽ
rogaſſet:ob eã cauſam impetrauit:ꝗ te abieciſſe
illam ædificationem cõſtabat inter omneſ aícoſ
tuoſ.Quod ſi ita ẽ:& ſi iã plane tua nihil intereſt:
uelim ſi qua offenſiuncula facta eſt aími tui per/
uerſitate aliquorú.Noui.n.gentem illam.Deſ te
ad leuitatem uel propter ſûmam humãitatẽ:uel
etiam honoriſ mei cauſa.Equidẽ ſi quid ipſe ſẽtiã
queriſ:nec cur ille tantopere cõtendat uideo:nec
cur tu repugneſ:niſi tamẽ multo minuſ tibi con/
cedi pót:ꝗ illi laborare ſine cauſa.Quãꝗ̃ patróiſ
et orationem:et cauſam tibi cognitam eſſe certo
ſcio:honorem:offitium:teſtamentorú uiſ:epicuri

auctoritatē:Phedri obteftationē:fedē:dōiciliū:
ueftigiafūmorū boím fibi tuenda eē dicit. Totā
hominif uitā rationēq; quā fequit in philofophia
derideamuf.licet fi hanc eiuf contentōnē uolumuf
reprehendere:fed me hercule:quando illi cæterifq;
quof illa delectant nō ualde inimici fumuf:nefcio
an ignofcēdū fit huic fi tantopere laborat: in quo
etiā fi peccat magif ineptiuf q̄ improbitate peccat.
Sed ne plura.dicendū.n.aliquādo eft Pomponiū
Acticum fic amo ut alterum fratrem.nihil eft illo
mihi nec cariuf nec iocundiuf. If.n.quo fit exiftif.
Eft enim omni liberali doctrina politiffimuf:fed
ualde diligit Patronem:ualde amauit Phedrū:fic
a me hoc contendit homo minime ābitiofuf:mime
in rogādo moleftuf:ut nihil unq̄ magif:nec dubi/
tat quin ego a te nutu hoc confequi poffem:etiam
fi ædificaturuf effef. Nūc uero fi audierit te ædifi/
cationē depofuiffe:neq; tamen me a te impetraffe
nō te í me liberalē:fed me í fe negligentē putabit.
Quamobrem peto a te:ut fcribaf ad tuof poffe tua
uolūtate decretū illud ariopagitaɤ: quē
illi uocāt tolli. Sed redeo ad p̄ma. Priuf uelim tibi
perfuadeaf:ut hæc mea caufa libenter fatiaf quam
ut fatiaf. fic tamē habeto fi fecerif quod rogo fore
mihi gratiffimū. Vale. .h. C. S. D. memmio
CAio Auīao Euādro:q habitat í tuo facrario:
et ipfo multum utor et patrono eiuf Marco
Emilio familiariffime. Peto igit a te maiorem in
modū: ꝗ fine tua moleftia fiat:ut ei de habitatióe
accommodef. Nam propter opera inftituta multa
multoɤ fubitū eft eiuf remigare kalend qntilibuf.

Impedior uerecundia: ne te pluribus uerbis angam
rogem. Neqʒ tamen dubito qui si tua nibil aut nó
multú intersit:eo sis aimo quo ego essem. Si quid
tu me rogares:mibi certe gratissimú feceris.

A·h·C·S·P· Memmio

AVlum Fusiú unú ex meis intimis:obseruan/
tissimú studiosissimúqʒ nostri eruditú homíem: et
summa búanitate tuaqʒ amicitia dignissimú :uelim
ita tractes: ut mibi corá recepisti. Tã mibi gratú
id erit ǫ quod gratissimú. Ipsum preterea summo
offitio & súma obseruátia tibi í ppetuú detúxeris.

C·A·)·C·S·D·Q· Valerio q̄·fi·legato po·Ro·
CVm múicipus uolateráis mibi súma necessitu/
do é. magno.n. meo benefitio affecti:cumulatissíe
mibi gratiam retulerunt:ná nec í honoribus meis
laboribusqʒ unǫ defuerút. Cú quibus si mibi nulla
causa intercederet: tamē ǫ te uebemétissíe diligo :
ǫqʒ me a te plurimi fieri sentio:et monerem te: et
hortarer ut eorum fortunis cósuleres:preserti:cum
prope precipuam causam haberēt ad iuso btinēdú:
primum ǫ Sillani temporis acerbitatem deorum
immortalium benignitate subterfugere. Deinde ǫ
summo studio pop. ro .a me in cósulatu meo defési
sút:cú tribuni plebis legē iniquissimá de eoꝝ agris
promulgassent:facile S. P. Q. R.persuasi:ut eos
ciues:quibus fortuna pepercisset:saluos esse uellēt.
Hanc actioné meá.C.Cæsar primo suo consulatu
lege inagraria comprobauit:agrúqʒ uolateranum
& opidum omni periculo í perpetuú liberauit. ut
mibi dubiú non sit:quin is qui nouas necessitudies
adiúgat: uetera sua benefitia cóseruari uelit. Quã/

obrem ẽ tuæ prudentiæ: aut sequi ciuſ auctoritatẽ
cuiuſ sectam atq; imperiũ sũma cum tua dignitate
secutuſ eſ. aut certe illi ítegrã oẽm causã reseruare.
Illud uero dubitare non debeſ: qui tam graue: tã
firmũ: tam bõestum municipium: tibi tuo summo
benefitio in perpetuũ obligari uelis. Sed bæc quæ
scp̃ta sũt supra eo spectant: ut te horter & suadeã.
Reliq̃ sũt quæ ꝑtinẽt ad rogandũ: ut nõ solũ tua
causa tibi cõsiliũ me dare puteſ: sed qđ mihi opuſ sit
me a te petere & rogare. Gratissimum igitur mihi
feceriſ: si uo laterãoſ oĩbuſ rebuſ ítegroſ í columeſq;
esse uolueriſ. Eoꝝ ergo domicilia: sedeſ: rẽ: fortũaſ:
que a diiſ ímortalibuſ: & a prestantissimiſ í nostra
repu. ciuibuſ: sũmo. S. P. Q. R. studio conseruatæ
sunt: tue fidei: iustitiæ: bonitatiq; commendo. Si
ꝑ meiſ pristiniſ opibuſ facultatẽ mihi reſ hoc tpe
daret: ut ita defendere posse̅ uo lateranoſ: quead/
modum consueui tueri meoſ: nullũ offitiũ: nullũ
deniq;: certamẽ: í quo illiſ ꝓdesse posse̅: ꝓtermit/
terem. Sed quando apud te: nibilominuſ hoc tpe
ualere me confido: q̃ ualuerim: semper apud oẽſ
pro nostra sũma necessitudíe: pariterq; inter noſ
& mutua bẽiuolenti aabſ te peto: ut ita de uola/
ter áiſ mereare: ut existiẽnt te eũ q̃si diuío cõsilio
isti negotio prepositum esse: apud quem unũ noſ
eoꝝ perpetui defẽsoreſ plurimũ ualere possemuſ.
On moleste fero eã necessitudĩe quæ mihi
tecum est notam eẽ q̃plurimiſ. neq; tamen ob eã
causã quod tu optíe existimare poteſ te impediri:
quo minuſ susceptũ negotiũ tua fide & diligẽtia:

ex uolútate Cæfarif qui tibi ré magná difficilé q̃
commifit gerere poffif. Nam cú multi a me petát
multa: q̃ de tua erga me uoluntate nó dubitent
non cómicto: ut ambitióe mea cóturbem offitiú
tuú. Caio Curtio ab ineúnte ætate familiariffime
fum ufuf. Eiuf & fillani temporif iniuftiffima ca/
lamitate dolui: & cú hif q̃ fimilé iniuriá accepant
amiffif omnibuf fortunif: redituf tamen í patriam
uoluntate omniú cócedi uideretur. Adiutor íco/
lumitatif fui: if habet í uolaterano poffeffionem:
cum in eam tanq̃ e naufragio reliquiaf cótuliffet:
Hoc autem tempore eum Cæfar in fenatú legit:
quem ordiné ille ifta poffeffione amiffa tueri uix
poteft. Grauiffimú aút eft :cum fuperior factuf
fit: ordine inferiorem eé fortúa: minimcq̃ cóueít
ex eo agro: qui Cefarif iuffu diuidatur eú moueri
qui Cefarif beneficio fenator fit. Sed mihi minuf
libet multa de eqtate rei fcribere: ne caufa potiuf
apud te ualuiffe uidear: q̃ gratia. Quáobrem te í
maiorem modum rogo: ut Caii Curtii rem meam
puteé effe: quidquid in ea caufa faceref: ut id Ca.
Curtii caufa feceríf meú exiftimef. quid ille p me
habuerit: id me habere abf te putato. Hoc te ue/
bementer etiam atq; etiam rogo.

Redo te memoria tenere me & corá. Publio
Cufpio tecú locutú eé cú te pfequeret paludatú:
& ité poftea pluribuf uerbif tecú egiffe: ut quof/
cunq; tibi eiuf neceffariof cómendaré: haberef eof
in numero meorú neceffariorú. Id tu p tua fúma
erga me béiuolentia: ppetuaq; obferuantia mihi

liberalissime atq; humanissime recepisti. Cuspiu'
homo i oes suos offitiosissimus mirifice quosdam
hoies ex ista prouintia tuetur & diligit: ppterea
q̶ fuit i africa bis cū maximis sotietatis negotiis
preesset. Itaq; hoc eius offitiū quod adhibet erga
illos: ego mea facultate & gratia soleo quantum
possum adiuuare. Quare cuspianarū oīm cōmen/
datiōis causā hac tibi epistola exponēdā putaui.
Reliquis epistolis tantū fatiam: ut notā apponā
eam quæ mihi tecū cōueniē: & simul significē de
nūero ee Cuspii aīcoɿ. Sed hāc cō mēdatōnē quā
bis lris consignare uolui: scito ee oīm gratissimā.
Nam. P. Cuspius singulari studio cōtendit a me:
ut tibi q̶ diligētissiē. L. Iuliū cōmēdarē. Eius er/
go studio uix uideor mihi satiffacere posse si utor
uerbis his: quibus cum diligētissime quid agimus
uti solemus. Noua quedam postulat: & putat me
eius generis artifitiū qddā tenere: ei ego pollici/
tus sum me ex ítima nostra arte deprompturum
mirificū genus cōmendatōnis. Id quando assequi
nō possū tu te uelim effitias: ut ille genere meaɿ
literaɿ incredibili quiddam pfectum arbitretur.
Id faties si omne genus liberalitatis: quod et ab
humāitate et potestate tua proficisci poterit·nō
modo re: sed etiam uerbis: uultu dēɿq; expresseris.
quæ quantū in prouītiā ualeant: uellem exptus
esses. Sed tamē suspicor ipsū hominem quem tibi
cōmendo p dignū esse tua amicitia: non solū quia
mihi Cuspius dicit: credo tā & si id satis ee debebat:
sed quia noui eius iuditiū in hominibus & amicis
diligendis. Harū literaɿ uis quanta fuerit prope

dïē iudicabo: tibiq; ut cōfido gratiaſ agam. Ego
quæ te uellem: quoq; ad te pertinere arbitrabor:
oīa ſtudioſe diligēterq; curabo. Cura ut ualeaſ.

 Publiuſ Corneliuſ qui tibi haſ literaſ dedit ē
mihi a. P. Cuſpio commendatuſ: cuiuſ cauſa quā/
topere cuperem deberemq; profecto: ex me facile
cognoſci. Vehementer te rogo ut cureſ: ut ex hac
commendatione mihi Cuſpiuſ q̄maximaſ q̄p mū
ſepiſſime agat gratiaſ. Vale.

Cum in galliam proficiſcenſ pro noſtra ne/
ceſſitudine: tuaq; ſumma in me obſeruātia ad me
domū uēiſſeſ: locutuſ ſum tecū de agro uectigali
municipii athelani qui eſſet in gallia: quantoq;
opere eiuſ municipii cauſa laborarem tibi oſtēdi.
Poſt tuam autē profectionem cum & maxia reſ
municipii honeſtiſſimi mihiq; coniunctiſſimi: et
ſummū meū offitiū ageretur pro tuo animo ī me
ſingulari: exiſtimaui me oportere accuratiuſ ſcri/
bere. Et ſi non ſum neſciuſ: & quæ temporꝗ ratio:
& quæ tua ſit poteſtaſ tibiq; negotiū datū eſſe a
.C. Cæſare: non iuditiū preclare intelligo. Quare
a te tatum peto: q̄ntū & te facere poſſe & libēter
mei cauſa facturū eſſe arbitror. Et primū uelim
exiſtimeſ quod reſ eſt municipii fortūaſ omneſ in
iſto uectigali conſiſtere. Hiſ autem temporibuſ
hoc municipiū maximiſ oneribuſ preſſum: ſū miſ
affectum difficultatibuſ. Hoc & ſi cōmune uideť
eſſe cum multiſ: tamē mihi crede ſingulareſ huic
municipio calamitateſ accidiſſe. quaſ idcirco non

commemoro:ne de miſeriſ meorum neceſſarioru̅
conquerenſ homineſ:quoſ nolo uidear offendere.
Itaq; niſi magnam ſpem haberem.C.Cæſariſ noſ
cauſam municipii probaturoſ:non erat cauſa cur
a te hoc te̅pore aliquid conte̅dere̅: ſed qa co̅fido
mihiq; perſuaſi illu̅ & dignitatiſ mu̅icipii & equi/
tatiſ:& etia̅ uoluntatiſ erga ſe habituru̅ ee̅ ro̅ne̅.
ideo a te non dubitaui contendere:ut hanc cauſa̅
illi integram co̅ſeruareſ.quod & ſi nihilominuſ
a te petere̅:ſi nihil audiuiſſe̅ te tale feciſſe:tame̅
maiorem ſpem impetra̅di nactuſ ſum poſtea q̃m
mihi dictu̅ eſt.Hoc idem a te regienſeſ impetra/
uiſſe:qui & te aliq̃ neceſſitudie actingu̅t:tamen
tuuſ amor i̅ me ſperare me cogit:te quod tuiſ ne/
ceſſariſ tribueriſ idem eſſe tributuru̅ meiſ:p̅ſerti
cum pro hiſ uiriſ peta̅.habea̅ aut qui ſimili cauſa
laborent complureſ neceſſarioſ.Hoc me non ſine
cauſa facere:neq; aliqua leui ambitione co̅motu̅
a te contendere:& ſi te exiſtimare arbitror:tame̅
mihi affirma̅ti arbitranti credaſ.uelim me huic
mu̅icipio debere plurimum:nullum unq̃m fuiſſe
tempuſ neq; laborum meorum:in quo non huiuſ
municipii ſtudium i̅ me extiterit ſingulare.Qua/
propter a te etiam atq; etiam pro noſtra ſumma
coniunctione:proq; tua in me perpetua & maxia
beniuole̅tia maicre̅ i̅ modum peto atq; co̅tendo:
ut cu̅ fortunaſ agi eiuſ municipii intelligaſ: quod
ſit mihi neceſſitudine offitiſ beniuolentia con/
iunctiſſimu̅.id mihi deſ:quod erit huiuſmodi:ut
ſi a Cæſare quod ſperamuſ impetrauerimuſ:tuo
benefitio noſ id co̅ſecutoſ ee̅ iudice̅uſ. Sin minuſ

p eo:tamē id habeāuſ:quando a te data ſit opera
ut impetraremuſ. Hoc cū mihi gratiſſimū feceriſ
tamen uiroſ optioſ:homineſ hõeſtiſſimoſ:eoſdēq;
gratiſſimoſ:& tua neceſſitudīe digniſſimoſ.ſūmo
beneficio ī perpetuum tibi tuiſq; deuinxeriſ.

M. C. S. D. marco rutilio·

Vm & mihi cõſciuſ eſſem:quanti te facerē:
& tuam erga me beniuolentiam expertuſ eſſem:
non dubitaui a te petere qđ mihi petendum eſſet
P. Sextium quanti fatiā:ipſe optime ſcio:quāti
autem facere debeam:& tu & omēſ homieſ ſciūt.
Iſ cū ex aliiſ te mei ſtudioſiſſimū eſſe cognoſceret
petuit a me ut ad te q̃accuratiſſīe ſcriberē de re
C.Albini ſenatoriſ cuiuſ ex familia natuſ eſt. L.
Sextiuſ optiuſ adoleſcenſ:filiuſ. P. Sextii. Hoc
idcirco ſcripſi: ut intelligereſ non ſolū me pro. P.
Sex.laborare debere:ſed Sextiū etiā p Albinio.
Reſ aūt hæc ē.A.M. Laberio C.Albiniuſ p̃dia
in exiſtimationem accepit:quæ predia Laberiuſ
emerat a Cæſare de boniſ plotianiſ:ea ſi dicam nó
eē e republica diuidi:docere te uidear nó rogare.
Sed tamē cū Cæſar ſillanaſ uenditioneſ & aſſig/
nationeſ rataſ eſſe uelit: quo firmioreſ extiſtimē̃t
ſue:ſi ea predia diuident:que ipſe Cæſar uēdidit:
quæ tandem in eiuſ ueditionibuſ auctoritaſ eſſe
poterit? Sed hoc q̃le ſit tu p tua prudentia cõſi/
derabiſ.Ego te plāe rogo atq; ita:ut maiore ſtu/
dio iuſtiore de cauſa magiſ ex animo rogare nihil
poſſū ut Albinio pcaſ:p̃dia Laberiana ne actin/
gaſ.Magna me affeceriſ nó modo letitia:ſed etiā
quodāmodo gloria ſi. P. Sextiuſ homini maxíe

neceſſario ſatiſfecerit p me:ut ego illi uni pluri/
mú debeam. Quod ut faciaſ te uehementer etiam
atq; etiã rogo. Maiuſ mihi dare benefitiú nullú
poteſ. Id mihi intelligeſ eſſe gratiſſimú.

Q. .ij. C. Ɔ. D. Craſſipedi.
Vanąm tibi preſenſ commendaui ut potui
diligentiſſime ſocioſ bithimie:teq; tú in ea cõmẽ/
datione:tum etiam tua ſponte intellexi cupere ci
ſocietati qbuſcunq; rebuſ poſſeſ cõmendare:tamẽ
cum hi quorú reſ agitur magni ſua intereſſe arbi/
trarentur:me etiam per literaſ declarare tibi qua
eſſem erga ipſoſ uoluntate:non dubitaui hoc ad
te ſcribere. Volo.n. te exiſtimare me cú uniuerſo
ordini publicanorú ſemper libentiſſime tribueri.
Idq; magniſ eiuſ ordiſ erga me meritiſ facere de/
bueri: tú in p̃miſ aicú eēhuic bithimie ſocietati.
quæ ſocietaſ ordine ipſo hominú genere parſ eſt
maxia ciuitatiſ:cõſtat eni ex ceteriſ ſocietatibuſ:
& caſu permulti ſút í ea ſocietate ualde mihi fa/
miliareſ. In p̃miſq; iſ cuiuſ precipuú offitiú agié.
Hoc tp̃re. P. Rupiliuſ. P. E. men. q eſt magiſter
in ea ſocietate. Que cum ita ſint maiorẽ in modú
a te peto. Gn. Pupiú qui eſt í opſ eiuſ ſocietatiſ:
omíbuſ tuiſ cffitiiſ atq; omni liberalitate tueare:
cureſq; ut cuiuſ opre qđ tibi facile factú ē ągra/
tiſſime ſint ſociiſ.rēq; & utilitatẽ ſocio4:cuiuſ rei
ąntã ptãtem queſtor hēat nõ ſum ignaruſ per te
ą̃ maxime defenſam & auctam ueliſ. Id cum mihi
gratiſſimú feceriſ:tum illđ tibi expertuſ. p̃micto
& ſpondeo te ſocioſ bithimiæ:ſi iſ cõmēdariſ me/
moreſ eſſe & gratoſ cogniturum. .ij. c. bruto. Ɔ.

CVm ad te cuiufque ſtor proficiſceretur. M.
Varro:commendatióe egere eũ nó putabã.
Satiſ enim commẽdatum tibi eum arbitrabar ab
ipſo more maioꝛ. q ut re non fugit:hãc queſture
coniunctionem liberorum neceſſitudini pximã
uoluit eſſe. Sed cũ ſibi ita pſuaſiſſet:ipſe meaſ de
ſe accurate ſcriptaſ literaſ maxíum apud te pó duſ
habituraſa meq; cõtenderet:ut q̃ diligẽtiſſie ſcri/
berem:malui facere : q̃ meuſ familiariſ tãtu ſua
ſtereſſe arbitraretur. Vt igitur, debere facere me
hoc intelligaſ:tum primũ. M. Terentiuſ ut foꝛ
uenit:ad amicitiam ſe meam contulit. Deinde ut
ſe corroborauit:duæ cauſæ acceſſerunt. que meã
in illum beniuolentiam anxerũt. ũnáq; uerſabat
in hoc ſtudio noſtro quo etiam nunc maxime de/
lectamur:& cũ ígenio ut noſti nec ſine iduſtria.
Deinde q̃ mature ſe cõtulit in ſocietateſ publica/
norum:quod quidem nollem. Maximiſ. n. damniſ
affectuſ eſt:ſed tamẽ cõmuniſ ordiniſ mihi cõmẽ/
datiſſimi fecit amicitiã noſtram firmiorẽ:deinde
uerſatuſí utriſq; ſubſelliſ:optima & fide & fama
iam ante hanc cõmutationem reipubli. petitioni
ſeſe dedit:honorẽ q̃ hõeſtiſſimũ extiauit fructũ
laboriſ ſui. Hiſ autem temporibuſ a me brũduſio
cum literiſ & mandatiſ profectuſ eſt ad Cæſarem.
Qua in re & amorem eiuſ in ſuſcipiendo negotio
perſpexi: & fidem in cõfitiẽdo ac renuntiando.
Videor mihi cum ſeperatim de probitate eiuſ:et
moribuſ dicturuſ fuiſſem :ſi priuſ cauſam cur eũ
tãtopere diligerem tibi expoſuiſſẽ. In ipſa cauſa
exponẽda ſatiſ etiam de probitate dixiſſem. Sed

tamē feperatim promicto in meq; recipio fore eū
tibi & uoluptati & ufui. Nam & modeſtū boīem
cognofcef & prudentē & a cupiditate omni remo/
tiſſimū. preterea magni laborif: ſummeq; iduſtrie.
Neq; ego bec polliceri debeo : que tibi pi cū bene
cognoueriſ iudicanda ſunt: ſed tamen i omnibuſ
nouiſ coniunctionibuſ itereſt: q̃liſ primuſ adituſ
ſit: & qua cōmendatió e: quaſi amicitiæ foreſ ape/
riantur. Quod ego biſ literiſ efficere uolui: & ſi id
ipſa p ſe neceſſitudo que ſture effeciſſe debet: ſed
tamē nibilo ſfirmiuſ illud boc addito. Cura igit̃
ſi me tanti faciſ quanti & Varro exiſtimat & ipe
ſentio: ut q̃ primū intelligā bāc meā cōmēdatónē
illi utilitatiſ actuliſſe: quantū & ipſe ſperarit nec
ego dubitarim. ꞏ ꞑ ꞏ C ꞏ S ꞏ D ꞏ bruto

Q Va ſemp aiaduerti ſtudioſe te opam dare :
ut ne quid meorū tibi eſſet ignotū: ppterea
non dubito quin ſciaſ non ſolum cuiuſ municipii
ſim: ſed etiam q̃ diligenter ſoleā meoſ municipeſ
arpinateſ tueri. Quorum quidem omnia cōmoda
omneſq; facultateſ: quibuſ & ſacra cōficere: & ſa/
cra tecta edium ſacrarum: locorumq; communiū
tueri poſſit: cōſiſtūt i biſ uectigalibuſ: que babēt
in puitia gallia ad ea uiſēda: pecūiaſq; a coloniſ
debentur exigendaſ: totamq; rem & cognoſcendā
& ad miniſtrādā legatoſ eqteſ romanoſ miſimuſ
Q. Suffidiū. Q. F. M. Fātium. M. F. Q. Ma/
mertum. Q. F. Peto a te maiorem in modū pro
noſtra neceſſitudine: ut ea reſ tibi curæ ſit: opáq;
deſ: ut per te q̃ cōmodiſſime: negotium mūicipii
adminiſtretur: q̃ primūq; cōfitiatur: ipſoſq; quoʒ

noîa ſcripſit ut q̃bonorificẽtiſſime p tua natura:
& q̃liberaliſſime tracteſbonoſ uiroſ ad tuam ne/
ceſſitudinem adiunxeriſ municiprúq; gratiſſimú
benefitio tuo detunxeriſ. mibi uero etiã gratiuſ
feceriſ. Quod cũ ſep̃ tueri múicipeſ meoſ cóſueui:
tum bic annuſ precipue ad meam curam offitiúq;
pertinet. Nam cum conſtituendi municipii cauſa
boc ãno: edilem filiú meum fieri uolui: et fratriſ
filiú: & M. Ceſú bomiñẽ mibi maxíe neceſſariú.
Iſ enim magiſtratuſ í noſtro múicipio: nec aliuſ
ulluſ creari ſolet. quoſ cobóeſtariſ. In primiſq; me
ſi reſpub. municipii tuo ſtudio diligẽtia bene ad/
miniſtrata erit. Quod ut fatiaſ te uebemẽter etiã
atq; etiam rogo.   M. C. S. Dicit breuitu
A Lia epiſtola comuniter cõmendaui tibi le/
gatoſ arpinatú ut potui diligentiſſime. bac ſep ati
. Q. Suffidiú: quo cum mibi omneſ neceſſitudieſ
ſunt diligentiñſ commendo: nó ut aliquid de illa
commendatione cóminuã: ſed ut ad banc addam.
Nam & priuiguuſẽ. M. Ceſu mei maxime & fa/
miliariſ & neceſſarii. & fuit í cilicia mecú tribunuſ
militú: quo í munere ita ſe tractauit: ut accepiſſe
ab eo benefitiú uideret non dediſſe. Eſt preterea
quod apud te ualet plurimã: á nõ ſtriſ ſtudiiſ nó
abborrẽſ. Quare ueli eú q̃liberaliſſ íe cóplectare:
operáq; deſ ut í ea legatóne quam ſuſcepit cótra
ſuú commodum ſecutuſ auctoritatẽ meã q̃maxíe
eiuſ excellat induſtria. Vult. n. id qđ optio cuiq;
natura tributú ẽ. q̃maxíam laudẽ: tú a nobiſq eú
ipuliuſ: tú a múicipio cóſe q. qđ ei cótinget: ſi bac
mea cómẽdatóe tuú erga ſe ſtudiú erit cóſecutuſ.

MVtiuf Caftroniuf Petruf: longe princepf mūi/
cipii luceſiſ ē bō eſtuſ grauiſ: plenuſ offitio: bonuſ
plane uir: & tū uirtutibuſ: tū etiā fortuna: ſi quid
boc ad rempubl. pertinet ornatuſ: meuſ autem eſt
fāiliariſſiuſ. Sic prorſuſ ut noſtri ordiniſ obſeruet
neminem diligentiuſ. Quare ut & meum amicum
& tua dignū amicitia tibi cōmendo: cui qbuſcūq;
rebuſ commodaueriſ: tibi profecto iocūdū mibi
certe erit grātum.   d) · C · S · D · bruto

LVtio Titione Strabone · equite romano.
In primiſ boneſto & ornato famiharıſſime
utor. Omnia mibi cum eo intercēdunt iura ſūme
neceſſitudıniſ. Huic in tua prouıntia pecuniam
debet Pupiliuſ Corneliuſ. Ea reſa Volcatio qui
rōmæ iuſ dicit reiecta in galliā eſt. Peto a te boc
diligentiuſ ꝗ ſi mea reſ eſſet: quo eſt boneſtiuſ de
amicorum pecunia laborare ꝗ de ſua: ut negotiū
confitiendū cureſ: ipſe ſuſcipiaſ: tranſigaſ: opamq;
deſ: quoād tibi æquū & rectū uidebit: ut ꝗcōm/
modiſſima condıtōe Libertuſ Straboniſ qui eiuſ
rei cauſa miſſuſ eſt: negotiū cōfitiat ad numoſ q;
perueniat. Id & mibi gratiſſimū erit: & tui pe. L.
Titiū cognoſceſ aicitia tua digniſſimū. Quod ut
tibi cure ſit: ut omnia ſolent eē: quæ me uelle ſciſ:
te uebementer etiā atq; etiā rogo.

T   d) · C · Ceſari ſmpe. S · D ·
Reciliū tibi commēdo unice tui neceſſaru:
mei familiariſſimi uiri optimi filiū. quem tū ado/
leſcentē ipſum propter eiuſ mōdeſtiā: būanitatē:
animum & amorem: erga me ſingularem mirifice

diligo. tū patrem eiufre doctuf intellexi : & didici
mihi fuiſſe ſemper aiciſſimū. En hic ē ille de illiſ
maxíe qui irridere atq; obiurgare me ſolicituf eſt.
qđ me non tecū preſerti cū abſte honorificētiſſie
imitarer cōiungerem.
audiebā enim noſtroſ proceref clamitantiſ.
       Sed tamen idem me cōſolat
etiam hominem peruſtū : & inanem : gloria uolūc
incendere atq; ita loquūtur.
     ſed me minuſiam mouēt ut uideſ. Itaq;
ab Homeri magni eloquentia cōfero me ad uera
precepta.
quem uerſū ſenex Preciliuſ laudat egregie & ait
poſſe eundem &.
uidere & tamen nihilominuſ.
Sed ut redeam ad id unde cepi : gratū uehemēter
mihi feceriſ : ſi hunc adoleſcentem humanitate tua
que eſt ſingulariſ comprehenderiſ. Et ad id quod
ipſorū preciliorū cauſa te uelle arbitrabor. addi/
deriſ cumulum cōmēdationiſ mee. Genere nouo
ſum literarū ad te uſuſ : ut intelligeref nō uulgarē
eſſe cōmendationē. .n. C. bruto uel qſm ẽ ɒ
PVbliū Craſſū ex omī nobilitate adoleſcētē
dilexi plurimum : et ex eo cum ab ineunte
eiuſ ætate bene ſperauiſſem : tum p me exiſtíare
cepi ex hiſiuditiſ quæ de eo fecerā cognitiſ : eiuſ
Libertū Apolloniū : iam tū quidē cū ille uiueret :
& magnifatiebam et probabā. Erat .n. ſtudioſuſ
Craſſi : & ad eiuſ optima ſtudia uehemēter aptuſ.
Itaq; ab eo admodū deligabatur. Poſt mortem
autem Craſſi eo mihi etiam dignior uiſuſ ē : quem

in fidem atq; amicitiam meam reciperem:quo eof
a fe obferuandof & colēdof. putabat quof ille di/
lexiffet: & quibuf caruf fuiffet. Itaq; et ad me in
ciliciam uēit:multifq; in rebuf mihi magno uifui
fuit:& fidef eiuf & prudentia: & ut opinor tibi in
alexādrino bello:quātū ftudio & fidelitate cōfeq
potuit nō defuit. Quod cū fp aret te quoq; ita ex/
iftiare i hifpāiā ad te maxiē ille quidē fuo cōfilio:
fed etiam me autore eft profectuf. Cui ego com/
mendationem non fum pollicituf : non quin eam
ualituram apud te arbitrarer :fed neq; mihi egere
cōmendationem uidebatur :qui & in bello tecum
fuiffet:& propter memoriā Craffi de tuif unuf eēt
& fi uti commendatiōibuf uellet:etiam per aliof
eum uidebā id confequi poffe. Teftimoniū meū
de eo iudicui: quod & ipfe magni exiftimabat:et
ego apud te ualere eram expertuf ei libenter dedi.
Doctū igitur hominem cognoui: & ftudiif optif
deditū. Idq; a puero. Nā domi meæ cū Diodoro
ftoico hoie meo iudicio erudiffio multū a puero
fuit. Nunc autem incēfuf ftudio rerū tuarum hif
literif grecif mādare cupiebat:poffe arbitror:ua/
let ingenio :habet ufum iam pridem: in eo genere
ftudii literarūq; uerfat. fatiffacere immortalitati
laudum tuarū mirabiliter cupit. Habef opionif
mee teftimoniū :fed tu hoc faciliuf multo pro tua
figulari prudētia iudicabif. Et tamē qd negaue/
rā commendo tibi eū. Quidqd ei cōmodauerif erit
mihi maiorē i modū gratū. ꝛꝛ C̄ ꝺꝛꝛo ſeꝛ ſaꝺ

MArcuf Curiuf qui patraf negotiatur: multif
& magnif de caufif a me diligit. nā & aicitia

peruetuſ mibi cum eo eſt: ut primũ ſ forum ueni
inſtituta: & patraſ cum aliquotienſ antea: tamen
proxime boc miſerriọ bello domuſ eiuſ tota mibi
patuit. Qua ſi opuſ fuiſſet tam eſſem uſuſ q̃ mea.
Maximũ autem mibi uinculum cum eo eſt: quaſi
ſanctioriſ cuiuſdã neceſſitudiniſ qɔ ē Actici noſtri
familiariſſimuſ: eũq̇ unũ preter ceteroſ obſeruat
ac diligit: quem ſi tu iã forte cognouiſti: puto me
boc quod fatio facere ſeruiſ. Ea eni ē bumãitate
& obſeruantia: ut eum tibi iã ipſũ p ſe cõmẽdatũ
putem. Quod tamẽ ſi ita eſt magnope a te queſo:
ut ad eam uoluntatem ſi quam in illum ante baſ
Iraſ contuliſti: q̃ maxiuſ poſtea cumuluſ accedat.
Sin autem propter uerecũdiã ſuam minuſ ſe tibi
obtulit: aut eum nõ dum babeſ ſatiſ cognitũ: aut
que cauſa eſt cur maioriſ cõmẽdationiſ indigeat.
ſic tibi eũ cõmendo: ut neq̇ maiore ſtudio quenq̃:
neq̇ iuſtioribuſ de cauſiſ cõmendare poſſim. Fa/
tiamq̇ id q d̄ debent ii qui religioſe & ſine ãbitóe
commẽdant. Spõ debo eni tibi uel potiuſ ſpõ deo
in meq̇ recipio: eoſ eſſe. M. Curii moreſ: eamq̇ tũ
probitatem: tũ etiam bumanitatē: ut eũ & aicitia
tua: & tã accurata cõmẽdatóe: ſi tibi ſit cognituſ
dignũ ſiſ exiſtimaturuſ. Mibi certe gratiſſimum
feceriſ: ſi intellexero baſ literaſ tantũ q̃ntũ ſcribeſ
confidebam apud te ponduſ babuiſſe.

N d . C. Seruio ſulpitio S. D.
  On cõcedam ut Actico noſtro: quẽ elatum
letitia uidi: iocũdioreſ tuæ ſuauiſſie ad eũ & bũa/
niſſime ſcripte litere fuerũt q̃ mibi. Nã & ſi utriq̇
noſtrũ ꝓpe eque grate erãt: tamẽ ego admirabar

magiſ te quaſi rogatuſ:aut certē admonituſ libe/
raliter Actico reſpondiſſeſ. Quod tamen dubium
nobiſ quin ita futurꝝ fuerit:non erat ultro ad eū
ſcripſiſſe:eiꝗ nec opinanti uoluntatem tuā tantā
per literaſ detuliſſe. De quo non mõ rogare te ut
eo ſtudioſiuſ mea quoꝗ cā fatiaſ nõ debeo. Ni/
hil enĩ cumulatiuſ fieri poteſt:ꝗ polliceriſ. ſed ne
gratiaſ ꝗdē agere:ꝗ tu & ipſiuſ cauſa & tua ſpõ te
feceriſ. Illud tamen dicam:mihi id quod feciſti eē
gratiſſimū. Tale enim tuū iuditiū de homine eo
quem unice diligo:non poteſt mihi nõ ſūme eſſe
iocundum. Quod cum ita ſit eſſe gratū neceſſe ē.
Sed tamen quando mihi pro cõiunctõne noſtra
uel peccare apud te in ſcribendo licet:utrūꝗ eorū
que negaui mihi fatiēda eſſe fatiam. Nam & ad
id quod Actici cauſa te oſtendiſti eſſe facturum:
tātū uelim addaſ: ꝗntū ex meo amore acceſſiõiſ
fieri poteſt. Et quod modo uerebar tibi gratiaſ
agere: nunc plane ago: teꝗ ita exiſtimare uolo
quibuſcunꝗ offitiiſ in epiroticiſ:reliquiſꝗ rebuſ
Acticū obſtruxeriſ:uſdē me tibi obligatū fore.

C Vm Liſone patrenſi ē mihi quidē hoſpitiū
uetuſ: quam ego neceſſitudinē ſancte colendam
puto. ſed ea cauſa etiam cum aliiſ compluribuſ:
fāiliaritaſ tanta nullo cū hoſpite.& ea tū offitiiſ
eiuſ multiſ:tum etiam cõſuetudíe quotidiana ſic
ē aucta:ut nihil ſit fāiliaritate noſtra cõiūctiuſ.
Iſ cū rome ānū ꝓpe ita fuiſſet:ut mecū uiueret:
& ſi erāuſ í magna ſpe te meiſ literiſ cõmēdatõeꝗ
diligentiſſime facturꝝ id qđ feciſti:ut eiuſ rem et

fortunaſ abſentiſ tuerere: tamē qđ in uniuſ ptāte
erant oía: & q Liſo fuerat in noſtra cauſa: nríſq;
preſidiuſ: quotidie aliqd timebáuſ. Effectú tamē
eſt: & ipſiuſ ſplēdore & noſtro reliquoꝛq; hoſpitú
ſtudio: ut oía que uellemuſ a Cæſare ípetrarēt.
Quod intelligeſ ex hiſ literiſ q̃ſ Ceſar ad te dedit.
Nunc nó mó remictimuſ tibi aliquid ex noſtra
cómendatóe: quaſi adepti iã omnia: ſed eo uehe/
mētiuſ a te cótendíuſ: ut Liſonē in fidē neceſſitu/
dinemq; tuã recipiaſ. Cuiuſ dubia fortúa timidiuſ
tecũ agebamuſ: uerenteſ ne qd accideret eiuſmói:
ut ne tu qdē mederi poſſeſ. Explorata uero eiuſ
incolumitate: ómía a te ſtudio ſúmo curaq; peto.
Que ne ſingula enumerē totã tibi domú cómēdo.
In hiſ adoleſcentem filiú eiuſ: quē Caiuſ Mēniuſ
gemelluſ clienſ meuſ. cum in calamitate exilii ſui
patrenſiſ ciuiſ factuſ eſſet: patrem ſuú legibuſ ad/
optauit: ut eiuſ ipſiuſ hereditatiſ iuſ cãmq; tueare.
Caput illud eſt: ut Liſonem quē ego uirũ optím
gratiſſimúq; cognoui: recipiaſ í neceſſitudinē tuã.
Quod ſi feceriſ: non dubito: quin in eo diligendo:
ceteriſq; commendando. idē ſi iudtii & uolútatiſ
híturuſ. Quod fieri tú uehementer ſtudeo: tú etiã
illud uereor: ne ſi míuſ cumulate uideberiſ feciſſe
aliqd eiuſ cauſa: me ille negligenter ſcpſiſſe putet:
non te oblitum mei. Quanti enim me feceriſ: cum
ex ſermóibuſ quotidianiſ meiſ: cum ex epiſtoliſ
etiã tuiſ poteriſ cognoſcere. Vale.

M · C · Seruio Slm · D ·
Sclapóe patrenſi medico utor familiariter:
eiuſq; tum conſuetudo mihi iocunda fuit: tú etiã

arſqua ſum exptuſin ualitudine meorú. In qua
mibi tum ipſa ſciétia: tum etiam fidelitate: beni/
uolentiaq; ſatiſfecit. Hunc igitur tibi commendo
& a te peto: ut deſ operam ut intelligát diligéter
me ſcripſiſſe de ſeſe: meamq; cómendationé uſui
magno ſibi fuiſſe. Erit id mibi uebeméter gratú.

M. C. Octauiano. S. D.   Vale.
Arcuſ Emiliuſ Auianuſ ab ineunte adoleſ/
centia me obſeruauit: ſemperq; dilexit. Vir tum
bonuſ: tum perbúanuſ: omniq; genere offitii di/
ligéduſ. Qué ſi arbitrarer eé ſytóe & niſi audiré
ibi eú etiá núc: ubi ego reliqui cybrie cómorari:
nibil eſſet neceſſe plura me ad te de eo ſcribere.
Perficeret enim ipſe profecto ſuiſ moribuſ: ſuaq;
bumanitate: ut ſine cuiuſ ǵ commendatione dili/
geretur a te: non minuſ ǵ & a me: & a cæteriſ ſuiſ
familiaribuſ. Sed cum illú abeſſe putem: cómédo
tibi in maiorem modum domú ſuã quæ é ſytóe:
remq; fáiliaré maxime Caiú Auianú Hámoniú
Libertum eiuſ: quem quidem tibi etiá ſuo nomí:
commédo. Nam tum propterea mibi eſt pbatuſ.
ǵ eſt in patronú ſuú cffitio & fide ſingulari: tum
etiam in meipſum magna offitia contulit: mibiq;
moleſtiſſiſ réporibuſ ita fideliter béiuoleq; pſto
fuit: ut ſi a me manumiſſuſ eét. Itaq; peto a te: ut
eum Hámoniú & i patrói eiuſ negotó ſic tueare:
ut eiuſ procuratorem quem tibi commédo: & ipm
ſuo nomine diligaſ. babeaſq; in numero tuorum:
bominem prudentem et offitioſum cognoſceſ: et
dignum qui a te diligatur. Vale.
M. C. S. D. Seruio:-

Itú Maniliú q̃ negotiat̃ theſpiſ uehemen/
ter diligo. Nã & ſẽp me coluit diligẽtiſſieq̃;
obſeruauit:& a ſtudiiſ nr̃ſ non abhorret. Accedit
eo q̃ Varro Murena magnopere eiuſcauſa uult
omnia: qui tamẽ exiſtimauit: & ſi ſuiſ literiſ q̃buſ
tibi Manilium commendabat ualde confideret :
tamẽ mea cõmendatione aliquid acceſſioniſ fore.
Me quidem tũ Mãilii familiaritaſ:tum Varrõiſ
ſtudiũ cõmouit:ut ad te q̃accuratiſſime ſcriberẽ.
Gratiſſimũ igitur mihi feceriſ:ſi buic cõmendatõr
mee tantũ tribueriſ :quãtũ cui tribuiſti plurimũ.
Id eſt ſi Titiũ Manilium q̃maximẽ quibuſcunq̃;
rebuſ hõeſte:ac p tua dignitate poteriſ: iuueriſ:
atq̃; ornaueriſ. Ex ipſiuſ preterea gratiſſimiſ et
hũaniſſimiſ moribuſ confirmo tibi :eum quẽ ſoleſ
fructum a bonorum uiroꝗ offitiiſ expectare eſſe
capturum. ·ꝵ· C· Seruio. S· D·

Vtio Coſſimo aſco & tribuli tuo ualde fã/
liaritec utor. Nã & inter noſmetipſoſ uetuſ
uſuſ intercedit. Et Acticuſ noſter maiorem etiam
mihi cũ Coſſimo conſuetudinem fecit. Itaq̃; tota
Coſſimi domuſ me diligeret. In p̃ miſq̃; Libertuſ
eiuſ Lutiuſ Coſſimuſ anchilauſ homo & patrono
et patroni neceſſariuſ: quo in numero: ego ſum
ꝓbatiſſimuſ. Hunc tibi ita commendo ut ſi meuſ
Libertuſ eẽt:eodemq̃; ſi apud me loco eſſet :quo
& eſt apud patronũ ſuũ:maiore ſtudio cõmẽdare
nõ poſſem. Quare pergratum mihi feceriſ: ſi eum
ſ amicitiã tuam receperiſ. atq̃ eũ qd̃ ſine moleſtia
tua fiat:ſi q̃ in re opuſ ei fuerit iuueriſ. Id & mihi
uehementer gratum erit:& poſtea tibi iocundum.

Hominem enim summa probitate: humanitate:
obseruãtiaq; cognosces. .ij. c. Seruio. s. d.

CVm ãtea capiebã ex offitio meo uoluptatē:
qd memieri q̃ tibi diligēter Lisonē hospitē
& familiarē meū cõmendassem. Tú uero posteaq̃
ex literis eius cognoui tibi eū falso suspectū fuisse:
letatus sũ: me tã diligentē i eo cõmendãdo fuisse.
Ita enim scripsit ad me sibi meam cõmēdationem
maximo adiumēto fuisse: qd ad te delatū diceret
sese contrã dignitatē tuã rome de te loq̃ solitum
esse. De quo & si pro tua felicitate & humanitate
purgatū se tibi scribit eē: tú primū tibi ut debeo
maximas gratias ago: cum tãtum litere mee po/
tuerunt: ut bis lectis oēm offensionem suspitõnis:
quã habueras de Lisõe depõeres. Deinde credas
mihi affirmãti: uelí me hoc nó pro Lisone magis
q̃ omnibus scribere. hominem esse neminem: qui
unq̃ mētionem tui: sine tua summa lãude fēcerit.
Liso uero cum mecum prope quotidie esset: una
que uiueret non solū quia me libenter audire ar/
bitrabatur: sed quia libentius ipe loquebatur oĩa
mihi & facta & dicta laudabat. Quaprópter & si
a te ita tractat: ut iã non desideret cõmēdatóem
meam: isq; se literis meis oĩa cõsecutū putet: tamē
a te peto in maiorem modum: ut eū etiã atq; etiã
tuis offitiis liberalitate cõplectare. Scriberē ad te
qualis uir esset: ut superioribus feceram: nisi eum
iam per seipsū tibi satis esse notū arbitrarer.

.ij. c. Seruio. s. d.

MAsagaretus Lariseus magnis meis benefitiis
ornatus: in cõsulatu meo mēor & gratus fuit meq̃

postea diligentissime coluit. Eum tibi magnope
commendo: ut & hospitem meū & familiarē meū:
& gratum hominem: & uirum bonum: & pricipem
ciuitatis suæ: & tua necessitudie dignissimū. Per/
gratū mihi feceris: si dederis opam ut hic itelligat
hanc meā cōmendatōnem magnū apud te pō dus
habuisse. .D. C. Sermio S. D.

Vtius Mescinius ea mecū necessitudine cō/
iunctus est: ǫ mihi questor fuit. Sed hanc causā
quam ego ut a maioribus accepi sēp grauē duxi:
fecit uirtute & humāitate sua iustiorem. Itaǫ eo
sic utor: ut neǫ familiarius ullo: nec libentius. Is
quanǭ confidere uidebat: & sua causa que hones/
te posses libenter esse facturum. Magnum tamen
esse sperauit apud te meas literas. Id cum ipe ita
iudicabat: tum pro familiari consuetudine sæpe
ex me audierat: ǭ suauis esset inter nos & quanta
coniunctio. Peto igitur a te tāto scilicet studio:
quanto intelligis debere me petere: pro homine
tā mihi necessario: & tā familiari: ut eius negotia
quæ sū t i achaia ex eo ǫ heres ē Marco Mindio
fratri suo: ǫ eli negotiatus est explices: & expe/
dias: tum iure & potestate quam habes: tum etiam
au ctoritate & cōsilio tuo. Sic enim prescripsimus
iis quibus ea negotia mandauimus: ut omnibus i
rebus quæ in aliquam cōtrouersiā uocarentur te
arbitror: et quod cōmodo tuo fieri posset: te dis/
ceptatore uterētur. Id ut honoris mei cā suscipias:
uehementer te etiam atǫ etiā rogo. Illud pterea
si non alienum tua dignitate putabis esse: feceris
mihi pergratum. si qui difficiliores erunt: ut rem

fine controuerfia confici nolint:fi eof quando cū
fenatore refeft romam reiecerif.Quod quo miore
dubitatōe facere poffif:literaf ad te a M. Lepido
confule non que te aliquid iuberent. Neq; enim
id tue dignitatif effe arbitramur:fed quodāmodo
quafi commendatitiaffumpfimuf. Scriberem q̃m
id benefitiū bene apud Mefciniū pofituruf effef:
nifi & te fcire confiderem:& mihi peterem. Sic. n.
ueli exiftimef non minuf me de illiufre laborare:
q̃ ipfum de fuo. Sed tum illud ftudeo:q̃facillime
ad fuū peruenire:tū illud laboro:ut nō minimū
hac mea cōmendatione fe confecutū arbitretur.

L   .h. C. Seruio. S. D.
     Icet eodē exēplo fæpiuf tibi huiuf generif
literaf mictam:cum gratiaf agam:ꝙ meaf cōmen/
dattionef tam diligenter obferuef:quod feci i aliuf
& fatiā ut uideo fepiuf:fed tamen nō parcā opre.
Et ut uoletif i formulif:fic ego i epiftolif de eadē
re alio modo.Caiuf Auianuf igitur Hammōiuf
incredibilef mihi per literaf gratiaf egit:& fuo et
Emilii Auiani patroni fui nomie:nec liberaliuf
nec honorificētiuf tractari potuiffe:nec fe præ/
fentē nec familiarē abfentif patroni fui. Id mihi
tum iocundum eft eoꝗ caufa:quof ego tibi fūma
neceffitudine & fūma coniunctōne adductuf cō/
mendauerā. Quod Marcuf Emiliuf unuf ex meif
fāiliariffimif atq; itimif maxie neceffariuf homo:
& magnif meif benefitiif deuictuf:& prope oim:
qui mihi aliquid debere uidentur gratiffimuf:tū
multo iocūdiuf te eē in me tali uolūtate:ut pluf
profif aicif meif q̃ ego prefenf fortaffe prodeffem.

Credo qʒ magiſ ego dubitarem quid illorũ cauſa
facerem:q̃ tu quid mea. Sed hoc non dubito:quin
exiſtimeſ mihi eē gratum. Illud te rogo:ut illoſ
quoqʒ gratoſ homineſ eſſe puteſ:quod ita eſſe tibi
promicto atqʒ confirmo. Quare uelim quidquid
habent negotii deſopam:quod cõmodo tuo fiat:
ut te optinente achaiā confittant. Ego cum tuo
Seruio iocũdiſſime cõiunctiſſieqʒ uiuo:magnãqʒ
tum ex ingēio eiuſ:ſingulariqʒ ſtudio:tũ ex uir/
tute & probitate uoluptatem capio.

ET ſi libenter petere a te ſoleo:ſi quid opuſ ē
meoꝝ cuipiā:tamē multo libētiuſ grãſ tibi ago:cũ
fecifti aliquid commendatōne mea:qð ſemp faciſ
Incredibile eſt enim quaſ mihi gratiaſ agãt etiã
mediocriter a me tibi commendati:quæ oía mihi
grata:ſed de Lucio Meſcinio gratiſſimũ. Sic.n.
eſt mecũ locutuſ:te ut meaſ literaſ legeriſ ſtatim
procuratoribuſ ſuiſ pollicitum eſſe õmnia. Multo
uero plura & maiora feciſſe. Id igitur. Puto enim
etiam atqʒ etiam meā mihi dicendum eſſe:uelim
exiſtimeſ mihi te feciſſe gratiſſimũ:quod quidem
hoc uehemētiuſ lætor:ꝗ ex ipſo Meſcinio te ui/
deo magnam capturum uoluptatem. Eſt enim in
eo tum animi uirtuſ:& probitaſ:& ſũmũ offitiũ:
ſummaqʒ obſeruātia:tum ſtudia illa noſtra ꝗbuſ
antea delectabamur:nunc etiam uiuimuſ. Quod
reliquũ ē uelim augeaſ tua in eũ beneficia oíbuſ
rebuſ:que te erunt digne. Sed duo quidem te no/
minatim rogo. Primum ut ſi quid ſatiſdandũ erit
ampliuſ eo nomine non peti cureſ: ut ſatiſdetur

fide mea. Deinde cū fere cōsistat hereditas ī hiſ
rebuſ quaſ auertit oppia: que uxor Mindii fuit:
adiuueſ meaſq; rationeſ quemadmodū illa mulier
romam perducatur : ꝗ ſi putarit illa fore ut opīo
noſtra ē: negotiū cōficiemuſ. Hoc ut aſſeꝗmur:
te uehementer etiam atꝗ etiam rogo. Illud quod
ſupra ſcpſi id ī me recipio: te ea quæ feciſti Meſ/
cinii cauſa: queꝗ feceriſ ita bene collocaturum: ut
ipſe iudiceſ homini te gratiſſimo iocūdiſſime be/
nigne feciſſe. Volo enī ad id quod mea cā feciſti
hoc etiam accedere. Nec lacedemonioſ dubitare
arbitror: quin ipſi ſua maioꝝq; ſuoꝝ auctoritate
ſatiſ cōmendati ſint fidei & iuſtitiæ tuæ. Et ego
qui te optime nouiſſem non dubitaui: quin tibi
notiſſima & iura & merita populoꝝ eſſent. Itaꝗ
cum a me peteret Philippuſ lacedemōiuſ: ut tibi
ciuitatem commendarem: et ſi memineram me et
ciuitāti omnia debere: tamē reſpondi cōmēdatōe
lacedemonioſ apud te non egere. Itaꝗ ſic uelim
exiſtimeſ ī me omniſ achaiæ ciuitateſ arbitrari p
horum tempoꝝ perturbatiōe feliceſ. ꝗ tu hiſ p̄ſiſ.
Eundēꝗ; me ita iudicare te ꝗ unuſ optime noſſeſ:
non noſtra ſolum: ſed etiam gretiæ monumenta
omnia: tuā ſponte amicum lacedemoniiſ & eſſe
& fore. Quare tantum a te peto: ut cum ea farieſ
lacedemōiorum cauſa: quæ tua fideſ: amplitudo:
iuſtitia poſtulat: ut hiſ ſi tibi uidebitur: ſignificeſ
te non moleſte ferre: ꝗ intelligaſ ea quæ faciaſ:
mihi quoꝗ grata eſſe. Perfiet enim ad offitium
meum eoſ exiſtimare cure mihi ſuaſ reſ eſſe. Hoc
te uehementer etiam atꝗ etiam rogo. Vale.

NOn dubito quin scias in hif necessarius: q̃ tibi
a patre relic̃ti sunt: me tibi eē uel cōinnc̃tissimū.
Non hif modo causis: que spetiē habeant magne
coniunctionis: sed hif etiam qui familiaritate et
cōsuetudine tenent. q̃ scif mihi iocundissimā cum
patre tuo: & summā fuisse ab hif initiuf noster í te
amor profectuf: auxit paternā necessitudíem: et
eo magif quod ítellexi: ut primū p etatē iuditiū
facere potuerif: quanti quisq̃ tibi facienduf esset:
me a te í primif ceptum esse obseruari: coli: diligi.
Accedebat nó mediocre uinculū tum studiorum:
quod ipsum est per se graue: tum eox̃ studiorum:
eax̃q̃ artiū quæ p se ipse eof qui uoluntate eadē
sunt: etiam familiaritate deuincūt. Expectarē te
arbitror hec tā longe repetita p̃ncipia quo spec/
tent. Id p̃mū ergo habeto nó sine magna iustaq̃
causa: hanc a me commemoratióem esse factam.
Caio Ateio Capitóe utor familiarissime. Nocte
tibi sunt uarietatef meox̃ temporū í omí genere:
& bonorū & laborum meorum: & animuf & opa
& auctoritaf:& gratia etiam ressfamiliarif. C. Ca/
pitóif presto fuit: & paruit & tēporibuf & fortūe
mee. Huiuf propinquuf fuit Tituf Antistiuf: qui
cum forte questor macedoniam obtineret: neq̃ ei
successum esset. Pompeiuf in eam prouintiā cum
exercitu uēit: facere Antistiuf nihil potuit. Nam
si potuisset: nihil ei fuisset ātiquif: q̃ ad Capitonē
quem ut parentem diligebat reuerti: presertim cú
sciret quāti if Cæsarē faceret: sempq̃ fecisset. Sed
oppressuf tantum ac̃tigit negotii: quātū recusare

non potuit. Cum fignaretur argentú Appollone
nó poflú dicere eú prefuiffe:neq poffum negare
eum affuiffe. Sed nó pluf duobuf aut tribuf mé/
fibuf Deíde abfuit a caftrif:fugit omne negotiú.
Hoc mihi ut tefti ueli credaf:meá. n. ille meftitiá:
in illo bello uidebat:mecum omía cómunicabat.
Itaq abdidit fe in intimá macedoniá:quo potuit
longiffime a caftrif:nó modo ut nó præeffet ulli
negotio:fed etiam ut ne itereffet quidem. If poft
prelium ad hominem neceffariú Aulú Plantium
in bithimiá contulit. Ibi eum Cæfar cum uidiffet
nihil afpere:nihil acerbe dixit:romá iuffit ueíre.
Ille í morbú cótinue incidit:ex quo nó cóualuit.
Eger corcyram uenit. ibi eft mortuuf teftimóio.
quod romæ Paulo & Marcello cófulibuf fecerat:
heref ex parte dimidia & tertia é Capito í fextáte:
fumptu quorú parf fine ulla cuiuf q querela pub.
poteft effe:ea eft ad.xxx.fextertia de hoc Cefar
uiderit. Te mi Pláce pro firma neceffitudíe:pro
noftro amore: pro ftudiif: & omni curfu noftro
totiuf uite fimillimo rogo:& a te ita peto:ut ma/
iore cura:maiori ftudio nullo poffim:ut hanc ré
fufcipiaf: meam putef effe euitare córedaf:effitiaf
ut mea commendatione tuo ftudio: Cefarif bene/
fitio hereditaté ppinqui fui: C. Capito obtíeat.
Oía que potui í hac fúma gratia tua ac potentia
a te impetrare: fi potero ultro te ad me detuliffe
putabo:fi hanc rem impetrauero. Illud fore tibi
adiuméto fpero: cuiuf ipfe Cefar eé optíuf iudex
poteft. Semper Cæfaré Capito coluit & dilexit.
Sed ipe huiuf rei teftif eft. Noui hominif méoriá.

Itaq; nihil te doceo tantū sibi submicto p̄ Capi/
tone apud Cæsarem :q̄ ipse meminisse sēti es. Ego
quod in meipso experiri potui:ad te deferam. In
eo quantum sit ponderis tu uidebis. Quā partem
in repub.causanq; defenderim.per quos homines
ordinesq; steterim: quibusq; munitus fuerim non
ignoras. Hoc mihi uelim credas:si quid feceri hoc
ipso in bello:minus ex Cesaris uoluntate:quod i/
tellexerim scire ipsum Cæsarem me inuitissimum
fecisse. Id feci alioꝛ cōsilio:hortatu:auctoritate:
quo fuerim moderatior:temperatiorq; q̄ i ea p̄te
quisꝗ id me fecisse maxime auctoritate Capitōis:
cuius similis si reliquos necessarios habuisse :reipu.
fortasse non nihil mihi certe plurimū ꝓfecissem.
Hanc rem mi Plance si effeceris:meā de tua erga
me beniuolētia spē cōfirmaueris:ipsūq; Capitonē
gratissimū:offitiosissimū:optimum uirū ad tuam
necessitudinem :tuo summo beneficio adiūxeris.

L   ꜱ. C Anlio proxon ꜱ D.
    Vtius Manililius est sosis :is suit catinensis :
sed est una cū reliquis neapolitanis ciuis romanus
factus :decurioq; neapoli. Erat enim ascriptus in
id municipiū ante ciuitatem sociis & latinis datā.
Eiusfrater catine nuper mortuus est:nullam oīo
arbitramur de ea hereditate controuersiam eum
habituꝛ. Et est hodie in bonis. Sed quādo habet
p̄reterea negotia uetera i sicilia sua:& hāc heredi/
tatem fraternam. Omnia eius tibi commendo. In
primisq; ipsum uirū optimū mihiq; fāiliarissimū :
his st·idiis literaꝛ doctrieq; preditum:quibus ego
maxime delector. Peto igitur abs te:ut eum siue

aderit:fiue non uenerit in filitiam :in meif itimif
maximeq; neceffariif fciaf effe. Itaq; tractef:ut
intelligat meam cõmẽdationem fibi magno ad/
iumento fuiffe. Vale. M. C. Aulio S D.

Gº Aio Flauio bõefto & ornato equite romão
utor ualde fãiliariter. Fuit. n. generi mei. C.
Pifonif p neceffariuf:meq; diligẽtiffime obferuat:
& ipfe & Lutiuf Flauiuf frater eiuf. Quapropter
uelim bonorif mei caufa:quibuf rebuf bonefte et
pro tua dignitate poterif q̃ bonorificentiffime:et
q̃ liberaliffime Caium Flauiũ tractef. Id mihi fic
erit gratũ:ut gratiuf effe nihil poffit. Sed p̃terea
tibi affirmo:neq; id ambitione adductuf facio:fed
tum familiaritate & neceffitudíe:tũ etiã ueritate
te ex Caii Flauii offitio & obferuantia:& preter
ea fplendore atq; inter fuof gratia magnam uo /
luptatẽ effe capturum. Vale.

M. C. Aulio S D.

In balefina ciuitate tam lauta:tãq; nobili cõ/
iunctiffimof habeo:& hofpitio & fãiliaritate. M.
& Clodiũ Archatũ & Philonẽ. Sed uereor ne q̃
cõplurif tibi precipue cõmendo :exequare uidear
ambitione quadam cõmendationef meaf:quanq̃
a te quidẽ cumulate fatiffit:& mihi & meif oĩbuf.
Sed uelim fic exiftimef hanc familiã:& hof mihi
maxime effe coniunctof uetuftate:offitiif:beni/
uolentia. Quamobrẽ peto a te in maiorem modũ
hif omnibuf in rebuf :quantũ tua dignitaf fidefq;
patietẽ cõmodef. Id fi fecerif :erit mihi uehemen/
tiffime gratũ. Vale. M. C. Aulio S D.

Neo Octacilio Nafõe utor familiariffime:

ita profuſ: ut illiuſ ordiniſ nullo familiariuſ. Na̅
& humanitate eiuſ & probitate:in conſuetudine
quotidiana magnopere delector. Nihil ia̅ opuſ
eſt expectare te quibuſ eu̅ uerbiſ tibi co̅me̅dem:
quo ſic utor ut dixi. Habet iſ in ꝓuintia tua ne/
gotia que procurant liberti: Hilariuſ Antigonuſ
demonſtratuſ.quoſ tibi negotiaꝗ omi̅a Naſo̅iſ:
non ſecuſ commendo ac ſi mea eſſent. Gratiſſimu̅
mihi feceriſ: ſi intellexero hanc commendatione̅
magnum apud te ponduſ habuiſſe.Vale.

.ꝗ· C ·Attio· ɧ· D·

Vitu̅ mihi hoſpitiu̅ eſt cum Liſone Liſo̅iſ
filio Libitoni:ualdeꝗ ab eo obſeruor:cognouiꝗ
dignu̅ & patre & auo.Eſt enim nobiliſſima fa̅ilia.
Quapropter commendo tibi maiorem in modum
rem domu̅ꝗ eiuſ.Magnope a te peto cureſ:ut iſ
intelligat meam commendationem maximo ſibi
apud te:& adiumento & orname̅to fuiſſe.Vale.

·ꝗ· C ·Attio· ɧ· D·

Aiuſ Auianuſ Philoxenuſ antiquuſ e̅ hoſpeſ
meuſ:& preter hoſpitiu̅ ualde etia̅ fa̅iliariſ:
que̅ Ceſar meo benefitio in nouo comeſiſ retulit.
Nomen aute̅ Auiani ſecutuſ eſt: ꝗ homine nullo
pluſ eſt uſuſ ꝗ Flacco Auiano meo:que̅admodu̅
te ſcire arbitror familiariſſimo. Quæ ego omnia
collegi:ut intelligereſ non uulgarem eſſe co̅me̅/
dationem hanc mea̅.Peto igie̅ abſ te ut omnibuſ
rebuſ:ꝗ ſine moleſtia tua facere poſſiſ ei co̅modeſ
habeaſꝗ in numero tuoꝝ:perfitiaſꝗ ut i̅telligat
haſ lr̅aſ meaſ magno ſibi uſui fuiſſe. Erit id mihi
maiorem in modum gratum·Vale.

CVm Demetrio Mega mihi uetuſtũ hoſpitiũ
eſt: familiaritaſ autem tanta: quanta cum ſiculo
nullo. Et Dolobella rogatu meo: ciuitatẽ a Cæ/
ſare impetrauit. Qua í re ego interfui. Itaq; nũc
Publiuſ Corneliuſ uocat. Cũq; ppter quoſdam
ſordidoſ homieſ qui Cæſariſ benefitia uendebãt:
tabulam in qua nomía ciuitate donatorũ inciſa
eſſent: iuſſiſſent reuelli: eidem Dolobellæ me au/
diente Cæſar dixit: nihil eẽ qd de Mega uereret:
benefitiũ ſuũ in eo manere. Hoc te ſcire uolui: ut
eum in ciuiũ romanoϱ numero haberes. Ceteriſq;
in rebuſ tibi eum ita cõmendo: ut maiore ſtudio
neminem commẽdarim. Gratiſſimũ mihi feceriſ:
ſi eum ita tractariſ: ut ítelligat meam cõmenda/
tionem magno ornamento fuiſſe.

LYppiam Philoxem filiũ Calatinũ hoſpitẽ
& neceſſariũ meũ: tibi cõmendo maiorẽ in modũ.
Eiuſbona quemadmodũ ad me delata reſ ẽ pub.
poſſidentur: Alieno noíe contra legeſ calatiorũ.
Id ſi ita eſt: etiã ſine mea cõmẽdatione ab eqtate
tua reſ ipã ípetrare debet: ut ei ſubuéiaſ. Quoquo
modo reſ autem ſe habet peto ate: ut honoriſ mei
cauſa eũ expediaſ: tantũq; ei commendeſ in hac
re: & í ceteriſ: quantũ tua fideſ dignitaſq; patiet.
Id mihi uehementer gratum erit.

LVtiuſ Brutuſ equeſ romáuſ adoleſcẽſ oíbuſ
rebuſ ornatuſ: í meiſ fãiliariſſimiſ ẽ: meq; obſeruat
diligentiſſime. Cuiuſcum patre magna mihi fuit

amicitia: iam inde a questura mea siciliẽsi. Oĩno nunc ipse Brutus romæ mecũ est: sed tamẽ domũ eius & rem familiarem: & procuratores tibi sic cõ/mendo: ut maiore studio commẽdare non possũ. Gratissimum mihi feceris si curaris: ut intelligat Brutus id qđ ei recepi. Hanc meam cõmẽdationẽ sibi magno adiumento fuisse. Vale.

M. C. Acilio. S. D.

CVm fãilia Titurnia necessitudo mihi inter/cedit uetus: ex qua reliquus ẽ Marcus Titurnius Ruffus: qui mihi omni diligentia atq; offitio est tuendus. Est igitur in tua potestate: ut ille in me satis sibi presidii putet esse. Quapropter eum tibi cõmendo maiorẽ ĩ modũ. Et abs te peto effitias: ut is commendationẽ hanc intelligat sibi magno adiumento fuisse. Erit uehemẽter mihi gratum. Vale.

M. C. Q. authario. q. ti. pcon. S. D.

AVtiũ & Caium aurelios Lutii filios: quibus & ipis & patre eorum uiro optimo familiarissime utor. commendo tibi maiorem ĩ modũ adolescẽtis omnibus optĩs artibus ornatos meos pnecessarios: tua amicitia dignissimos: si ulla mea apud te cõ/mendatio ualuit. qđ scio multas plurimũ ualuisse. Hoc ut ualeat rogo. Quod si eos honorifice libe/raliterq; tractaris: & tibi gratissimos optimosq; adolescentis adiũxeris: & mihi gratissimũ feceris. Vale.

M. C. Caleoio. S. D.

QVe fecisti Lutii Lutei causa: scire te plane uolo te homini gratissimo commendasse: & tũ ipi que fecisti pergrata sunt: tũ Põpeius quotiẽscũq; me uidit. uidet autem sepissime. gratias tibi agit

ſingulareſ. Addo etiã illud:quod tibi iocũdiſſimũ
eſſe certo ſcio meipſũ ex tua erga Luceium be /
nignitate:maxía uoluptate affici. Quod ſupeſt
quanq̃ mihi non eſt dubiũ:quin cũ antea noſtra
cauſa:nunc iam etiã tuæ conſtantiæ gratia:mã/
ſuruſ ſiſ in eadem iſta liberalitate. Tamen abſ te
uehementer etiã atq; etiam peto:ut ea que initio
oſtendiſti:deinde que feciſti:ad exitum augeri &
cumulari per te ueliſ. Id & Luceio & Pompeio
ualde gratũ fore:teq; apud eoſ preclare poſiturũ
confirmo & ſpondeo de republi.deq; biſ negotiiſ:
cogitatoibuſq; noſtriſ perſcripſerã ad te diligẽter
pauciſ ãte diebuſ:eaſq; literaſ dederã pueriſ tuiſ.

.ი. ც ꟛꟗიọ ꟛꟗცეįọ ꟗꟷọი· Ꙩ· Ꙇ·   Vale.

V̓tiuſ Luceiuſ meuſ homo omniũ gratiſſi/
muſ:mirificaſ tibi apud me grãſ egit: cum diceret
te oĩa cumulatiſſie: & liberaliſſime procuratoribuſ
ſuiſ pollicitũ eſſe:cũ oratio tua tã ei grata fuerit:
q̃ gratam rem ipſam exiſtimaſ fore:cum ut ſpero
que pollicituſ eſ:feceriſ oĩo. Oſtenderũt bulliöeſ
ſeſe Luceio Pompei arbitratu ſatiſfacturoſ. Sed
uehementer opuſ eſt nobiſ & uolũtatẽ: & aucto/
ritatem & imperiũ tuũ accedere. Quod ut fatiaſ:
te etiam atq; etiã rogo. Illudq; mihi gratiſſimũ
ẽ:qđ ita ſciũt Lucei procuratoreſ:& ita Luceiuſ
ipſe: ex literiſ tuiſ quaſ ad eum miſiſti: intellexit
hominiſ nulliuſ apud auctoritatem aut gratiam
ualere pluſq̃ meã. Id ut re expiat̄ :iterũ & ſepiuſ
te rogo. Vale. .ი· ც· Ꙩ· ꟑꟗꟛꟛọ· Ꙍ· Ꙇ·

ET ſi plurimiſ rebuſ ſpero fore ut perſpiciã:
quod tamen iã pridẽ pſpicio me a te amari:

tamen nunc ea caufa tibi dać in q̃ facile declarare
poſſiſ:tuã erga me beniuolentiã. Lucius Oppiuſ
Marci filiuſ philomeli negotiatur. Homo mihi
familiariſ.eum tibi unice cõmendo. Eoq; magiſ
q̃ tum ipſum diligo:tũq; negotia pcurat Lucii
Egnatii Ruffi:quo ego uno equite romano fa/
miliariſſime utor.Et q̃ conſuetudie quotidiana:
tũ officiis maximiſ plurimiſq; mihi coniunctuſ ē.
Oppiũ igić preſétem ut diligaſ Egnatii abſentiſ
rem ut tueare: æque a te peto:ac ſi mea negotia
eſſét. Velim memorie tue cauſaſ: deſ literaꝛ aliqd
que tibi in prouincia reddantur .ſed ita cõſcribaſ:
ut cum cum eaſ legeſ facile recordari poſſiſ:huiuſ
mee commendationiſ diligentiam.Hoc te uehe/
menter etiam atq; etiam rogo.

E T ſi ex tuiſ & ex Lucii Oppii fã̃iliariſſimi
mei literiſ cognoui te memorem cõmendatõiſ mee
fuiſſe.Idq; pro tua ſumma erga me beniuolétia:
proq; noſtra neceſſitudine:minime ſũ admiratuſ.
Tum etiam atq; etiã tibi Luciũ Oppiũ preſété:
& Lucii Egnatii mei familiarſſimi abſentiſ ne/
gotia commendo.Tanta mihi cũ eo neceſſitudo ē
familiaritaſq;:ut ſi mea reſ eét nõ magiſ laborare.
Quapropter mihi gratiſſimũ feceriſ :ſi curariſ ut
iſ intelligat me a te tantum amari:quantum ipſe
exiſtio.Hoc mihi gratiuſ facere nihil poteſ.Idq;
ut faciaſ:uehementer te rogo. Vale.

L Vtio Egnatio uno equite romano uel fa/
miliariſſie utor.Eiuſ Anchilaũ ſeruũ :negotiaq;

que habee in asia tibi cõmēdo. non miore studio:
q̃ si rem meam commēdarem. Sic enim existimes
uelim:mihi cum eo non modo quotidianã cõsue/
tudinem summã itercedere:sed etiã offitia magna
& mutua nostra inter nos eē. Quamobrem etiam
atq; etiam a te peto ut cures:ut is itelligat me ad
te satis diligenter scripsisse. Nam de tua erga me
uoluntate non dubitat. Id ut fatias :te etiã atq;
etiam rogo. Vale. .13. C. Apuleio. S. D.

L Vtius Nostius Zoilus est coheres meus.
Heres aũt patroni sui. Ea re utrũq; scripsi:
& ut mihi cũ illo causã aicitie scires eē:& hominẽ
probum existimares:qui patroni iuditio ornatus
esset. Eum tibi igitur sic commendo:ut unum ex
nostra domo. Valde mihi gratum erit si curaris:
ut itelligat hãc cõmēdationẽ sibi apud te magno
adiumento fuisse. .13. C. Silio. S. D.

Q Vid ego tibi commendem eum: quẽ tuipse
diligis. Sed tamẽ ut scires eũ nõ a me diligi
solũ:ue z etiã amari ob eã rẽ tibi hec scribo. Oĩum
tuorum offitiorum quæ & multa & magna sunt:
gratissimum mihi fuerit:si ita tractaris Egnatiũ:
ut sentiat & se a me:& me a te amari. Hoc te ue/
hementer etiã atq; etiã rogo. Illa nostra scilicet
ceciderũt. Vtamur igit uulgari cõsolatiõe. Quid
si hoc melius? Sed hæc coram. Tu fac quod facis
ut me ames:teq; amari a me scias. Vale.

O .13. C. Caio sextilio. Rufo ques. S. D.
Mnis tibi cõmēdo ciprios:sed magis paphios.
qbus tu quecũq; cõmodaris:erũt mihi gratissima.
Eoq; fatio libentius:ut eos tibi commendem:ꝗ &

tuæ laudi cuiuſego fautor ſu conducere arbitror.
Cum primú in eam inſulam queſtor ueneriſ ea te
inſtituere:quæ ſequáē alii.Que ut ſpero faciliuſ
conſequére.ſi & Publii Lētuli neceſſarii tui legē
& ea quæ a me conſtituta ſunt ſeq uolueriſ. Quá
rem tibi confido magne laudi fore. Vale.

QVintuſ Pompeiuſ Sexti filiuſ multiſ & ue/
teribuſcauſiſ neceſſitudiniſ mihi cóiú ctuſ ē.
Iſ cum antea meiſ cómēdationibuſ & rē & grám:
& auctoritatem ſuá tueri cóſuerit.Nunc pfecto
te puintiá obtinente meiſ literiſ aſſequi debēt:ut
nemini ſe ítelligat commendatiorem uñ fuiſſe.
Quãobrem a te maiorem in modum peto :ut cum
omneſ meoſ eque ac tuoſ:obſeruare p noſtra ne/
ceſſitudine debeaſ. Hunc in primiſ ita in tuá fidē
recipiaſ: ut ipſe intelligat nullam rem ſibi maiori
uſui aut ornamento ṝ meam commendationē eē

Mpotuiſſe.
Arco Fabio Quinto optio & boíe doctiſſio
familiariſſime utor:mirificeq; eú diligo:cú ppter
ſummú ígeniú eiuſ ſummáq; doctrinam tum per
ſingularem modeſtiam·Eiuſ negotium ſic uelim
ſuſcipiaſ:ut ſi eſſet reſ mea·Noui ego uoſ nouoſ
prónoſ:boíeſ occidat oportet queſtra opa uti ue/
lit.ſed in boc boíe nullam excipio excuſatónem.
Omnia relíqueſ ſi me amabiſ:cú tua opa Fabiuſ
uti uolet.Ego reſ romanaſ uebementer expecto:
& deſidero. In primiſ quid agaſ ſcire cupio.Nam
iam diu propter byemiſ magnitudinem nibil ad
noſ noui afferebatur.

SVmpſi boc mibi pro tua in me obſeruantia:
quam penituſ pſpexi q̃diu brũ duſii fuimuſ:
ut ad te familiariter & quaſi p̃ meo iure ſcriberẽ:
ſi qua reſeẽt de qua ualde laborarem. M. Curiuſ
qui patraſ negotiatur: ita mibi familiariſ eſt: ut
nibil poſſit eẽ cõiũctiuſ. Multa illiuſ ĩ me offitia:
multa in illum mea amicitia. et quod maximum
eſt ſũmuſ inter noſ amor & mutuuſ. Que cũ ita
ſint ſi ullam in amicitia mea ſpem babeſ: ſi ea que
in me offitia & ſtudia brunduſii cõtuli ſti: iuſ mibĩ
etiam gratiora efficere: quanq̃ ſunt gratiſſima: ſi
me a tuiſ omnibuſ amari uideſ. Hoc mibi da atq;
largire: ut Marcũ Curiũ Sartum & Tectum ut
aiunt: ab omniq; incõmodo: detrimẽto: moleſtia:
ſincerum integrumq; conſerueſ. Et ipſe ſpondeo:
& omneſ boc tibi tui pro me recipiẽt ex mea ami/
citia: & ex tuo in me offitio maximũ te fructum:
ſummamq; uoluntatem eſſe capturum.

M·d) C· pub· Ceſio S· D·

Eſium equitem romanum: omnibuſ rebuſ
ornatum: meũq; perfamiliarem tibi cõmendo: ea
commendatione quæ poteſt eſſe diligentiſſima.
Peto a te & pro noſtra & p̃ paterna amicitia: ut
eum in tuam fidem recipiaſ: eiuſq; rem famamq;
tueare. Virum bonum tuaq; amicitia dignũ tibi
adiunxeriſ: mibiq; gratiſſimũ feceriſ. Vale.

A·d) C· Regi S· D·

Vluſ Liciniuſ Ariſtoteleſ meletenſiſ anti/
quiſſimuſ eſt boſpeſ meuſ: & preterea coniunctuſ
magno uſu familiaritatiſ. Hæc cum ita ſint: non
dubito quin tibi ſatiſ cõmẽdatuſ ſit. Etenim ex

multif cognofco:meam commendatōnē plurimū
apud te ualere. Hūc ego a Cefare liberaui. Fre/
quenf enī fuerat nobifcū:atqʒ etiā diutiuf i caufa
eſt q̄ nof commoratuf. quo meliuf te de eo exiſti/
maturū arbitror. Fac igiē mi Rex:ut intelligat
baf ſibi literaf plurimū profuiſſe. Vale.

ꟼ· C· Ternio propretori· S· D·
L Vtio Gemicilio curuo iam pridē fāiliariſſe
utor:optimo uiro & homine gratiſſimo. Eū tibi
pēituf cōmēdo atqʒ trado· Prim ut oibuf i rebuf
ei te cōmodef:quoad fidef tua dignitafqʒ patiē.
Patiē autē in omnibuf. Nihil enim abf te unq̄
qđ ſit alienū tuif: aut etiā ſuif moribuf poſtula/
bit. precipue autem tibi commendo negotia eiuf:
quæ ſūt in belleſpōto. Primū ut obtineat id iurif
i agrif:quod ei patriana ciuitaf decreuit & dedit:
& qđ ſēp obtinuit ſine ulla cōtrouerſia. Deinde ſi
quid habebit cū aliquo helleſpontio cōtrouerſie:
ut in illam diocefim reiciaf. Sed nō mihi uideor:
cum tibi totum hoīem diligētiſſime cōmēdarim:
ſingulaf ad te eiuf caufaf pſcribere debere. Sūma
illa ſit qdqd offitii:benefitii:honoriſi Gemiciliū
contuleriſ:id te exiſtimabo in meipſum atqʒ i rē
meam contuliſſe. ꟼ· C· Ternio· S· D·
C Vm mihi multa grata ſit:que tu adductuf
mea commendatione feciſti:tum i primiſ q̄
Marcū Marciliū amici atqʒ interpretif mei filiū
liberaliſſime tractauiſti. Vēit enim laodiceam &
tibi apud me:mihiqʒ propter te gratiaf maximaf
egit. Quare qđ reliquū eſt te peto:quando apud
gratof homīef benefitiū poniſ:ut eo libentiuſ hiſ

commo deſ:operáq; deſ quoad fi deſ tua patietur:
ut ſocruſ adoleſcentiſ rea ne fiat. Ego tum antea
ſtudioſe commendabam Marcellum: tum multo
nunc ſtudioſiuſ:cp in loñga apparitióe ſingularẽ
& prope incredibilem patriſ Marcilii fidem: ab/
ſtinentiam modeſtiamq; cognoui.

ET ſi mihi uideor intellexiſſe: cũ tecũ epheſi
de re Marci Annei legati mei locutuſ ſũ:te ipſiuſ
cauſa uehementer omnia uelle:tũ &.M. Anneũ
tanti fatio:ut mihi nihil putem pretermictendum
quod illiuſ interſit. Et me a te tanti uiri puto:ut
non dubitem quin ad tuam uoluptatem magnuſ
cumuluſ accedat commendationiſ mee. Nam cum
iam diu diligerem Marcum Anneium: deq; eo ſic
exiſtimarem ut reſ declarat:cp ultro ei detulerim
legationem:cũ multiſ iam petentibuſ denegaſſẽ.
Tũ uero poſteaǭ mecũ in bello atq; in re militari
fuit:tantam in eo uirtutem: prudentiam :fidem:
tantáq; erga me beniuolentiã cognoui:ut boïem
neminem pluriſ fatiam. Eũ cum ſardiãiſ habere
cõtrouerſiam ſciſ:cũ tibi expoſui muſ epheſi: quã
tu tamẽ coram faciliuſ meliuſq; cognoſceſ. De re/
liquo mihi me hercule diu dubiũ fuit:cp ad te po/
tiſſimũ ſcriberem. Iuſ enim quemadmodum dicaſ
clarum:& magna cum tua laude notũ eſt. Nobiſ
autem in iſta cauſa nihil aliud opuſ eſt:niſi te iuſ
inſtituto tuo dicere. Sed tamẽ cum me nó fugiat
quáta ſit in pretore auctoritaſ:preſertim iſta in/
tegritate:grauitate:clemẽtia ǭ te eſſe inter omïſ
conſtat. Peto abſ te pro noſtra coniunctiſſima

necessitudie:plurimisꝗ offitiis paribus ac mutuis:
ut uoluntate: auctoritate: studio tuo perfitias:
ut Marcus Anneus intelligat te & sibi amicu eē.
quod non dubitat. Sepe enim mecum locutus est:
& multo amicitiorem his meis literis esse factum.
In tuo toto imperio atꝗ prouintia nihil ē: quod
mihi gratius facere possis. Iā apud ipsum gratiſ/
simū hominē atꝗ optimū uirū: q̃bene positurus
sis studium tuum atꝗ offitium: dubitare te non
existimo. Vale. ·ij· C· Ternio ·S· D· —

Luuius Puteolanus ualde me obseruat:ual/
deꝗ ē mihi familiaris. Is ita tibi persuadet
quod in tua prouintia negotii habeat:nisi te ꝓ/
uintiam obtinente meis cōmendatōibus cōfecerit.
id se ĩ perditis & desperatis habiturū. Nūc quādo
mihi ab amico effitiosissio tantū oneris impōṫē:
ego quoꝗ tibi imponā pro tuis ĩ me sūmis offitiis:
ita tamen ut tibi nollem molestus esse. milasii &
alabandes pecuniā Cluuio debent. Dixerat mihi
Eutbidemus cū ephesi essem se curaturꝫ·ut codici
milasii romam micterentur. Id factum non est.
Legatos audio missos eē. sed malo codicos: ut a/
liquid confici possit. Quare peto a te:ut & eos &
alabandes iubeas codicos romā micctere. Preterea
pbilosies alabandensis.
cluuio dedit. He cōmisse sunt. Cures uelim ut aut
de ypotecis decedat: easꝗ procuratoribus Cluuii
tradat: aut pecuniam soluat. Preterea eras cleote
& bargilete qui item debent: aut pecuniā soluāt:
aut fructibus suis satiſfatiant. Cānii ꝓterea debēt.
sed aiūt se depositam pecuniā babuisse. Id uelim

cognoſcaſ:& ſi ítellexeriſ eoſ neq; ex edicto:neq;
ex decreto depoſitã babuiſſe.Deſio pram:ut uſure
Clunio inſtituto tuo conſeruentur.Hiſ de rebuſ
eo magiſ laboro q̃ agitur reſ Gn. Pompei etiam
noſtri neceſſarii:& q̃ iſ magiſ etiã mibi laborare
uidetur:q̃ ipſe Cluniuſ.cui ſatiſſactum eẽ a nobiſ
ualde uolo. Hiſ de rebuſ uebementer te etiã atq;
etiam rogo.   .ħ. C Ternio. S D.

Q̃Vo magiſ quotidie ex literiſ nuntiiſq; bellũ
    magnũ eſſe í ſyria cognoſco. eo úebemẽtiuſ
a te pro noſtra neceſſitudine contendo: ut mibi
Marcũ Anneium legatum primo quoq; tempore
remictaſ.Nã eiuſ opera:conſilio:ſcientia rei mi/
litariſ:úel maxime intelligo me et rempublicam
adiuuari poſſe.Quod niſi tanta reſ eiuſ ageretur:
nec ipſe adduci potuiſſet ut a mè diſcederet:neq;
ego ut eũ a me dimicterem.Ego in ſiciliã pficiſci
cogito cirtiter kalenđmaii.Ante eã diẽ Anneiuſ
ad me redeat oportet.Illud quod tecum & coram
& per literaſ diligentiſſime egi:id & nũc etiã atq;
etiam rogo.Cure ſit tibi ut ſuũ negotium:quod
babet cum populo ſardiano pro cauſe uericate:&
pro dignitate conſiciat.Intellexi ex tua locutóe
cum tecũ epbeſi locutuſ ſum:te ipſiuſ.M.Annei
cauſa omnia uelle. Sed tamẽ ſic uelim exiſtimeſ:
te mibi nibil gratiuſ facere poſſe:q̃ ſi intellexero
per te illum ipſum negotiũ ex ſentẽtia cõfeciſſe.
Idq; q̃primũ ut efficiaſ etiã atq; etiã rogo. Vale.
L   .ħ. C. Caio titio. l. A. Rufo. pto ſa d.
    Vauſ Cuſtidiuſ eſt tribuliſ municepſ & fa/
miliariſ meuſ.Iſ cauſam babet quam cauſã ad te

deferet.Commēdo tibi hominem:ſicuti tua fideſ
& meuſ pudor poſtulat. tantum ut faciliſ adituſ
ad te habeat:quæ poſtulabit equa: ut libēnte te
impetret:ſentiatq; ſibi amicitiā meam etiam cum
longiſſie abſim:prodeſſe in primiſ apud te. Vale.

M. d. C. Curio pduciano ptori. o d

Marcū Fabiū unice diligo:ſummaq; mihi cū
eo cōſuetudo & familiaritaſ eſt peruetuſ. In eiuſ
cōtrouerſiiſ quid decernaſ a te nō peto. Seruabiſ
ut tua dignitaſ & fideſ poſtulat edictū & iſtitutū
tuum. ſed ut q̃ facillimoſ ad te adituſ habeat:quæ
erunt æqua lubente te impetret:ut meā amicitiā
ſibi etiam cum proconſul abſim:prodeſſe ſentiat.
preſertim apud te. Hoc uehementer etiā atq; etiā
rogo. d. C. Caio munatio. Can ſ. ſ. d

Vtuuſ. Immeiuſ Trypho eſt omnino Lutii
Reguli fāiliariſſimi mei libertuſ. Cuiuſ calāitaſ
etiam offitioſiorem me facit i illum. Nam beni/
uolentior q̃ ſemper fui eſſe non poſſum. Sed ego
libertum eiuſ per ſeipſum diligo. Summa. n. eiuſ
erga me offitia extiterunt. Hiſ noſtriſ tēporibuſ:
quibuſ facillime bonam beniuolētiam hominum
& fidem proſpicere potui. Eū tibi ita cōmendo :ut
boieſ grati & mēoreſ benemeritoſ de ſe cōmēdare
debent. Pergratum mihi feceriſ:ſi ille ſtellexerit
ſe φ pro ſalute mea multa pericula adierit. Sepe
hyeme ſumma nauigarit pro tua erga me beni/
uolentia:gratum etiam tibi feciſſe. Vale.

d. C. pub. filio proptori. ſ. D.

Ito Pinnio familiariſſime me uſum eē ſcire
te arbitror.qđ quidē ille teſtamento declarauit.

qui me tum tutorem. tum etiam ſecūdū heredem
inſtituerit: eiuſ filio mire erudito: & ſtudioſo &
modeſto: pecuniam incenſeſ grandem debent ad
ſextertiū octogieſ. & ut audio in primiſ uolūt ei
ſoluere. Pergratum igitur mihi feceriſ: quādo nó
modo reliqui tutoreſ qui ſciūt: quanti me fatiaſ:
ſed etiam puer ipſe ſibi perſuaſit te oīa mea cauſa
facturum eē. Si dederiſ operam quoad tua fideſ
dignitaſq̃ patietur: ut q̃plurimū pecunie Pinio
ſoluat incenſiū noſe. A) C. pub. Silio. S. D.

ET ſi in Actili negotio te amaui cum. n. ſero
ueniſſem: tamē boneſtum equitem romanū
benefitio tuo conſeruaui. Et me hercule ſemp ſic
in animo habui te in meo ære eſſe: ppter Lamie
noſtri coiunctionē: & ſingularem neceſſitudinē.
Itaq; primū tibi ago gratiaſ: q̃ me omī moleſtia
liberaſ. Deniq; impudentia proſequor. ſed idem
ſartiā. Te ēnim ſemper ſi colā & tuebor: ut q̃di/
ligētiſſie. Qui tū frēm meūſi me diligiſ eo numero
cura ut habeaſquo me. Ita magnum benefitium
tuum magno cumulo auxeriſ. Vale.

A) C. pub. Silio. S. D.

NOn putaui fieri poſſe: ut mihi uerba deeſſēt.
ſed tamen in Caio Lenio commendando deſunt.
Itaq; rem tibi exponam pauciſ uerbiſ. ſed tamen
ut plane perſpicere poſſiſ uoluntatem meam. In/
credibile eſt qnanti fatiamuſ & ego & frater meuſ
qui mihi cariſſimuſ eſt Marcū Leniū. Id fit tum
plurimiſ eiuſ offitiiſ: tum ſumma eiuſ probitate &
ſingulari modeſtia. Ego eum a me iuitiſſimuſ di/
miſi: tum propter familiaritatem & cóſuetudiniſ

suauitatem: tum q̃ cõsilio eiuſ fideli ac etiã bono
libenter utebar. Sed uereor me iam mihi ſupeſſe
uerba puteſ: quæ dixeram defutura. Commendo
tibi hoiem ſicut intelligiſ me: quo ea ſupra ſc̄pſeri
debere commendare. A teq̃ uehementer etiã atq̃
etiam peto: ut quod habet in tua puĩtia negotii
expediaſ. quod tibi uidebitur rectũ eſſe ipi dicaſ.
Hominem facillimum liberaliſſimúq̃ cognoſceſ.
Itaq̃ te rogo: ut eum ſolutũ liberꝫ confectiſ eiuſ
negotiiſ: per te q̃primũ ad me remictaſ. Id mihi
fratriq̃ meo gratiſſimũ feceriſ. Vale.

M ⋅ C ⋅ pub ⋅ filio propotori ⋅ S ⋅ D ⋅

Nero meuſ mirificaſ apd̃ me tibi gratiaſ egit.
Prorſuſ incredibileſ: ut nullũ honorẽ ſibi haberi
potuiſſe diceret: qui a te pretermiſſuſ eſſet. magnũ
fructũ ex ipſo capieſ. Nihil ẽ eñi illo adoleſcẽte
gratiuſ. ſed me hercule mihi quoq̃ gratiſſimum
feciſti. Pluriſ enim ex omni nobilitate neminem
fatio. Itaq̃ ſi ea feceriſ que ille per me tecum agi
uoluit: gratiſſimũ mihi feceriſ. Primũ de pãſania
alabandẽſi ſuſtenteſ rem. dũ Nero ueniet: uehe/
mẽter eiuſ cã cupere eũ intellexi. Itaq̃ hoc ualde
te rogo. Deinde niſeoſ quoſ Nero ĩ primiſ habet
neceſſarioſ: diligentiſſimeq̃ tueẽ ac defendit ha/
beaſ tibi commendatiſſimoſ: ut intelligat illa ci/
uitaſ ſibi ĩ Neroniſ patrocinio ſũmum eẽ p̃ſidiũ.
Strabonem Seruiliũ tibi ſepe cõmendaui. nũc eo
fatio id impenſiuſ quod eiuſ cauſã Nero ſuſcepit.
Tãtũ a te petimuſ ut agaſ eam rem: ne relinquaſ
hoiem ĩnocentẽ ad alicuiuſ tui diſſimiliſ queſtũ.
Id tum gratum mihi erit: tum etiam exiſtimabo

te humanitate tua esse usu. Suma huius epistole
hæc est: ut ornes omnibus rebus Neronem sicut
instituisti atq; fecisti. Magnu theatru habet ista
prouintia: non ut hæc nostra adolescetis nobilis
ingeniosi abstinentis comendationem atq; gloria.
Quare si te fautore usus erit: sicuti & pfecto utet
& usus est amplissimas clientelas acceptas a maio/
ribus cofirmare poterit: & benefitiis suis obligare.
Hoc i genere si eu adiuueris: eo studio quo oste/
disti apud ipsum preclarissime posueris: sed mihi
etiam gratissimum feceris. Vale.

Vm Publio Terentio Hispone: qui opas i
scptura p magistro dat: mihi summa familiaritas
cosuetudoq; est. Multaq; & magna iter nos offi/
tia paria & mutua itercedut. Eius suma exist ia to
agitur in eo: ut pactiones cu ciuitatibus reliquis
confitiat. No me preterit nos ea re ephesi exptos
esse: nec ab ephesis ullo modo impetrare potuisse.
Sed quando queadmodum omnes existimant: &
ego itelligo tua tu suma integritate: tu singulari
humanitate & mansuetudine consecutus es: ut li/
betissimis grecis nutu quod uelis cosequare. Peto
a te maiorem in modum: ut honoris mei causa ac
laude Hisponem affici uelis. Preterea cum sociis
scripture mihi suma necessitudo est: non solu ob
eam causam q ea societas uniuersa in mea fide e:
sed etiam q plerisq; sociis familiarissime utor. Ita
& Hisponem meum per me ornaris & sorietatem
mihi coniunctiorem feceris. Tuq; ipse & ex huius
obseruantia gratissimi homis: & ex sotioꝗ gratia

hominū ampliſſimorum maximū fructū capieſ:
& me ſummo benefitio affeceriſ. Sic enim uelim
exiſtimeſ ex tota tua puintia:omíq̃ iſto impio
nihil eſſe quod mihi gratiuſ facere poſſiſ. Vale.

A̅ɔ c̅ pub̅ ꝑeruilio̅ ꝑ̅ ꝺ̅.

Vlum Cecinnam maxime propriū clíētem
familiæ noſtre:non commendarem tibi cū ſcirem
qua fide in tuoſ:q̃ clementia in calāitoſoſ ſolereſ
eſſe:niſi me & patriſ eiuſ quo ſum familiariſſime
uſuſ mēoria.& huiuſ fortūa ita moueret:ut hoiſ
omnibuſ mecū ſtudiuſ:offituſq̃ coniūctiſſimi mo/
uere debebat. A te hoc omni contentóne peto:ſic
ut maiore cura:maiore animi labore petere non
poſſum:ut ad ea quæ tua ſponte ſine cuiuſq̃ com/
mendatione facereſ in hominem tantum:& talem
calamitoſum aliquem afferāt cumulū mee litere:
quo ſtudioſiuſ eū quibuſcunq̃ rebuſ poſſiſ iuueſ.
Quod ſi romæ fuiſſeſ:etiam ſalutem Auli Cecine
eſſemuſ ut opinio mea fert:p te cōſecuti. De qua
qua tamen magnam ſpem habemuſ:freticlemētia
college tui. Nunc quando iuſtitiam tuā ſenatuſ
tutiſſimū ſibi portū prouintiam iſtam duxit eē:
etiā atq̃ etiā rogo te atq̃ oro:ut eū & in reliquiſ
ueteriſ negotiationiſ colligendiſ iuueſ:& cæteriſ
rebuſ regaſ atq̃ tueare. Hoc mihi gratiuſ facere
nihil poteſ. Vale. A̅ɔ c̅ pub̅ ꝑeruilio̅ ꝑ̅ ꝺ̅.

EX prouintia cilitienſi cui ſciſ treſ dyoceſeſ
aſyaticaſ actributaſ fuiſſe. Nullo ſū famili/
ariuſ uſuſ:q̃ Androne Arthemoniſ filio lāodicēſi:
eūq̃ habui in ea ciuitate tū hoſpitē:tū uehemēter
ad mee uite ratóne & cōſuetudinē accómodatum.

Quem quidem multo etiã pluris: pó steaq̃ deceſſi
facere cepi. Quod multiſrebuſ expertuſ ſũ gratũ
hominem meiq; memorem. Itaq; eum libentiſſime
uidi. Non te. n. fugit: qui plurimiſin iſta puintia
bẽigne feciſti q̃multi grati repiãt. Hoc ppterea
ſcripſi ut & me non ſine cauſa laborare ĩtelligereſ:
et ut tuipſe eum dignum hoſpitio tuo iudicareſ.
Feceriſ igit̃ mihi gratiſſimũ: ſi ei declarariſ: q̃nti
me fatiaſ.id eſt ſi receperiſ eum in fidem tuam: et
quibuſcũq; rebuſ bõ eſte ac ſine moleſtia tua po/
teriſ adiuueriſ. Hoc mihi uehementer erit gratũ.
Idq; ut fatiaſ: te etiam atq; etiam rogo.

G   Ay. c. pub. ſer. hiſaurico proon. college. s. d.
     Rate uehementer mihi tuæ litere fuerunt:
ex quibuſ cognoui curſuſ nauigationũ tuarum.
Significabaſ enim memoriã tuam noſtre neceſſi/
tudiniſ: qua mihi nihil poterit eẽ iocũdiuſ. Quod
reliquũ eſt: multo etiam erit gratiuſ ſi ad me de
repub. & de ſtatu prouintiæ: de inſtitutiſ tuiſ fa/
miliariter ſcribeſ. Quæ quanq̃ ex multiſ pro tua
claritate audiã: tamen libentiſſime ex tuiſ literiſ
cognoſcam. Ego ad te de reipub. ſũ ma: qd ſentiã
non ſepe ſcribam propter periculũ eiuſmõi lrãɀ.
Quid agat autem: ſcribam ſepiuſ. Sperare tamen
uideor Cæſari college noſtro fore cure & eſſe: ut
habeamuſ aliquam rempublicam: cuiuſ conſiliuſ
magni referebat te intereſſe. Sed ſi tibi utiliuſ eſt.
id eſt glorioſiuſ aſyæ preeſſe: & iſtam partẽ reip.
male affectam tueri: mihi quoq; idem quod tibi
& laudi tue profuturɀ eſt optatiuſ eſſe. Ego que
ad tuam dignitatem pertinere arbitrabor: ſummo

ſtudio diligētiaq; curabo. In p̄miſq; tuebor omī
obſeruātia clariſſimū uirū patrem tuū. quod & p
uetuſtate neceſſitudiniſ: et pro benefitiuſ ueſtriſ:
& pro dignitate ipſiuſ facere debeo.

GAiuſ Curtiuſ Mitreſ eſt ille quidem ut ſciſ
libertuſ Poſtumiī familiariſſimi mei: ſed me colit
& obſeruat eque atq; illum patronū ſuum. Apud
eū ſic epheſi fui quotiéſcunq; fui: tanq̃ domi meē
Multaq; acciderūt in quibuſ & beniuolentiā eiuſ
erga me experirer & fidē. Itaq; ſi quid aut mihi
aut meoᵣ cuipiā in aſya opuſ eſt: ad hunc ſcribere
cōſueui. Huiuſ tum opera & fide: tum domo & re
uti tanq̃ mea. Hæc ad te eo pluribuſ ſcripſi: ut in/
telligereſ me nó uuilgare nec ambitioſe: ſed ut p
homine intimo & mihi p̄neceſſario ſcribere. Peto
igitur a te: ut in ea controuerſia quam habet de
fundo cum quodam Colofonio: & in ceteriſ rebuſ
quantum tua fideſ patietur: quātūq; tuo cōmodo
poteriſ: tātum & honoriſ mei cauſa cōmodeſ. Etſi
ut eiuſ modeſtiam cognoui: grauiuſ tibi nulla in
re erit. ſi & mea commendatione & ſua probitate
aſſecutuſ erit: uti de ſe bene exiſtimeſ: omnia ſe
adeptum arbitrabitur. Vt igitur eum recipiaſ in
fidem: habeaſq; in numero tuorum: te uehemēter
etiam atq; etiam rogo. Ego quæ te uelle quæq;
ad te pertinere arbitrabor: omía ſtudioſe diligē/
terq; curabo. Vale.

QVia non eſt obſcura tua in me beniuolētia.
ſic fit ut multi per me tibi uelīt commēdari.
Ego autem tribuo nó nunq̃ in uulgiſ: ſed plerūq

necessariuſ in boc tempore. Nam cũ Tito Ampio
Balbo mibi summa familiaritaſ:necessitudoq; ẽ.
Eiuſ libertũ Titũ Ampiũ Menandrum:bominẽ
frugi & modestum & patrono:& nobiſ uebemẽter
probatum tibi commendo maiorem í modũ. Ve/
bementer mibi gratũ feceriſ:ſi quibuſcunq; rebuſ
ſine tua molestia poteriſ ei cõmodariſ. Quod ut
fatiaſ:te uebementer etiam atq; etiam rogo.

M   .ij. c pub ſer ꝫ D·

Vltoſ tibi commendem necesse est:quando
omnibuſ nota nostra necessitudo est:tuaq; erga
me beniuolentia. Sed tamẽ & ſi oíum cauſa quoſ
cõmendo uelle debeo:tamẽ cũ omnibuſ nó mibi
eadem cauſa ẽ. Tituſ Augusiuſ & comeſ meuſ fuit
illo miſerrimo tempore:& oíum itinerũ nauiga/
tionum:laborũ:periculorum meorũ ſociuſ. Neq;
boc tẽpore diſcessisset a me:niſi ego ei permiſiſſẽ.
Quare ſic tibi eum commendo:ut unum de meiſ
domesticiſ:& maxime necessariuſ. Pergratũ mibi
feceriſ:ſi eum ita tractariſ:ut intelligat banc có/
mendatóem ſibi magno uſui atq; adiumẽto fuisse
Vale.   .ij. c· pub·ſeruilio· ꝫ D·

C   Ereliæ necessariæ mee rem:nomina:posseſ/
ſióeſ aſyaticaſ cõmẽdaui tibi pſenſ í ortiſ tuiſ
q̃ potui diligentiʃʃie. Tuq; mibi p tua cõſuetudie:
proq; tuiſ in me ppetuiſ maximiſq; benefitiiſ:oía
te facturũ liberalissime recepisti. Meminisse te id
ſpero. Scio enim ſolere. Sed tamen Cereliæ pro/
curatoreſ ſcripſerunt te propter magnitudinẽ p/
uintiæ:multitudinemq; negotiorum etiam atq;
etiam esse commonefatiendum. Peto igitur ut

memineris te omnia que tua fides pateretur: mihi
cumulate recepisse. Equidem existimo te habere
magnã facultatẽ. Sed hoc tui est cõsilii & iuditii
ex eo senatuscõsulto: quod í heredes Caii Venonii
factum est Cereliæ cõmodãdi. id senatuscõsultũ
tu interpretabere pro tua sapiẽtia. Scio enim eius
ordinis auctoritatẽ semper apud te magni fuisse.
Quod reliquũ est. sic uelim existimes: quibuscũqǝ
rebuf Cereliæ benigné feceris: mihi te gratissimũ
esse facturum. Valé. ꞏn· c· pub· philippo ꞇ D·

GRatulor tibi qǝ ex ꝓuintia saluũ te ad tuos
recepisti incolumi fama & republica. Quod
si romæ te uidissem corãqǝ gratias egissem: qǝ tibi
Lutiuf Egnatiuf familiarissimuf meuf absenf: L.
Oppiuf presenf cure fuisset. Cũ antipatro derbete
mihi non solum hospitiũ: uerũetiam summa fãi/
liaritaf intercedat. Et te uehementer succensuisse
audiui & moleste tuli. De re nihil possũ iudicare
nisi illud mihi psuadeo: te talem uirǝ nihil temere
fecisse. Te autem pro uetere nostra necessitudíe
etiam atqǝ etiã peto: ut eiuffilíofqui í tua ꝑtãte
sunt mihi potissimũ condonef: nisi quid existíaf
in ea re uiolari existimationem tuam. Quod ego
si arbitrarer nunq̃m te rogarem: mihiqǝ tua fama
multo antiquior esset: q̃ illa necessitudo est. Sed
mihi ita persuadeo. potest fieri ut fallar: eam rem
laudi tibi potiuf q̃ uituperationi fore: quid fieri
posset: & quid mea causa facere possif. Nam quin
uelif non dubito. Velim si tibi graue nó erit: cer/
tiorem me fatiaf. Vale.
ꞏn· c· Tito tino tin. ħ· le ꞇ ꝺ·

ET si non dubito pro tua in me obseruantia:
pq; nostra necessitudine: quin cómédatóné
meam memoria teneas: tamen etiá atq; etiá eúdé
tibi. L. Oppium familiarem meú presenté: &. Lu.
Egnatii fáiliarissimi mei absétis negotia cómédo.
Táta mihi cum eo necessitudo est: familiaritasq;
ut si mea ref esset nó magis laboraré. Quapropter
gratissimú mihi feceris: si curaris: ut is ítelligat me
a te tantú amari: quantú ipe existimo. Hóc mihi
gratius facere nihil potes. Idq; ut fatias: te uehe/
menter rogo. Vale. ꝣ. c. q. philip. pcon. ꝛ. D.

ET si non dubito quin apud te mea commen/
datio prima satis ualeat: tamen obsequor
homini familiarissimo. Ca. Auiano Flacco: cuius
causa omnia tum cupio: tú me hercule etiá debeo.
De quo & presens tecum egi diligéter: cú tu mihi
humanissime respondisti: & scripsi ad te accurate
antea. Sed putat interesse sua: me a te q̃sepissime
scribere. Quare ueli mihi ignoscas: si illius uolútati
obtemperans minus uidebor meminisse cóstantiæ
tuæ. A te illud idé a te peto: ut de loco quod de/
portet frumétum: & de tépore Auiano cómodes.
Quorum utrunq; per eúdem me obtinuit triéniú:
dum Pompeius isti negotio prefuit. Summa est
in quo mihi gratissimum facere possis: si curaris ut
Auianus q̃ndo se ame amari putat: me a te amari
sciat. Erit id mihi pergratum. Vale.

ꝣ. c. Quattor uiris decurionibj
Ante mihi cú. Q. Hippio cause necessitu/
dinis sú: ut nihil possit esse cóiunctius: q̃ nos íter
nos sumus. Quod nisi ita eét: uterer mea cósuetudie

ut uobıſ nulla í re moleſtuſ eſſe:etenım uoſ mıhı
cptımı teſteſ eſtıſ q̃ mıhı perſuaſum eſſet:nıhıl eẽ
q̃d a uobıſ ımpetrare nó poſſem.nunq̃ me tamẽ
grauem uobıſ eſſe uoluıſſe.Vehementer ıgıẽ uoſ
etıam atq; etıam rogo:ut honorıſ meı cauſa lıbe/
ralıſſıme.C.Valıgnıũ hıppıanum tracⱄetıſ:rẽq;
cum eo confıtıatıſ:ut quam poſſeſſıonem habet í
agro fragellano a uobıſ emptam:eam lıberam &
ımmunem habere poſſıt.Id ſı a uobıſ ımpetraro:
ſummo me benefıtıo ueſtro affecⱄum arbıtrabor.

C Vm hıſ temporıbuſ non ſane ın ſenatũ uẽtı/
tarem:tamẽ ut tuaſ lıteraſ legı:nó exıſtımauı me
ſaluo ıure noſtre ueterıſ amıcıtıæ:multorũq; íter
noſ offıtıorũ facere poſſe:ut honorı tuo deeſſem.
Itaq; affuı:ſupplıcatıonemq; tıbı lıbẽter decreuı:
nec relıquo tẽpore ullo:aut reı aut exıſtımatóı:
aut dıgnıtatı tue deero.Atq; hoc ut tuı neceſſarıı
ſcıãt:hoc me anımo erga te eſſe uelım:fatıaſ eoſ
per lıteraſ certıoreſ:ut ſı quıd tıbı opuſ ſıt:ne du/
bıtent mıhı ıure ſuo denuntıare.M.Bollanũ uıꝛ
bonũ & fortem:& omnıbuſ rebuſ ornatum:meũq;
ueterẽ amıcũ tıbı magnope cómendo.Pergratũ
mıhı fecerıſ:ſı curarıſ ut ıſ ıntellıgat hãc cómẽda/
tıonem ſıbı magno adıumento fuıſſe.Ipſũq; uırũ
optımũ gratıſſımũq; cognoſceſ.Promıcⱄo tıbı te
ex eıuſ amıcıtıa:magnam uoluptatẽ eſſe captuꝛ.
Preterea a te peto ın maıorem modum:ꝑ noſträ
amıcıtıa:& pro tuo perpetuo í me ſtudıo:& í hac
re etıam elaboreſ.Dıonıſıuſ ſeruuſ meuſ quı meã
bıblıotecam multorum numorum tracⱄauıt:cum

multos libros surripuisset: nec se impune laturū
putaret aufugit. Is est in prouintia tua. Eum et
M. Bollanus familiaris: & multi alii narone ui/
derūt. Sed cum se a me manumissum diceret: cre/
diderunt. Hunc tu si mihi restituendum curaris:
non possum dicere: q̄ mihi gratum futurꝝ sit. Res
ipsa parua: sed animi mei dolor magnus est. Vbi
sit: & quid fieri possit: Bollanus te docebit. Ego
si hominem per te recuperaro: summo me a te be/
neficio affectum arbitrabor. Vale.

N On modo tibi cui nostra omnia notissima
sunt: sed neminem in republica arbitror esse cui sit
ignota ea familiaritas: que mihi cum. L. Lamia
est. Etenim magno theatro spectata est tunc: cū
est ab Albino cōsule relegatus q̄ libere & fortiter
salutem meam defendisset. nec ex eo amor inter
nos natus ē: sed qđ erat uetus & magnus. ꝓpterea
nullū periculum pro me adire dubitabit. Ad hec
offitia uel merita potius iocundissima cōsuetudo
accedit: ut nullo prorsus plus hoīe delectari uolo.
Iam te expectare quibus hūc tibi uerbis cōmēdē.
causā enim tanti amoris intelligas quæ uerba de/
sideret. His me omnibus usum putabo. Tātū uelī
existimes: si negotia Lamie pcuratores: libertos:
familiam: quibuscūꝗ rebus opus fuerit defēderis.
Gratius mihi futurum: q̄ si ea tua liberalitas per/
tinuisset ad rem familiarem meā. Nec dubito qn
sine mea commendatione: quod tuū iuditium est
de oību ipsius Lamie causa studiose oīa facturus
sis: quanꝗ erat nobis dictum te existimare alicui

senatusconsulto ꝙ cõtra tuam dignitatem fieret
scribendo Lamiam affuisse: qui omnino illiuscõ/
sulibus nunꝗ fuit ascribendum. Deinde omīa tū
falsa. s.c. deferebant nisi forte etiã illisempronião
seatuicõsulto me censes affuisse: qui ne rome ꝙdē:
tum fui de ꝙ eo scripsi ad te recēti. sed bec bacte/
nus. Te mi Cornifici etiam atꝗ etiã rogo: ut oīa
Lamie negotia mea putes eē. Curesꝗ: ut ītelligat
banc cõmendationē maximo sibi usui fuisse: Hoc
mihi gratius nil facere potes. Vale.

C Anitius fāiliaris meus uir omnibus rebus or/
natus: negotiorū suorum causa: legatus est
in africam legatióe libera. Eū uelim rebus oībus
adiuues: operáꝗ des: ut ꝗcõmodissie sua negotia
cõfitiat. In primisꝗ ꝙd ei carissimū est: dignitatē
eius tibi cõmendo. Idꝗ a te peto: ut ipse ī puitia
faceret: sum solicitus. non rogatus: ut oībus sena/
toribus literas darē. ꝙd īdē accepam & cognouerã
a summis uiris factitatum. Hoc igiē mi Cornifici
facies: ceterisꝗ rebus omnibus eius dignitati: reiꝗ:
si me amas consules. Erit id mihi gratissimū. Da
operam ut ualeas. ꝗ C. Allieno S. D.
D Emocritus Sitiomus nõ solum hospes meus
est: sed etiam ꝙd non multis cõtingit: grecis
presertim ualde familiaris. Est enim in eo sūma
probitas: sūma uirtus: sūma ī hospites liberalitas:
& obseruātia: meꝗ pre ceteris & colit & obseruat
& diligit. Eum tu non modo suoꝛ ciuum: uerum
pene acbaiæ principem cognosces. Huic ego tan/
tūmodo aditū ad tuam cognitionem patefatio &

munio.cognitum per teipfum quæ tua natura ē
dignum:tua amicicia atq; hofpitio iudicabif. Peto
igitur a te ut hif literif lectif:recipiaf eum in tuam
fidem. Polliceare omnia te facturum mea caufa.
De reliquo fi id quod confido fore dignū eū tua
amicicia:hofpitioq; cognoueríf. Peto ut eum có/
tēplare diligaf in tuif habeaf.Erit id mihi maiorē
in modum gratum. in. C.Allieu o proxi. g i D

ET te fcire arbitror quáti fecerim.C.Auianū
Flaccum :& ego ex ipfo audieram optío et
grauiffimo boie:q̃ a te liberaliter effet tractatuf.
Eiuffiliofdigniffimofillo patre:meofq; neceffa/
riof quof unice diligo:cómendo tibi fic:ut maiore
ftudio nullofcommendare poffim.C.Auianuf in
ficilia eft.M.eft nobifcum.Vt illiuf dignitatem
p̃fentifornef.rē utriufq; defēdafrogo.Hoc mihi
gratiuf i ifta prouítia facere nihil potef.Idq; ut
fatiaf:te uehementer etiam atq; etiam rogo.
in.T.C.eplæ.fa.li.xiiij.exphat.Incipit.xiiij.
M.C.Terentie Tulliole C. fuis.S.D

X literifmultog;& fermóe oíum
perfertur ad me:incredibilē tuam
uirtutem:& fortitudinem eē:teq;
nec aími nec; corporif laboribuf
defatigari me miferū.te ifta uir/
tute:fide:probitate:humáitate i
tantaf erumnaf propter me icidiffe.Tulliolamq;
noftrá:ex quo patre tantaf uoluptatef capiebat:
ex eo tantof percipere luctuf.Nam quid ego de
Cicerone dicam:qui cū primū fapere cepit:acer/
biffimof dolorefmíferiafq; percepit.Quæ fi ita ut

tu ſcribiſ fato facta putaré: ferrem paulo faciliuſ.
Sed oía ſůt mea culpa cómiſſa: q ab hiſ me amari
putabam qui inuidebant eoſ non ſequebar q pe/
tebant. Quod ſi noſtriſ conſiliſuſi eſſemuſ: neq;
apud noſ tantum ualuiſſet ſermo aut ſtultorum
amicorum: aut improborů beatiſſimi uiueremuſ.
Nunc quando ſperare noſ aici iubét: dabo operá
ne mea ualitudo tuo labori deſit. Reſ quanta ſit
intelligo: quátoq; fuerit faciliuſ manere domi q̃
redire. Sed tamé ſi omneſ tribůoſ plebiſ habemuſ:
ſi Lentulů tam ſtudioſum q̃ uidetur: ſi uero etiá
Pompeium & Cæſarem: non eſt deſp erádum. de
familia quomodo placuiſſe aiciſ ſcribiſ faciemuſ.
De loco núc quidem abiit peſtilentia: ſed q̃m diu
fuit me non actigit. Plácuſ homo offitioſiſſimuſ
me cupit eſſe ſecum: & adhuc retinet. Ego uolebá
loco magiſ deſerto eſſe in epiro: quo neq; Hyſpo
ueniret nec militeſ. Sed adhuc Plácuſ me retiet:
ſperat poſſe fieri: ut mecú i italiam decedat. Qué
ego diem ſi uidero: & ſi i noſtrú cóplexú uenero:
ac ſi & uoſ & meipſú recuperaro: ſatiſ mihi magnú
fructú uidebor pcepiſſe: & ueſtre pietatiſ & meæ.
Piſoniſ humáitaſ uirtuſ amor: i omneſ noſ tátuſ
eſt: ut nihil ſupra poſſit. Vtiná ea reſ ei uoluptati
ſit: glorie quidem uideo fore. De. Q. fratre nihil
ego te accuſaui. ſed uoſ cum preſertim tam pauci
ſitiſ uolui eſſe q̃cóiunctiſſioſ. Quibuſ me uoluiſti
agere gratiaſ egi: & me a te certiorem factum eſſe
ſcripſi. Quid ad me mea Terentia ſcribiſ te uicum
uendituram? Quid obſecro te me miſerum? Quid
futurum eſt? Et ſi noſ premet eadem fortuna: q d

puero mifero fiet? Non queo reliq̃ fcribere: tãta
uif lacrimarũ eft. neq; te í eundem fletũ adducã.
Tantum fcribo fi erunt in offitio amici: pecunia
non deerit. fi non erũt: tu efficere tua pecunia nõ
poterif. Per fortũaf miferaf nrãf uide ne puerum
perditum perdamuf. Cui fi aliquid erit ne egeat
mediocri uirtute opuf eft: & mediocri fortuna: ut
cetera cõfeq̃t. Fac ualeaf: & ad me tabellionariof
mictaf: ut fciam quid agatur: & uof quid agatif.
Mihi omnino iam breuif expectatio ẽ. Tulliolæ
& Ciceroni falutem dic. Datum ad fext. kalend̃
decembrif durachii. Durachiũ ueni quod & libera
ciuitaf eft: & in me offitiofa & pxima italiæ. Sed
fi offendet me loci celebritaf : alio me conferã. ad
te fcribam. ·ꝑ· c· Terẽ· fue· tulliole· & ci· fuif· ꝑ· ꝑ

NOli putare me ad quenq̃ lõgioref epiftolaf
fcribere: nifi fi qf ad me plura fcꝑfit: cui puto
refcribere oportere. Nec enim habeo quod fcribã.
Nec hoc tẽpre quicq̃ difficiliuf fatio. Ad te uero
& ad noftrã Tulliolam: non queo fine plurimif
lacrimif fcribere. Vof enim uideo effe miferrimaf
quaf ego beatiffimaf femp effe uoluí: idq; ꝑftare
debui. & nifi tam timidi fuiffemuf: ꝑftitiffem. Pi/
fonem noftrum merito eiuf amo plurimũ. Eũ ut
potui per literaf cohortatuf fum : gratiafq; egi: ut
debui. In nouif tribunif pl. ítelligo fpẽ te habere.
id erit firmũ: fi Pompei uoluntaf erit: fed Craffũ
tamen metuo. A te quidem omnia fieri fortiffime
& amantiffime uideo: nec miror. fed mereo cafũ
eiufmodi: ut tãtif tuif miferiif: mee miferie fuble/
uane. Nã ad me. P. Valeriuf homo offitiofiffiuf

scripsit.id quod maxio cū fletu legi.quēadmodū
a Vesta ad tabulam ualeriā ducta esset.hem mea
lux:meum desiderium:unde omnes opem petere
solebāt: te nunc mea Terētia sic uexari:sic iacere
ī lacrimis & sordibus:idq; fieri mea culpa q ceteros
seruaui:ut nos periremus.Quod de domo scribis:
hoc est de area.ego uero tum deīq; mihi uidebor
restitutus :si illa erit nobis restituta. Verum hæc
non sunt in nostra manu.Illud doleo que impēsa
fatienda est in eius parte miseram & despoliatam
uenire. Quod si conficitur negotiū:omnia cōse/
quemur. Sin eadem nos fortūa premet: etiam ne
reliquias tuas miseras proities.obsecro te uita mea.
Quod ad sumptū actinet:& sine alios qui possunt
si modo uolūt sustinere:& ualitudinē istā ifirmā
si me amas noli uexare. Nā mihi ante oculos dies
noctesq; uersaris. Omēs labores te excipere uideo:
timeo ut sustineas .sed uideo in te esse oīa.Quare
ut id quod speras & quod agis consequamur serui
ualitudini.Ego ad quos scribā nescio .nisi ad eos
qui ad me scribūt:aut ad eos de quibus ad me uos
aliquid scribitis.Longius quoniam uobis ita pla/
cet: non discedā.sed ueli q̄sepissi literas mictatis:
presertim si quid ē firmius quod speremus.Valete
mea desideria ualete.Datum ad.iiii.no. octobris
thesalonice. ꝑ C. Terentie & tull' a' C. ꝑ

ACcepi ab Aristotrico tres epistolas:quas ego
lacrimis prope deleui.Confitior enim merore mea
Terētia:nec mee me miserie magis excrutiāt:q̄ tue
ureq; Ego autem hoc miserior sum q̄ tu:que es mi
serria q ipsa cālāitas cōmunis est utriusq; nostrū.

Sed culpa mea propria eſt. Meum fuit offitium
uel legatione uitare periculum: uel diligentia et
copuſ reſiſtere: uel cadere fortiter: boc miſeriuſ:
turpiuſ: indigniuſ nobiſ nibil fuit: q̄re cum dolore
cōfitior: tum etiã pudore. Pudet enim me uxor
mee optime ſuauiſſimiſ liberiſ uirtutē & diligētiã
non preſtitiſſe. Nã mibi ante oculoſ dieſ nocteſq;
uerſatur ſqualor ueſter & meror: & infirmitaſ ua/
litudiniſ tue: ſpeſ autem ſalutiſ pertenuiſ oſtēdit.
Inimici ſunt multi: iuidi pene omneſ. Eicere uoſ
magnum fuit: excludere facile ē. Sed tamē q̄diu
uoſ eritiſ in ſpe: non defitiã: ne omnia mea culpa
cecidiſſe uideantur: ut tuto ſim q̄ laboraſ .id mibi
nunc facillimum eſt q̄ etiã inimici uolūt uiuere
in tantiſ miſeriiſ. Ego tamen fatiam que precipiſ.
Amiciſ quibuſ uoluiſti egi gratiaſ. Et eaſ literaſ
Deſippo dedi: meq; de eorum offitio: ſcripſi a te
certiorem eſſe factum. Piſonem noſtrum mirifico
eſſe ſtudio in noſ & offitio: & ego pſpitio: & oēſ
predicant. Du faxint ut tali genero mibi pſenti
tecum ſimul: & cum liberiſ noſtriſ frui liceat. Nūc
ſpeſ reliqua eſt in nouiſ tribuniſ plebiſ: & i p̄miſ
quidem diebuſ. Nam ſi inueterarit actum eſt. Ea
re ad te ſtatim Ariſtotricū miſi: ut ad me cōtinuo
initia rerū: & ratōnē totiuſ negotii poſſeſ ſcribere.
Et ſi Deſippo quoq; ita impaui ſtati ut recurre/
ret: & ad frēm miſi: ut crebro tabellarioſ micteret.
Nam ego eo nomie ſum durachii boc tempore:
ut q̄celerrime quid agatur audiam: & ſum tuto .
Ciuitaſ enim bæc ſemp a me defenſa ē: cū inimici
noſtri uenire dicentur: tum in epirum ibo. Quod

scribis si uelim te ad me uenturam. Ego uero cum
sciam magnam partem istius oneris abs te susserieri:
& istic esse uolo. Si pficitis quod agitis me ad uos
uenire oportet. Sin autem:sed nihil est opus reliq̃
scribere. Ex primis aut summ̃ secundis literis tuis
constituere poterimus:quid nobis faciendum sit.
Tu modo ad me uelim omnia diligentissime per/
scribas :& si magis iam rem q̃ literas debeo expectare.
Cura ut ualeas.& ita tibi psuadeas mihi te carius
nihil eē:neq; unq̃ fuisse. Vale mea Terentia:quā
ego uidere uideor:itaq; debilitor lacrimis. Pridie
kalendæ decembris. Vale.

.D. C. Teren. & tull' & Ci. suio. s. D.
Ego minus sæpe ad uos do literas q̃possum:
propterea q̃ tū omnia mihi tempora sunt misera:
cum uero cum aut scribo ad uos:aut uestras lego:
conficior lacrimis sic ut ferre non possum. Quod
utinā minus uite cupidus fuissē:certe nihil aut nō
multū i uita mali uidissēus. Quod si nos ad aliq̃m
alicuius cōmodi aliquando recupandi spē fortūa
reseruauit:minus est erratum a nobis:si hæc mala
fixa sūt. Ego uero te q̃pmū mea uita cupio uide
re:& in tuo cōplexu emori:quādo neq; dii quos tu
castissime coluisti:neq; homies quibus ego seruiui
semper:nobis gratiam retulerunt. Nos brundusii
apud.M. Enniū Flaccū dies.xiii. fuimus uirum
optimū:qui periculum fortunarum :& capitis sui
pro mea salute neglexit. Neq; legis improbissime
pena deductus est:quo minus hospitii & amicitie
uis offitiúq; prestaret. Huic utinā aliq̃ndo grām
referre possimus. Habebimus qdē semp.Brūdusio

profecti sumus ad quitas kalend mau per mace/
doniam: & cyricum petebamus. O me perditu. O
me afflictum: quid nuc roge te ut uenias muliere
egram: & corpore & animo cofectam? No roge.
Sine te igitur sim opior. Sic aga. Si e spes nostri
reditus: ea cofirmes & re adiuues. Si ut ego metuo
transactu e: quoquo modo potes ad me fac uetas.
Vnu hoc scito si te habeo: no mibi uidebor plae
perusse. Sed quid de Tulliola mea fiet: ia id uos
uidere mibi est consilium. Sed certe quoquo mo
resse babebit: illius miselle & matrimoio & fame
seruiendum est. Quid Cicero meus. Quid agetis.
Te uero sic in sinu semper & complexu meo. No
queo plura iam scribere. Impedit meror. Tu quid
egeris nescio. Vtrum aliquid teneas: an qd metuo
plane sis spoliata. Pisonem ut scribis spero fore sp
nostrꝛ. De familia liberata nibil est qd te moueat.
Primu tuis ita promissum est: te facturam ee: ut
quisq; esset meritus. Est autem i offitio adbuc or/
pheus. Preterea magnopere neo ceteroꝛ seruoꝛ.
Ea causa est: ut si res a nobis abesset liberti nostri
essent: si obtiere potuissent. Sin ad nos ꝑtineret:
seruiret preterꝙ opido pauci. Sed bec minora sut.
Tu ꝙ me bortaris ut animo sim magno: & spem
babeam recuperande salutis: id uelim sit eiusmodi
ut recte sperare possimus. Nunc miser ꝗndo tuas
iam literas accipiam: quis ad me perferret? Quas
ego expectasse brundusii si esset licitu ꝑ nautas:
qui tempestatem pretermictere noluerut. Quod
reliquum est: sustenta te mea Terentia: ut potes
bonestissime uiximus floruimus. no uiciu nostru:

sed uirtuſ noſtra noſ afflixit. Peccatum eſt nullũ
niſi ꝗ non una animam cum ornamētiſ amiſimuſ.
Sed ſi hoc fuerit liberiſ noſtriſ gratiuſ: noſ uiuere
cetera ꝙꝗ ferenda ſunt feramuſ. Atꝗ ego qui te
confirmo: iꝑe me non poſſum. Clodiũ philaterum
ꝙ ualitudie impediebať oculorum: remiſi hoíem
fidelem. Saluſtiuſ offitio uincet oēſ ſpeſ. Cenniuſ
eſt perbeniuoluſ nobiſ: quē ſemper ſpero tui fore
obſeruātē. Sicca dixerat ſe mecum fore: ſed brũ/
duſio diſceſſit. Cura quo poteſ ut ualeaſ. & ſic ex/
iſtieſ uehemētiuſ me tua miſeria ꝙ mea cómoueri.
Mea Terētia fidiſſima atꝗ optima uxor: & mea
cariſſía filiola: & ſpeſ reliꝗ noſtra Cicero ualete.
Pridie kalendiſ maiiſ de brunduſio.

P Tulliuſ Terentie ſue ſ. D.

R idie iduſ octobriſ athenaſ uenimuſ: cũ ſæ
aduerſuſ uentiſ uſi eſſemuſ: tarde ꝗ & incommode
nauigaſſemuſ. De naue exeũtibuſ nobiſ Achaſtuſ
cum literiſ preſto fuit uno et uigeſimo die ſane
ſtrenue. Accepi tuaſ literaſ quibuſ intellexi te ue/
reri: ne ſuperioreſ mihi reddite non eſſent. Omēſ
ſunt reddite: diligentiſſimeꝗ a te perſcripta ſunt
oía. Idꝗ mihi gratiſſimũ fuit. Neꝗ ſũ admiratuſ
hãc epiſtolam quã Achaſtuſ actulit: breuē fuiſſe.
Iam enim meipſum expectaſ ſiue noſipoſ: ꝗ qdē
ꝙprimũ ad uoſ uenire cupiamuſ. Et ſi inꝗ rēpub.
uenimuſ intelligo. Cognoui enim & multorum
amicorũ literiſ: quaſ actulit Achaſtuſ ad arma rē
ſpectare: ut mihi cũ uenero diſſimulare nó liceat
quid ſentiam. Sed quando ſubeunda fortuna eſt:

eo citiuſ dabimuſ operā ut ueniamuſ:quo faciliuſ
de tota re deliberemuſ. Tu uelim ꝗ cū cómodo
ualitudiniſ tue fiat:ꝗ̃ lo ngiſſime poteriſ obuiam
nobiſ propereſ. De hereditate pretiana:que qdē
mihi magno dolori eſt. Valde enim illū amaui.
Hoc uelim cureſ. Si auctio ante meū aduentum
fiet:& Póponiuſ aut ſi iſ minuſ poterit:Camilluſ
noſtrū negotium curet. Noſ cū ſalui uenerimuſ:
reliqua per noſ agemuſ. Sin tu iam roma ꝓfecta
eriſ:tamen curabiſ ut hoc ita fiat. Si diu noſ ad/
iuuabūt:circiter iduſ nouēbriſ in italia ſperamuſ
fore. Voſ mea ſuauiſſima & optatiſſima Terētia
& Tulliola ſi noſ amatiſ:curate ut ualeatiſ. Athe/
niſ ad quindecimaſ kalendaſ nouembriſ. Vale.

N·̣ ·ꝗ·T·C·S·p·Terentie ſue:·
Ec ſepe ē cui literaſ demuſ:nec rem habemuſ
ullam quam ſcribere uelimuſ. Ex tuiſ literiſ quaſ
proxime accepi:cognoui predium nullum uenire
potuiſſe. Quare uideatiſ uelim:quomó ſatiſfiat
ei:cui ſcitiſ me ſatiſfieri uelle. Quod noſtra tibi
gratiaſ agit:id ego non miror.te mereri ut ea tibi
merito tuo gratiaſ agere poſſit. Pollicē ſi adhuc
non eſt profectuſ:ꝗ̃primū fac extrudaſ. Cura ut
ualeaſ. Idibuſ quintilibuſ. Vale.

O·ꝗ·C·Terentie ſue:S·D·
Mneſ moleſtiaſ & ſolicitudineſ quibuſ & te
miſerrimam habui. id quod mihi moleſtiſſimū ē.
Tulliolamꝗ quæ nobiſ noſtra uita dultior eſt
depoſui & eieci. Quid cauſe autē fuerit poſtridie
intellexi ꝗ̃ a uobiſ diſceſſi
noctu eieci ſtatim. Ita ſum leuatuſ:ut deuſ mihi

aliquid medicinam fecisse uideatur. Cui quidē tu
deo quemadmodum soles pie & caste satisfatias id
est Apollini & Esculapio. Nauē spero nos ualde
bonam habere: in eā simul ac conscendi. Hec spsi.
Deinde conscribam ad nostros familiares multas
epistolas: quibus te & Tulliolam nostrā diligē/
tissime cōmēdabo. Cohortarer uos ꝗ aio fortiores
essetis: nisi uos fortiores cognoscerem: ꝗ quenꝗm
uirum. Et tamen eiusmodi spero negotia esse: ut
& uos istic cōmodissime sperem esse: & mē aliꝗdo
cum similibus nostri rempub. defensurū. Vt ꝑmū
ualitudinem tuam uelim cures. Deinde tibi si ui/
debitur uillis his utere: quo longissime aberunt a
militibus. Fundo arpinati bene poteris uti cum
fāilia urbana: si annona carior fuerit. Cicero bel/
lissimus tibi salutem plurimā dicit. etiā atꝗ etiam
uale. Datū .iii. idus iunii.

S ·Ð· C Terentie sue · Ꝧ · Ð
I uales bene est ego quidem ualeo. Vali/
tudinem tuam uelim cures diligētissime. Nā mihi
& scriptum et nuntiatum est: te in febrim subito
incidisse. Quod celeriter me fecisti de Cæsaris Iris
certiorem fecisti mihi gratū. Itē post hac si quid
opus erit: si qd acciderit noui: facies ut sciā. Cura
ut ualeas. Vale. Datum .iiii. nonas iunias.

A ·Ð· C Terentie sue · Ꝧ · Ð
D ceteras miserias accessit dolor & Dolobelle
ualitudine: & Tulliæ: omnino de omnibus rebus
ne quid consilii capiam: nec quid fatiam scio. Tu
uelim tuam: & Tulliæ ualitudinē cures. Vale.

QVid fieri placeret scripsi ad Pōponiú seruis
q̃ oportuit. Cum eo si locuta eris intelliges:
quid fieri uelim. Apertius scribi quando ad illum
scripseram necesse non fuit. De ea re & de cæteris
rebus q̃primú uelim nobis literasmictas. Valitu/
dinem tuam cura diligēter. Vale sept. id. qntilis.

.ij. C. Terentie sue. S. D.

SI uales bene est ego quidem ualeo. Tullia
nostra uenit ad me pridie idus iunii: cuius summa
uirtute & singulari humanitate grauiore etiã sú
dolore effectus. Nostra factum esse negligentia:
ut longe alia infortunia esse: atq; eius pietas ac
dignitas postulabat. Nobis erat in aío Ciceronē
ad Cæsarem mictere: & cum eo Gn. Salustiú. Si
profectus erit: faciam te certiorem. Valitudinem
tuam diligenter cura. Vale. xiiii. kal. quintilis.

.ij. C. Terentie sue. sim. D.

QVod nos in italiam saluos uenisse gaudes:
perpetuo gaudeas uelim. Sed perturbati dolore
animi: magnisq; iniuriis: metuo ne id consili ce/
perimus: q̃ non facile explicare possimus. Quare
quantú potes adiuua. Quid autem possis: mihi in
mentem non uenit. In uiam q̃ te des hoc tempore
nihil est: & longum est iter & non tutum. Et nõ
uideo quid prodesse possis: si ueneris. Vale. Datú
pridie nonas nouembris brundusii.

.ij. C. Terentie sue S. D.

QVod scripsi ad te proximis literis de nuntio
remictendo: que sit istius ius hoc tempore: & quæ
& quæ concitatio multitudinis ignoro. Si metu/
endus iratus ē: qes tamē ab illo nascetur fortasse.

Totum iudicabiſ q̃le ſit. Et ꝙ í miſerrimiſ rebuſ
minime miſerum putabiſ id fatieſ. Vale ſeptimo
iduſ quintiliſ.

SI uoſ ualetiſ noſ ualemuſ. Veſtrum iam có/
ſilium eſt nó ſolú meú: ꝙd ſit uob iſ fatiédú.
ſi ille romam modeſte uenturuſ: recte in preſétia
domi eſſe poteſtiſ. Sin homo amenſ diripiendam
urbem daturuſ eſt: uereor ut dolobella ipſe ſatiſ
nobiſ prodeſſe poſſit. Et iam illud metuo: ne iam
ítercludámi: ut cú uelitiſ exire nó liceat. Reliquú
eſt. ꝙ ipſe optíe conſiderabitiſ ueſtri ſimileſ feíe
ſint ne rome. Si ení nó ſút: uidendú eſt ut hó eſte
eſſe poſſitiſ. Quandoquidé nunc ſe reſ habet mó:
ut hæc uobiſ loca tenere liceat: belliſſíe uel mecú
uel in noſtriſ prediſ eſſe poteritiſ. Etiá illud ue/
rendú eſt: ne breui tempore fameſ in urbe ſit. Hiſ
de rebuſ uelim: cum Pomponio: cum Camillo: cú
quibuſ uobiſ uidebié conſideretiſ. Ad ſummá aío
forti ſitiſ. Labienuſ rem meliorem fecit. Adiuuat
etiá Piſo ꝙ ab urbe diſcedit: & ſceleriſ condemnat
generú ſuú. Voſ mee cariſſimæ animæ: q̃ſæpiſſíe
ad me ſcribite: & uoſ quid agatiſ & quid iſtic agaé.
Quintuſ pretor & filiuſ & Ruffuſ uobiſ ſalutem
dicút. Vale. octauo kalend quitiliſ menturniſ.

SI ualeſ bene eſt ego quidem ualeo. Cóſti/
tueramuſ: ut ad te antea ſcripſerá obuiá Ciceroné
Cæſari mictere. Sed: mutauimuſ cóſiliú. quia de
illiuſ aduentu nihil audiebamuſ. De ceteriſ rebuſ
& ſi nihil erat noui: tamen quid uelimuſ: & quid

hoc tempore putemuſ opuſ eſſe: ex Sicca poteriſ
cognoſcere. Tulliã adhuc mecum teneo. Valitu/
dinem tuã cura diligenter. Vale·xii·kal·quitiliſ.

E T ſi eiuſmodi tempora noſtra ſunt:ut nihil
habeam quod aut te literaꝗ expectẽ.aut ipſe ad
te ſcribã.Tamen neſcio quó & ipſe ueſtraſliteraſ
expecto:& ſcribo ad uoſ cum habeo qui ferat uo/
lumina·Debuit i te offitioſior eẽ q̃ fuit:& idipm
quod fecit potuit diligentiuſ facere & cautiuſ:q̃q̃
alia ſunt que magiſ curemuſ: magiſq; doleamuſ.
Que me ita confitiút uti ei uoluerunt qui me de
mea ſentẽtia detruſerunt.Cura ut ualeaſ.

S I quid haberem quod ad te ſcriberem:facerẽ
id & pluribuſ uerbiſ & ſepiuſ.Núc que ſút nego/
tia uideſ.Ego autem quomodo ſim afflictuſ ex
Lepta & Trebatio poteriſ cognoſcere Tu fac ut
tuam & Tulliæ ualitudinem cureſ.Vale.

C Onſiderandum uobiſ etiam atq; etiam aĩæ
mee diligenter puto.quid fatiatiſ.Romæ ne ſitiſ:
an mecú in aliquo tuto loco·Id nó ſolum meum
conſiliú eſt:ſed etiam noſtrum.Mihi ueniunt in
mentẽ hæc.rome uoſ eſſe tuto poſſe p Dolobellã.
Eamq; rem poſſe nobiſ adiumento eſſe ſi qua uiſ:
aut ſi que rapine fieri ceperit·Sed rurſuſ illud me
mouet q̃ uideo oéſ bonoſ abeſſe roma:& eoſ mu/
liereſ ſuaſ ſecum habere.Hæc autem regio in qua
ego ſum noſtrorum eſt:tum opidorum:tú etiam

predioꝗ: ut etiam multum esse mecum:& cū abie/
ritiſ :commode & in noſtriſ esse possitiſ. Mihi non
plāe satiſ conſtat adhuc utꝗ sit meliuſ. V oſ uidete
quid aliæ fatiāt iſto loco feminæ.& ne cum uelitiſ
exire non liceat. Id uelim diligenter etiā atꝗ etiā
uobiſcum :& cum amiciſ conſideretiſ. Domuſ ut p/
pugnacula & prediū habeat Philitimo dicetiſ. Et
uelim tabellarioſ iſtituatiſ certoſ: ut quotidie aliꝗſ
a uobiſ literaſ accipiam. Maxime aūt date operā
ut ualeatiſ : si uoſ uultiſ ualere. octauo kl. formiſ.

N maximiſ meiſ doloribuſ excrutiat me uali/
tudo Tulliæ noſtre. De qua nihil eſt quod ad te
plura ſcribā. Tibi enī eque magne cure esse certo
ſcio :ꝗ me ppiuſ uultiſ accedere uideo ita fatiēdū
& iam ante feciſſem: sed me multa impediuerunt:
quæ ne nūc qdē expedita ſunt. Sed a Pompóio
expecto literaſ :quaſ ad me ꝗ primum perferēdaſ
cureſ uelim. Da operam ut ualeaſ.

N tuſculanū noſ uenturoſ putamuſ: aut noniſ
aut poſtridie. ibi fac ut sit omnia parata. Plureſ
enī fortaſſe nobiſcū erunt: & ut arbitror diutiuſ
ibi cōmorabimur. Labrū si in balneo non eſt: fac
ut sit. Itē cetera quæ ſunt ad uictū & ualitudinē
neceſſaria. Vale. iiii. kalenᵭ octobriſ de uenuſio.

I ualeſ bene eſt ego quidē ualeo. Da operā
ut coualeſcaſ. Quod opuſ erit ut reſ tēpuſꝗ poſ/
tulat: puideaſ atꝗ adminiſtreſ:& ad me de oībuſ
rebuſ ꝗſepiſſime literaſ mictaſ. Vale.

I ualeſ bene ē ego qdē ualeo. Noſ quotidie
tabellarioſ ueſtroſ expectamuſ. qui ſi uenerint:
fortaſſe erimuſ certioreſ quid nobiſ fatiendū ſit.
Fatiemuſq; te ſtatim certiorem. Valitudinē tuā
cura diligenter. Vale kalenđ ſeptembriſ·

.ꝗ· c· Terentie fue· ꝯ· D·

I ualeſ bene eſt ego ualeo. Reddite mihi
tandem ſunt a Cæſare litere ſatiſ liberaleſ.& ipſe
opinione celeriuſ uenturuſ eſſe dicitur. Cui utrum
obuiam procedam: an hic eum expectam: tū con/
ſtituam fatiā te certiorem. Tabellarioſ mihi ueli
q̄ primū remictaſ. Valitudinē tuā cura diligēter.
Vale. Datum pridie kalenđ ſextiliſ·

.ꝗ· c· Terentie· fue· ꝯ· D·

I ualeſ bene eſt ego quidē ualeo. Noſ neq;
de Cæſariſ aduentu: neq; de literiſ q̄ſ Philotimuſ
babere dicitur quicquam adhuc certi habemuſ. Si
quid erit certi: fatiam te ſtatim certiorem. Vali/
tudinem tuam fac ut cureſ. Vale. iii. iduſ ſextiliſ·

.ꝗ· T· c· epłaꝝ fa· li· x̄ iiij· explicat Jnapit·
xv· ꝗ· Tu· ꝗ· ſi· Cι· ꝓ· ſ·đ· cōſu· ꝓto· tri· ſena·

T ſi non dubie mihi nuntiabatur
parthoſ tranſiſſe eufratē cū oībuſ
fere ſuiſ copiiſ. tamē ꝗ arbitrabar
a. M. Bibulo proconſule: certiora
de hiſ rebuſ ad uoſ ſcribi poſſe·
ſtatuebam mihi non neceſſe eſſe
publice ſcribere ea: quæ de alteriuſ puitia nūti/
arent. Poſtea uero q̄ certiſſimiſ autoribuſ: legatiſ:
nuntiiſ: literiſ ſū certior factuſ. uel ꝗ tanta reſ

referat.uel q̃ nõdũ audieramuſ Bibulũ ĩ ſyriam
uẽiſſe.uel qa admiſtratio huiuſbelli mihi cũ Bi/
bulo pene eſt communiſ. que ad me delata eſſet:
ſcribẽda ad uoſputaui. Regiſ Antiochi Comagẽ
legati primi mihi nuntiarunt.parthorũ magnaſ
copiaſ eufratem trãſire cepiſſe. Quo nũtio allato.
cum eſſent nõnulli qui ei regi minorem fidẽ ha/
bendam putarent:ſtatui expectandum eẽ. ſi qd
certiuſ afferretur.Ad.xiii.kalendaſ octobriſ cum
exercitũ in ciliciam ducerem in finibuſ licaoniæ:
e capadotia mihi litere reddite ſunt a tarchõ di /
moto.q fideliſſimuſ ſotiuſ trãſ thaurũ.aiciſſiuſ q̃
populi romani exiſtimaẽ. Parcoremorodiſ regiſ
parthorum filiũ :cum p magno equitatu parthico
trãſiſſe eufratẽ.& caſtra poſuiſſe tybae.magnũ q̃
tumultũ eſſe in prouĩtia ſyria excitatũ.Eodem
die a Iãblico Philarco arabũ.quẽ hoieſopinanẽ
bene ſentire:amicũ q̃ eſſe reipub.noſtre.literæ de
iiſdem rebuſ mihi reddite ſunt. Hiſ rebuſ allatiſ.
& ſi intelligebam ſotioſ infirme animatoſ eſſe.et
nouaꝝ rerum expectatione ſuſpenſoſ. Sperabam
tamẽ eoſ ad quoſ iam acceſſeram quiq̃ noſtram
conſuetudinẽ:integritatemq̃ perſpexerant:ami/
cittoreſ populo romano eſſe factoſ.Ciliciam aũt
firmiorem fore:ſi equitatiſ noſtre particepſ facta
eſſet. Et ob eam cauſam: & ut opprimerentur hi
qui ex ciliciũ gente ĩ armiſ eſſẽt.& ut hoſtiſ iſ eẽt
in ſyria:ſciret exercitum populi ro.non modo nõ
cedere biſ nũtiiſ allatiſ:ſed etiã propiuſ accedere.
exercitũ ad thauꝝ inſtitui ducere. Sed ſi qd apud
uoſ auctoritaſ mea ponderiſ habet:ĩ hiſ preſertim

rebuſ quaſ uoſ audiſtiſ . ego pene cerno magnope
uoſ & hortor & moneo : ut hiſ prouintiiſ ſeruiſ uoſ
quidem q̃ decuit : ſed aliquando tamē conſulatiſ.
Voſ quemadmodũ inſtructoſ . & quibuſ preſidiiſ
munitoſ ad tãti belli opinionē miſeritiſ : nó eſtiſ
ignari . ꝙ ego negotiũ nó ſtultitia obcecatuſ : ſed
uerecundia deterrituſ non recuſaui . neꝗ . n . unq̃m
ullum periculũ tantũ putaui . quod ſubterfugere
mallem : q̃ ueſtre auctoritati obtemperare . Hoc
autem tempore reſ ſeſe ſic habet . ut niſi exercitũ
tantũ quátũ ad maximũ bellum micttere ſoletiſ :
mature in haſ ꝓuitiaſ miſeritiſ . ſummũ periculum
ſit . ne amictende ſint omneſ he prouintie . quibuſ
uectigalia po . ro . cõtinenē . Quãobrem ut in hoc
prouintiali delectu ſpem habeatiſ aliquam : cauſa
nulla eſt . neꝗ multi ſunt & diffugiunt : qui ſunt
metu oblato . Et qđ gēuſ hoc militũ ſit iudicauit
uir fortiſſimuſ . M . Bibuluſ in aſya . qui cum uoſ
ei permiſiſſetiſ : delectum habere noluerit . Nam
ſociorum auxilia propter acerbitatē atꝗ iniuriaſ
imperii noſtri . aut ita ibecilla ſunt : ut nó multũ
noſ iuuare poſſit . aut ita aliēata a nobiſ : ut neꝗ
expectandũ ab hiſ . neꝗ cõmictendũ hiſ qdquid
eſſe uideatur . Regiſ Deiotari & uolũtatē & co /
piaſ quantecũꝗ ſunt : noſtraſ eē duco . Capodotia
eſt inaniſ . Reliqui regeſ tyranniꝗ neꝗ opibuſ
ſatiſ firmi : nec uoluntate ſunt . Alibi in hac pauci /
tate militũ : certe aimuſ nó deerit . Spero ne cõſiliũ
quidem . Quid caſurũ ſit . incertum eſt . Vtinam
ſaluti noſtræ conſulere poſſimuſ . dignitati certe
conſulemuſ . Vale.

S I uof ualetif bene eft ego quidem ualeo . Cū
pri die kalend fextilif in prouítiam ueniffē : neq;
maturiuf propter itinerum & nauigationū diffi/
cultatem uenire potuiffē . maxime cóuéire offitio
meo . reiq; publice códucere putaui : parare ea que
ad exercitū . queq; ad rem militarem pertinerent .
Quæ cum effent a me cura magif & diligentia : q̃
facultáte & copia conftituta . nuntiiq; & litere de
bello a parthif in prouítiā fyriam illáto quotidie
fere affererentur . iter mibi fatiendū p licaoniam
& per yfaurof . & per capadotiam arbitratuf fum .
Erat enim magna fufpitio parthof : fi ex fyria e/
gredi atq; irrúpere in eam prouintiam conarent .
iter eof per capadotiam cp ea maxime pateret eē
facturof . Itaq; cū exercitu per capadotie partem
eam que cum cilitia cótinéf eft iter feci . Caftraq;
ad cybiftra quod opidum eft ad montē tbaurum
locaui : ut Artuafdef Rex Armeniuf quocūq; aĩo
effet : fciret non procul a fuif finibuf exercitū po .
ro . effe : & Deiotarū fideliffimū regē atq; amicif/
fimū reipub . noftre maxime cóniúctum baberē .
cuiuf & confilio & opibuf adiuuari poffet refpub .
Quo cum in loco caftra baberem : equitatum q; in
cilitiā mififfē : ut & meuf aduentuf . bif ciuitatibuf :
quæ in ea parte effent : nuntiatuf firmioref aĩmof
bominū faceret . & ego mature qd ageretur í fyria
fcire poffem . tempuf eiuf tridui : cp í bif caftrif mo/
rabar : í magno offitio & neceffario mibi ponēdū
putaui . Cū ení ueftra auctoritaf interceffiffet : ut
ego regē Ariobarfanē Heufeben & Pbilorbomeū

tuerer. eiufq; regif falutem: incolumitatē: regnúq;
defenderē. regi regnoq; prefidio effē. adiúxiffetq;
if falutem eiuf regif populo fenatuiq; ro. magnæ
cure effe. ꝙ nullo unąm de rege decretum effet. A
noftro ordine exiftimaui me iudiciú ueftrum ad
regem deferre debere. eiq; prefidiú meum & fidem
& diligentiam polliceri. ut quando faluf ipfiuf: in/
columitaf regni mibi commendata effet a uobif:
diceret fi quid uellet. Quæ cum effem in confilio
meo cú rege locutuf. initio ille orati̇óif fue uobif
maximaf ut debuit. Deinde etiam mibi grāf egit
ꝙ ei permagnú & pbonorificú uidebat. S. P. Q.
R. tante cure effe falutē fuā: meq; tantā diligētiā
adbibere: ut & mea fidef & commēdationif ueftre
auctoritaf perfpici poffet. Atq; ille primo: quod
mibi maximæ lætitiæ fuit. ita mecú locutuf ē ut
nullaf infidiaf uitæ fuæ: neq; regno diceret fe aut
intelligere fieri: aut etiam fufpicari. Cum ei ego
gratulatuf effem: idq; me gaudere dixiffē: cobor/
tatuf ut recordaretur cafum illú interituf paterni
& uigilanter fe tueret. atq; admonitu fenatuf có/
fuleret faluti fue: tú a me difceffit i opidú cibiftra.
Poftero autem die cum Ariarate fratre fuo: & cú
paternif aicif maioribuf natu ad me i caftra uēit:
perturbatufq; & flenf: cum idem & frater faceret.
& amici: meam fidem & ueftram cómendationem
implorare cepit. Cú admirarer qd accidiffet noui:
dixit ad fe indicia māifeftaꝗ infidiarú eē delata:
quæ effent ante aduentú meú occultata. ꝙ bi qui
ea patefacere poffent: propter metú reticuiffent.
Eo autem tempore fpe mei prefidii complauref ea

quæ scirēt audacter ad se detulisse in his amantis/
simū sui summa pietate preditū fratrem dicere:ea
quæ me is quoq̕audiente dicebat se solicitatū eē
ut regnare uellet. Id uiuo fratre suo accidere nó
potuisse :se tamē ante tempus illud eam rē nunq̃
in mediū propter periculi metum protulisse. Quæ
cū esset locutus: monui regem ut omnē diligētiā
ad se conseruandū adhiberet. ascosq̕ in patris eius
atq̕ iuditio probatos hortatus sum regis sui uitam
docti casu acerbissimo patris eius omi cura custo/
diaq̕ defēderēt. Cū Rex a me eq̃ratū cohortesq̕
de exercitu meo postularet:& si itelligebā ueſtro
senatusconsilio non modo posse me id facere: sed
etiam debere. Tamē cū respub. postularet ꝓpter
quotidiáos ex syria nuntios :ut q̃primū exercitū:
ad cilitie fines adducerem. Cūq̕ Rex mihi pate/
factis iam insidiis non egere exercitu romāi po:
sed posse se suis opibus defendere uideret. Illū co/
hortatus sum. ut in sua uita cōseruanda: primum
regnare disceret: a quibus perspexisset sibi isidias
paratas i eos uteret iure regio. pena afficeret eos
quos necesse eēt. reliquos metu liberaret. Presidio
exercitus mei ad eorū qui i culpa essent timorem
potius q̃ ad contentionē uteret. Fore aút ut oēs
quando senatusconsultū noscent intelligerent me
regi si opus esset ex auctoritate ueſtra ꝓsidio fu/
turū. Ita confirmato illo: ex eo loco caſtra moui.
iter in cilitiam facere inſtitui. Cum hac opinióe e
capadotia discederē: ut cōsilio ueſtro casu icredi/
bili ac pene diuino regē quē uos honorificētissíe
appellassetis: nullo poſtulante quemq̕ meæ fidei

cõmendaſſetiſ.& cuiuſ ſalutē magni uobiſ magñe
cure eſſe decreſſetiſ. meuſ aduentuſ preſentibuſ in/
ſidiuſ liberaret. Quod ad uoſ a me ſcribi nõ alienū
putaui:ut ítelligeretiſ ex hiſ que pene acciderūt:
uoſ multo āte ne ca acciderēt ꝓuidiſſe. eoq; uoſ
ſtudioſiuſ feci certioreſ: q̄ in rege Ariobarſane. ea
mihi ſigna uideor uirtutiſ.ígenii.fidei.bēiuolē/
tieq; erga uoſ pſpexiſſe.ut non ſine cā tātā curā
í eiuſ uoſ ſalutē diligētiāq; uideamini cõtuliſſe.

Cᴇ Vm ad me legati miſſi ab Antiocho Cõma/
geno ueniri poteſt in caſtra ad Iconiū ad.ɪɪɪ.no.
ſeptembriſ.Iiq; mihi nūtiaſſent regiſ parthorum
filium:quo cum eſſet nupta regiſ armenioꝝ ſoror
ad eufratē:cū maximiſ parthoꝝ copiſ: multaꝝq;
preterea gentiū magna manu ueniſſe: eufratēq;
iā trāſire cepiſſe:diciq; Armeniū regē í capadotia
impetū eē facturū. putaui ꝑ noſtra neceſſitudíe
me hoc ad te ſcribere oportere. Publice ꝓpter duaſ
cauſaſ nihil ſcripſi. q̄ & ipſum Cõmagenū legati
dicebāt ad ſenatū ſtatim nūtioſ literaſq; miſiſſe.
Et exiſtimabam. M. Bibulū ꝓconſulē:q̄ circiter
iduſ ſextiliſ ab epheſo í ſyriam nauibuſ ꝓfectuſ
erat. q̄ ſecundoſ uentoſ habuit ſe iam in ꝓuintiā
ſuam perueniſſe. Cuiuſ literiſ omía perlatū iri ad
ſenatum putabam. Mihi ut in huiuſmodi re tāto
bello maxie cure ē:ut quæ copiſ & opibuſ tenere
uix poſſimuſ:ea māſuetudine & cõtinētia noſtra
ſotioꝝ fidelitate tenemuſ. Tu uelim ut cõſueſti
noſ abſenteſ diligaſ & defendaſ .

Svmma tua auctoritas fecit: meúq; perpetuú de tua singulari uirtute iudicium: ut magni mea interesse putarem. & res eas quas gessisse tibi notas esse. & non ignari a te: qua equitate & con/tinentia tuerer socios puintiam q; administrarem. His enim a te cognitis: arbitrabor facilius me tibi que uellem probaturum. Cú in prouintiam p̃ die kalend̃ sextilis ueniffem: & per anni tempus ad exercitum mibi confestim esse eundum uideret. Biduú laodicee fui. deinde apamee quatriduum. triduú synadis. totidem dies philomeli: quibus in opidis cum magni conuentus fuiffent: multas ciui/tates acerbiffimis tributis: & grauiffimis usuris: et falso ære alieno liberaui. Cumq; ante aduentum meum seditióe quadam exercitus effet diffipatus: quiq; cobortes sine legato: sine tribuno militum: deniq; etiam sine cẽturione ullo apud philomelú cõsediffent. reliquus exercitus effet i licaonia. M. Máneio legato imperaui: ut eas quinq; cobortes ad reliquú exercitú duceret. coactoq; i unú locú exercitu: castra in licaonia apud Iconiú faceret. quod cú ab eo diligenter effet actum: ego i castra ad sep. kalend̃ septẽbris ueni. cú iterea supioribus diebus ex sẽatucõsulto: & euocatoꝛ firmá manú & equitatú sane idoneum & populorú liberorú regúq; & sotiorú auxilia uoluntaria cõparuiffẽ. Interim cú exercitu lustrato iter in ciliciá facere cepiffẽ. kalend̃ septẽbris legati a rege Cõmageno ad me miffi pertumultuose: neq; tamen non uere parthos in syriá tranfiffe nunciarút. Quo audito: uebemẽter sum cõmotus. tum de syria. tú de mea

prouintia. de reliqua deniq; afia. Itaq; exercitum
mihi ducendum per capadotie regione: eam quæ
ciliciam actingeret putaui. Nam si me in ciliciam
demisissem: ciliciam quidem ipsa propter montis
amani naturam facile tenuissem. Duo sunt enim
aditus in ciliciam ex syria: quorum uterq; paruis
presidiis propter angustias intercludi potest. Nec
est quicq̃ cilicia contra syriam munitius. Sed me
capadotia móebat que patet a siria: regesq; habet
finitimos: qui etiam si sunt aici nobis: tamé apte
parthis inimici esse nó audent. Itaq; in capadotia
extrema non longe a thauro apud opidú cibistra
castra feci: ut & ciliciá tuerer: & capadotiá tenés
noua finitimorum consilia impedirem. Interea in
hoc tanto motu: tantaq; expectatione maximi
belli R ex Deiotarus: cui non sine causa plurimú
semper & meo & tuo & senatus iuditio tributú é:
uir cum beniuolétia & fide erga populú romanú
singulari: cum prestante magnitudine & animi &
cósilii legatos ad me misit. se cum oíbus suis copiis
in mea castra esse uenturum. Cuius ego studio &
offitio commotus: egi per literas gratias. idq; ut
maturaret hortatus sum. Cum autem ad cibistra
propter rationé belli quinq; dies essem moratus:
rege Ariobarsané: cuius saluté a séatu te auctore
commédaram habebam presentibus insidiis: neq;
opinanté liberaui. Neq; solú ei saluti fui: sed etiá
curaui ut cum auctoritate regnaret. Metrá & eú
quem tu diligenter mihi cómendaras Atheneum
importúitate athenaidis exilio mulctatos maxía
apud regem auctoritate gratiaq; cónstitui. Cúq;

magnū bellū in capadotia concitaret: si sacerdos
armisse quod facturus putabatur defēderet: ado/
lescens & equitatu & peditatu & pecunia paratus:
& toto hisqui nouari aliquid uolebāt: perfeci ut
e regno ille discederet. Rexq; sie tumultu ac sine
armis omni auctoritate aule communita: regnū
cū dignitate obtineret. Interea cognoui multoꝝ
literis atꝗ nuntiis: magnas parthorū copias arabū
ad opidum antiocheū accessisse: magnūꝗ eorum
equitatum qui in ciliciam transisset ab equitatu
meoꝝ turmis & a coborte pretoria: quæ erat epi/
phanee presidii causa obsidione occisū. Quare cū
uiderem a capadotia parthorum copias aduersas:
nō longe a finibus esse ciliciæ: ꝗmpotui maximis
itineribus ad amanū exercitū duxi. Quo ut ueni
hostem ab antiochia recessisse. Bibulū antiochiæ
cōgnoui esse. Deiotarū confestim iam ad me ue/
niente: cū magno & firmo equitatu & peditatu:
& cum omnibus suis copiis certiorē feci. nō uideri
esse causam cur abeēt a regno: meꝗ ad eum si qd
forte noui accidisset: stati literas nūtiosꝗ missuꝝ
esse. Cūꝗ eo animo uenissem: ut utriꝗ prouitiæ
si ita tempus ferret subuēissem: tamē id quod iam
ante constitueram uehementer interesse utriusꝗ
prouintiæ. pacare amanū & perpetuū hostem ex
eo mōte tollere agere prexi. Cunꝗ me discedere
ab eo mōte simulasse: & alias parthis cili tie petere
abesseꝗ ab amano iter unius diei: & castra apud
epiphaneā fecissem ad quartū idus octobris. Cūꝗ
aduesperasceret expedito exercitu ita noctu iter
feci: ut ad. iii. idus octobris cū lucesceret in amanū

ascenderem. distributisq; cohortibus & auxiliis cū
aliis. Quintus frater legatus mecum simul aliis. C.
Pontinus legatus reliquis Marcus Manneius
& Lutius Tulleius legati preeffent. plerofq; nec
opinātis oppffimus. qui occisi captiq; sūt iterclusi
fugerant. Amani aūt quæ fuit nō uici instar sed
urbis quod erat amani capud. Itemq; septram ēt
ceminormi acriter & diu repugnantibus Pomitio
illam partē amani tenente exantelucano tēpore
ufq; ad horam diei decimam magna multitudine
hostium occisa. cepimus castellaq; sex capta plura
incendimus. His rebus ita gestis: castra i radicibus
amani habuimus apud aras Alexandri quatriduū.
& in reliquis amani delendis agrisq; uastādis quæ
pars eius montis mee prouintiæ est. id tēpus omne
consumpsimus. Cōfectis his rebus ad opidū eleu/
theto cilicū pindenissū exercitū adduxi. quod cū
effet altissimo & munitissimo loco: ab hisq; inco/
leretur: qui ne regibus quidem unquā paruissent.
cum & fugitiuos reciperēt: & parthorū aduentum
acerrime expectarent: ad existimationē imperii
ptinere. arbitratus sū expmere eoᵱ audatiā. Quo
facilius etiā ceterorū animi q aliēi essēt ab impio
nostro frangerentur. Vallo fossa circundedi. sex
castellis castrisq; maximis sepsi. Aggere uineis tur/
ribus oppugnáui. iisq; tormentis multis sagictariis
magno labore meo sine ulla molestia sumptu ue
sotiorum septimo quinquagesimo die rem cōfeci:
ut omnibus partibus urbis disturbatis aut icensis:
compulsi in potestatē meā peruenirent. Hi erāt
finitimi pari scelere & audatia tebarāi. Ab iis pin/

denissio capto:obsi des accepi.Exercitiu i biberna
dimisi.Q.fratrem negotio ppofui:ut in uicis aut
captis aut male pacatis exercitus collocaret. Nuc
uero tibi fic perfuadeas: fi de his rebus ad fenatu
relatum fit me exiftimaturum summa tibi laude
tributa.fi tu honore meu fetentia tua comproba/
ris.Idq; & fi talibus de rebus grauissimos homines
& rogare folere & rogari fcio:tame admonendum
potius te a me:q rogandum puto.Tu es enim is q
me tuis fententiis fepissime ornasti.qui oratioe.q
predicatione.qui summis laudibus in fenatu in co/
tionibus ad celum extulisti.Cuius ego femp tata
effe uerborum pondera putaui:ut uno uerbo tuo
tum mea laude coniuncto omnia affequi me ar/
bitrarer.Te deniq; memini cum cuida clarissimo
atq; optimo uiro fupplicatione non decerneres:
dicere te decreturu fi referretur ob eas res :quas is
conful i urbe gessisset.Tu ide mihi fupplicatone
decreuisti togato:no ut multis repu.bene gesta:
fed ut memini repub.conferuata.Micto q iuidia.
q pericula.q omnes meas tempestates & fubieris.
& multo etia magis:fi per me licuisset fubire pa/
ratissimus fueris.Quod deniq; inimicu meum tuu
inimicum putaris.cuius etiam interitum ut facile
intelligerem:mihi quatu tribueres Milonis caufa
in fenatu defendenda approbaris.A me aute hec
funt perfecta:quæ ego i benefitii loco no pono:
fed in ueri teftimonii atq; iuditii ut preftatissias
tuas uirtutes non tacitus admirarer.Quis enim te
id non facit? Sed in omnibus orationibus:fetetus
dicedis:caufis agedis:omnibus fcptis grecis:latinis

omni deniq; uarietate lrãrú mearum:te non mó
iıſ quoſ uidiſſemuſ:ſed iıſ de qbuſ audiſſeuſ oıbuſ
ãteferrem. Que reſ fortaſſe quid ſit. qđ ego neſcio:
quid gratulationiſ & honoriſ a ſenatu tanti ex/
iſtimem. Agam iam tecum familiariter ut eſt et
ſtudiıſ & offitiıſ noſtrıſ mutuiſ .& ſũma amicitia
dignú . & neceſſitudine etiam paterna. Si quiſ q̃m
fuit unq̃ remotuſ: & natura & magiſ ut mihi qdẽ
ſentire uideor ratione & doctrina ab inani laude
& ſermonibuſ uulgi. Ego profecto iſ ſũ. Teſtiſ eſt
eſt cõſulatuſ meuſ in q̇uo ſicut in reliq̃ uita fateor
ea me ſtudioſe ſecutú. ex quibuſ uera gloria naſci
poſſet. Ipſam quidem gloriã per ſe nunq̃ putaui
expetendã. Itaq; & prouinciam ornatam:& ſpem
non dubiam triúphi neglexi. Sacerdotiú deniq;
cum quemadmodum te exiſtimare arbitror:non
difficillime conſequi poſſe:nó appetiui. Idẽ poſt
iniuriam acceptam quam tu reipub. calamitatem
ſemper appellaſ:meam non modo calamitatem:
ſed etiam gloriam ſtudii q̃ornatiſſima ſeãtuſ po·
q; romãi de me iudicia ítercedere. Itaq; & augur
poſtea fieri uolui:quod antea neglexeram:& eũ
honorẽ qui a ſenatu tribui rebuſ bellciſ ſolet:ne/
glectum a me olim: núc mihi competẽdum puto
huic mee uoluntati:in q̃ ineſt aliqua uıſ deſiderii
adſanandum uulnuſ iniurie: ut faueaſ adiutorq;
ſıſ:quod paulo ante me negarem rogaturum ue/
hementer te rogo. Sed ita ſi nó ieiunú hoc neſcio
quid:quod ego geſſi & cõtẽpnẽdú uidebie · Sed
tale atq; tantú ut multi nequaq̃m paribuſ rebuſ
honoreſ ſũmoſ a ſenatu conſecuti ſunt. Equidem

etiã mihi illud animũ aduertiſſe uideor. Scis.n̄
q̃ actenter te audire ſolea.te non tam reſ geſtaſ q̃
moreſ inſtituta atq; uitã impatoᴣ ſpectare ſolere
in habendiſ aut nõ habendiſ honoribuſ.Quod ſi
in mea cauſa cõſiderabiſ:reperieſ me exercitu im/
becillo:contra metum maximi belli firmiſſimum
preſidiũ habuiſſe:equitatẽ & continentiam.Hiſ
ego ſubſidiiſ ea ſũ cõſecutuſ:que nulliſ legiõibuſ
conſequi potuiſſem.ut ex alieniſſimiſ ſociiſ:ami/
ciſſimoſ.ex infideliſſimiſ firmiſſimoſ redderem.
animoſq; nouarũ rerum expectatiõne ſuſpenſoſ:
ad ueteriſ imperii beniuolẽtiam traducerem.Sed
nimiſ hec multa de me preſertim ad te:a quo uno
omniũ ſociorum querele audiuntur cognoſceſ:ex
hiſq meiſ inſtitutiſ ſe recreatoſ putãt.Cũq; omẽſ
uno proprie conſenſu de me apud te ea:q̃ue mihi
optauiſſima ſunt predicabunt.tum due maximæ
clientele tuæ cypruſ inſula:& capadotie regnum:
tecũ de me lõquentur.Puta etiã regem Deiotarũ
qui uni tibi eſt maxime neceſſariuſ.Que ſi etiam
maiora ſunt:& in omnibuſ ſeculiſ paucioreſ uiri
reperti ſunt:qui ſuaſ cupiditateſ:q̃ q hoſtiũ copiaſ
uincerent.Eſt profecto tuũ cũ ad reſ bellicaſ hæc
quæ rariora & difficiliora ſũt genera uirtutiſ ad/
iuueriſ ipaſ illaſ reſ geſtaſ iuſtioreſ eſſe & maioreſ
putare.Extremũ illud ẽ:ut q̃ſi diffidenſ rogatõi
mee:phiam ad te allegẽ.qua nec mihi carior ulla
unq̃m reſ in uita fuit:nec hominũ generi maiuſ
a deiſ munuſ ullũ eſt datũ.Hæc igitur q̃ue mihi
tecum cõmuniſ eſt ſocietaſ ſtudiorum atq; artiũ
noſtrarũ:quibuſ a pueritia dediti ac deuincti ſoli

prope modú nof phíam illam ueram et antiquã:
quæ quibufdam otii effe ac defidie uidet in forú
atq; in rempub:atq; in ipfam atié pene deduxiuf:
tecum agit de mea laude:cui negare a Catóe faf
effe non puto.Quáobrem fic tibi pfuadeaf uelim:
fi mihi tua fentétia tributuf:bonof ex meif literif
fuerit:me fic exiftimaturú:tum auctoritate tua:
tú beniuolentia erga me:mihi qd maxíe cupieri
contigiffe:Vale. D.C. fm D.D.C. fm pei.
Q Vod & refpub.me & noftra amicitia hortaé
libenter fatio:ut tuam uirtutem:innocétiá:
diligentiá cognitã in maximif rebuf domi togati
armati forif pari induftria adminiftrare gaudeã.
Itaq; ợ pro meo iuditio facere potui:ut inocétia
confilioq; tuo defenfam prouintiã:fenatú Ario/
barfanif cum ipfo rege regnú.fotiorum reuocatã
ad ftudiú imperii noftri uolútaté fententia mea
& decreto laudarem. Feci fupplicationé decretã
fi tu qua in re re nihil fortuito:fed fúma tua róne
& continétia reipub.prouifú eft.diif ímortalibuf
gratulari nof ǭ tibi referri acceptú maiuf gaudeo.
Quod fi triúphi progatiuã putaf fupplicationé:
& idcirco cafú potiuf:ǭm te laudari maiuf:neq;
fupplicationé fequit femper triúphuf:& triúpho
multo clariuf eft.fenatú iudicare potiuf manfue/
tudine & innocentia imperatorif prouintiam ǭ ui
militum aut benignitate deorú retentã atq; con/
feruatam effe.Quod ego mea fententia cenfebam:
atq; hæc ego idcirco ad te contra confuetudinem
meã pluribuf fcripfi.ut qd maxime uolo exiftí ef
me laborare:ut tibi perfuadeam me & uoluiffe de

tua maieftate quod ampliffimū fū arbitratuſ. &
cp̄ tu maluiſti factum eſſe gaudere. Vale et noſ
dilige. & inſtituto itinere feueritatē diligentiáq;
ſotuſ & reipublicæ preſta. Vale.

Vetuſſū laudari me inquit Hector. Opinor
apud Neuiū abſ te pater laudato uiro. Ea eſt.n.
profecto iocunda lauſ: quæ ab hiſ proficiſcitur:
q̄ ipſi in laude uixerūt. Ego uero uel gratulatōe
literarū tuarum :uel teſtimoniiſ ſentientiæ dictæ:
nihil eſt quod me non aſſecutum putē. Idq̄ mihi
tum ampliſſimū :tum gratiſſimum eſt: te libenter
amicitiæ dediſſe :quod liquido ueritati dareſ. Et
ſi non modo omneſ: uerumetiam multi catoneſ
eſſent in ciuitate noſtra. in qua unum extitiſſe
mirabile eſt:quē ego curᴢ aut quā laureā tū tua
laudatione conferrem. Nam ad meum ſenſum: &
ad illud ſincerum ac ſubtile iuditiū :nihil poteſt eē
laudabiliuſ q̄ ea tua oratio :que eſt ad me pſcpta
a meiſ neceſſariuſ. Sed cauſam mee uolūtatiſ :nó
enim dicam cupiditatiſ :expoſui tibi ſupioribuſ
literiſ. Que etiam ſi parum iuſta tibi uiſa eſt :hāc
tamen habet rationē:non ut nimiſ cōcupiſcenduſ
honoſ:ſed tamen ſi nó deferatur a ſenatu:minime
aſpernanduſeſſe uideatur. Spero aūt illū ordinē
pro meiſ ob rempublicā ſuſceptiſ laboribuſ me non
indiguū honore uſitato: preſertim extimaturum.
Quod ſi erit. tantum ex te peto: quod amiciſſime
ſcribiſ:ut cum tuo iuditio quod ampliſſimum eſſe
arbitrariſ :mihi tribueriſ. Si id qᵈ maluero acci/
derit gaudeaſ.ſic enī feciſſe te & ſcripſiſſe & ueriuſ

ſēſiſſe uidero. Reſq; ipſa declarat tibi illū honorē
noſtrū ſupplicatōniſ iocundum fuiſſe: q̃ ſcribēdo
affuiſti. Hec enim ſenatuſcōſulta non ignoro ab
amiciſſimiſ eiuſ: cuiuſ honore agitur ſcribi ſolere.
Ego ut ſpero prope diem uidebo atq; utinam re/
publica meliore q̃ timeo. Vale.

T M. C. procōſ. ſ. D. marco mei. cōſ
E & pietatiſ in tuoſ & animi in rempubli. &
clariſſimi atq; optimi conſulatuſ. G. Marcello
conſule facto fructū cepiſſe uehementer gaudeo.
Non dubito quid preſenteſ ſentiant. Noſ quidē
longinqui. & a teipo miſſi in ultiaſ genteſ: ad celū
me hercule tollimuſ ueriſſimiſ ac iuſtiſſimiſ lau/
dibuſ. Nam cum te a pueritia tua unice dilexeri:
tuq; me i omni genere ſemper ampliſſimū eſſe &
uolueriſ & iudicariſ: tū hoc uel tuo facto uel. po/
ro. de te iuditio multo acriuſ uehemētiuſq; diligo.
Maximaq; lætitia afficior: cū ab hominibuſ pru/
dentiſſimiſ uiriſq; optimiſ omnibuſ dictiſ. factiſ.
ſtudiiſ. inſtitutiſ uel me tui ſimilem eſſe audio uel
te mei. Vnum uero ſi addiſ ad preclariſſimaſ reſ
cōſulatuſ tui. ut aut mihi ſuccedat q̃pmū aliquiſ:
aut ne quid accedat temporiſ: ad id quod tu mihi
& ſenatuſconſulto: & lege finiſti. Omnia me per
te conſecutū putabo. Cura ut ualeaſ. & me abſētē
diligaſ atq; defēdaſ. Que mihi de parthiſ nūtiata
ſunt: quia non putabam a me etiā nunc ſcribēda
eſſe publice: propterea ne pro familiaritate q̃ dē
noſtra uolui ad te ſcribere: ne cum ad conſulem
ſcripſiſſem: publice uiderer ſcripſiſſe. Vale
M. C. ptōſ. ſ. D. m. marcello cōſ. d...

MAxima sum lætitia affectus :cum audiui te consulem factum esse. eumq; honorem tibi deos fortunare uolo.atq; a te peto p tua parétisq; tui dignitate administrari. Nam cum te semper dilexi amauiq;:tú mei iam amantissimú cognoui in omni uarietate rerum mearum : tum patris tui pluribus beneficiis uel defésus tristibus téporibus uel ornatus secúdis. & sú totus uester & eé debeo. Cum presertim matris tue grauissime atq; optime feie maiora erga saluté dignitatemq; mea studia: q erant a muliere postuláda perspexerim. Qua/ ppter a te peto in maiorem modú: ut me absétem diligas atq; defendas. .i) C pió C d caio mad an

MArcellum tuú consulem factú:teq; ca letitia affectum esse quá maxime optasti:mirádú in modum gaudeo. Idq; cum ipsius causa:tú q te omnibus secundissimis rebus dignissimum iudico. cuius erga me singulare beniuolentiá:uel i labore meo :uel in honore perspexi. Totam deniq; domú uestrá uel salutis: uel dignitatis mee studiosissimá cupidissimáq; cognoui. Quare gratú mihi feceris: si uxori tuæ Iunie grauissimæ atq; optimæ feie meis uerbis eris gratulatus. A te id qd suesti peto me absentem diligas atq; defendas.

Vando id accidit quod maxime mihi fuit optatum:ut omniú marcellorum marcellinoruu etiá. mirificus enim nominis ac generis uestri fuit erga me semp animus. Quádo ergo ita accidit: ut omniú uestrum studio tuus consulatus satisfacere posset.in quem res mee geste:lausq; & honos earú

potiſſimú incideret. Peto a te id quod facillimú
factu ſit non aſpernáte ut confido ſenatu: ut q̃/
honorificentiſſime ſenatuſconſultum literiſ meiſ
recitatiſfaciendum cureſ. Si mihi tecú minuſ eſſet
q̃ eſt cum tuiſomnibuſ:allegarem ad te illoſ qbuſ
intelligiſ me precipue diligi. Patriſ tui beneficia
in me ſút ampliſſima. Neq; enim ſaluti mee: neq;
honori aícitior quiſq̃ dici poteſt. Frater tuuſ q̃ti
me faciat ſemperq; fecerit:eſſe homíem q ignorat
arbitror neminé. Domuſ tua deniq; tota me ſép
omnibuſ ſúmiſ offitiiſ proſecuta é. Neq; uero tu
in me diligendo cuiq̃ conceſſiſti tuorum. Quare a
te peto í maiorem modú :ut me per te q̃ornatiſ/
ſimú ueliſ eſſe: meáq; & in ſupplicatóe decernéda:
& in ceteriſ rebuſ exiſtimationé ſatiſ tibi eſſe có/
mendatam puteſ. Vale.

Q̃ꝰ Ꝯ. ſin ꝛ·Đ q·nialſ aꝛ·
Vante tibi cure meuſ honoſ fuerit:& q̃idem
extiteriſ conſul in me ornando et amplificando.
qui fueriſ ſemper cum parentibuſ tuiſ & cum tota
domo.& ſi reſ ipſa loquebatur:cognoui tamen ex
meorum omniú literiſ. Itaq; nihil eſt tantú:qd̃
ego nó tua cauſa debeam facturuſq; ſim: cú ſtu/
dioſe ac libenter. Nam magni intereſt cui debeaſ.
debere aute nemini malui q̃ tibi.cui me tú ſtudia
cómunia.benefitia paterna.tuaq; iá cóiunxerát.
tum accedit mea quidé ſentétia: maximú uiculú.
q̃ ita rempubl.geriſ atq; geſſiſti.qua mihi cariuſ
nihil eſt. ut quantum tibi omneſ boni debeant:
quo minuſ tantúdem ego unuſ debeam nó recuſé.
Quamobré tibi uelim hi ſint exituſ:quoſ mereriſ

et quoſ fore confido. Ego ſi me nauigatio non
morabitur:quæ incurrebat í ipſaſ etheſiaſ.prope
diem te ut ſpero uidebo. Vale.

ET ſi mihi nunꝗ fuit dubium:quin te popu.
ro.pro tuiſ ſummiſ in rempub. meritiſ :& pro
ampliſſima faíliæ dignitate: ſúmo ſtudio cúctiſ
ſuffragiſ conſulem facturuſ eſſet:tamé ícredibili
lætitia ſum affectuſ:cum id mihi nuntiatum eſt.
Eumq; honorem tibi deoſ fortunare uolo.A teq;
ex tua maiorúq; tuorum dignitate adminiſtrari.
Atq; utinam preſéſ illum diem mihi optatiſſimú
uidere potuiſſem: proq; tuiſ ampliſſimiſ erga me
ſtudiiſ atq; benefitiiſ: tibi operá meam ſtudiú q;
nauare. Quam mihi facultatem quando hic nec
opinatuſ & íprouiſuſ prouítíæ caſuſ eripuit:tamé
ut te conſulem rempub.pro tua dignitate gerété
uidere poſſim.Magnopere a te peto:ut operá deſ.
Effitiaſ ne quid mihi fiat iniurie:ne ue quid té/
poriſ ad meú aímú múuſ accedat.Quod ſi feceriſ:
magnuſ ad tua priſtina erga me ſtudia cumuluſ
accedet. ᴀ͛ C paulo. con. Ꝟ. D.

MAxime mihi fuit optatum rome eſſe tecum:
multaſ ob cauſaſ.ſed pͣpue ut & in petendo
& in gerendo conſulatu:meú debitum tibi ſtudiú
perſpicere poſſeſ. At petitioniſ quidem tuæ ratio
mihi ſemp fuit explorata.ſed tamé nauare operá
uolebá:In cóſulatu uero cupio equidé te minuſ
habere negotii. Sed moleſte fero me cóſulé tuú
ſtudiú adoleſcétiſ perſpexiſſe te meú.cú id etatiſ
ſim perſpicere non poſſe. Sed ita fato neſcio quo

contigiſſe arbitror:ut tibi ad me ornandum ſemp
deē facultaſ.mihi ad remunerādū nihil ſuppetat
preter uoluntatem. Ornaſti conſulatum. ornaſti
reditum meum. Incidit meū tempuſ rerū gerēdaꝛ
in ipſum conſulatū tuū. Itaꝗ cum & tua ſumma
āplitudo.& dignitaſ.& meuſ magnuſ honoſ mag/
naꝗ extimatio poſtulare uideaē:ut a te pluribuſ
uerbiſ cōcēdā acceptā ut q̄ honorificētiſſime ſena/
tuſcōſultū de meiſ rebuſ geſtiſ faciendū cureſ. Nó
audeo uehementer a te cōtendere:ne aut ipe tue
perpetue cōſuetudiniſ erga me oblituſ eē uidear:
aut te oblitū putē. Quare ut te uelle arbitror ita
faciam. atꝗ ab eo quem omneſ gēteſ ſciunt de me
óptime meritum breuiter petam. Si alii conſuleſ
eſſent ad te potiſſime paule micterē: ut eoſ mihi
q̄ amiciſſimoſ redderes. Nūc cum tua ſumma ptāſ:
ſummaꝗ auctoritaſ: notaꝗ oībuſ noſtra neceſſi/
tudo ſit uebemēter te rogo:ut & honorificētiſſie
cureſ decernendū de meiſ geſtiſ rebuſ .& q̄celerrie
dignaſ reſ eſſe & honore & gratulatióe cognoſceſ
ex hiſ literiſ.q̄ſ ad te & collegā & ſenatū publice
miſi. omniūꝗ mearum reliq̄rum rerum maximeꝗ
exiſtimationiſ meæ procurationē ſuſceptā uelim
habeaſ. In primiſꝗ tibi cure ſit:quod abſ te ſupe/
rioribuſ quoꝗ lriſ petiui:ne mihi tēpuſ progeē.
Cupio te conſulem uidere. omniaꝗ quæ ſpero tū
abſenſ:tum etiā preſenſ te conſule aſſequi.

Mꝗ· C· Caio Caſſio procōn· ſ· D·

Arcum Fabiū ꝗ mihi aicū tua cōmēdatióe
daſ:nullum in eo queſtū. multi enim anni ſunt:
cū ille in ere meo eſt:& a me diligiē ꝓpter ſūmam

eiuſ bumāitatem & obſeruantiā. Sed tamē ꝙ ab
eo egregie diligeriſ:multo ei amicitior ſū factuſ.
Itaꝗ ꝙꝙ profecerint litere tuæ:tamen aliquanto
pluſ cōmendationiſ apud me babuit animuſ ipſiuſ
erga te mibi pſpectuſ & cognituſ. Sed de Fabio
faciemuſ ſtudioſe quæ rogaſ.tu multiſ de cauſiſ
uellem me cōuenire potuiſſeſ. Primū ut te quem
iam diu plurimi facio tanto interuallo uiderem.
deinde ut tibi quod feci per literaſ:poſſem preſēſ
gratulari.tū ut quibuſ de rebuſ uellemuſ:tu tuiſ:
ego meiſ inter noſ cōmunicaremuſ. Poſtremo ut
aicitia noſtra quæ ſummiſ offitiiſ ab utroꝗ culta
eſt.ſed longiſ interualliſ temporiſ interruptā cō/
ſuetudinem babuit confirmaretur uebementiuſ.
Id quando non accidit utemur bono literarū: et
eadem fere abſenteſ. quæ ſi coram eſſemuſ :con/
ſequemur. Vnuſ ſcilicet fructuſ qui in te uidēdo
eſt:percipi literaſ non poteſt. alter gratulatiōiſ
eſt. & iſ quidem exilior ꝙ ſi tibi teipſum intuenſ
gratularer. Sed tamen & feci antea & facio nunc.
tibiꝗ cum pro rerū magnitudine quaſ geſſiſti:tū
oportunitate temporiſ gratulor.ꝙ te de prouitia
decedentem ſumma lauſ & ſumma gratia ꝓuintie
proſecuta eſt. Tertium eſt.ut id quod de noſtriſ
rebuſ coram communicaſſemuſ inter noſ :cōfiti/
amuſ idem literiſ. Ego cæterarū rerum cauſa tibi
romam properandum magnopere cenſeo. Nam
& ea quæ reliqui:trāquilla de te erant.& bac tua
recenti uictoria tanta clarum aduentum tuū fore
intelligo.ſed ſi que ſunt onera tuorū.ſi tanta ſūt:
ut ea ſuſtinere poſſiſ.prope nibil tibi erit lautiuſ.

nibil gloriofiuſ. Sin maiora cõſidera.ne í alienũ
tempuſ cadat aduentuſ tuuſ.buiuſ rei totũ cõſiliũ
tuũ ē.Tu enim ſciſ quid ſuſtinere poſſiſ.ſi poteſ:
laudabile atq; populare eſt. Sin plane nõ poteſ:
abſenſ bominũ ſermõ eſ faciliuſ ſuſtinebiſ.De me
aũt idem tecum uſ ago literiſ.quod ſuperioribuſ
egi.ut omneſ tuoſ neruoſ in eo contendaſ.ne qd
mibi ad banc prouintiam quam & ſenatuſ & po.
annuã eſſe uolunt temporiſ prorogetur.Hoc a te
ita contendo:ut í eo fortunaſ meaſ poſitaſ putē.
babeſ Paulum noſtrum noſtri cupidiſſimum.eſt
Curio.eſt Furniuſ. Sic uelim euitare:quaſi in eo
ſint mibi omnia.Extremum illud eſt de biſ quæ
propoſueram cõfirmatio noſtre amicitiæ de qua
pluribuſ uerbiſ nibil opuſ eſt.Tu puer me appe/
tiſti.Ego autem ſemper ornamento te mibi fore
duxi.Fuiſti etiam preſidio triſtiſſimiſ meiſ tem/
poribuſ.Acceſſit poſt tuũ diſceſſum:familiaritaſ
mibi cũ Bruto tuo maxima.Itaq; in ueſtro ígēio
& íduſtria mibi plurimum & ſuauitatiſ & digni/
tatiſ cõſtitutũ puto.Id tu ut tuo ſtudio cõfirmeſ
te uebementer rogo.literaſq; ad me et continuo
mictaſ.& cũ romã ueneriſ q̃ſepiſſime.

ET ſi uterq; noſtrum ſpe paciſ:& odio ciuiliſ
ſãguiſ abeē a belli neceſſaria ptiatia uoluit.tamē
q̃ndo eiuſ conſilii princepſ ego fuiſſe uideor.pluſ
fortaſſe tibi preſtare ipſe debeo:q̃ a te expectare
Etſi ut ſæpe ſoleo mecũ recordari.ſermo fãiliariſ
meuſ tecum & item mecum tuuſ adduxit utrunq;
noſtrum ad id conſiliũ:ut uno prelio putaremuſ.

ſi non totã cauſã:at certe noſtrũ iuditiũ diffiniri
cõuenire.neq; quiſq̃ banc noſtram ſententiã uere
unq̃ reprebendit. Pretereo qui arbitrant̃ meliuſ
deleri oſorẽpub: q̃ iminutã & debilitatã manere.
Ego autem ex interitu eiuſ nullam ſpem ſcilicet
mibi proponebam ex reliquiſmagnã. Sed ea ſũt
conſecuta:ut magiſmiꝛ ſit accidere illa potuiſſe:
q̃ noſ non uidiſſe ea futura.nec boieſcũ eſſemuſ:
diuinare potuiſſe. Equidẽ fateor meã cõiecturã
banc fuiſſe:ut illo quaſi quodã fatali p̃lio facto:
& uictoreſ cõmuni ſaluti cõſulere uellẽt & uicti
ſuæ. Vtrunq; autem propoſitum eſſe arbitrari in
celeritate uictoriſ. Quæ ſi fuiſſet:eandem clemẽ/
tiam experta eẽt africa quam cognouit aſia. quã
etiã achaia.& ut opinor ipſo legato & deꝑcatore.
Amiſſiſ autem temporibuſ: quæ plurimũ ualent
preſertim i belliſciuilibuſ:interpoſituſ ãnuſ alioſ
induxit:ut uictoriã ſperarent.alioſ ut ipſũ uinci
contempnerent.atq; borũ malorum omniũ culpã
fortuna ſuſtinet.Quiſ enim aut alexãdrini belli
tantam morã buic bello adiunctũ iri. aut neſcio
quem iſtum fernacem aſiæ terrorem illaturũ pu/
taret.Noſ tamen in cõſilio pari caſu diſſimili uſi
ſumuſ.tu enim eam partem peti ſti:ut et conſiliſ
intereſſeſ.& ꝗ maxíe curã leuat futura aío per/
ſpicere poſſeſ.Ego ꝗ feſtinaui:ut Cæſarẽ in italia
uiderem. Sic enim arbitramur.eumq; multiſ bo/
neſtiſſimiſuiriſ conſeruatiſ redeuntem.ad pacem
currentem ut aiunt incitarem. ab illo longiſſime
& abſum & affui.Verſor autem in gemitu italiæ
& in urbiſ miſerrimiſ quereliſ:quibuſ aliquid opiſ

fortaffe: ego pro mea tu pro tua. pro fua qfq; p te
ferre potuiffet: fi auctor affuiffet. Quare uelim
p tua perpetua erga me beniuolentia fcribaf ad
me. quid uideaf. quid fentiaf. quid expectadum.
quid agendum nobif exiftimef. Magni erut mihi
tuæ litere. atq; utinam pmifillif quaf niceria mi/
feraf paruiffem. fine ulla enim mea moleftia: dig/
nitatem meam retinuiffem.

.D. C. Cato S. Pr Catllo S. D.

P Vto te iam fuppudere cum hæc tertia iam
æpiftola ante operif fit: q̃ tu zeta aut literam: fed
non urgeo. longioref enim expectabo uel potuif
exiga. Ego fi femp haberē cui darem. uel ternaf
hora darem. Fit enim nefcio quid: ut quafi cora
adeffe uideare cu fcribo aliqd ad te. Neq; id fcdm
fpetief aut fantafiaf fpectrif cateranif excitari.
Mam ne te ut dicunt tui amici qui putant etiam
imaginatiuaf imaginef fantafiaf fugiat Catiuf.
infuper Epicureuf: qui nup eft mortuuf. que ille
Gargatiuf: etiam áte Democrituf fimulacra hic
fpectra nominat. hif autem fpectrif etiam fi oculi
poffent feriri quod uelif ipfa currunt animuf qui
poffit. Ego nó uideo doceaf tu me oportebit. Cu
faluuf uenerif in mea ne poteftate fit fpectru tuu
ut fimul ac mihi collibitu fit de te cogitare. Illud
occurrerat. Neq; folu de te q mihi heref i medul/
lif. Sed fi ifula brictania cepo cogitare eiuf fimu/
lacrum mihi aduolabit ad pectuf. fed hec pofterif
teneto. n. te quo aio accipiaf. Si. n. ftomachabere
et molefte feref: plura dicemuf. Poftulabimufq;
ex qua heref in hominibuf armatif deiectuf fif. in

eam reſtituare. In hoc interdicto non ſolet addi
in hoc āno. Quare ſi iam bienniū aut trienniū ē:
cum uirtuti nuntiū remiſiſti: delinituſ illecebriſ
uoluptatiſ: i ítegro reſ nobiſ erit.q̃q̃ q cū loquor
cū uno fortiſſimo uiro: q poſteaq̃ forū actigiſti:
nihil feciſti niſi plēiſſimū ampliſſime dignitatiſ.
In iſta ipſa electione metuo: ne pluſ neruorū ſit:
q̃ ego putarim. Si modo eā tu probaſ. Quid tibi
in mētem uenit inquieſ. quia nihil habebā aliud
quod ſcriberem. de repub. eni nihil ſcribere poſſū.
neq; enim q̃ ſentio libet ſcribere. Vale.

P Re poſteroſ habeſ tabellarioſ. & ſi me quidē
non offendunt. ſed tamen cū a me diſcedunt: fla/
gitant literaſ. cum ad me ueniūt nullaſ afferunt.
Atq; idipſū facerent commodiuſ: ſi mihi aliquid
ſpatii ad ſcribendum darent. ſed petaſati ueniūt:
comiteſ ad portaſ expectare dicūt. ergo ignoſceſ.
alteraſ habebiſ. haſ breueſ ſed expecta omnia de
omnibuſ. Et ſi quid ego me tibi purgo. cū tui ad
me maneſ ueniant: ad te cum epiſtoliſ reuertent.
noſ hic tamē ad te ſcribam aliquid. O Sillā prēm
mortuū habebamuſ. alii a latronibuſ. alii crude/
litatem dicebant. populuſ non curabat. cōbuſtum
enim eſſe cōſtabat. hoc tu pro tua ſapientia fereſ
equo. aīmo. q̃q̃ uultum bonum & ipſum eligibile
amiſimuſ. Cæſarem putabant moleſte laturū ue/
rentem ne haſta refrixiſſet. Mindiuſ Marcelluſ &
Actiuſ Pigmētariuſ ualde gaudebat ſe aduerſa/
riū pdidiſſe. De hiſpāia noui nihil. ſed expectatō
ualde magna. rumoreſ triſtioreſ ſed ſine auctore.

Páſa noſter paludatuſad.iii. kalend Ianuariaſ
profectuſeſt ut quiuiſintelligere poſſet id quod
tu nup dubitare cepiſti bonū & ipſū eligibile eē.
Nam ǫ multoſmiſeriiſleuauit.& ǫ ſe i biſmaliſ
hominem prebuit:mirabiliſeum uiroꝗ bonorum
beniuolentia proſecuta eſt. Tu ǫ adhuc brūduſu
moratuſeſ:ualde probo & gaudeo.& me hercule
puto te ſapiēter factuꝗ.ſi inutiliſpileuſuel galea
fueriſ.Nobiſquidem qui te amamuſerit gratū.
& amabo te cū dabiſpoſt hac aliquid domū lraꝗ.
mei memíeriſ.Ego nunǭ quenǭ ad te cum ſciam:
ſine meiſliteriſire patiar.Vale.

Ongior æpiſtola fuiſſet:niſi eo ipſo tēpore
petita eſſet a me:cū iam iretur ad te.longior aūt
ſi ſplendidū aliquem habuiſſet.Nam ſtudere ſine
piculo uix poſſumuſ.Ridere igitur inquieſpoſ/
ſim uſ.non me hercule facillime.uerūtamen aliam
aberrationem a moleſtiiſ nullam habemuſ.Vbi
igitur inquieſphiloſophia tua?Quidem in culma
mea ſed moleſta.Pudet enim ſeruire.itaꝗ facio
me aliaſreſ agere:ne conuiciū Platoniſaudiam.
De hiſpāia nihil adhuc certi.nihil cōnino noui.
Te abeē mea cauſa moleſte fero.tua gaudeo.Sed
flagitat tabellariuſ.Valebiſigiē.meꝗ ut a puero
feciſti amabiſ.

I ualeſbene eſt ego quidem ualeo.Nō me
hercule in hac mea peregrinatióe quicǭ li/
bētiuſfacio ǫ ſcribo ad te.uideor enim cū pſente
loqui & iocari.Nec tamen hoc uſu uenit propter
ſpectra catina.pro quo tibi proxima epiſtola tot

rusticos stoicos regeram:ut Catiu athenis natum
esse dicas. Pansam nostru secuda uolutate hoim
paludatum exurrexisse.tum ipsus causa gaudeo:
tum me hercule & omnium nostru. Spero enim
homines intellecturos:quato sit hominibus odio
crudelitas.& qnanto amori probitas.& clemetia.
atq; ea que maxime mali petant & concupiscant
ad bonos peruenire.Difficile est enim hominibus
persuadere bonu & ipsu eligibile esse.uoluptate
uero & propter dignitatem uirtute iustitia bono
parari & ueru & pbabile e. Ipse enim Epicurus
a quo omnes catii & amasinii mali uerboru iter/
pretes pficiscuntur.dicito.non est enim iocunde
siue bene & iuste uiuere.Itaq; & Pansa q uolup/
tatem sequitur:uirtutem retinet.& ii qui a uobis
amici uoluptatum uocantur:sunt amici iustitiæ.
omnesq; uirtutes & colunt & retinent.Itaq; Silla
cuius iuditium pbare debemus:cu dissentire phos
uideret:no quesit quid bonu esset.& omia bona
coemit.cuius ego morte forti me hercule aio tuli.
Nec tame Cesar diutius nos eu desiderare patiet.
Na habet damnatos quos p illo uobis restituat.
nec ipse sectore desiderabit:cu filiu uiderit.Nuc
ad rempubli.redea.quid i hispaniis gerat rescribe.
Peream nisi solicitussu.ac malo uetere & clemete
dominu here:q nouu & crudele expiri. Scis Geus
q sit fatuus.scis quo crudelitate uirtutem putet.
scis q se sep a uobis derisu putet.Vereor ne uos
rustice gladio uelit occidere.qd fiat si me diligis
rescribe.Hui q uelim scire:utrum istas solicito aio
an soluto legas Scias enim eodem tempore quid

me facere oporteat. ne lógior fim: uale. me ut fa/
cif ama. Si Cæfar uicit: celeriter me expecta.

ORatorem meū fic enim infcripfi. Sabino tuo
cõmendaui. natio me hominif impulit: ut ei recte
putarem nifi forte candidatoꝗ licentia. hic quoꝗ
ufuf hoc fubito cognomen arripuit. & fi modeftuf
eiuf uultuf: fermoꝗ conftanf habere quidã a cur/
ribuf uidebatur. Sed de Sabio fatif. Tu mi Tre/
boni quando ad amorem meum aliquátum olim
difcēdenf: aliquátum addidifti. quo tolerabiliuf
feramuf igniculum defiderii tui: crebrif nof literif
appellato. Atꝗ ita fi idem fiet a nobif. quanꝗm
duæ caufæ funt: cur tu frequentior in ifto offitio
effe debeaf ꝗ nof. Primum ꝗ olim folebant qui
romæ erant ad prouintialef amicof de republica
fcribere. nunc te nobif fcribere oportet. Ref enim
publica iftic eft. Deíde ꝗ nof aliif offitiif tibi ab/
fēti fatiffacere poffumuf. Tu nobif nifi literif: nõ
uideo ꝗre aliaf fatiffacere poffif. Sed cetera fcribef
ad nof poftea. Nunc hoc primo cupio cognofcere
iter. cum cuiufmodi fit ad nof. ubi Brutū noftrum
uideraf ꝗdiu fimul fueraf. Deíde cū ꝑcefferif lógiuf
de bellicif rebuf. de toto negotio: ut exiftimare
poffimuf: quo ftatu fimuf. Ego tantum me fcire
putabo ꝗntū ex tuif literif habebo cognitū. Cura
ut ualeaf. meꝗ amef amore illo tuo fingulari.

ET æpiftolam tuam legi libenter: & librum
libentiffime. fed tamen in ea uoluptate hunc ac/
cepi dolorem. ꝗ cū incendiffef cupiditatem meam

consuetudinis augendæ nostræ.nam ad amorem
quidem nihil poterat accedere:tum discedis a no/
bis. meq; tanto desiderio afficis: ut unam mihi
consolationem relinquas fore.ut utriusq; nostrū
absentis desiderium : crebris & longis æpistolis
leniatur.quod ego nó modo de me tibi spondere
possum :sed de te etiam mihi. Nullam enim apud
me reliquisti dubitationem:quantum me amares.
Nam ut illa omictam quæ ciuitate teste fecisti:
cum mecum inimicitias communicasti.cū me con/
tionibus tuis defendisti.cum questor in mea atq;
in publica causa consulum partbis suscepisti.cum
tribuno plebis questor non paruisti.cui tuus p̄/
sertim collega pareret. ut bæc recentia quæ me/
minero semper obliuiscar.quæ tua solicitudo de
me in armis .quæ letitia in reditu. quæ cura. qui
dolor.cum ad te curæ & dolores mei perferrentur
brundusium. Deniq; te ad me uenturū fuisse: nisi
subito in hispaniam missus esses. Vt bæc igitur
omictam:quæ mihi tanti existimanda sunt: ǫn/
ti uitam existimo et salucem meam. Liber iste
quem mihi misisti: quanta habet declarationem
amoris tui. Primum quod tibi facetum uidetur:
quidquid ego dixi.quod alius fortasse non idem.
Deinde ꝙ illa siue faceta sint:siue sic fiūt narrā/
te te & uenustissima. quinetiam antequam ad me
ueniatur:risus omnis pene consumitur. Quod si i
bis scribendis nihil aliud: nisi ꝙ necesse fuit de
uno me tam diu cogitauisses:fereus essem :si te nó
amarem. Cum uero ea quæ scriptura persecutus
es :sine summo amore cogitare non potueris.non

possum existimare pluf quenquam a seipso: q̃m
me a te amari. Cui quidem ego amori utiam ce/
terif rebuf possem amore certe respondebo . quo
tamen ipso tibi confido futurum satif. Nunc ad
æpistolam uenio. cui copiose et suauiter scripte:
nihil eft q̃ multa respondeam. Primũ enim ego
illaf Caluo literaf misi . non plus q̃ baf quaf nunc
legif existimanf exituraf . Aliter enim scribimuf
q̃ eoffoloſquibuſ mictimuf.aliter q̃ multoſlec/
turoſ putamuf. Deinde ingeniũ eiuf melioribuf
extuli laudibuf :q̃ tu id uere potuiſſe fieri putaf.
Primum q̃ ita iudicabam acute mouebatur. ge/
nuſ quoddam sequebatur: in quo iuditio lapfuſ
quo ualebat: tamē exequebatur quod probaret.
Multe erant & recondite litere. uiſ non erat. ad
eam igitur adbortabar. In excitãdo autem & in
acuendo plurimum ualet: si laudeſ eum quem co/
bortere. babeaſ de Caluo iuditium et confilium
meum. Confilium quod bortandi causa laudau̇ .
iudicium quod de ingenio eiuf ualde existimau̇
bene. Reliquum eft tuam profectionem amore
profequar. reditum spe expectem. abfentem me/
moria colam. Omne desiderium literiſ mictēdiſ.
accipiendifq; leniam. Tu uelim tua in me ſtudia
& offitia multum tecum recordere. quæ cum tibi
liceat: mibi nefaſ sit obliuifci. non modo uirum
bonum me existimabiſ:uerũetiam te a me amari
plurimum iudicabiſ. ꝰ· T· C· epl̃rꝰ li·li· xu·
pliat Inapic xuj· Tallui a Cicevo et qn̄
quinto tironi humaniſſimo et optimo ꝰ
dicunt plurimam

I de q̃ta ſ re ſit ſuauitaſ. duaſ bo/
raſ tbirei fuimuſ. Xenomeneſ
boſpeſ tam te diligit: q̃ ſi uixerit
tecum. Iſ omnia pollicituſ ē que
tibi eſſent opuſ. facturū ſe puto.
mibi placebat ſi firmior eſſeſ: ut
te leucadē deportaret. ut ibi te plãe confirmareſ.
Videbiſ q̃d Curio. q̃d Liſoni. q̃d medico placeat.
Volebam ad te Marionem remictere. quem cum
mediuſcule tibi eſſet: ad me mictereſ. ſed cogitaui
unaſ literaſ Marionem afferre poſſe. me aūt cre/
braſ expectare. Poteriſ igit̃ & facieſ ſi me diligiſ:
ut quotidie ſit a Caſtuſ ſ portu. Multi erūt qbuſ
recte literaſ dare poſſiſ: qui ad me libēter pferant.
Equidem ptrãſeuntē neminē pretermictã. Ego
omnē ſpem tui diligenter curandi ſ Curio babeo.
nibil pōt illo fieri bumãtiuſ. nibil noſtri amãtiuſ.
Ei totum tradere malo. te paulo ualētem: q̃ ſtati
imbecillum uidere. Cura igit̃ nibil aliud: niſi ut
tu ualeaſ. cetera ego curabo. etiã atq̃ etiã uale.
leucade proficiſcenſ ſep. iduſ nouembriſ.

S̃ . C · Tironi · olm · D ·
Septimum iam diē corcyre tenebamur. Q.
aūt pater & filiuſ butrotbi ſoliciti eramuſ de tua
ualitudine miⱬ in modum. nec mirabamur nibil
a te literarum. Hiſ enim uentiſ iſtinc nauigatur.
qui ſi eſſēt: noſ corcyre nō ſederemuſ. Cura igit̃
te & cōfirma. & tum cōmode. & per ualitudinem.
& per anni tēpuſ nauigare poteriſ ad noſ amãtiſ/
ſimoſ tui ueni. Nemo noſ amat: qui te nō diligit.
Caruſ omíbuſ expectatuſq̃ uēieſ. Cura ut ualeaſ.

etiam atq; etiã Tiro noster. Vale. Quito decimo
kalendaſ nouembriſ Corcyre.

Tulliuſ Tironi ſlm · Dicit
Aulo faciliuſ putaui poſſe me ferre deſide/
rium tui. ſed plane non fero. & quãq̃ magni
& honorem noſtrum intereſt: q̃primũ ad urbẽ me
uenire: tamẽ peccaſſe mihi uideor qui a te diſceſ/
ſerim. Sed quia tua uoluntaſ ea uidebač eſſe: ut
prorſuſ niſi cõfirmato corpore nolleſ nauigare .
approbaui tuum conſilium. Neq̃ nũc immicto:
ſi tu in eadem eſ ſententia. Sin autẽ poſtea q̃ cibũ
cepiſti: uideriſ tibi me poſſe conſequi tuũ conſili/
um eſt. Marionem ad te cõmiſi: ut aut tecum ad
me q̃primum ueniret. aut ſi tu morare: ſtatim ad
me rediret. Tu autem tibi hoc perſuade: ſi cõmo/
do ualitudiniſ tue fieri poſſit: nihil me malle q̃ te
eſſe mecum. Si autem intelligeſ opuſ eſſe te priſ
conualeſcendi cauſa paulum cõmorari: nihil me
malle q̃ te ualere. Si ſtatim nauigaſ noſ leucade
cõſequere. Sin te cõfirmare uiſ : & comiteſ et tẽ/
peſtateſ & nauem ydoneam ut habeaſ diligenter
uidebiſ. Vnum illud mi Tiro uideto: ſi me amaſ:
ne te Marioniſ aduentuſ & he litere moueant. q̃
ualitudini tue maxíe conducet. ſi feceriſ: maxime
obtemperariſ uoluntati mee. Hec pro tuo ígenio
cõſidera. Noſ ita te deſideramuſ: ut amemuſ. A/
mor ut ualentem uideamuſ. hortatur deſiderium
ut q̃primum. Illud igitur potiuſ. Cura ergo po/
tiſſimum ut ualeaſ. De tuiſ innumerabilibuſ í me
offitiiſ: erit hoc mihi gratiſſimũ. Ter. no. nouẽ.

M·C·Tironi ſuo ſlm·D·

NOn queo ad te nec libet ſcribere: quo aſmo
ſim affectuſ. tátũ ſcribo & tibi & mihi maxíe
uoluptati fore:ſi te firmũ ꝗprimũ uidero. tertio
die abſte ad alutiam acceſſeramuſ. íſ locuſ ē citra
leucadem ſtadia. cxx. Leucade aut te ipſum aut
tuaſ literaſ a Marione putabam me accepturum.
Quátũ me diligiſ: tátum fac ut ualeaſ. uel ꝗtum
te a me ſciſ diligi. Noniſ nouembriſ alutia·

NTulliuſ Cicero & Cicero f. ꝺ· tironi
Oſ apud alutiam ex quo loco tibi lráſ ante
dederamuſ: unũ diem cómorati ſumuſ. ꝗ· Q· noſ
cóſecutuſ nó erat. Iſ ení dieſ fuit none nouébriſ·
Inde ante lucem proficiſcenteſ ante diem octauã
iduſ nouébriſ:ac literaſ dedimuſ. Tu ſi noſ oéſ
amaſ. & precipue me: magiſtratum tuũ confirma
te. Ego ualde ſuſpenſo animo expecto te primũ
ſcilicet. Deíde Marionem cum tuiſ literiſ. Oméſ
cupimuſ. ego in primiſ ꝗprimum te uidere. ſed mi
Tiro ualenté. Quare nihil properariſ ſatiſ quo/
tidie uidero: ſi ualebiſ. Vtilitatibuſ tuiſ poſſum
carere. te ualere tua cauſa ꝑmũ uolo: tum mea mi
Tiro Vale. iꝗ· C· S· Díoc thironi ſuo·

VAlde ſũ affectuſ tuiſ lríſ. ualde ꝑore pagina
turbatuſ: paulũ altera recreatuſ. Quare núc
quidẽ non dubito: quin quo plane ualeaſ. te neꝗ
nauigatióí:neꝗ uie cómictaſ· Satiſ. n. te nature
uidero:ſi plane confirmatum uidero. De medico
& tu bene exiſtimari ſcribiſ. & ego ſic audio. Sed
plane curationeſ eiuſ non probo. Iuſ enim dádũ
tibi non fuit:cum cacoſtomachoſ eſſeſ. ſed tamen
& ad illũ ſcripſi accurate. & ad Liſoné. Ad Curiũ

uero suauissimum hominē & sūmi officii: sūmoq;
humanitatis multa scripsi. In his etiam ut si tibi
uideretur: te ad se transferret. Liso enim noster
uereor ne negligentior sit. Primum quia omnes
greci. deinde qp cū a me lrās accepisset: mihi nullas
remisit. sed eum tu laudas. Tu igitur quid fatiēdū
sit iudicabis. Illd mi Tiro te rogo sūptui ne par/
cas ulla in re. qua ad ualitudinē opus sit. Scripsi
ad Curiū qp dixisset daret medico: ipsi puto aliqd
dandū esse quo sit studiosior. Innumerabilia tua
sunt in me offitia. domestica. forentia. urbana. p/
uintialia in re priuata. in repub. in studiis in literis
nostris. Omia uiceris: si ut spero te ualidū uidero.
Ego puto te bellissime si recte erit: cum questore
Mescinio decursurum. non inhumanus est. teq; ut
mihi uisus est diligit. et cum ualitudini tue dili/
gentissime cōsuleris. Tū mi Tiro cōsulito naui/
gatiōi nulla i re iā te festiare uolo. nihil laboro:
nisi ut saluus sit. Sic habeto mi Tiro neminē esse
qui me amet: quin idem te amet. ut cum tua & mea
maxime interest te ualere. tum multis est cure.
adhuc dū mihi nullo loco deesse uis: nūqf te con/
firmare potuisti. Nūc te nihil ipedit. oia depōe.
corpori serui. quantam diligentiā in ualitudinem
tuam contuleris: tāti me fieri a te iudicabo. Vale
mi Tiro uale uale & salue. Lepta tibi salutē di/
cit. & omnes uale. Sex. idus nouembris leucade.

Tullius Ciceroni q̃ qui̅ts qnto tironi o p

Ertiam ad te hanc epistolam scripsi eodem
die. magis instituti me tenēdi causa. qa nac/
tus eram cui darem: qf quo haberem. Quid scriberē.

Igitur illa q̄ntum me diligiſ:tantum adhibe ſ te
diligentie ad tua ínumerabilia ſ me offitia.Adde
hoc qđ mihi erit gratiſſimum oím.cum ualitudiſ
rationem ut ſpero habueriſ:habeto etiā nauiga/
tioniſ. In italiam euntibuſ omíbuſ ad me literaſ
dabiſ:ut ego euntē patraſ neminē pretermicto.
Cura te mi Tiro. quádo nó cótígit ut ſimul na/
uigareſ:nihil eſt φ feſtineſ: nec quicq̄ cureſ:niſi
ualeaſ.etiam atq; etiam uale. Sep.iduſ no. Actio
ueſperi. Quintuſ Cicero Tironi

Agne nobiſ ē ſolicitudini ualitudo tua. Nā
& ſi qui ueniunt
nuntiát tamen in magna conſolatione.ingenſ eſt
ſolicitudo. ſi diutiuſ a nobiſ futuruſ eſ. Iſ cuiuſ
uſum et ſuauitatē deſiderando ſētimuſ.Actamē
q̄nq̄ uidere te tota cogitatione cupio : tamen te
penituſ rogo:ne te tam longe nauigationi & uie
per byemem:niſi bene firmū cómictaſ. neue na/
uigeſ:niſi explorate. Vix in ipſiſ tectiſ & opidiſ
friguſ infirma ualitudine uitatur.nedū in mari &
uia:ſit facile abeſſe ab iniuria temporiſ.

inquit euripedeſ.cui tu q̄tum credaſ neſcio.Ego
certe ſinguloſ eiuſ uerſuſ:ſingula eiuſ teſtimóia
puto. Effice ſi me diligiſ: ut ualeaſ. & ut ad noſ
firmuſ & ualenſ q̄primū ueniaſ.Ama noſ & uale.
Quintuſ frater tibi ſalutem plurimam dicit.

Oſa te ut ſciſ diſceſſimuſ ad quar.no. nouē.
leucadē uenimuſ ad octa.iduſ nouembriſ.ad ſep.
Actiū ibi propter tempeſtatē ad ſex. iduſ morati

fumuf.Inde ad quin. iduf corcyrã belliſſime na/
uigauimuf.Corcyre fuimuf uſqʒ ad decimũſextũ
kalendˀ decem.tẽpeſtatibuf retenti.ad.xu.kalẽdˀ
decembrif in portum corcyreorum. ad caſſodem
ſtadia.cxx.proceſſimuf.ibi retenti fuimuf uſqʒ ad
no num kalẽdˀ.Interea qui cupide profecti ſunt.
multi naufragia fecerunt.nof eo die ſenati ſolui/
muf.Inde auſtro leuiſſimo.celo ſereno.nocte illa
& die poſtero in italiam ad hidrũtem ludibundi
peruenimuf.eodemqʒ uento poſtridie id erat ad
ſepti.kalendˀ decembrif hora quarta brunduſiũ
uenimuf.eo dẽqʒ tempore ſimul nobiſcũ in opidũ
introiit Terentia.que te facit plurimi.Ad quitũ
kalẽdˀ decembrif ſeruuf G. Plancii brũduſii tãdẽ
aliquando mihi a te expectatiſſimaf literaf red/
didit.dataf idibuf nouem.que me moleſta ualde
leuarunt.utinam omnino liberaſſent. Sed tamen
Aſclapiuf medicuf plane confirmat prope diem te
ualentẽ fore.Nũc quidẽ ego te hortor:ut omnẽ
diligentiã adhibeaf ad coũaleſcẽdũ:tuã pruden/
tiã.tempantiã. amorẽ erga me noui. Scio te oĩa
factuʒ:ut nobiſcũ q̃primũ ſif. Sed tamẽ ita uelĩ:
ut ne quid properef. Simphoniam Liſonif uelim
uitaſſef:ne in quartam ebdõmodã incideref. Sed
qñdo pudori tuo maluiſti obſequi· q̃ ualitudini.
reliqua cura.Curio miſi:ut medico bonof habe/
retur.& tibi daret qʒ opuf eſſet:ne cui iuſſiſſet cu/
raturum. Equũ & mulum brunduſii tibi reliqui.
Rome uereor ne ex kalendif.ianuarii magni
tumultuf ſint.Nof agemuf omnia modice. Reli/
quum eſt.ut te hoc rogem & a te petã:ne temere

nauiges. Solet naute feſtinare queſtuſ ſui cauſa.
Cautuſſiſ mi Tiro.Mare magnú & difficile tibi
reſtat. Si poteriſ cum Meſcinio:caute iſ ſolet na/
uigare. Si minuſ cú honeſto aliquo homie:cuiuſ
auctoritate nauiculariuſ moueatur. In hoc oém
diligentiam ſi adhibueriſ.teq; nobiſ incolumé fe/
ceriſ: omnia a te habebo. Etiá atq; etiam noſter
Tiro uale.Medico Curio Liſoni de te ſcripſi di/
ligentiſſime.Vale ſalue.

E Tſi oportunitatem opere tue omnibuſlociſ
   deſidero:tamen non tá mea q̃ tua cauſa do/
leo te non ualere. Sed quando in q̃rtaná cóuerſa
uiſ eſt morbi.ſic enim ſcribit curiuſ. Spero te di/
ligentia adhibita.etiá firmiorem fore.Modo fac
id quod humanitatiſtue é.ne qd aliud cureſ hoc
tempore:niſi ut q̃ cómodiſſime conualeſcaſ.Non
ignoro q̃tum ex deſiderio laboreſ.ſed erútomía
facilia:ſi ualebiſ.feſtinare te nolo:ne nauſie mo/
leſtiá ſuſcipiaſ eger.& periculoſe hyeme nauigeſ.
Ego ad urbé acceſſi pridie no.Ianuariaſ.obuiam
mihi ſic pditú eſt:ut nihil fieri potuerit ornatiuſ.
Sed incidi í ipſá flámá ciuiliſ diſcordie uel potiuſ
belli.cui cum cuperem mederi.& ut arbitror poſſé
cupiditateſ ceteroꝛ hominú.Nam ex utraq; pte
ſút: qui pugnare cupiát: ípediméto mihi fuerút
omnino.Et ipſe Cæſar amicuſ noſter minaceſ ad
ſenatumſ & acerba literaſ miſerat.& erat adhuc
ípudenſ:qui exercitum & puintiá inuito ſenatu
teneret.& Curio meuſ illum incitabat.Antoniuſ
quidem noſter & .Q. Caſſiuſ nulla ui expulſi ad

Cefarem cú Curione profecti erant. Pofteaq̃ fe/
natuf cófulibuf p̃toribuf. tribunif plebif. & nobif
qui ,pcófulef fumuf negotiú dederat: ut curare/
muf:ne quid refpub. detrimenti caperet:nunquã
maiore in periculo ciuitaf fuit. Nunquã improbi
ciuef habuerunt paratiorem ducem omnino. Ex
hac quoq; parte diligentiffime compatur. Id fit
auctoritate & ftudio Pompei noftri. qui Cæfarē
fero cepit timere. Nobif inter baf t́baf fenatuf ta/
men frequenf flagitauit triumphú. fed Lentuluf
cóful quo maiuf fuú benefitiú faceret: fimul atq;
expediffet: que effent neceffaria de repub. dixit
fe relaturum. Nof agimuf nihil cupide. eo q̃ eft
noftra pluríf auctoritaf. Italie regió ef defcripte
funt. quã quifq; partem tueretur. Nof capuá fum/
pfimuf. hec te fcire uolui. Tu etiã atq; etiam cura
ut ualeaf. Iráfq; ad me mictaf. quotienfcunq; ha/
bebif cui def. Etiã atq; etiã uale. Datum pri. iduf
ianuarii. ꝟ T C· Tironi S c· ő D·
Vo in difcrimine uerfetur faluf mea & bo/
norum omniú atq; uniuerfe reipubli. ex eo
fcire potéf. q̃ domof noftraf & patriam ipfam uel
diripiendam uel inflámandam reliquimuf. In eú
locú ref deducta eft: ut nifi q deuf uel cafuf aliqf
fubuenerit: falui effe nequeamuf. Equidē ut uēi
ad urbem : non deftiti omnia & fentire & dicere et
facere: que ad concordiam pertinerent fed. minuf
inuaferat furor: non folum improbif: fed etiã iíf
qui boni habentur ut pugnare cuperent. me cla/
mante nihil eē bello ciuili miferiuf. Itaq; cú Cæ/
far amentia quadam raperetur: & oblituf nomíf

atq; bonorũ suoɤ ariminum pisaurum anconam
aretium occupauisset. urbem reliquimus. ῇ sapiẽ/
ter aut ῇ fortiter nibil actiet disputare. Quo qdẽ
in casu sumus : uides. Ferunt omnino cõditiones
ab illo : ut Pompeius eat in bispaniã dilectus. qui
sunt babiti : & presidia nostra dimictantur se ul/
teriorem galliã domitio citeriorem considio no /
uiano. His enim obtigerunt : traditurum ad con/
sulatus petitionem se uenturum. neq; se iam uelle
absente se rationem haberi : suã se presẽte trium
nundinum petiturum : Accepimus conditióes. sed
ita ut remoueat psidia ex bis locis que occupauit :
ut sine metu de bis ipsis conditionibus rome se/
natus haberi possit. Id ille si fecerit : spes ẽ pacis.
Non boneste leges enim imponunt. sed quid uis
est melius ῇ sic esse ut simus. Sin autem ille suis
conditionibus instare uoluerit : bellum paratum
est. eiusmodi tamen : quod ille sustinere nõ possit.
preserti cũ a suis cõditióibus ipse fugerit. tãtũmó
ut eum intercludamus : ne ad urbẽ possit accedere
qd sperabamus fieri posse. Delectos eni magnos
babebamus. putabamusq; illũ metuere : si ad urbẽ
ire cepisset. ne gallias amicteret quas ãbas babet
munitissimas preter transpadanos. Ex bispaniaq;
sex legiones. & magna auxilia Affraneo & Pe/
treio ducibus baberi. a tergo uidet si ísaniet posse
opprimi modo urbe salua. Maximã aũt plagam
accepit. ῷ is qui summã auctoritatem í illius ex/
ercitu babebat : Titus Labiẽus eius socius sceleris
esse noluit. reliquid illum & nobiscum ẽ. multiq;
idem factuɤ eẽ dicunt. Ego adbuc ore maritime

prefum aformiif. Nullum maiuf negotiú fufcipe
uolui. quo pluf apud illum mee lré cohortatióefq;
ad pacem ualerent. Sin autem erit bellum: uideo
me caftrif & ceterif legionibuf prefuturum. habeo
etiam illam moleftiá. q̃ Dolobella noftra apud
Cefaré eft. Hec tibi nota effe uolui. que caue: ne
te pẽbẽt. & ípediant ualitudiné tuã. Ego auar/
roni que q̃amantiffimum mei cognoui: tú etiam
ualde tui ftudiofum diligẽtiffime te commẽdaui.
ut & ualitudinif tue ratione haberet. & nauiga/
tionif. & totum fe fufciperet ac tueretur: quẽ oĩa
facturum confido. recepit enim & mecum locutuf
eft fuauiffime. Tu q̃do eo tempore mecú effe nó
potuifti: quo ego maxime operam & fidelitatem
defideraui tuã: caue feftinef aut cómictaf: ut aut
eger aut hyeme nauigef. Nunq̃m fero te ueniffe
putabo: fi faluuf uenerif. Adhuc neminé uideram
qui te poftea uidiffet: q̃. M. Voluíiuf. a quo tuaf
literaf accepi. q̃ nó mirabar. Neq; eni meaf puto
ad te literaf tanta hyeme perferri. Sed da operã
ut ualeaf. & fi ualebif cum recte nauigari poterit:
tú nauigef. Cicero meuf in furmiano erat. Terẽtia
& Tullia R óe. Cura ut ualeaf q̃r. ka. fe. capua.

E Go uero cupio te ad me uẽire. fed uiã timeo.
grauiffime egrotafti. media & purgatióibuf & ui
ipfiuf morbi confumptuf ef. grauef folẽt offẽíó ef
effe ex grauibuf morbif. fi qua culpa commiffa ẽ.
Iam ad id biduũ qđ fuerif í uia: dũ in cumanum
ueneríf: accedent continuo ad reditum dief q̃nq̃.
Ego informiano ad ter. kalẽ. effe uolo. ibi te ut

.ŋ. T. Tironi fuo. Ꝗ D.

firmum offendam mi Tiro effice . Literule meæ
siue nostre tui desiderio oblanguerūt. Hac tamē
epistola quā Acastus actulit:oculos paululū sus/
tulerūt. Pōpeiuserat apud me cum hoc scribebā.
bilare & libenter ei cupienti audire. nostra dixi.
sine te oīa muta eē.tu musis nostris para:ut opas
reddas.nostra ad diem dicta fient.Docui enim te
fides ꝗ haberet. Fac plane ut ualeas.nos ad sū/
mum uale.xiiii.kalend̄ ianuarii

.ɧ T tironi suo. Ꙅ D.

 Egipta ad me uenit pridie idus aprilis. Is & si
mihi nūtiauit te plāc febri carere & belle habere:
tamen ꝗ negauit te potuisse ad me scribere curā
mihi actulit. & eo magis ꝗ Herinia.quē eodem
die uenire oportuerat.nō uenerat.Incredibili sū
solicitudīe de tua ualitudīe. ꝗ si me liberaris: ego
te omni cura liberabo. Plura scriberē si iā putarē
libenter te legere posse.Ingenium tuū quod ego
maximi facio: confer ad te. mihi tibiꝗ cōseruā/
dū.Cura te etiā atꝗ etiā diligēter. Vale. Scripta
iam epistola:Herinia uenit.Accepi tuā epistolā
uacillātibus literulis.nec mirū tam graui morbo.
Ego ad te egiptam misi. ꝗ nec inhumanus est.&
te uisus est mihi diligere.ut is tecū esset.& cum eo
cocum quo uterere.Vale. ɧ T tironi suo ᶘ d

andricus postridie ad me uēit ꝗ expectarē.
Itaꝗ habui noctē plēam timoribus ac mise/
rus.Tuis lris nihilo sum factus certior quomodo
te haberes.sed tamē sum recreatus.Ego omni de/
lectatiōe lrisꝗ oībus careo. quas ātꝗ te uidero:
actingere non possum.Medico mercedis quātum

poſſet ꝓmi cti iubeto .id ſcripſi ad mimú . Audio
te animo angi & medicú dicere ex eo te laborare.
Si me diligiſ :excita ex ſóno tuaſ lraſ bumãita/
têꝗ propter quã mibi eſ cariſſimuſ . Núc opuſ eſt
te aímo ualere:ut corpore poſſiſ. Id tú tua:tú mea
cauſa fatiaſ a te peto. A caſtú reti e. quo cómodiuſ
tibi miniſtretur. Cóſerua te. mibi dieſ promiſſorú
adeſt. quê etiã repſẽtabo ſi adueneriſ .etiam atꝗ
etiam uale. iiii. iduſ ãpliſ . .ꞟ. T. Tironi. ꝯuo. ſd.

O Mnia a te data mibi putabo :ſi te ualentem
uidero. ſumma cura expectabã aduẽtú Me/
nandri. quê ad te miſerã. Cura ſi me diligiſ ut ua/
leaſ. & cú te bene cófirmariſ:ad noſ ueniaſ. Vale.
.iiii. iduſ apriliſ. Q . .ꞟ. fri . ꞟ D

D E Tiróe mi Marce. ita te meú ꝗ Ciceroné.
& meã Tulliolã. tuúꝗ filiú uideam. ut mibi
gratiſſimú feciſti. tum eum indignú illa fortuna
ac nobiſ amicú ꝗ ſeruum eê maluiſti. Mibi crede.
tuiſ & illiuſ lriſ plectiſ exilui. gaudeo & tibi ago
grãſ & gratulor. Si. n. mibi Satii fidelitaſ ê tante
uoluptati:ꝗti eê i iſto. Hec eadem bona debent
aditiſ lriſ & ſermóibuſ búanitate. que ſút biſ iꝑiſ
cómodiſ potiora. Amo te. omíbuſ eꝗdẽ de maxiſ
cauſiſ. ueꝛꝗetiã propter bâc. uel ꝗ mibi ſic ut de/
buiſti núciaſti. Te totú in lriſ uidi. Sabini pueriſ
& ꝓmiſi omía & fatiã. Vale. Q. .ꞟ. fri . ꞟ. D.

V I deo qd agaſ. tuaſ quoꝗ epiſtolaſ uix referã
inuolumina. ſed beuſ tu qui. k. nó eſſe meoꝛ
ſcriptorú ſoleſ. Vnde illud tam i autẽticú ualitu/
dini fideliter inſeruiendo. Vnde in iſtum locum
fideliter uenit. cui uerbo domiciliú eſt proprium

in offitio:migrationes in alienum multe. Nam &
doctría. & domus. & ars. & ager. & fidelis dici pót:
ut sit quó Theofrasto placet uerecunda transla/
tio. Sed hec corã. Demetrius uenit ad me. quo qdẽ
cóitatu:cóuersus sum. satis scis. & tu eum uidelicet
nó potuisti uidere. cras aderit. uidebis igitur. Nã
ego huic perendie mane cogito. ualitudo tua me
ualde solicitat. sed inserui. & fac omía: tũ te mecũ
esse:tum mihi cumulatissime satisfacere putato.
Cuspio φ operã dedisti mihi gratũ est. Valde. n.
eius causa uolo. Vale. .19. T. Tironi 5 D.

Quid agit nó sic oportet. equidem censeo sic
addendum etiã suo. & si placet iuidia uitet.
quã quidem ego sepe contempsi. tibi diaphenesim
gaudeo pfuisse. Si uero etiã tusculanũ dii boni:
q̃to mihi illud erit amabilius. Sed si me amas: qd̃
quidem aut facis. aut perbelle simulas. qd̃ tamẽ
in modũ procedit. Sed ut est. indulge ualitudini
tue. Cui quidem tu adhuc dum mihi deseruis:ser/
uiuisti non satis. eaque postulet nó ignoras. Di/
gestionẽ. iocũditacẽ. ãbulationẽ. modestã letitiã.
balneũ fac bellus reuertare. non modo te:sed etiã
tusculanum nostrum plus amem. parhediũ exita:
ut ortum ipse códucat. si colitoφ:ipsũ cómouebis.
Elico nequissius. f. f. c. c. dabat nullo aprico orto.
nullo emissario. nulla maceria. nulla casa. Is ne
nos tanta impensa deriderat:calface hominem ut
ego motonẽ. Itaq abutor coróis de crabra. Quid
agatur. & si nũc quidem etiam nimiũ est: a qua
tamẽ uelim scire. Horologium mictam & libros.
sic erit sudum. sed tu nullus ne tecum libellos. an

págif aliquid fophodeũ .fac opuf appareat.Alu/
guribuf Cefariffãiliarif mortuuf eft.bonuf homo
& nobif amicuf .te quãdo expectemuf :fac ut fciã.
Cura te diligenter. Vale. Ai T Tironi fuo S D

Expecto tuaf literaf de multif rebuf. te ipm
multo magif. Demetrium redde noftrum &
aliud fi qd potef boni. De Anfidiano nomie nihil
te hortor. fcio tibi curæ effe. fed confice. Et fi ob
eam rem moraríf: accipio caufam.fi te id nó tenet:
aduola. Iráf tuaf ualde expecto. Vale.

.I) T Tironi fuo S D
Solicitat ita uiuam: me tua mi Tiro ualitu/
do. fed confido. fi diligentiã quã íftituifti adhi/
buerif :cito te firmũ fore. librof cópone. Iudicem
Cómetrodoro libebit:quó eiuf arbitratu uiuẽdũ é
cũ Holicore ut uidet. Tu potef kalend pectare
gladiatorefpoftridie redire. & ita cẽfeo uerum ut
uidebit. Cura te fi me amaf diligenter. Vale.

Cicero fi Tironi fuo dulaffimo S D
Vm uehemẽter tabellariof expectarẽ quo/
tidie:aliqdo uenerũt poft diẽ.lx.& fextũ q̃
a nobif difcefferãt.quoꝝ mihi fuit aduẽtuf opta/
tiffimuf. Nã cum maximam cepiffem licẽtiam.&
humaniffimi & cariffimi prif epiftola: tum uero
iocũdiffie tue lrẽ cumulũ mihi gaudii actulerũt.
Itaq; me iã nó penitebat intercapedinẽ fcribendi
feciffe:fed potiuf letabar. Fructũ. n. magnũ hu/
manitatiftue capiebã ex filẽtio mearũ literarum.
Vehemẽter igitur audeo te meã fine dubitatió e
accepiffe excufationem.gratoftibi optatofq; effe
qui de me rumoref afferũt. nó dubito mi dulciffie

Tiro .pstabo q; & enitar. ut in dies magis magisq;
hec nascef de me duplicet opinio. Quare qd pol/
liceris te buccinatore fore: existiatiois mee firmo
id.co statiq; aio fatias. Licet.n.tatu mihi dolorem
cruriatuq; actulerut errata etatis mee:ut no solu
animus a factis:sed aures quoq; a comemoratione
abborreat.cuius te solicitudinis & doloris pticipe
fuisse notu exploratuq; est mihi.nec id miz. Na
tu omia mea causa uelles mihi successa:tu etia tua
so tiu.n.te meoz comioru sep ee uolui. Quod igit
tam ex me doluisti. nuc ut duplicicet tuu ex me
gaudiu pstabo. Cratippo me scito no ut discipu/
lu:sed ut filiu esse comuctissimu. Na cu & audio
illu libeter:tu etia eius ppa suauitate uehemeter
amplector.sum totos dies tu eo noctesq; sepenu/
mero parte. exoro.n. ut mecum q sepissime tenet.
Hac itroducta cosuetudie sepe inscietibus nobis
& senatibus obrepit.sublataq; seueritate:philoso/
phie huanissie nobiscu iocat. Quare da operam.
ut huc tale ta iocudu :ta excellete uirum uideas
q primu. Na quid ego de Bruto dicam.que nullo
tepore a me patior discedere.cuius cu frugi seue/
raq; est uita:tu etia iocudissia coiuctio. No e.n.
seiu ctus locus a philosophia.& quotidiana inqsi/
tione. Huic ego locu in pxio coduxi.& ut possu
ex meis agustus :illius susteto tenuitate. Preterea
declamitare grece apud Cassiu istitui. latine aute
apud Brutum exerceri uolo. Vtor familiaribus &
quotidiais coiu ctoribus .quos secu mitileis Cra/
tippus adduxit. hoibus & doctis & illi pbatissimis.
Multu etia mecu e Epicrates pnceps atheiesiu &

leonidef & hoꝗ ceteri similef.

De gorgia aũt qđ mihi fcribif.erat quidẽ ille,in quotidiana declamatióe utilif.fed oĩa poftpofui: dũ modo ꝓceptif prĩf parere.Diaridẽ.n.fcripferat ut eũ dimicterẽ.ftatim tergiuerfari nolui.ne me animi fufpitionẽ ei aliꝗ iportaret. Deinde illud etiam mihi fuccurrebat.graue effe me de iudicio patrif iudicare.tuũ tamen ftudiũ & cófiliũ gratũ acceptumqꝫ eft mihi.Excufationẽ anguftiarũ tui temporif accipio. Scio.n.ꝗ̃ foleaf effe occupatuf. Emiffe te prediũ:uehementer gaudeo.feliciterqꝫ tibi rem iftã euenire cupio.Hoc loco me tibi gra/ tulari nolo mirari.Eodẽ enim fere loco tu quoqꝫ emiffe te fecifti me certiorem habef.deponẽde tibi funt urbanitatef.rufticuf romanuf factuf ef.quó ego mihi nũc áte oculof tuũ iocũdiffimũ cófpec/ tũ propono.Videor.n.uidere ementẽ te rufticaf ref.cũ uillico loquẽte i lafciuia.feruãtem ex mẽfa fecunda femina. Sed qđ ad rem ꝑtíet me tum tibi defuiffe.æque ac tu doleo. Sed noli dubitare mi Tiro.quin te fubleuaturuf fim.fi mó fortuna me ꝓfertí cũ fciá cómunẽ nobif ẽptũ eẽ iftũ fũdũ.de/ mãdaftif ꝗ tibi cure fuit:ẽ mihi gratũ. Sed peto a te utꝗ celiberríe mihi librariuf mictaẽ.maxime qdẽ grecuf.Multũ.n.mihi eripiẽ ope i efcribẽdif hypónematif.Tu uelim i ꝑmifcuref ut ualeaf.ut una colloqui dulciter poffimuf.Antheꝗ tibi com/ mendo.Vale. ⸿ C. Tbi ſi d.

S Pero ex tuif Irif tibi meliuf effe.cupio certe. cui quidẽ rei omni ratióe cura:ut inferuiaf. & caue fufpiceríf cótra meã uoluntatẽ te facere:ꝗ

non sis mecu:mmecum es.si te curas.quare malo te
ualitudini tue seruire:q meis oculis & auribus.& si
enim & audio te & uideo libeter:tame hoc multo
erit si ualebis iocundius.Ego hic cesso.quia ipse
nihil scribo.lego aute libentissie.Tu istic librarii
mea manu no itelligent mostrabis.una omnino
iterpositio difficilior e.qua ne ipse qde facile le/
gere soleo.De q primo Catoe.De Triclinio cura
ut facis.tertia aderit mo.ne publius rogatus sit.
Demetrius iste nuq oino Phallereus fuit.sed nuc
plane Billienus e.Itaq; te do uicariu.tu eu obser/
uabis.Et si ue:tame de illis nosti cetera.sed tame
si quem cu eo sermoem habueris:scribes ad me.ut
mihi nascat epistole argumetu.& ut tuas qlogis/
simas lras lega.Cura mi Tiro ut ualeas.hoc mihi
gratius facere nihil potes. Tull' aroni ɔ D·
TV uero confice pfessione si potes.Et si hec
     pecuia ex eo genere e:ut pfessioe no egeat:
uerutame Balbus ad me scripsit.tata se epiphora
oppressu:ut loq non possit.Antoius de lege quid
egerit:liceat mo rusticari.ad bitini cum scripsi de
Seruilio.tu uideris q senectutem no cotepnis.Et
si Acticus noster q quonda me commoueri subitis
strepitibus itellexit ide sep putat.nec uidet qbus
psidiis philosophie septus sim.Hercule q timidus
ipse e.timultuat.Ego tame Antonii iueteratam
sine ulla offesione amicitiam retinere sane uolo.
scribaq; ad eu.sed no anteq te uidero.nec tame te
aduoco ad singrapha.
cras expecto Lepta.eteni ad cuius curam plero.
mihi tui sermois utedu e. Tull' aroni ɔ Diat

ET ſi mane Harpalū miſerã:tamē cū haberē
cui recte darē lrãſ.& ſi noui nihil erat:iiſdē
rebuſ uolui ad te ſepiuſ ſcribere. non qñ cõfiderē
diligentiæ tuæ: ſed rei magnitudo me mouebat.
Mihi pra & puppiſ ut grecoꝛ puerbiũ eſt:fuit a
me tui dimictēdi.ut rationeſ noſtraſ explicareſ.
Offilio & Aurelio utiꝗ ſatiſfiat a flamma.ſi nõn
poteſ omnē ptē aliꝗ ueli extorqueaſ. In primiſꝗ
ut expedita ſit pēſio kalē.ia. de actributione cõ/
fitieſ.de repſentatione uideБiſ.de domeſticiſ eiuſ
actenuſ.de publiciſ omīa mihi certa. Quid Octa/
uiuſ.qd Antõiuſ.que boīm opīo.qd futuꝛ puteſ.
ego uix teneor: qñ accurã. Sed ſi lrãſ tuaſ expec/
to.& ſcito Balbū tū fuiſſe aqni: tū tibi ē dictū. &
poſtridie Hirtiū puto.utriꝗ ad aꝗſ ſeu qd ele/
gerit.Dolobelle procuratoreſ:Fac ut admoueãt.
appellabiſ etiã puppiã. Tulliuſ Tironi·ſ·D·

ET ſi iuſta & idõea uſuſ eſ excuſatiõe itermiſ/
ſiõelrãꝛ tuaꝛ:tamē id ne ſepiuſ fatiaſ rogo.
Nã & ſi de reipu.rumoribuſ & nūtiiſ certior fio.
& de ſua i me uolūtate ſēp ad me pſcribat pater:
tamē de ꝗuiſ minima reſcripta a te ad me epiſtola
ſēp fuit gratiſſīa. Quare cū ipmiſ tuaſ deſiderē
lrãſ.noli cõmictere:ut excuſatiõe potiuſ expleaſ
effitiũ ſcribēdi ꝗaſſiduitate lrãꝛ. Q·Hꝛi·ſ·D·

VERberaui te cogitatióiſ tacito dūtaxat cõ/
uicio.qd faciliuſ alter ad me iã ſine tuiſ lrīſ
platuſ ē.Nõ poteſ effugere huiuſculpe penam te
patrono.M·ē adhibēduſ. Iſꝗ diu & multiſ lucu/
bratióibuſ cõmētata oratióe:uide ut ꝓbare poſſit
te nõ peccaſſe. Plãe te rogo. ſicut oli matrē noſ/

trã facere mẽini:que lageaſ etiãíaneſ obſignabaꞇ.
ne dicerenꞇ íaneſ alique fuiſſe.que furꞇi eẽnꞇ exic/
caꞇe. Sic tu etiã ſi qd ſcribaſ: nõ habebiſ. Scribiꞇo
tamẽ ne furꞇi ceſſaꞇióiſ queſiuiſſe uideariſ. Valde
enim mihi ſemper & uera & dulꞇia tuiſ epiſꞇoliſ
núꞇiáꞇur. Ama noſ & uale. Qᷓ aᷓᷓᷓ Tironi-li d·

Vlrificã mihi uerberaꞇionẽ ceſſaꞇióiſ epiſꞇola
dediſꞇi. Nã que parꞇiuſ fraꞇer perſcripſeraꞇ
uerecundia uidelicet & pperaꞇióe:ea tu ſine aſſẽ/
ꞇióe uꞇ erãꞇ ad me ſcripſiſꞇi. & maxime de cóſuli/
buſ deſignaꞇiſ:quoſ ego peniꞇuſ noui libidinũ &
languoriſ effeminaꞇiſſimi animi plenoſ.qui niſi a
gubernaculiſ receſſerinꞇ: maximum ab uniuerſo
naufragio piculũ eſꞇ. Incredibile ẽ que ego illoſ
ſcio oppoſiꞇiſ galloꝗ caſꞇriſ in eſꞇiuiſ feciſſe.quoſ
ille latro niſi aliqd firmiuſ fueriꞇ:ſoꞇieꞇaꞇe uiꞇioꝗ
delinieꞇ. Reſ eſꞇ auꞇ tribuniꞇiuſ:auꞇ puaꞇiſ cóſi/
liiſ muniẽda. Nã iſꞇi duo uix ſunꞇ digni. quibuſ
alteri ceſanã: alteri coſſuꞇianaꝗ ꞇabernaꝗ funda/
menꞇa credaſ. Te uꞇ dixi fero oculiſ. Ego uoſ ad
·iiii·kalẽ·uidebo·tuoſꝗ oculoſ eꞇiã ſi ꞇe ueniẽſ in
medio foro uidero:diſſuauiabor. Me ama. Vale.

Hoc Conraduſ opuſ ſuueynbeym ordine miro
Arnolduſꝗ ſimul pannarꞇſ una æde colendi
Gente theoꞇonica:romæ expediere ſodaleſ.

In domo Peꞇri de Maxio.M.CCCC.LXVII.

www.ingramcontent.com/pod-product-compliance
Lightning Source LLC
Chambersburg PA
CBHW061033030726
47504CB00002B/353